COLLECTION
FOLIO/HISTOIRE

Alphonse Dupront

Qu'est-ce que Les Lumières ?

Gallimard

© *Éditions Gallimard, 1996*

PRÉFACE

En toutes choses, Alphonse Dupront avait sa manière, qui mêlait la force à la discrétion. Les deux qualités coexistent rarement chez le même individu, mais lui au contraire, non content de les réunir, les portait chacune à un point extrême. Son extraordinaire présence intellectuelle avait sa source dans l'originalité de son esprit, que faisait voir la conversation la plus ordinaire : sur tous les sujets de la vie, il portait un regard indépendant de la rumeur d'époque. De ceux qui avaient particulièrement intéressé sa curiosité, il parlait avec profondeur, imposant d'entrée de jeu sa langue particulière, ses tournures savantes, son univers de références. Il faut l'avoir suivi et écouté dans une modeste église de village, et l'avoir entendu décrire les différentes strates temporelles du culte manifestées par l'architecture, le statuaire et le mobilier, pour savoir ce que son art d'historien avait d'unique. J'en ai fait l'expérience il y a un quart de siècle, un dimanche de premier mai, dans le Perche — c'était le jour de Saint-Marcou, le grand saint guérisseur local —, et j'en garde un souvenir très vif.

Pourtant Alphonse Dupront ne se souciait guère d'écrire ce qu'il disait, ce qu'il savait. Ou plutôt, s'il l'écrivait, peu lui importait de le publier. Il était l'homme soit des petits cercles, soit des amphithéâtres d'agrégatifs, dans les deux cas l'artiste de la parole. Mais l'étrange, chez lui, a tenu à la passion de consigner aussi cette parole dans d'innombrables notes, où ceux qui l'ont connu la retrouvent quasi intacte : si bien que l'indifférence aux plaisirs de la publication avait son origine dans le refus du paraître plus que dans la réticence à fixer dans l'écrit le rapport du présent et du passé. Cette discrétion a eu son prix : une certaine absence de visibilité, délibérément choisie par un des plus grands historiens français de notre temps. Mais elle ne le condamne pas à l'oubli, puisqu'à sa mort il laissait ces milliers de pages manuscrites qui constituent soit des notes, soit des livres, soit des enregistrements de son enseignement : la grande masse d'entre eux écrits comme il parlait, mêlant l'indication elliptique à la description minutieuse, et organisant le foisonnement d'idées dans de courtes phrases où le sens des mots, précieusement choisis, est souvent si proche de l'étymologie latine.

Il y aura donc, dans l'avenir, un grand effort à faire pour donner au public, en plus de ce qui a été publié de son vivant, les meilleures parts de l'œuvre inédite d'Alphonse Dupront. L'ouvrage qu'on va lire peut être vu comme un premier pas dans ce sens, mais il entre dans une catégorie intermédiaire ; il s'agit d'un cours d'agrégation, donné à la Sorbonne dans l'année 1962-1963, et intitulé : « Les lettres, les sciences, la religion et les arts dans la deuxième moitié du XVIIIe siècle ». Cours qui a paru en deux fascicules, à l'époque, au Centre de documentation universitaire. Son auteur n'avait pas voulu en retoucher le caractère d'exposé oral, ce qui était bien dans sa manière aristocratique de laisser toute leur part aux circonstances. Pourtant ces leçons manifestent tant d'originalité et présentent tant d'intérêt que la voix qui les porte peut parler encore à un vaste public, au-delà des étudiants qui ont eu la chance de l'entendre : ce livre a donc pris le parti d'en étendre l'écho, sans en modifier ce *que son texte doit à la situation pédagogique d'origine. L'exposé oral peut gagner en incitation à penser ce qu'il peut perdre, de temps en temps, en rigueur démonstrative. En entendant à nouveau le professeur réfléchir tout haut, et interroger son public autant que lui-même, laisser même des questions en suspens, le lecteur ne perdra rien à redevenir étudiant.*

*Le thème général du cours est défini d'emblée : rien de moins que l'esprit de l'âge des Lumières, pris dans sa signification la plus vaste, comme une inversion de l'ordre du monde, un renversement de son fondement, une réappropriation par l'homme de ce qu'il avait remis si longtemps aux mains de Dieu. L'exigence de l'*autonomie *se découvre elle-même comme une évidence de la raison, après cette longue suite de siècles où l'*hétéronomie *a été comme une règle du sens commun. L'homme des Lumières rejoue en vrai le mythe de Prométhée : il dérobe le feu à la divinité pour le donner — ou le rendre — aux hommes.*

Il invente par là le monde moderne, où nous vivons depuis. L'historien des Lumières se trouve par rapport à son sujet dans une situation de filiation. Il cherche à analyser cette rupture avec la tradition, et avec l'idée même de tradition qui n'a cessé de gouverner l'esprit européen depuis le XVIIIe siècle, sous l'invocation du « progrès » ; et qui a pris en France ses formes les plus classiques, sous le double aspect du mouvement des idées entre Voltaire et Condorcet, et du brusque basculement politique et social de 1789. C'est dans ce que les élites du XVIIIe siècle ont elles-mêmes vécu comme un arrachement au passé que l'homme d'aujourd'hui trouve encore l'origine de ses émotions et de ses idées politiques. Et le plus extraordinaire est qu'elles sont allées jusqu'à donner à l'événe-

ment fin de siècle qu'a été la chute si rapide de la monarchie absolue, suivie de la nuit du 4 août, le sens d'une séparation radicale entre un avant et un après. Ainsi, le sentiment de la naissance du *moderne*, si caractéristique de l'âge des Lumières, a reçu de l'année 1789 en France une confirmation spectaculaire, comme si ce qui s'était préparé par le remue-ménage des esprits recevait sa consécration sur le théâtre de la politique : redoublement qui a exercé une si puissante fascination sur les esprits qu'il a nourri l'idée d'une chaîne causale entre la philosophie des Lumières et la Révolution française. Ce que la première avait discrédité, la seconde l'abolit. Ce que la première avait imaginé, la seconde l'instaure.

Alphonse Dupront est un esprit bien trop subtil pour entrer dans ces simplifications abusives. Mais il est aussi bien trop profond pour être inattentif à l'esprit d'une époque, qui la constitue comme une totalité, dans ses différents aspects. La philosophie des Lumières et la Révolution ne sont à ses yeux que deux figures, ou deux étapes, d'un même procès historique, qui couvre tout le XVIIIe siècle et s'étend au moins jusqu'au milieu du XIXe. Mais chacun de ces deux phénomènes travaille la pâte historique à sa manière et selon son génie, et l'un ne peut être déduit de l'autre. La « tabula rasa » révolutionnaire n'est pas intelligible sans la critique philosophique des Lumières, mais ce qu'elle doit à ce travail préalable de la pensée ne suffit pas à faire comprendre sa puissance sur l'imagination des Français de 1789. L'ordre du monde que dessinent les « philosophes » de Paris, de Londres, de Kœnigsberg ou d'Édimbourg lègue bien un peu plus tard aux hommes des Assemblées révolutionnaires leurs ambitions universalistes ; mais ni le cours de la Révolution française, ni l'Europe napoléonienne n'y trouvent des éléments d'interprétation. Comme l'écrit Dupront, « la Révolution française n'est pas l'opus perfectum de la philosophie ». Et les philosophes des Lumières n'étaient pas des révolutionnaires : le mot d'ailleurs n'avait pas encore pris le sens que nous lui avons donné, précisément à la suite de ce qui s'est passé après eux. Ce n'est qu'à l'intérieur d'une plus vaste signification que ces deux grandes ruptures font voir leurs liens, dans le temps long qui va de la fin de Louis XIV aux débuts de la Troisième République, et dans une comparaison de l'histoire française avec celle de l'Europe.

Or, à considérer les choses sous cet angle élargi, il est clair que l'ambition moderne n'a pas atteint son objectif, même en France, où elle a pris ses formes les plus radicales. Elle avait pris pour objet d'émanciper l'homme du pouvoir de Dieu, non seulement par la violence d'une négation, mais en donnant à l'humanité libérée les certitudes spirituelles de la raison, illustrées par le triomphe de la science sur les forces naturelles. C'est à l'aune de cette tentative sans précédent que doivent être jaugées et la philosophie des Lumières et la Révolution, dans ce qu'elles ont à la fois de commun et de différent. La seconde séquence, sous cet aspect, est plus facile à lire, parce qu'elle met en scène des forces sociales acharnées à la destruction de l'aristocratie, des régimes politiques absolument neufs, et une ambition de renouvellement radical des idées et des hommes. Pourtant, si elle aboutit bien à détruire le principe aristocratique en tant que fondement juridique du social, et si elle tue non seulement la personne du roi mais le mythe de la monarchie, elle ne parvient pas à créer un nouveau pouvoir spirituel. Le préromantisme le fait voir, qui tire une partie de sa force de l'idée contre-révolutionnaire et de la renaissance religieuse : la bourgeoisie révolutionnaire n'a pas su combler tous les besoins des esprits et des cœurs. Elle-même d'ailleurs en est le meilleur exemple, puisqu'elle a conservé tant de goûts et tant de manières d'être de l'aristocratie. Elle les avait empruntés pour grandir, dans les siècles de l'ancien régime. Elle les a gardés après avoir vaincu, *comme un legs indispensable à une classe désormais régnante.*

C'est pourquoi il est impossible de regarder l'âge des Lumières, en amont, comme l'élaboration victorieuse d'un ordre de la raison, fondement de l'autonomie des individus et d'une conquête méthodique de la nature. Il est bien vrai que la « philosophie » du XVIIIe siècle, toute à sa volonté de reprendre possession du monde au nom de l'homme, a entretenu cette ambition, que le développement accéléré des découvertes scientifiques, vers la fin de la période, semble confirmer. Mais elle fait voir aussi, à la même époque, à quel point les puissances du sentiment refleurissent dans le culte de la subjectivité, et même comment des religions ésotériques tendent à se substituer à la tradition catholique, avant que celle-ci ne retrouve elle-même le chemin des cœurs, sinon des esprits.

L'époque que Dupront cherche à cerner se situe à ce point d'équilibre subtil où coexistent la société classique, la société des Lumières, et l'annonce de leur disparition. La première a constitué, sous l'effort d'une monarchie centralisatrice et d'une aristocratie de Cour, la matrice d'un univers social rassemblé, brillant des mille feux de ses Lettres et de ses Arts. La seconde a fait servir ces instruments de conscience réflexive à son émancipation. Ce qui la pousse en avant, autre nom du progrès, l'autonomie collective et individuelle, elle le gagne sur la monarchie et sur la Cour, qui d'ailleurs ne s'y opposent pas. L'esprit du temps se marque par le déplacement des objets auxquels les auteurs consacrent leur génie, et un charme plus intime des Arts; plus encore, par le projet de maîtrise de la nature que manifeste le goût des sciences et des techniques. Mais cette société des Lumières, si fière de ses prouesses et d'elle-même, au nom de l'humanité, conserve de celle qui l'a précédée une sorte d'aridité intellectualiste. Elle est fermée à l'exploration du subjectif au moment même où elle voit dans l'individu son élément constituant. Elle est davantage prête à s'assumer sur le plan politique que sur le plan spirituel : les « Cahiers » du printemps 1789 le disent et la Révolution le fera voir.

Dans cette admirable mise en place, le lecteur trouve sans peine des échos hégéliens ou post-hégéliens — la référence à Marx est d'ailleurs explicitement faite —, mais aussi confirmation du diagnostic classique selon lequel la société moderne est condamnée au scepticisme en matière philosophique ou religieuse. En ce sens, les bourgeois révolutionnaires français ont fait à la fin du XVIIIe siècle une expérience inédite, si on se rapporte par la pensée au précédent américain, orchestré tout entier par les confessions protestantes. Ils ont affronté pour la première fois dans toute son ampleur le dilemme du libéralisme moderne : la vie politique et sociale ne comporte plus aucune croyance commune au corps des citoyens, puisque chacun d'entre eux reste maître de ce qui n'est plus que ses « opinions ». Nulle révolution, avant la française, ne s'est trouvée en face de ce déficit spirituel collectif, appelé à devenir le sort commun des sociétés modernes. Déficit que les Français ont ressenti d'autant plus vivement qu'ils ont dépouillé l'Église catholique de ses biens en finissant par lui confirmer son magistère.

Alphonse Dupront nous montre en quoi cette histoire est plus ancienne que la Révolution, puisqu'elle s'inscrit déjà dans la philosophie des Lumières. Il suffit pour le comprendre de consulter son chapitre sur Voltaire, médité dans les marges du livre de René Pomeau — Voltaire n'est pas plus antireligieux que Hume, mais plus anticlérical, sûrement. L'Église catholique et ses prêtres sont en France les cibles par excellence de ce grand mouvement de réappropriation de l'homme par l'homme qui fait le fond de l'époque. Mais le travail de la pensée se révèle impuissant à faire sortir de la critique de la tradition, comme au XVIe siècle, aucun ressourcement religieux, ou même aucun fort relais spirituel. Le déisme vol-

tairien n'est qu'une figure abstraite de l'universalisme, dont le bourgeois escompte en vain la capacité à fonder une morale dans les cœurs. Jansénisme, ésotérisme, religion naturelle, cultes maçonniques n'en sont pas plus capables : « *Que le jansénisme accuse la présence d'un Dieu de l'Ancien Testament, à figure plus ou moins jahvique, que la maçonnerie enseigne le Grand Architecte de l'Univers, ou que le théisme enseigne Dieu nécessaire et présent sous une figure plus ou moins anthropomorphe, ces expressions attestent, par rapport à la religion traditionnelle, l'épuisement d'une christologie et donc le moindre besoin d'une théodicée de la rédemption. L'exigence religieuse porte moins sur la promesse de salut que sur la présence ou la nécessité de Dieu* » (p. 209). *Cette recherche d'une religion « de moins en moins chrétienne » porte les esprits vers l'image d'un Dieu coextensif à la nature, qui ne satisfait aucun des besoins affectifs de religion. Elle orne des attentes politiques plus qu'elle ne peut contribuer à former un système de croyance collective. La France des Lumières vit sous l'emprise du politique avant même d'être la France de la Révolution. Et ce qu'elle garde de religieux, comme l'a bien vu Tocqueville, est réinscrit à l'intérieur du politique : c'est l'universalisme de la « civilisation », ou la foi en la régénération ; dans tous les cas, l'émancipation du genre humain.*

Ces leçons magistrales d'Alphonse Dupront forment ainsi comme l'introduction à la question la plus fondamentale de la France moderne. Elles évoquent, dans un style il est vrai très différent, une autre grande œuvre contemporaine, celle de Pierre Bénichou[1], *acharnée à retracer l'histoire de « l'avènement d'un pouvoir spirituel*

---

1. Pierre Bénichou : *Le Sacre de l'écrivain*, Corti, 1973, réédition Gallimard, 1996.

laïque[1], entre les Lumières d'un côté et la religion comtiste de l'humanité de l'autre. La France s'est affranchie de l'autorité de l'Église mais elle est restée catholique. Elle a brisé la domination de la noblesse, mais elle a gardé quelque chose d'aristocratique dans ses mœurs et dans ses lettres. Elle récuse le rationalisme abstrait des Lumières, mais elle garde sa confiance au magistère de ses écrivains. Au milieu de l'incertitude morale et spirituelle de la société libérale, où elle est entrée de manière si brillante et si convulsive, elle se fabrique ainsi des abris et des transitions. Le tour d'esprit romantique, apparu quand l'époque des Lumières resplendit encore d'un éclat suprême, a mêlé à l'esprit de 1789 la critique de l'abstraction libérale. À sa manière, il mettra fin à la Révolution en substituant au philosophe des Lumières une nouvelle figure du règne de l'homme de lettres : celle du Poëte-mage, annonciateur du Dieu nouveau. Des origines de cette vaste trajectoire, Alphonse Dupront a été sûrement un des plus profonds interprètes.

Je laisse le lecteur d'aujourd'hui, après ses auditeurs d'hier, constater avec quel soin il en analyse les différents éléments : la province et Paris, les lettres et les sciences, la politique et la religion, la décoration et l'architecture, il ne laisse inexplorée aucune occasion de voir. Sur chacun de ces terrains, à partir de quelques grands travaux érudits, décortiqués avec patience et délicatesse, il tourne autour de son interrogation centrale, pour l'enrichir de points de vue nouveaux. Son ambition d'histoire totale se nourrit de ces regards croisés, et de ces conquêtes accumulées : la maçonnerie lyonnaise, la religion de Voltaire, le laboratoire où Lavoisier découvre l'oxygène expriment le même mouvement de l'esprit que l'ajustement des Bâtiments du

---

1. À cette formule de Bénichou, on peut comparer l'expression de Dupront : « Définir une religion laïque, cela va être, à travers toutes sortes d'épisodes, le drame de la bourgeoisie, dans sa volonté de domination ou de service spirituel » (p. 135).

roi à l'humaine dimension qui est la règle de l'époque. Gabriel n'aura pas le temps d'arracher Versailles à la tyrannie posthume de Louis XIV, par la transformation du château côté Paris ; mais il offrira à la vie sociale de cette fin d'Ancien Régime les cadres dont nous vivons encore : la structure de nos villes, l'harmonie des palais et des places, et jusqu'à ce petit Trianon d'où une petite coterie aristocratique léguera un art de vivre à ceux qui la renverseront.

Ainsi les Lumières nous ont légué un univers mental qui a formé nos mœurs et conduit encore le cours de nos existences et de nos idées. Elles ont éduqué les élites de l'ancienne France — le large public urbain lecteur de Voltaire et de Rousseau —, elles en ont fait une société à sensibilité moderne, prise par la passion de penser et d'agir par elle-même, en restaurant l'individu dans ses droits imprescriptibles à l'autonomie. À cette ambition à la fois philosophique et politique, qui marque le caractère du XVIIIe siècle en Europe, la France prend une large part, avant que les circonstances de 1789 ne la mettent en demeure de l'accomplir dans la réalité. Alors commence une autre histoire, bien qu'elle soit encastrée dans ce qui l'a précédée : elle consiste à imaginer et à organiser la souveraineté des hommes sur eux-mêmes, à l'intérieur du corps national des citoyens. Alors aussi la Révolution française découvre à travers la destruction radicale de l'Ancien régime les contradictions et les impasses de l'universalisme démocratique. Son cours s'inscrit comme une éclatante leçon de chose sur les pensées écloses dans un monde disparu, dont personne, pas même les esprits les plus convaincus de l'urgence d'un changement, n'avait imaginé l'effondrement subit.

FRANÇOIS FURET

AVANT-PROPOS

Notre étude se déploie en trois temps.

Elle présente, en ouverture, quelques vues d'ensemble sur la période. C'est une lecture par gros plans, une réflexion approfondissante pour aboutir aux questions de ce que nous appelons aujourd'hui une « problématique ». Rien de bien abscons, mais seulement une mise en œuvre toute simple de la réflexion historique. Qu'y a-t-il en effet dans le secret de la prétendue problématique par rapport à notre réflexion historique ? Au moins trois aspects, du niveau de cette psychologie de M. de La Palisse qui saisit le donné pour ce qu'il est, ou du moins au plus près possible :

— Quelle est la place de la période étudiée dans une évolution historique ? Autrement dit, pour ne pas nous perdre en abstractions, quels rapports entre la création intellectuelle et spirituelle française de la seconde moitié du XVIIIe siècle et nous ? Donc quels rapports avec l'entre-deux, entre alors et aujourd'hui ? Quel rapport avec l'avant, c'est-à-dire la première moitié du XVIIIe siècle, et au-delà ?

Le premier acte de cette problématique historique est de mise en place, dans le besoin de dégager, et même de sentir une continuité historique.

— Quel est l'apport propre de l'ensemble historique

étudié (milieu et période), c'est-à-dire le « sens » d'une époque ?

Chaque époque que distingue, plus ou moins artificieusement, l'historiographie dans ce que l'on appelle la « périodisation » a une spécificité, une présence temporelle, qui n'est ni plus ni moins que son individualité historique, sa création propre. Une bonne marche de la pensée historique équilibre ainsi continuités et individualités. Ce qui nous permet d'éprouver ces robustes et banales vérités : que l'histoire ne recommence jamais, que l'histoire fait quelque chose. Une problématique doit ainsi dégager l'être d'une époque, mais par approches successives, sachant bien qu'elle ne peut que tenter persévéramment d'approcher le secret profond. Ce qu'ont vécu dans leur vérité d'existence les hommes d'une époque, gardons-nous de penser que nous le saurons jamais exactement.

— Quelles sont les cohérences vitales de la période étudiée ? Qu'est-ce qui fait sa puissance créatrice ?

Nous sommes là dans l'exploration du secret. Mais il est bien évident que la seule tâche valable de l'historien est de décrire le plus exactement possible et en même temps de chercher comment formes, langage, représentations, images collectives s'agencent entre elles et par rapport à la vie des hommes du temps. Autrement dit mettre en évidence le plus qu'il se peut le complexe rapport entre ce qui est dit ou écrit ou représenté, ce qui est agi, ce qui est vécu. Et de la vertu de ces cohérences, pressentir le rôle des forces profondes à l'œuvre.

L'on comprendra qu'au regard de la problématique, là est le point important. Surtout pour une période comme la nôtre, où nous avons tout à la fois à mesurer son influence historique et une instance révolutionnaire. Cette « pré-Révolution » va-t-elle nous livrer le secret de la Révolution ? Au regard de telle philosophie de l'histoire, la problématique peut fort bien se réduire à la mise en évidence de temps dialectiques.

Nous commençons à être mieux armés aujourd'hui pour dépasser cette mise en forme de l'histoire. Pour savoir du moins que nous avons des moyens d'analyser plus avant les mécanismes de l'âme collective, dans une société et un temps donnés. Ainsi, de faire d'une description historique superficielle une analyse progressive des profondeurs. Ce que l'histoire économique et sociale découvre d'abondance — parfois même un peu trop, et avec bien des redites —, l'histoire des mentalités ou des âmes collectives tente aujourd'hui de l'explorer, aboutissant souvent à d'éclairantes concordances avec les résultats de l'histoire économique et sociale. Ce qui fait que les enseignements ou les intuitions de la dialectique sont saufs.

Pour le moment, dans les démarches de cette histoire neuve, je ne relèverai que l'attitude. Celle-ci est inlassablement de description, mais de description interrogative — en cet entretien avec le donné historique, sur lequel a écrit si fortement Marc Bloch. Ce qui ne comporte pas autre chose qu'une problématique ouverte et qui lentement, au fur et à mesure des progrès de l'analyse, de la découverte de la vie passée, se resserre.

Ma démarche problématique sera donc, les traits essentiels de la création originale de notre période constatés, de poser quelques grandes questions capables d'éclairer pour nous, ou d'enserrer, le secret vital de l'époque. Rien n'est inutile en histoire, mais savoir comment cela se fait demeure au cœur du mystère de l'histoire. Mystère qu'il faut poser au commencement de toute réflexion historique : c'est, me semble-t-il, la voie la plus sûre pour faire, en hommes, une histoire d'hommes.

Dans un deuxième temps, nous procéderons, après la mise en place de la problématique, à une série de mises au point concernant certains des aspects les plus importants de la période étudiée.

D'abord, les « implantations sociales ». J'entends par là saisir dans la société du temps la circulation des idées, pour dénombrer entre elles les plus déterminantes. Nous le tenterons par deux sondages : l'un au niveau des cahiers de doléances pour les États généraux de 1789 ; l'autre au niveau de la société d'une grande ville de province, capitale à son échelle, Lyon.

Puis, nous présenterons une « histoire des idées », qui traitera de « la religion de Voltaire », selon le titre de la thèse de René Pomeau, et nous conduira aux sciences, avec Lavoisier, et aux arts, à propos du Petit Trianon et du style rococo.

À quelques exceptions près, ces réflexions seront pillage d'autrui — je veux dire présentation d'ouvrages. Je m'efforcerai surtout de donner « forme » à cette présentation et plus encore de l'orienter vers un inventaire de résultats, eu égard aux questions de notre problématique.

Enfin, troisième temps, celui de la synthèse, nous étudierons ce qu'à mon sens cette société des Lumières de la seconde moitié du XVIIIe siècle a créé, et pour quel accomplissement d'elle-même.

A. D.

CHAPITRE PREMIER

QU'EST-CE QUE « LES LUMIÈRES » ?

L'ÉPOQUE ET NOUS

Nous sommes des fils de l'« intelligentsia » française de la seconde moitié du XVIIIe siècle, si peuvent être dits fils les fils ou petits-fils des arrière-petits-fils. En fait, nous sommes à cinq ou six générations de là. La génération de nos maîtres en était encore, vis-à-vis de cette « intelligentsia » plus ou moins prise en bloc, au pour et au contre. C'est un aveu d'appartenance — une querelle de famille poursuivie. Mais le plus important, dans cette proximité temporelle de descendance, c'est une continuité directe, qui fait que ce XVIIIe siècle est encore parmi nous, et travaille en nous.

Le débordement scolaire, qui est le drame, disons joyeux, de notre Université contemporaine, procède directement de la philosophie des Lumières. Quand nous réclamons l'instruction comme un droit de l'homme, nous sommes « philosophes ». Ce qui ne veut pas dire — il y a des accélérations ou des fatalités de l'histoire — que les Philosophes aient certes réclamé l'instruction égale pour tous. Mais les signes du progrès que nous convoitons chaque jour s'insèrent, pour l'analyse historique, dans ce que j'appellerai une exigence, une conscience et une superstition du progrès, qui éclatent avec un optimisme nonpareil dans la pensée française de la seconde moitié du xviiie siècle.

Mieux encore, notre souci, plus ou moins sourcilleux, d'être « moderne ». Il est moins, selon le génie laborieux du mot, d'être d'aujourd'hui — hommes bien ancrés dans le présent —, que d'être dans le mouvement du progrès, qui chaque jour s'accélère. Ce dédain des générations entre elles, dans une frénésie plus ou moins panique de ruée vers l'avenir, c'est, avec une accélération croissante dans le temps et un rayonnement de plus en plus grand dans le corps social, depuis la seconde moitié du xviiie siècle qu'il nous tient.

Ce qu'une historiographie passionnée et, pour ne plus dire le mot, « primaire », a marqué dans la cristallisation abusive d'une naissance de notre temps au 5 mai 1789 ou aux environs, n'est cependant pas sans vérité, à condition de remonter un peu plus haut. Nos mesures de bonheur, individuel et collectif, donc nos besoins, nos droits, nos superstitions d'aujourd'hui, ont leurs origines directes, clairement conscientes sur un siècle trois quarts d'histoire, dans l'élaboration mentale du monde français des Lumières de la seconde moitié du xviiie siècle.

À prendre les choses dans le donné massif de notre société contemporaine, il est aisé de constater que tout notre vocabulaire politique, la plupart de nos valeurs et de nos images collectives sont encore ceux de l'époque de notre étude. On pourrait, sans trop d'analyse imaginaire, montrer d'évidentes continuités entre la sensibilité de la seconde moitié du xviiie siècle et les découvertes d'aujourd'hui d'une psychologie des profondeurs. Aussi, en arrière-plan du jeu des forces politiques, dans la survie du peuple au niveau de l'histoire, notre épreuve d'aujourd'hui de ce que l'on appelle plus ou moins proprement une « civilisation de masses ». De même dans le décor de la vie — autre voie secrète, avec le langage, pour pénétrer l'âme collective —, si l'on veut bien prolonger les styles Louis XV et Louis XVI par le Directoire et l'Empire, tout un décor de vie bourgeoise, ou parisienne, d'aujourd'hui, garde soit les continuités soit les nostalgies d'une époque où un certain style de vie français ne cesse de se reconnaître, les corps et les âmes de se trouver bien. Après d'évidentes continuités, des signes de plus en plus apparents, où peut se diagnostiquer la fin d'une influence directe ?

Pourrai-je dire que nous mesurons les dangers, ou du moins les insuffisances graves, collectives et individuelles, d'une instruction distribuée de façon généralisée, souvent approximative, voire improvisée ? Nous savons maintenant que l'instruction n'est pas la science, encore moins la connaissance, et que les Lumières ne deviennent pas, par le seul fait d'être répandues, bienfaisantes. Leçon sans doute de l'histoire, car aussi important que d'être instruit est de vivre. Nous avons découvert que les Lumières ne sont pas, sans autre, l'école du bonheur social ou individuel.

Il y a même des fêlures dans nos certitudes du progrès, et cette possession du temps qu'il représente d'un avenir sans cesse meilleur, non pas meilleur en soi, mais meilleur à vivre. Dans notre prétendue « accélération de l'histoire », il y a une angoisse d'exister, une fièvre irréelle du présent, une lucidité de l'absurde, que n'a pas connu le temps de la « douceur de vivre ». Si peut-être, plus qu'il ne le sait, l'existentialisme procède du XVIIIe siècle, il demeure certain que dans leur imposition massive et souveraine à la vie de notre temps, la physique quantique et les systèmes de valeurs qui en dépendent, l'exploration de l'espace, les matières plastiques, l'art abstrait découvrent autant de réalités neuves, et — même si tout se tient — étrangères à ce monde de notre naissance proche. Un saut de plus se fait, abrupt, immense, dans ce qui doit être une évolution historique. Il est encore trop tôt pour que nous le sachions bien. D'autant que notre système mental, notre vocabulaire, nos images, nos structures logiques surtout, demeurent « décalées » et en retard par rapport à tout ce qui se découvre aujourd'hui. Phénomène au demeurant normal dans l'histoire de l'âme collective : le mental collectif est en retard par rapport à ce qui se passe. Nous découvrons notre temps avec l'univers mental des générations précédentes, pour une grande part selon que les hommes, nos pères, de la seconde moitié du xviiie siècle, parlaient. Ont-ils donc eux été, par une grâce exceptionnelle, un privilège historique, des novateurs — et, pour reprendre l'épigraphe altière de l'*Esprit des Lois* — des « enfants sans mère » ?

LA SECONDE MOITIÉ DU XVIIIe SIÈCLE ET LA RÉVOLUTION

Nous en arrivons à l'autre approche évidente — l'incubation révolutionnaire. Comme les événements de la Révolution suivent et couronnent les quatre premières décennies de la seconde moitié du siècle, qui contesterait qu'il y a, dans la seconde moitié du xviiie siècle, incubation révolutionnaire, voire « pré-révolution » ?

De là à lire le déroulement des événements selon une causalité élémentaire, il n'y a qu'un pas. L'histoire de l'historiographie révolutionnaire n'est pas encore écrite, mais elle se silhouette aisément selon deux perspectives envoûtantes et passionnées. Ou bien les idées mènent le monde, et ce sont les « Philosophes » — qu'on les célèbre ou qu'on les exècre — plus ou moins relayés par les « sociétés de pensées », maçonneries ou autres académies, qui ont fait la Révolution française. Il n'y aura plus qu'à réussir aussi bien, avec les Idées toujours, la prochaine Révolution, ou la Contre-Révolution. Ou bien l'épique des épisodes révolutionnaires prend quasiment tout pour lui, et il reste de notre monde de Lumières, philosophes et encyclopédistes, un monde d'avant-garde certes, mais combien léger, irresponsable et surtout dépendant de la société où il s'illustre, par rapport aux forces obscures de la Révolution sociale. La Révolution, elle aussi, peut être sans ancêtres, ou du moins exprimer tout un autre univers que celui qu'une vaine « intelligentsia » prétend avoir découvert.

Là-dessus, on peut entasser des bibliothèques, et ne convaincre personne : car il s'agit seulement de convaincre. Je dirai seulement que le marxisme, en contraignant la réflexion historique à chercher au-delà des événements même et leur sens et leur génétique, a engagé l'historiographie sur la voie de vérité, celle de l'analyse des arrière-plans. Cette analyse n'a, selon moi, de chances d'atteindre au vécu profond que si elle s'enchaîne à partir de constatations extrêmement simples.

Une période de pré-révolution

C'est une quasi-tautologie historique : la seconde moitié du XVIIIe siècle français correspond à un état de « pré-révolution ». Nous verrons un peu plus tard où il faut fixer les limites chronologiques de cet « état », si tant est qu'il y ait une chronologie des « états ». De toute évidence, il n'est aucune des forces de la vie et de la spiritualité françaises de cette époque qui ne participe de cet état. Cette constatation fruste nous tire de toutes les dissertations alambiquées sur les jeux d'influences, où nous sommes toujours partisans.

Ceci fermement posé, pour éviter tout discours inutile, constatons encore ce qui suit :

— Les représentants les plus éminents des Lumières, les plus grands des « Philosophes », aussi bien que plus tard physiocrates et idéologues, ont persévéramment cherché l'incarnation de leurs idées. Dans la création des « Lumières », il y a un instant besoin d'accomplissement : ou bien par la voie de ce que l'on appellera le « despote éclairé », voie traditionnelle après tout et qui n'étonne pas chez un ancien élève des jésuites comme Voltaire (c'est Voltaire entre Frédéric II et Catherine, Diderot et Catherine ; et même Rousseau portant en lui l'image du gouvernement de Pologne, voire celle du gouvernement de Genève) ; ou bien par l'organisation de ce que je nommerai volontiers une « société de pouvoir ». Il y a eu en effet, dans le « parti des Philosophes », la prise de conscience d'une force autonome, autour de l'Encyclopédie surtout, avec les physiocrates, ou même avec les idéologues (« parti » qui a peut-être tenté sa prise de pouvoir au moins à deux reprises, autour du triumvirat sous le règne de Louis XV, et surtout dans le ministériat de Turgot, entreprise sans lendemains, ou plutôt aux lendemains dramatiques).

Pour l'essentiel, les « Lumières » sont bien autre chose que spéculation ou définition doctrinale. Elles cherchent la transformation de la vie commune, un sens, une organicité de la société, et elles tendent à la réalisation concrète ; si ce n'est pas en France, après l'échec, ce pourrait être aux royaumes des despotes, ou bien sur les terres imaginées neuves de la jeune Russie ou de l'adolescente Amérique.

— Les hommes des Lumières n'ont pas atteint eux-mêmes au pouvoir. Eux qui n'ont cessé, à l'encontre de ce qui s'est très vite imposé dans l'*Aufklärung* germanique, de vouloir être à la fois définisseurs et réalisateurs, penseurs et hommes d'action, ils ne parviendront jamais à cette incarnation d'unité. À peine un Condorcet, mais c'est pour mourir dans la tourmente. Ou bien, après l'éphémère Turgot, l'avilissement du recours à un Necker, étranger et faiseur de miracles bourgeois, ou à des prestidigitateurs mondains, au demeurant bien intentionnés, tels Calonne ou Loménie de Brienne.

La République des Philosophes ne sera pas gouvernée directement par eux. Aura-t-elle même sa fort lointaine revanche dans ce qui de notre temps s'est appelé, de par la malice bourguignonne de son parrain Albert Thibaudet, la « République des Professeurs » ?

Cet échec des Lumières dans leur vocation d'unité entre puissance de concevoir et pouvoir de réaliser a deux conséquences non moins évidentes : la première est que l'effort tendu des hommes des Lumières, effort de conquête et d'accomplissement, tendu sur presque un demi-siècle, ne peut pas ne pas avoir créé ou manifesté un besoin collectif, dont je n'analyserai pas ici le complexe, plus sentimental ou affectif d'ailleurs qu'intellectuel et objectif. Des principes de vie neuve se découvrent en lui. Il y a désormais *un règne* des *Lumières*.

Phénomène irréversible d'instance plus ou moins mythique, ou de conscience d'ordre, qui fonde la continuité des Lumières jusqu'à notre temps (quelque chose de très fort a été ainsi marqué), qui explique aussi comment l'on a pu légitimement, même partiellement, faire des Lumières l'une des causes maîtresses de la Révolution française.

L'autre conséquence est sociologique. S'ils n'ont pas régné directement, les définisseurs des Lumières ont eu des truchements du règne. Entre la conscience et le pouvoir, il y a une structure d'intermédiaires. Ces intermédiaires ont-ils été simplement promus par les Lumières, profiteurs habiles en somme, ou bien sont-ils, de près ou de plus loin, ceux qui ont, par les Lumières, satisfait leurs propres besoins vitaux ? Nous retrouvons ainsi l'un des problèmes fondamentaux pour notre méditation : les Lumières, nécessité en soi, ou service — et service de quoi ou de qui ? Problème au demeurant plus apparent que réel : nous avons aujourd'hui tendance à être certains que les idées sont servantes. Les exprime ou les fait exprimer qui s'en sert. Rien de diminuant dans cette épure, mais l'honnêteté d'une correspondance.

La racine sociale et humaine des idées

Cette constatation, qui porte sur l'entier déroulement historique de la Révolution française, souligne que la Révolution est plus une Révolution consacrante, satisfaisante, qu'une Révolution pionnière, explosion d'un monde trop vieux dans une aventure trop neuve. De toute évidence, un aboutissement, une conséquence, et proclamée quand elle est déjà inscrite dans les esprits, qu'elle n'a plus qu'à s'exprimer dans les institutions et un ordre. Autrement dit la Révolution paraît dans l'histoire quand l'ordre neuf, déjà mûri dans les têtes, n'a plus qu'à se manifester réalité commune. Ainsi, troisième opération d'un procès historique — opération d'incarnation ou d'expression — dans un procès à trois temps : libération de l'ordre ancien ; maturation consciente des besoins nouveaux ; expression institutionnelle et organisation des représentations collectives et des visions du monde conséquentes.

Schéma qui éclaire peut-être mais qui a toutes les gracilités du schéma. Il accuse cependant d'abord la dépendance de l'explosion révolutionnaire de la période préalable, donc le lien, de conscience à acte, entre les Lumières et la Révolution française, mais surtout il impose une période d'incubation révolutionnaire, beaucoup plus longue que celle qui s'étend entre l'épanouissement des Lumières et les événements de l'histoire révolutionnaire. Les Lumières deviennent un épiphénomène glorieux, mais partiel, d'une dynamique plus large, dont il est évident qu'avant d'être d'expression, elle est de libération.

Sans analyser autrement les formes de cette libération, nous pouvons, me semble-t-il, la manifester par deux traits éclatants : l'indépendance d'être moderne, c'est-à-dire la libération de l'ancien, qui peut être un ancien très proche, encore incrusté dans les consciences ; la capacité lucide et proclamée de définir, au niveau d'une société des hommes indépendante, les principes et les formes d'un ordre du monde neuf.

Je dirais volontiers que la Révolution, elle est là, dans cette audace prométhéenne de toute une société, ou de groupes d'hommes, de faire toute seule son univers. C'est l'inversion grandiose d'un ordre du monde défini par la révélation, une histoire sainte du monde, un surnaturel préalable et omnipotent en un ordre de monde défini par la conscience, la nature, une prise de possession et de présence de soi suffisante, avec les seuls enseignements de la raison et de l'histoire tout humaine. Il n'importe d'ailleurs de préciser maintenant les contenus. Ce qui compte, en l'étape présente de notre analyse, c'est l'insertion tant de la Révolution française que des Philosophes et des Lumières dans un mouvement de développement historique plus large, qui est, lui, la véritable Révolution et qui est essentiellement le passage d'une mythique traditionnelle (mythique de religion, de sacralités, d'autorité religieuse et politique) à une mythique nouvelle, ou foi commune rénovée, dont la plus véhémente des affirmations est de ne pas se vouloir ou de ne pas se savoir mythique.

Ce phénomène se déroule largement sur plus d'un siècle et demi d'histoire, des dernières décennies du XVIIe siècle à la mi-XIXe siècle, dans les années qui suivent l'épopée ardente, universelle et condamnée de

1848. Peut-être même faudrait-il aller jusqu'à la Commune.

Le contexte européen

Son cadre d'histoire ? L'Europe. On ne comprendra rien à la dynamique de force des idées des philosophes français au xviiie siècle si, par suffisance ou limitation nationale, nous ne les replaçons pas dans leur contexte européen. Toute la création spirituelle française de la seconde moitié du xviiie siècle a pour théâtre l'Europe. Peut-être même n'a-t-elle connu tant d'éclat et de rayonnement que par cette vertu d'être européenne. Et non pas d'une Europe en mutation d'elle-même : ce qui laisserait croire, comme l'a trop supposé, à notre sens, Paul Hazard, dans son beau livre *La Crise de la Conscience Européenne*, qu'il y avait déjà une Europe consciente de soi, et vieille de vicissitudes historiques diverses. À la fin du xviie siècle, l'Europe est en train de naître ; au cours du xviiie siècle, elle se fait. Je veux dire l'Europe où il y a des Européens, conscients entre eux de réalité commune. Europe des princes et Europe des Lumières, voilà les deux formes d'un épanouissement de la réalité européenne au cours du xviiie siècle. Cette « Europe des Lumières », elle est aussi plus ou moins la « République des lettres » : c'est une force autonome, qui s'est faite quasiment seule et qui longtemps, quoique par tant d'aspects dépendante, se cherchera courageusement indépendante.

L'Europe, dans sa définition historique, est une création d'opinion, une puissance d'opinion qui, par sa réalité extra-nationale, a rendu possible et l'explosion des Lumières et, surtout, leur efficacité. Ce que n'avait pas manqué de pressentir, selon son univers et selon son vocabulaire, l'intuition perspicace de Tocqueville, quand il analysait, au livre premier de *L'Ancien Régime et la Révolution*, cette singularité de la Révolution française de s'être accomplie, bien que Révolution politique, à la manière des révolutions religieuses. Caractère essentiel de cette « religiosité » : « La révolution française n'a pas eu de territoire propre. » Phénomène d'universel, parce que son territoire est l'Europe. Une Europe qui est tout à la fois théâtre, puissance d'opinion, centre du monde et réalité géopolitique naissante.

Que l'on retrouve comment procédait Voltaire, quand il voulait aboutir en son combat libérateur contre l'Infâme. Dans la montée de l'affaire Calas par exemple, il lance une souscription en Angleterre, quête auprès des souverains, ses correspondants. Le sens de cette opinion européenne est chez lui parfaitement conscient. Ainsi, en pleine affaire, écrira-t-il ces lignes d'une thérapeutique des Lumières : « Je voudrais que les gens qui sont si fiers et si rogues sur leurs paliers voyageassent un peu dans l'Europe, qu'ils entendissent ce que l'on dit d'eux. » « Qu'ils entendissent ce que l'on dit d'eux... » dans l'Europe : tout est là, d'une souveraineté normative de l'opinion européenne — celle que font ou expriment les Lumières. Aussi dans l'affaire Sirven, quelques années plus tard, le voit-on alerter, dans une démesure évidente par rapport à l'objet même, l'impératrice de Russie, le roi de Prusse, le roi de Pologne, le roi de Danemark, le landgrave de Hesse, la duchesse de Saxe-Gotha, la princesse de Nassau-Sarrebruck, la margrave de Bade, la princesse de Darmstadt, la république de Berne, et tout ce que l'Europe compte plus ou moins de lumières. La correspondance prodigieuse de Voltaire serait un autre moyen d'inventaire de cette « conscience européenne » naissante. Ainsi notre historiographie, trop nationale, trop centrée sur un phénomène paroxystique, celui de la Révolution française, doit éclater à la fois dans le temps et dans l'espace.

Plus important, dirais-je, que la Révolution française, l'avènement historique d'une Europe où les princes et les gens de lettres définissent une conscience plus ou moins commune, Europe à qui la double réalité d'être la maîtresse ou le modèle du monde — que lentement elle découvre — et de s'accroître en puissance territoriale dans une poussée vers l'Est semble promettre la possession de l'univers. D'autant que cet avènement est un avènement civil, dans la libération des sacralités traditionnelles. Hors la chrétienté, l'Europe, c'est là l'événement capital, après quoi pouvait tenter de s'accomplir une Révolution exemplaire, c'est la Révolution française. Dans cette perspective, thèses et contre-thèses se mettent en place. Il est évident et que la Révolution française est un aboutissement et qu'elle est le couronnement des Lumières. On peut chanter avec Voltaire « Les livres gouvernent le monde », mais ajouter tout de suite avec l'humour de René Pomeau : « Conviction d'écrivain, qui est peut-être à l'origine de l'échec relatif de l'entreprise. » Échec tout relatif à la vérité, car les Lumières sont irréversibles. Modernité, Europe, société civile, avènement d'un monde de la quantité, conscience d'un univers tout humain, rien qu'humain, tout cela fait corps. Mais il est non moins évident que par rapport à cette découverte d'un ordre du monde laïque et désacralisé, les Lumières ne sont qu'une prise de conscience glorieuse, la certitude enfin acquise, et qu'elles ne peuvent être que l'expression de forces plus entières, plus puissantes, d'un combat plus entier et plus profond de qui avait besoin de prendre conscience.

L'analyse des forces de révolution, pour les saisir dans leur ensemble, il faudrait en suivre la génétique, pour nous maintenant claire, dans l'entier développement de l'Europe moderne. Nous essaierons, pour notre propos, de les situer à l'œuvre, au partir de quelques réflexions très simples.

Deux principes qui s'affrontent : liberté et égalité

À peine éclatée et consciente de soi, la Révolution française ne cesse de se développer selon un double mouvement de conservation et de progrès. Arrêter la Révolution ou au contraire la poursuivre, c'est, depuis 1789, la dialectique passionnelle de l'« état » révolutionnaire. Soit résistance et mouvement, ainsi que diront les grands bourgeois, qui savaient de quoi ils parlaient, de la monarchie de Juillet. Cette dynamique de la Révolution apparaît de plus en plus dans le recul lucide de l'histoire, comme animée par deux principes socialement, voire humainement, contradictoires : le principe de liberté d'un côté, celui d'égalité de l'autre.

Si ce n'est pas le lieu ici de découvrir l'ambiguïté de contenu qu'il y aura dans le vocable de liberté — ambiguïté sensible dans le vocabulaire même par le passage du pluriel historique *les libertés* au singulier, abstrait, métaphysique, voire individuel —, nous pouvons dire sans trop schématiser que la révolution nobiliaire est celle de la liberté ; la révolution bourgeoise est égalitaire.

Tout cela « dura » évidemment — perspective de lecture statique. La réalité est plus complexe, et mieux éclairée sans doute par les perspectives évolutives suivantes. S'il faut redire avec Tocqueville que « la Révolution est sortie d'elle-même de ce qui précède », ceci s'éclaire au moins selon deux directions : d'une part, la lutte de la noblesse contre l'absolutisme au nom de la liberté. C'est plus ou moins la continuité de toute cette « littérature nobiliaire », éclatante dans la première moitié du XVIIIe siècle, avec les grands noms de Boulainvilliers et surtout de Montesquieu. Elle pouvait, cette lutte, ou bien se durcir dans le maintien jaloux de privilèges ou de droits historiques, la nostalgie d'un univers féodal par exemple, ou bien se vivifier dans la recréation d'une aristocratie toujours ouverte, ce qu'a pu traduire, plus qu'on ne dit, la notion même de « notables », aux dernières années de l'Ancien Régime. D'autre part, par l'absolutisme et se servant de lui, une bourgeoisie aux étages multiples tend plus ou moins consciemment à l'établissement d'un ordre égalitaire. Ainsi que l'a fortement marqué Georges Lefebvre, réfléchissant sur Tocqueville, la conquête de l'égalité est bien le caractère distinctif de la Révolution française. Celle-ci impose la tendance égalitaire, ou l'accuse, plus que la tendance libérale.

Mais, à regarder les choses d'un peu haut, liberté et égalité demeurent des images collectives plus ou moins abstraites. Ce qui l'est moins, ce sont les représentations de la société dont elles dépendent. D'un côté, en effet, la société de la liberté, ou nobiliaire, mieux encore aristocratique, est une société structurée en « corps intermédiaires ». Le principal des « corps intermédiaires » y est la noblesse, qui a pu à bon droit se présenter comme le rempart de la liberté contre l'absolutisme. Société de corps, donc société hiérarchisée. À quoi il faut ajouter — ce qui est essentiel, plus que Boulainvilliers ou Montesquieu ne disent, société de type traditionnel, soit de prétentions historiques, soit de définition surnaturelle, société du moins où l'autorité vient d'en haut, ou de loin. Bel exemple de la société nobiliaire, ces réflexions de Loménie de Brienne, écrites à l'occasion de l'Assemblée des Notables de 1787, et d'autant plus expressives qu'elles se trouvent dans un mémoire de premier jet qui n'était pas destiné à être publié. Concluant, de l'existence de la « distinction des ordres » dans les assemblées nationales, à la nécessité de les maintenir dans les assemblées provinciales, Brienne ainsi philosophe : « Le même principe de distinction doit exister dans les unes et dans les autres. S'il n'en existait pas, ces assemblées amèneraient bientôt la liberté des Républiques ou l'autorité absolue des despotes. L'une et l'autre ne conviennent pas à une monarchie et particulièrement à la monarchie française. Sa constitution demande une forme qui luy soit propre, et pour cela il faut que cette forme admette des distinctions et des distinctions anciennes analogues à celles qui ont lieu dans les États généraux. » Dans cet univers nobiliaire, réformateur de la monarchie, l'histoire et la sociologie des formes associent étroitement et l'alliance de la monarchie et de la noblesse, et une structure par corps de la société, la surnature plus ou moins, c'est-à-dire Dieu, et le plus lointain passé, ensemble cautions de cet ordre.

De l'autre côté, la société de l'égalité est rigoureusement homogène : toutes les parties y doivent être égales, donc pas de corps — seulement une « administration ». De ce que l'historiographie contemporaine a appelé la « monarchie administrative » à la centralisation jacobine, il y a continuité parfaite. La passion antirévolutionnaire de Taine s'avère ici hautement perspicace : l'Ancien Régime a fait, ou mûri, la France jacobine. Dans ses définitions essentielles, la société de l'égalité est une société de la représentation, structurée par une administration. Toutes deux procèdent d'une autorité qui se définit elle-même ou qui se pose consciente de soi, donc d'une autorité à l'intérieur du corps collectif — cette autorité que l'on dit populaire et qui, si l'autre vient de la surnature, d'une investiture divine, procède, elle, de la nature, de l'ordre humain des choses.

Pour les aristocrates « révolutionnaires » de 1789, la démocratie, mot extrême, c'est essentiellement, jusque dans la plus grande exigence du mot, l'accession du « démos » à la gestion des affaires publiques. Par la représentation, l'accès et la présence du peuple ; et désormais par lui une inversion du pouvoir. Plus que cette « inversion » du pouvoir même, qui mettra longtemps à se faire consciente, c'est le sentiment de plus en plus aigu d'une organisation politique qui se fait dans le temps des hommes, et qui pour dépendre de principes n'en est pas moins œuvre d'hommes. Tout cela fort timidement, bien progressivement, car il y a, dans la superstition des principes, le besoin d'une Déclaration des Droits de l'Homme et du Citoyen qui, pour être la définition d'un ordre de nature, n'en a pas moins, dans sa solennité, sa religiosité, son exigence d'éternel, une nostalgie de surnature, l'aveu d'attaches profondes à un ordre supérieur. La véritable dynamique révolutionnaire est là, dans l'effort plus ou moins vital pour accomplir, dans sa totalité, une société de l'immanence. Si société de la liberté et société de l'égalité se combattent et s'opposent, c'est qu'en définitive, dans un procès de cohérences, l'une, la seconde, doit parfaire ce que l'autre a commencé. Ainsi s'éclaire que les bourgeois paraissent, dans le déroulement de l'action « réformatrice » et pré-révolutionnaire de la noblesse, avoir, si l'on peut dire, tiré les marrons du feu. Plus cohérents seulement et fidèles à leur pulsion vitale comme à leur volonté de puissance — quand l'aristocratie, jusqu'alors plus ou moins ouverte, se recroqueville à n'être plus au long du xviiie siècle, et surtout dans la seconde moitié, qu'une noblesse fermée —, ils vont reprendre à leur profit le flambeau. Héritiers et continuateurs de la noblesse, ils le furent toujours, dans le déroulement de cet immense mouvement de libération d'un ordre surnaturel, chrétien et historique (l'épanouissement même du Moyen Âge) commencé, au xviiie siècle, depuis cinq siècles et où se relaient au moins trois forces de dynamique sociale, la noblesse, l'« intelligentsia », la volonté de puissance bourgeoise.

La fin commune ? Elle est l'accomplissement d'une

société des hommes parfaitement indépendante, et qui donc doit toute s'accomplir sur cette terre. Volonté d'accomplissement terrestre et « temporel », où s'enracine l'idée fonctionnelle de représentation, et dont le terme doit être, selon ce que célèbre Hegel dans la *Phénoménologie de l'Esprit*, la descente du ciel sur la terre. Situer ainsi la dynamique révolutionnaire nous débarrasse de bien des faux problèmes où nous nous exaspérons. N'établissons pas des enracinements sociologiques simplistes où nous ne pouvons que diminuer la complexité de l'histoire. Il faut concevoir plutôt, au plan intellectuel voire spirituel, une immense élaboration de notions, de formes, d'idées, une mise en circulation plus ou moins chaotique où la vie collective prend selon son besoin. Pour nous en convaincre — et je m'en tiendrai là des preuves — acceptons un moment le jeu trop facile de la mise en lumière d'évidentes contradictions.

Les réflexions « politiques » de Brienne, dans le *Mémoire sur les Assemblées Provinciales* mentionné plus haut, sont un tissu de tendances contradictoires. La plus marquante est, par exemple, la double affirmation de la nécessité des « distinctions », c'est-à-dire de la hiérarchie et du maintien des droits acquis jusque dans les futures Assemblées provinciales et, d'autre part, du principe que « le premier mérite d'un impôt est d'être égal ». De toute évidence, cette justice financière, dont il est aisé de voir les origines sociales, détruira un jour ou l'autre les traditions d'une société hiérarchique, surtout, si elle demeure — ainsi que le sait noblement Brienne après Montesquieu — fondée sur l'honneur. Brienne, ainsi exemple de distorsion, en qui, dans un effort lucide, et possiblement sans crainte de l'avenir, le neuf coexiste avec le vieux.

Accusons les contradictions avec de plus illustres exemples. Par toute sa présence historique, son rôle social et le génie d'ensemble de ses œuvres, Montesquieu est un grand robin, éclairé mais « traditionaliste », au meilleur sens du terme. Ses éclats sont des éclats de plume et de cabinet, des agressivités ou des audaces de grand bourgeois solidement établi. De l'écrit, à l'incarnation de l'écrit, y a-t-il même pour lui question ? Quand il déclare (*Esprit des Lois*, II, 2) : « Les peuples sont admirables en choisissant ceux auxquels ils doivent déléguer une partie de leur autorité », ou bien (V, 2) : « Rarement la corruption commence dans le peuple », c'est ce que l'on pourrait appeler une dialectique utopique, nourrie d'affectivité, la recherche passionnelle d'un contrepoids ou d'une perfection, sans plus.

Ainsi que l'écrit avec beaucoup de sagesse H. Peyre[1] : « Comme beaucoup d'autres hommes qui ont fait l'histoire, il influença les décisives années de 1789-92 surtout par ce qu'il a dit presque sans le vouloir, par ce que d'autres hommes ont lu dans ses phrases, par le ton de ses écrits, beaucoup plus que par leur contenu. » Nous voici en pleine psychologie des transmissions obscures, où le grand homme est instrument ou lumière. Le principe de la séparation des pouvoirs, lucidité illuminante de juriste et travail d'analyste, devient ainsi une mécanisation mentale collective, et, de la complicité commune de Montesquieu et de sa clientèle, un principe, ce qu'il n'a jamais été, ou s'il a été principe, c'est seulement principe d'analyse, non pas principe d'ordre.

Mêmes aspects, plus accusés encore, avec Rousseau. Anarchiste dans ses premiers *Discours*, son article « Économie politique » du tome V de l'*Encyclopédie* est sagement conservateur. Maturité de l'homme ? Que non pas. Ce qu'il proposera pour la constitution du royaume

---

1. Dans son article « The Influence of Eighteenth Century Ideas on the French Revolution », *Journal of the History of Ideas*, 1948, p. 76.

de Pologne, voire pour le gouvernement de la Corse, n'est nullement une mise en application du *Contrat social*. Variations qui ne sont pas contradictions, mais états successifs où s'établit une subtile correspondance entre l'objet même de l'analyse et l'état de l'analyste. Rousseau le savait qui, dans la seconde préface de la *Nouvelle Héloïse*, écrivait : « Vous voulez qu'on soit toujours conséquent ; je doute que cela soit possible à l'homme ; mais ce qui lui est possible est d'être toujours vrai : voilà ce que je veux tâcher d'être. » La vérité, au-delà de la conséquence. Pourquoi donc les historiens veulent-ils sans cesse expliquer au-dessus, au-delà de ce que les plus grands hommes d'une époque n'ont pu définir d'eux-mêmes ? L'inconséquence, ou l'incohérence, est la règle de Rousseau — par choix d'aimer la vérité. C'est donc que la vérité de la vie, ou du monde, est l'incohérence même, ou du moins l'infinie diversité sans ordre ni règles immédiatement apparentes. Ce primat de la vie est une philosophie de l'immanence.

Inconséquences non moins évidentes au niveau des faits. Ni Rousseau n'était un révolutionnaire : il semble n'avoir nullement souhaité une révolution en France, ni cru à la République ; ni le *Contrat social* n'a été le manuel du révolutionnaire bien né... d'alors. Ainsi que l'a montré Daniel Mornet, entre 1762 et 1789, l'influence du *Contrat social* demeure faible. Livre d'utopie pour les « réalistes ». Et cependant le père de cette utopie sera consacré par un culte : c'est, en 1794, le vote de la Convention nationale décidant du transfert des cendres de Rousseau au Panthéon. Si les contradictions de Rousseau sont une recherche de la vérité, le culte est aussi une autre forme de cette recherche — recherche d'autosacralisation —, de l'aveu même de toute une génération des révolutionnaires les plus audacieux. Là-dessus, il est aisé de mesurer l'heureuse complexité de la vérité, plus ou moins amputée par la lecture historiographique.

Premier aspect de cette vérité : toutes les déterminations d'influence sont valables et partielles. Au-delà de cette base fragile, les enracinements sociaux ont plus de réalité ; mais là encore toute liaison de causalité trop étroite, comme de fixer des catégories mentales, des notions, voire des principes à une classe déterminée, aboutit à une mécanisation très vite paralysante.

Deuxième aspect de cette vérité : les contraires sont donnés à la fois — liberté et égalité, histoire et éternité, physique et métaphysique, indépendance et dépendance, et surtout raison et, je ne dirai pas déraison, mais non-raison, c'est-à-dire tout ce qui n'est pas raisonnable.

Telle est, à mon sens, l'attitude historique pour comprendre la réalité la plus vraie de la création intellectuelle et spirituelle française de la seconde moitié, pré-révolutionnaire, du xviiie siècle, l'acceptation, disons plus : l'exigence de la coexistence des contraires, la reconnaissance d'une vie foisonnante et multiple.

Le rationnel et l'irrationnel

Si le xviie siècle français s'est parfait dans la pratique d'un ordre de raison, métaphysique, voire psychologie et surtout thérapeutique sociale (c'est, sous cet aspect-là, le monde classique), les forces irrationnelles, refusées et comprimées, devaient un peu plus tôt ou un peu plus tard reparaître, dans une exploration progressive du monde et de la vie. Une dynamique de découverte, qui est la poussée vitale du monde moderne, devait nécessairement reconnaître la réalité humaine de l'irrationnel, individuel ou collectif. *A fortiori*, une exploration de la nature, qu'elle soit observation, expérimentation ou méditation, devait découvrir la prodigieuse et vertigineuse diversité des êtres. Le point de conscience en éclate dans l'admirable *Rêve de d'Alembert* en ces éblouissements — sentiment ou vision de la vie d'une part : « Tous les êtres circulent les uns dans les autres, par conséquent, toutes les espèces. Tout animal est plus ou moins homme ; tout minéral est plus ou moins plante ; toute plante est plus ou moins animal. Il n'y a rien de précis en nature... » Ou encore : « Pas une molécule qui ressemble à une molécule, pas une molécule qui ressemble à elle-même un instant. » Ce qui, d'autre part, au plan de l'homme, donne cette acceptation d'existence. C'est toujours Diderot : « Nous ne sommes pas un instant les mêmes. L'état des êtres est dans une vicissitude perpétuelle. » Toute la nature, le monde, la vie, doivent être ainsi assumés pour être possédés. C'est la découverte frémissante de la pensée française en la seconde moitié du XVIIIe siècle, beaucoup plus importante évidemment que l'acte révolutionnaire.

En définitive, temps de l'acceptation du monde quelque peu passionnée, même beaucoup, après le temps des audaces, plus ou moins cartésiennes, d'une reconstruction rationnelle du monde. Temps de ce que Bernard Groethuysen a appelé, avec peut-être une certaine fragilité littéraire, l'« esprit de finesse ». Bien entendu, le rationnel et l'irrationnel, le physique et le métaphysique y coexistent. Ce qui permet à Groethuysen, dans ce livre posthume [1], moins éclairant peut-être que le tome I de ses *Origines de l'esprit bourgeois en France*, de styliser ainsi ce qu'il appelle « la philosophie de la Révolution française » : « La raison qui atteint son propre achèvement, qui, au cours de l'évolution du monde, devient constructive, parce qu'elle transforme les conditions de la vie collective, parce qu'elle crée dans les rapports entre les hommes un ordre rationnel

---

1. *Philosophie de la Révolution française*, Paris, Gallimard, 1956.

et en finit ainsi avec les absurdités de la vie humaine, afin que tout y acquière le sens que la nature lui indique, telle est la pensée mystique de la révolution[1]. » Peut-être y a-t-il trop de raison en cette définition; les buts, dans leur mise en évidence, trop clairs. Le mouvement d'ensemble cependant ne fait point de doute. Il s'agit d'établir un ordre de cohérence humaine, possession raisonnable du monde et de la vie — tout seul, sans autres dépendances ou adjuvants surnaturels. Le danger serait cependant d'accuser par trop le mouvement, comme pour nous induire à croire qu'il a abouti. La juste mesure est de parler de tendances — tendances qui parfois atteignent à de grandioses efforts, témoin l'*Encyclopédie*, et tendances qui ont d'évidentes persévérances vitales. Pas plus. Autrement il est évident que ce double mouvement de possession et d'acceptation du monde, c'est surtout après la mi-XXe siècle, aujourd'hui, qu'il devient communément conscient. Et encore chez quelques-uns seulement.

Pour conclure, on peut, me semble-t-il, solidement poser ce qui suit.

— Le monde des Lumières procède plus d'une exploration orientée que d'une systématique aboutie. Par spécificité d'existence historique, il est plus fait de tendances ou de cohérences collectives que de doctrines, ou de constructions rationnelles. La Révolution française n'est pas l'*opus perfectum* de la philosophie. Elle est l'aveu violent, et bien vite mesuré, de tendances, pulsions, idéaux analogues à ceux de la philosophie et de la pensée des Lumières. D'une autre ampleur et d'une autre signification, car une chose est d'écrire, une autre d'incarner; une chose est le « parti des intellectuels » ou des philosophes, une autre la tentative plus

---

1. *Op. cit.*, p. 94-95.

ou moins totale d'instauration d'un ordre neuf. Un des critères les plus essentiels, grâce auxquels nous libérer de tant de faux problèmes d'influences, est de toujours se souvenir de cette évidence : qu'il y a plus dans le total que dans le partiel, dans la vie que dans le seul écrit, celui-ci fût-il d'un combat courageux de plume.

— La Révolution française s'intègre, à sa place, dans un procès de crise défini, dans ses dimensions les plus étroites, entre la mi-XVIIIe et la mi-XIXe siècle (la crise de 1848), avec une préparation d'au moins un bon demi-siècle, sur toute la première moitié du XVIIIe. C'est à cette échelle de vision historique qu'il faut prendre l'analyse de la dynamique historique du fait révolutionnaire. Monde des Lumières et Révolution française se situent ainsi comme deux manifestations (ou épiphénomènes) d'un procès plus entier, celui de la définition d'une société des hommes indépendante, sans mythes ni religions (au sens traditionnel du terme), société « moderne », c'est-à-dire société sans passé ni traditions, du présent, et tout entière ouverte vers l'avenir. Les véritables liens de cause à effet entre l'une et l'autre sont ceux de cette commune dépendance à un phénomène historique plus large, plus entier que le leur propre.

LES « RÉVOLUTIONS » CONCOMITANTES

Trois mouvements d'ensemble, d'après l'analyse de l'historiographie contemporaine, coexistent dans la seconde moitié du XVIIIe siècle français : une pulsion collective de révolution politique et sociale qui doit aboutir au fait de la Révolution française; les prodromes de ce que nous disons aujourd'hui la « Révolution industrielle »; le pré-romantisme enfin.

À regarder les choses de près, l'on peut dire que dans

la période que nous étudions, ces trois mouvements en sont à leur période préparatoire : pré-Révolution française ; pré-révolution industrielle ; pré-romantisme. Mais — ceci est important —, ils se développent en coexistence dans une même société, quelquefois jusque dans les mêmes milieux ou individus. De ces trois mouvements, deux sont à proprement parler « révolutionnaires » parce qu'ils sont libérateurs, c'est-à-dire qu'ils démolissent, se dégagent d'un ordre traditionnel, et sont marqués d'*anti* : ce sont la pré-Révolution et le pré-romantisme, tous deux mouvements d'esprit et concernant des modes de vie collective. L'un se fait lui-même comme une nouveauté nécessaire, la pré-révolution industrielle. Sans doute peut-on montrer (il est toujours possible, en histoire comme ailleurs, de démontrer des positions de thèses plus ou moins contradictoires), une préparation beaucoup plus ancienne de la « pré-révolution industrielle » dans ce que l'on appelle les origines de la société moderne. Là n'est pas le problème. La révolution industrielle s'inscrit dans un développement de puissance de la création humaine (maîtrise des éléments et action sur la matière, etc.), conditionné sans doute par des progrès décisifs de la recherche scientifique. Mais, d'une part, ces progrès n'ont été possibles que par une libération mentale, que je dessinerai en une formule : l'alchimie est devenue chimie, la recherche au grand jour d'une puissance de l'homme à refaire le monde ; et, d'autre part, la révolution industrielle en tant que telle ne s'est accomplie que dans la convergence de forces économico-sociales évidentes, la concentration capitaliste dans une bourgeoisie de négoce et d'affaires et les commencements d'une concentration de population dans la ville contemporaine. La révolution industrielle est technique, capitaliste, urbaine ou d'avenir urbain. En une manière d'épique prométhéen, qui exprime bien des contenus affectifs de l'idée de progrès, puissance de l'homme sur la matière et puissance de la classe capitaliste vont se renforcer l'une l'autre, d'une part dans une certitude de libération d'une mythique originelle (le monde capitaliste n'a d'autres mythes collectifs que ceux des représentations de l'argent ou ceux d'une dynamique de la quantité), d'autre part et surtout pour une conquête du pouvoir, image de la puissance totale.

Les savants, plus ou moins académiciens, vont être honorés et confinés dans leur monde de Lumières ; les techniciens, à peine différenciés de leur condition artisane originelle, trop subalternes pour être autre chose que des instruments. Le monde des affaires, à dominante bourgeoise, avec une frange d'aristocratie avisée, va prétendre à la maîtrise du pouvoir politique, c'est-à-dire à devenir le bénéficiaire de la révolution politique, et donc à contraindre le développement révolutionnaire à se limiter en révolution politique et à ne pas s'accomplir en révolution sociale. La révolution politique devait dès lors être une révolution des droits, non pas des devoirs. C'est la définition d'un ordre juridique de coexistence sociale, sans conscience organique de la société, voire des conditions de l'existence ensemble, de la vie sociale.

Le grand drame, en effet, de la société révolutionnaire française et de toute la société issue d'elle, soit pour une très grande part la société française contemporaine, c'est le manifeste aveu d'impuissance à se faire une image, une mythique ou une définition consciente de la société. D'une part, par procès de libération historique, cette société se fait, se veut, se connaît indépendante de toute mythique traditionnelle ou d'un ordre surnaturel de la révélation. D'autre part, elle ne parvient pas à se définir elle-même, incapable ainsi de se donner un sens spirituel, ou un sens supérieur d'elle-même, donc une autorité, voire une éternité. Elle est comme elle est, parce qu'ainsi l'a faite l'histoire, sans justice supérieure. Nous touchons là à l'un des problèmes majeurs de l'histoire de la société occidentale moderne, surtout française : cette société n'est « moderne » que dans un état progressif de libération, c'est-à-dire de « démythification » ou de laïcisation, ou de « civilisation ». Autant de mots partiels mais justes qui traduisent la volonté lucide d'une société « sans Dieu ni maître », au demeurant plus exigeante d'indépendance ou de non-dépendance que de conscience de soi ; compensatoirement et pour des raisons obvies d'équilibre communautaire, cette société devait se donner un ordre de valeurs spirituelles, capable de la fonder elle-même, ou de la justifier.

C'est un fait qu'elle n'y est point parvenue. Deux raisons en peuvent être déjà proposées, la première étant qu'il y a discordance, ou distorsion, entre les centres de puissance, puissance politique d'un côté et puissance spirituelle de l'autre, à travers la crise révolutionnaire. Si vues de haut et d'ensemble, tant la raison que le développement de la science, sous la forme surtout de l'expérimentation, ont servi la prise de conscience et l'épanouissement révolutionnaire, il est certain que, pendant que la bourgeoisie — haute, moyenne, voire petite —, avec un certain nombre d'« intellectuels », s'établit dans la révolution politique, la vie de l'esprit, la culture, la définition même des formes de la vie commune demeurent aristocratiques. La force vitale, sinon spirituelle, de l'aristocratie française est d'avoir fait ou consacré le pré-romantisme. Par là, la conduite des puissances du cœur, le façonnement aux profondeurs des forces irrationnelles et paniques, essentielles à toute dynamique révolutionnaire, demeuraient en ses mains. Niée en ses fondements mythiques (les privilèges), atteinte dans ses ressources, l'aristocratie française tentait une seconde fois, après la définition de l'ordre classique, de demeurer le guide ou le modèle de la nation, ou du moins de marquer l'esprit collectif français de son idéal et de ses valeurs. Tentative condamnée à terme, mais il faudra attendre la moitié du XIXᵉ siècle au moins pour que cette « mise en forme » aristocratique de la nation s'avère réalisée. Sans que l'aristocratie en ait confirmé ses privilèges, sans que non plus la bourgeoisie dirigeante ait assez cru en elle-même jusqu'à assurer la relève.

Là se situe la seconde raison de l'incapacité bourgeoise à unir, dans la France contemporaine, puissance politique et autorité ou devoir spirituel : le complexe d'infériorité bourgeois à l'égard du modèle aristocratique, complexe d'autant plus insidieux que pendant deux siècles au moins la conscience du progrès bourgeois s'est faite dans la vie sociale française non seulement par l'accession à la noblesse, mais par un besoin jaloux de vivre selon un style noble. Ces empreintes de vie, inscrites dans la mentalité collective, sont de celles qui durent le plus. Il aura fallu plus d'un siècle et demi au « règne bourgeois » pour se libérer de ses modèles traditionnels et se retrouver les mains vides quant à la définition d'un ordre spirituel collectivement enseigné. Autrement dit sans principes justifiants autres que ceux d'exister, sans mythique du moins conscience.

Bien des contradictions apparentes ou des impuissances relevées ici de l'analyse en survol des rapports entre le monde des Lumières et le fait de la Révolution française s'expliquent par cette discordance entre une conquête politique et une continuité spirituelle, où la bourgeoisie s'est avérée incapable et d'accepter la relève de l'aristocratie, comme une dernière fois le lui proposera Renan dans *La Réforme intellectuelle et morale*, et de se donner la spiritualité de son pouvoir, hormis, dans le monde contemporain, par la conscience marxiste du « sens de l'histoire ». Dès lors quelques données paraissent devoir être dégagées pour éclairer la coexistence des trois mouvements révolutionnaires et créateurs — révolution politique et sociale, révolution industrielle, pré-romantisme — qui fait exploser la seconde moitié du xviiie siècle français :

D'abord une incontestable poussée des forces irrationnelles. Dans le pré-romantisme évidemment, à la suite de Rousseau, droits de la passion et du cœur, mais aussi prémisses de ce que nous appellerions aujourd'hui une « psychologie des profondeurs ». Les « sources occultes du romantisme », telles que les a dénommées Auguste Viatte, l'exploitent ; et il est certain qu'il y a, dans la société française de la seconde moitié du xviiie siècle comme dans la société européenne de la même époque, une compénétration mentale entre expériences sur l'électricité, le magnétisme (canard de Vaucanson) et toutes les formes d'action psychique à distance (magnétisme, phénomènes de voyance, spiritisme, etc.). Découverte de forces obscures, qui sont autant de sources d'énergie secrète, demain disponibles. La réalité mentale de ces forces est d'appartenir à ce que les sociologues d'aujourd'hui appelleraient une mentalité de participation, quelque peu « prélogique », disons du moins où les formes de la logique traditionnelle, d'Aristote et de Port-Royal tout ensemble, ne sont plus totalement souveraines. Allons jusqu'au bout de l'apparent paradoxe : le « monde des Lumières » est un monde de lumières obscures. Plus exactement, moins un épanouissement de lumière qu'un effort tendu, et après tout admirable, pour éclairer le plus possible un monde qui de plus en plus s'obscurcit, du moins pour garder un centre de lumières dans une découverte de ténèbres revenues et conscientes. À l'encontre d'une stylisation scolaire et politique, trop centrée sur les progrès de l'instruction et de l'éducation collectives, les Lumières sont faites d'irrationnel, autant et plus que de rationnel. Au long du siècle, et particulièrement en sa fin, le monde de l'irrationnel est devenu présent. Ce que marque, dans l'analyse extérieure, la concomitance de la révolution politique et du pré-romantisme, c'est cette « renaissance » des forces irrationnelles. Vont-elles dès lors, comme il pouvait paraître naturel, expliquer l'explosion révolutionnaire ? La politique des Lumières oscillera entre systématique rationnelle et quelques faiblesses irrationnelles ; mais dans l'analyse consciente, elle demeure persévéramment organisation rationnelle du bonheur et de la coexistence collective.

Irréelle donc, et niant ou refusant pour une part l'univers des forces paniques ? Il y a là un problème, quant à la conscience du monde politique des Lumières, à ses cohérences ou à ses états dialectiques. Ce que l'on peut dès maintenant poser, c'est, pour ce monde politique des Lumières, la découverte de la société en tant que telle, donc d'une réalité collective, que le premier mouvement sera d'expliquer par les livres, mais qu'il faudra par la suite analyser. Le poids des livres, ou les habitudes mentales imposées par les livres, si on veut le mesurer, il nous faut, me semble-t-il, constater avec justesse que le monde politique issu du XVIIIe siècle ne s'en libère qu'avec les progrès de la sociologie d'aujourd'hui. La découverte d'entités collectives, organiques, animales et spirituelles — base de ce que seront demain nos sciences humaines — n'en demeure pas moins un fait de la seconde moitié du XVIIIe siècle. Et l'approche de ces réalités, dans l'obnubilation rationnelle de la mentalité politique, se fera essentiellement par l'affectivité, une recherche émotive ou passionnelle de la sociabilité, de l'humanité, ou de la fraternité. La société indépendante, consciente de soi, maîtresse de ses propres destins, nous l'abordons, dans l'expérience historique contemporaine, essentiellement par le cœur. Regardons-nous chaque jour réagir : de cette « aura » collective, nous demeurons encore tout imprégnés. On ne saurait dissocier, au regard de l'analyse historique, « Lumières » et « pré-romantisme » du cœur.

La deuxième donnée qui éclaire la concomitance des trois révolutions est *la distinction de fait entre progrès des sciences et progrès techniques*. Nous pourrions rapidement poser une séquence causale entre richesse ou capital accumulé, progrès des sciences et progrès techniques. Ce serait risquer de confondre ce qui est en fait distinct.

La révolution technique, liée à la révolution industrielle, se développe concomitamment, mais parallèlement au progrès des découvertes scientifiques. Sociologiquement, il y a deux mondes : le monde des chercheurs de cabinet, découvreurs et expérimentateurs solitaires, mais suffisamment géniaux pour donner une portée générale et de service humain à leur découverte; le monde des gens de métier, qui ne sont pas encore des « techniciens », mais qui sont des inventeurs, perfectionnant leurs moyens d'œuvre. Deux expressions profilent la distinction : d'un côté, le « cabinet », ces cabinets de physique ou d'astronomie où tant de chercheurs, voire de gens du monde, s'enferment, faisant leurs expériences. Tant en son hôtel parisien qu'en son château de Nointel, près de L'Isle-Adam, un financier riche, mais quelconque, Jacques-Onésyme Bergeret, collectionneur d'art et surtout amateur de Boucher, équipe un cabinet, c'est-à-dire possède tout un attirail — « des instruments de mathématiques, astronomiques, optiques, etc... », selon ce que disent les inventaires. D'un autre côté, les « arts mécaniques », c'est-à-dire selon notre vocabulaire d'aujourd'hui les techniques, qui expriment dans l'expression même d'arts mécaniques deux composantes essentielles : l'aspect *machine*, la machine étant œuvre humaine, et structuration de l'emprise humaine sur le réel ; l'aspect *art*, c'est-à-dire, selon le vieux génie du mot, l'adaptation humaine, de finesse, d'ajustement, de disposition, de l'outil ou de l'instrument à la matière. Nous sommes dans le monde de l'« homo faber », et dans ce que l'on pourrait dire une promotion supérieure du monde de l'artisanat. Il est certain que le progrès technique se fait par un travail de soi sur soi. Sous l'impulsion d'au moins deux forces. L'une que l'on pourrait appeler l'esprit de compétition internationale dans la conquête du monde, qu'il s'agisse de la guerre ou bien de la paix. Sur le plan maritime, commence le temps des « ingénieurs » comme, maîtres du combat moderne, les techniciens tel Gribeauval (dont l'œuvre d'organisateur de l'artillerie procède essentiellement de deux fins : l'une qui est de mettre de l'ordre dans le désordre, nous dirions aujourd'hui organiser, et qui aboutit à la spécialisation de l'artillerie ; l'autre, qui est de perfectionner l'instrument, et ainsi d'ajuster le boulet à l'âme de la pièce — donc rendre l'instrument plus précis, plus maniable, plus efficace, c'est-à-dire plus dangereux).

J'ai choisi à dessein cet exemple violent, qui est aussi un cas limite. Il traduit assez nettement le sens du progrès technique : maîtrise et conscience de l'instrument, qui est aussi maîtrise du monde. Être maître, c'est sans doute la pulsion motrice. Ce qui n'est que de fort loin encore inscrit dans la ferveur de découverte des savants. Tout se passe comme si les « arts mécaniques », ou les artistes en arts mécaniques, étaient arrivés à la conscience lucide de leur puissance. Moins encore socialement que par rapport à leur art même.

Temps évident d'étape, que cette valorisation des arts mécaniques qui grandit dans la société française de la fin du XVIIIe siècle. Alors que le progrès scientifique se fait par le développement patient, voire humble, de l'expérience, en vertu du vieil adage selon lequel la nature n'obéit qu'à qui lui obéit, le progrès technique, lui, semble au contraire s'affirmer par un dépassement de l'empirisme — empirisme qui est une forme commune de l'expérience — pour atteindre à la puissance d'enseigner une « mécanique universelle ». C'est le sens de l'*Encyclopédie*; aussi le sens de ces tâtonnements où se cherche un enseignement technique, qui se veut enseignement, mais qui ne dépasse guère, dans son vocable même, le niveau d'un enseignement « d'arts et métiers ».

Cette promotion du « technique », à quoi correspond-elle ? Ce n'est pas le lieu de l'analyser ici. Deux constatations seulement qui ouvrent réflexion : du côté des arts mineurs — cette évidence que l'artisanat français est arrivé à une perfection de faire, qu'il est devenu maître, en quelque sorte, du décor de la vie de la société possédante. Nous sommes au terme d'une évolution où l'artisanat est devenu, par son art, créateur de l'un des décors de la vie collective les plus importants, celui du dedans. Par ailleurs, se manifestait le besoin collectif du *dessin*. La chose la plus réclamée dans les mémoires ou écrits divers concernant l'enseignement des arts mécaniques, une des premières tâches ou formes des écoles d'apprentissage qui s'ouvrent çà et là dans le royaume, c'est l'enseignement du dessin.

À ce niveau de besoin commun, le dessin est devenu et l'instrument d'une fixation des choses pour agir sur elles et le moyen de communication pour enseigner cette prise d'action commune sur l'univers. Entre l'art et la technique, il fait le pont, et le fait qu'on le réclame montre de toute évidence que l'art est en train de devenir technique, voie d'action et de puissance. L'œil et la main concourent dans le dessin à l'établissement d'une lecture des formes — et la main et surtout l'œil sont les deux organes favoris de l'homme moderne. Dans le dessin s'exprime ici la convergence ou la synthèse des organes humains les plus sûrs et les plus subtils pour la création artisane, dans ce sens exacerbé de toute la psyché intellectuelle de l'homme moderne, qui est la vue. Si bien qu'après avoir posé, comme il est obvie, le développement parallèle des deux progrès, philosophique d'une part, scientifique et technique d'autre part, il faut, me semble-t-il, admettre que tous deux se façonnent dans une continuité propre, non sans interférer certes l'un sur l'autre, et surtout qu'ils se nourrissent d'un fond commun, manière d'état d'âme collectif, qui est une énergétique sociale.

Le troisième et dernier trait de la concomitance des révolutions, est *l'extraordinaire éclatement des découvertes*. Phénomène éruptif, qui charge la chronologie et qu'il faut saisir de façon brute, sous son aspect quasi quantitatif, et européen. La même année, 1767, James Watt achève la construction de sa machine à vapeur, qu'il vend huit ans plus tard à Wilkinson, et J.B. Priestley publie son *Histoire de l'Électricité*. Nous sommes dans l'île anglaise, en tête de la « révolution industrielle ». Mais tout juste quatre ans après, ce qui confirme les développements parallèles, Monge définit la géométrie analytique et Lavoisier analyse la composition de l'air. De 1774, datent les études de Priestley sur l'oxygène et la construction par Herschel de son grand télescope ; de deux ans postérieures sont les tentatives de Jouffroy d'Abbans sur le Doubs pour faire naviguer un bateau à vapeur. Les *Époques de la Nature* de Buffon sont de 1778 ; la même année, Lamarck commence la publication de sa *Flore française*, publication qui durera jusqu'en 1795 ; en 1789, sort le *Genera Plantarum* de Jussieu.

À peine quelques années encore, la chronologie enregistre sans répit les « inventions », où se fait la science contemporaine : 1781 — Herschel découvre la planète Uranus ; en 1783, deux ans après, Lavoisier réalise l'analyse de l'eau ; Berthollet, celle de l'ammoniaque en 1785. Aux mêmes années, monte dans le ciel d'Annonay, puis de Paris, la montgolfière ; Blanchard traverse la Manche en ballon ; le Mont-Blanc est gravi pour la première fois. Les grands traités, définisseurs de sciences neuves, sont autant d'inventions capitales : *Mécanique analytique* de Lagrange (1787) ; *Traité de statistique* de Monge (1788) ; *Traité de chimie* de Lavoisier (1789), ou, de 1792, le *De viribus electricitatis*, de l'Italien Galvani. On pourrait aussi inscrire dans ce condensé chronologique les découvertes techniques ; la densité de sortie ou d'apparition est la même. Plus le siècle tire à sa fin, plus le procès d'apparition semble s'accélérer ; plus exactement, disons : le grand éclatement découvreur se situe dans les décennies 1770-1780, soit peu avant les événements révolutionnaires.

De toute évidence, ce foisonnement découvre une puissance « inventrice » et créatrice d'une étonnante vitalité. Rarement épidémie a été plus violente, plus éclatante, donc plus nécessaire. Cet éclatement, du point de vue de l'analyse historique, pose et la réalité d'une longue préparation (fait qu'on oublie trop volontiers) et une nécessité historique, puissamment instante en notre période. Nécessité qu'il nous suffira maintenant d'avoir constaté au ras des faits et qui s'exprime, dans une première saisie superficielle, par trois caractères majeurs :

D'abord, le phénomène « découvreur » ou « inventeur » est européen, d'Europe extrême-occidentale, Europe nordique mais aussi méditerranéenne, du moins par l'Italie. L'explosion française se situe donc dans un ensemble d'époque : ce qui confirme notre vue d'ensemble déjà dite, quant à l'intégration européenne de notre période. Sans donner dans la puérilité de classements ou de palmarès, si, du point de vue des applications techniques, la société française ne suivra que lentement les formes de la « révolution industrielle » anglaise, sur beaucoup de points de la découverte ou de la définition scientifique la création française est pionnière. Vitalité donc d'invention dans un monde européen en crise de découverte, monde européen qui est celui de la rencontre de deux forces créatrices : la recherche de cabinet ; la richesse matérielle entassée par le commerce d'outre-Atlantique.

Ensuite, spectaculairement, au champ français même, cette explosion dit une volonté de puissance humaine « encyclopédique » sur l'univers. Cette volonté de puissance se manifeste par un inventaire ouvert de la description du monde (sciences naturelles) — l'inventaire est toujours conscience de possession —, par une analyse des éléments traditionnels (air, eau, ce qui est maîtrise de ces éléments, et éclatement d'un univers des quatre éléments pour les structures neuves de la chimie contemporaine), par une maîtrise de l'énergie cosmique, immédiatement utilisée pour accroître les puissances de mobilité ou de déplacement de l'homme, en un certain sens, élargissement dynamique de la « condition humaine » jusque-là apparemment statique, ou du moins statique durant de longues périodes de temps.

Enfin, l'apparition des découvertes et des sciences est, elle aussi, concomitante. Ce qui, du point de vue historique, a au moins triple portée : la confirmation de ce que nous avons déjà établi, le développement parallèle de la science et de la technique, non confondus mais appartenant, sinon à des univers, du moins à des milieux humains différents ; cependant, l'interréaction réciproque, valable surtout pour l'avenir, où technique et science vont se renforcer l'une l'autre, l'une comme moyen de possession du monde, l'autre comme vision ou système du monde ; enfin et surtout l'animation d'une atmosphère extraordinaire de découverte, où tout devient possible, c'est-à-dire une physique du progrès.

Sur un point précis et essentiel, ce développement concomitant a particulière importance : c'est désormais le caractère *enseignable* tant des sciences que des techniques. L'apparition des grands traités scientifiques (nous en avons signalé quelques-uns) est le symptôme d'une volonté collective ou d'un besoin de mettre la science, par l'écrit, voire par la parole, dans un plus grand nombre de mains. La véritable révolution scientifique, elle est là, autant dans le droit collectif à l'instruction que dans la transmissibilité ouverte, et pour prendre un mot d'époque, publique, de matières réservées jusqu'ici à un petit nombre ou de chercheurs, ou d'hommes du monde, ou d'autres.

Peut-on dire que les Lumières, dans leur pulsion vulgarisatrice, ont fait le besoin d'enseigner et d'instruire ? Je ne demeure pas persuadé que philosophie et Lumières aient eu tant le besoin d'aller au peuple, comme l'a répandu une philosophie plus ou moins politique. L'essentiel des Lumières, c'est la lumière, la dissolution du mystère. Une des certitudes, des assurances aussi, de défaire le mystère et d'en écarter les fantômes, c'est l'autorité d'enseigner. Mais, au regard des sciences et des techniques, l'enseignement me semble s'inscrire comme un recours de puissance, pour transmettre à des milieux élargis de plus en plus, ou de génération en génération, une énergie collective d'action cosmique. Ici encore la dynamique découvreuse de puissance humaine est venue renforcer le goût collectif de connaître, développé par la constitution au XVIIIe siècle de cette République des Lettres, qui est devenue, au long du siècle, le monde des « lettres, sciences et arts ». Plus on tourne et retourne dans l'analyse des grandes forces mentales, qui animent la « création » intellectuelle et spirituelle française de la seconde moitié du xviiie siècle, plus il est évident qu'il faut se garder de les confondre (la distinction est première règle d'analyse) et non moins qu'il y a interréaction constante entre elles, moins peut-être par influence directe que par la création d'une « aura » collective, émotive, euphorique, exaltante et, comme tout ce qui est émotif, confondante, quelque peu confusionniste.

Le fait essentiel à retenir, dans son étonnante singularité, c'est la génialité découvreuse de cette seconde moitié de xviiie siècle... Phénomène d'une violence telle que naturellement nous sommes portés à chercher à l'expliquer. L'explication la plus puissante, à la mesure du phénomène, est l'explication marxiste, cette génétique lumineuse de la société bourgeoise, se donnant le système mental que conditionnent son activité économique, les modes de production de cette activité. Il vaut de relire ici quelques lignes de la célèbre préface de Marx à sa *Contribution à la critique de l'économie politique (1859)* :

> Dans la production sociale de leur existence, les hommes entrent en des rapports déterminés, nécessaires, indépendants de leur volonté, rapports de production qui correspondent à un degré de développement déterminé de leurs forces productives matérielles. L'ensemble de ces rapports de production constitue la structure économique de la société, la base concrète sur laquelle s'élève une superstructure juridique et politique et à laquelle correspondent des formes de conscience sociale déterminées. Le mode de production de la vie matérielle conditionne les problèmes de vie sociale, politique et intellectuel en général. Ce n'est pas la conscience des hommes qui détermine leur être ; c'est inversement leur être social qui détermine leur conscience.

Je ne discuterai pas les certitudes du « matérialisme historique ». Il a été sûrement un très grand réactif pour notre pensée sommeillante, et particulièrement pour une historiographie qui paraissait même avoir renoncé à la pensée. Mais n'ankylosons pas le « sens de l'histoire » en une lecture trop mécanique de l'histoire. Toute explication, me semble-t-il, est valable autant qu'elle est partielle. Et pourquoi l'histoire expliquerait-elle, dans une menace constante d'extrapolation extra-temporelle ? Le plus que peut, selon moi, l'histoire, c'est analyser le plus avant possible dans le sens de ce qui a été vécu. Face à l'éclatement contemporain d'au moins trois révolutions ou mutations de valeurs dans la société française de la seconde moitié du XVIIIe siècle, les résultats les plus évidents de l'analyse réflexive peuvent sans doute être condensés en deux constatations d'ensemble :

Un procès de libération mythique

Tant la révolution politique et sociale que la révolution industrielle et technique ou le pré-romantisme s'intègrent, quasi harmonieusement, du moins avec cohérence, dans un même procès de libération mythique dont j'ai déjà dit l'importance sur l'entière histoire de l'Occident moderne. Caractéristique, l'historiette de ce novateur de Saint-Omer — n'oublions pas qu'il était gentilhomme — qui, en 1783, fait placer sur sa demeure un paratonnerre qui se terminait en épée : l'épée était contre le ciel, mais aussi pour prendre la foudre du ciel. La foule ne retint que le signe blasphématoire : il y eut émeute. Nous sommes à près de trente ans des débuts du paratonnerre. Le collectif ameuté refuse d'être libéré du mystère du ciel tonnant. C'est, on le sait, un jeune avocat d'Arras qui finira par gagner la cause du blasphémateur de Saint-Omer : cet avocat s'appelait Maximilien de Robespierre. Image d'Épinal sans doute, mais d'une héroïcité vécue — et qui témoigne. Le paratonnerre, à l'épée près, est la découverte technique qui correspond à la connaissance de l'électricité, celle-ci étudiée jusqu'à la fin du siècle sous forme surtout d'électricité statique. Mais il signifie, au plan mythique, que la foudre est réalité de la nature, non plus colère de Zeus. Le ciel olympien descend sur terre, ou du moins la terre n'est plus livrée à la toute-puissance arbitraire du ciel, l'on pourrait dire, car tout est lié, dans les images, à l'absolutisme du ciel. Ce ciel que les progrès conjoints de l'astronomie, de la mécanique céleste et de l'optique permettent d'explorer dans son infinité maintenant *mesurable*. La mesure astrale de l'univers, c'est, pour l'humanité de la Terre, la puissance et l'autorité de l'indépendance face au Ciel. Que cela soit encore fragile, rien ne le montre mieux que ces lignes de l'*Exposition du système du monde* de Laplace (la première édition, notons-le bien, est de 1796) :

> Conservons avec soin, augmentons le dépôt de ces hautes connaissances, les délices des êtres pensants. Elles ont rendu d'importants services à la Navigation et à la Géographie [ceci pour les rapports Science/Technique] : mais leur plus grand bienfait est d'avoir dissipé les craintes produites par les phénomènes célestes et détruit les erreurs nées de l'ignorance de nos vrais rapports avec la nature, erreurs et craintes qui renaîtraient promptement si le flambeau des sciences venait à s'éteindre.

Humanité tout entière prise par le mystère du ciel. La libérer, c'était donc réduire la surnature, l'anthropomorphie, le panique[1] du ciel à la nature, à la matière observée, déchiffrée, à la connaissance par le calcul. Dans la démythisation, il y a le travail souterrain, en

---

1. Quant au « panique », voir Alphonse Dupront, *Du sacré*, Gallimard, 1987, p. 462.

profondeur ; il y a aussi les chocs. Témoin le grand émoi quand le retour de la grande comète de Halley au printemps 1759 vint confirmer et les prédictions de Halley et les calculs de Clairaut. Il y avait donc une lecture « géométrique » de l'univers. C'est la définition même de ce que Laplace appelle « nos vrais rapports avec la nature ». Ainsi se fait le changement des protagonistes : d'abord il y avait l'homme et le Ciel, en qui se cachaient les dieux ou bien Dieu ; maintenant l'affrontement, où le dialogue est à deux partenaires, l'homme et la nature — cette Nature démythisée, face à laquelle s'affirme, grandie de cette démythisation même, la puissance de l'homme. Dans le très beau texte de Laplace cité plus haut, le mécanisme est d'ailleurs admirablement analysé — et par un des plus illustres « définisseurs ». « Séduit par les illusions des sens et de l'amour-propre, l'homme, écrit Laplace, s'est regardé longtemps comme le centre du mouvement des astres et son vain orgueil a été puni par les frayeurs qu'ils lui ont inspirées. » Conscience d'une toute-puissance primitive, panique et anthropomorphique : l'homme s'est enflé à la mesure de l'univers, le peuplant ainsi de ses craintes — cet anthropomorphisme est l'épanouissement même du mythe, c'est-à-dire d'une âme collective emplissant de soi tout l'univers.

Le mécanisme de démythisation ? Laplace l'étale, ce qui est d'importance pour notre analyse, sur plusieurs siècles de travaux. Et ces travaux ont enseigné l'extrême petitesse de la base qui a servi à l'homme pour mesurer les cieux. Le texte est limpide de certitudes : réduisant la Terre à ce qu'elle est, « une planète presque imperceptible dans le système solaire, dont la vaste étendue n'est elle-même qu'un point insensible dans l'immensité de l'espace », l'homme a retrouvé une autre puissance, et cette fois parfaitement libérée. Son instrument, pour cette certitude devant l'immensité de l'espace? La *mesure*, c'est, soit par le calcul, soit par la mensuration proprement dite, l'analyse triomphante. Cette libération débouche sur une immense puissance vitale, car elle est tout à la fois exorcisme du Ciel, acte humain et prise de conscience de la valeur et des vertus de cet acte humain dans le monde neuf de la nature, et établissement entre l'homme et la nature d'un langage de puissance par le calcul, qui est proprement la thérapeutique de toutes les forces irrationnelles (peurs, superstitions, angoisses sacrales, etc.) de l'âme collective. En dépit des apparences, qui nous imposeraient au gré de la chronologie une psychose de contamination révolutionnaire, la révolution scientifique est elle aussi une longue patience. Lagrange, qui sait de quoi il parle, vient de nous le dire : « plusieurs siècles de travaux ».

Ce qui nous ramène à cette unité puissante du monde moderne, le procès de libération mythique pour une société des hommes indépendante, procès qui s'étale au moins sur six siècles d'histoire. Il débute, comme il est normal, par une désintégration des mythes de l'autorité, soit religieuse, soit politique : les cheminements de cette désintégration aboutissent à la révolution politique et sociale. Une classe, la noblesse devenue progressivement aristocratie, tente la synthèse d'une société indépendante dans la définition de la société classique. Mais synthèse partielle ou fragile puisqu'elle n'arrive pas à discipliner les forces irrationnelles de la vie collective. La poussée pré-romantique dit l'échec de l'ordre classique — échec par partialité. La libération véritable ne pouvait, semble-t-il, s'accomplir qu'avec cette maîtrise d'un univers désacralisé que manifeste prestigieusement la science, à la fois dans une géométrie du ciel et dans une analyse quantitative de la matière, avec la chimie moderne. C'est par elle que, au terme d'un procès séculaire de démythisation, l'homme peut se sentir présent sur la terre et responsable de soi.

Les temps de la Révolution paraissent quand l'homme y devient seul le mensurateur de l'univers. C'est la lumière d'une libération prométhéenne. Prométhée libéré de ses chaînes — libération qu'exaltait le jeune Karl Marx quand il écrivait dans l'avant-propos de sa thèse de doctorat d'Iéna, en 1841 : « Prométhée est le premier saint, le premier martyr du calendrier spirituel. » Rien d'étonnant que lorsque s'accomplissent ces certitudes de délivrance — la délivrance du poids physique du Ciel étant de toutes la plus souveraine — se développe en même temps ce qui s'appellera le « libéralisme économique », c'est-à-dire une conscience, cristallisée très vite en doctrine, de l'indépendance des matières.

Si matières, choses, société ne sont plus régies par des forces surnaturelles, un ordre révélé ou mythique, en tous les cas extra-humain, le mouvement naturel de l'esprit est alors à la fois de chercher des *lois*, des principes d'ordre de ces réalités désormais indépendantes, et de pressentir, au développement d'une vie désormais indépendante, des forces internes, une dynamique de l'immanence, qui s'éclaire en une notion-clé, significativement polyvalente, celle de *l'énergie*.

Où l'on peut indiquer d'un trait que, bien qu'apparues avec un décalage historique manifeste, une physique de l'énergie et une psychologie des profondeurs expriment un même univers mental, univers de l'immanence, de la force nécessaire de soi, de l'énergie interne, des puissances subconscientes animatrices de la création collective et individuelle. Tout se passe comme si la libération des puissances surnaturelles ou d'en haut contraignait la société des hommes désormais indépendante à l'exploration, à la découverte des puissances subnaturelles, à la fois d'en bas et du plus profond de l'être. Ce qui nous permet de comprendre comment la libération par la science est le temps dernier et maître d'un procès de libération collective et comment aussi les formes diverses de l'analyse scientifique et les explosions irrationnelles du pré-romantisme s'articulent de concert au travers de notre histoire.

La recherche de puissance et l'idée de progrès

Dans cette exploration de soi d'un univers et d'une société libérés, se déchaîne d'évidence une fièvre collective de recherche et de puissance. Si les « Lumières » apparaissent le plus souvent comme une foi combattante, la réussite scientifique et technique a marqué de certitudes une religion du progrès. L'idée même de progrès est énergétique : elle exige l'acte créateur, ce qu'il y a en lui d'acte physique (la marche), de poussée en avant, donc de maîtrise du temps et de l'espace, et par certains côtés d'illimité, enfin d'accomplissement d'un ordre : dans le progrès, la marche, même dans une vision indéfinie, a de soi sa finalité.

Mais il est certain que ce qui marque le plus dans l'immédiat de l'histoire, c'est l'« idée-force ». Idée-force qui ne peut pas être préfabriquée, un conditionnement élaboré, mais qui est au contraire contrainte par une extraordinaire expansivité vitale. Un des exemples, pour moi, les plus significatifs en est celui de ce cistercien bourguignon, dom Gauthey, qui au fond de son couvent imagine, par un système de tuyaux transmetteurs des sons, un moyen de correspondre avec des lieux éloignés. Première ébauche du téléphone, présentée à l'Académie des sciences en juin 1782, elle est surtout l'image éclatante d'un effort humain, par la tension, la vision, l'ingéniosité technique, pour vaincre l'espace, séparation des hommes, et communiquer à travers lui. Et ce n'est sans doute pas hasard que cette société indépendante se cherche des connexions internes, des liens de correspondance et d'intimité. Une première démonstration de sa cohésion propre est d'ailleurs sa puissance à dominer les éléments, la matière et l'univers et à se manifester capable de tout ce qui jusqu'alors avait été déclaré impossible, ou non naturel.

Mouvement sans doute essentiel à la vie des collectivités humaines, et à leur création historique : quand la surnature cesse d'être extérieure et transcendante, il faut que s'exprime ce que j'appellerais une *surnature naturelle*, qui peut être soit une surhumanité, soit une énergie dite « surhumaine ». D'où cette atmosphère de vitalité dominatrice et créatrice qui, de par la découverte scientifique et technique, emporte le monde des Lumières. À l'encontre de ce qui s'est passé dans l'Europe occidentale, environ trois cents ans plus tôt, il ne s'agit pas de *Renaissance*, mais de *naissance*, naissance qui se manifeste, dans ce temps de raison, avec des ferveurs eschatologiques, c'est-à-dire le sens d'un accomplissement : les temps sont arrivés, ce qui veut dire la libération faite. Cet accomplissement est celui d'une puissance humaine libre, maître de soi dans la domination du monde.

Le sait-on lucidement ? En fait l'audace et l'optimisme vital ne font point doute : états émotifs, tendus de dynamique vitale, qui nourrissent la Révolution. Mais si les forces irrationnelles sont déchaînées, l'esprit ou l'intelligence analytique suivent mal. Nous aurons l'occasion d'y revenir pour conclure. Posons ici seulement deux limitations évidentes :

— Dans cette euphorie vitale, une ambiguïté. Qui emporte-t-elle ? Qui féconde-t-elle ? L'humanité, dira-t-on, ou l'homme. Ce sont là des « abstractions ».

L'ambiguïté est de savoir si cette puissance est collective ou individuelle. Or, en dépit des apparences, les temps d'une conscience collective différenciée paraissent à peine. L'énergétique humaine collective va d'abord prendre figure individuelle, voire personnelle, avant de se découvrir, à notre époque seulement, ce qu'elle est.

— Dans cet état d'esprit d'abstraction qui demeure si caractéristique de la société française de la seconde moitié du xviiie siècle, les images collectives sont les représentations dominantes.

Aussi la philosophie du progrès est-elle moins une philosophie ouverte, dans une confiance euphorique en un temps sans bornes ni limites, qu'une attente de l'Âge d'or. Cet Eldorado autour duquel tourne Voltaire, il est ou l'attente ou le refus du monde des Lumières. À chacun son Paradis, mais désormais, le Paradis n'est plus un Paradis perdu, c'est un Paradis promis, surtout un Paradis que les hommes se préparent à eux-mêmes. Rien d'étonnant dès lors que la fièvre découvreuse, l'ivresse de la nature maîtrisée ne demeurent longtemps entortillées, quant à leur expression, voire à leurs formulations émotionnelles, dans des images traditionnelles. L'Âge d'or, c'est l'imagerie païenne, opposée à la mythique chrétienne. Tant qu'il y aura attente, plus ou moins formulée, de l'Âge d'or, la nostalgie des Paradis originels ne sera pas encore exorcisée, la « naissance » ne sera pas parfaitement tranchée.

Pour éclairer cette réalité de « naissance » dans la réalité historique de la France de la seconde moitié du xviiie siècle, il fallait mettre en place ces effets de retardement. La « naissance » ne pouvait ainsi devenir consciente que beaucoup plus tard. Aujourd'hui seulement, nous savons qu'à cette époque s'est libérée une puissance collective indépendante d'une humanité, à la fois infiniment petite dans l'univers et infiniment grande dans sa puissance, ainsi que l'avenir d'une technocratie souveraine.

Substrats biologiques, économiques et sociologiques de l'euphorie de puissance

La France de la seconde moitié du XVIIIe siècle vit une poussée biologique et consciente de la multiplication des hommes [1]. Un essor démographique marque la seconde moitié du XVIIIe siècle. C'est un renversement véritable d'un régime démographique défavorable, que connaissait la France depuis un bon siècle et demi. Un des premiers doctrinaires de l'euphorie vitale, le marquis de Mirabeau, le constate dès 1756 dans *L'Ami des Hommes ou traité de la Population* (Avignon, 1756), qui lui a donné son beau surnom de gloire : « ... La plupart des États de l'Europe se dépeuplaient. » Nous sortons d'une période de dépression biologique — dépression de fait, qui est plus encore dépression d'âme. On compte que pour l'entier royaume, l'accroissement de population serait, pour le siècle, d'environ six millions. Soit un total d'environ 25 millions à la veille de la Révolution. Chiffre relativement modeste, nous dit-on, si l'on tient compte des annexions. Cela fait cependant un accroissement de plus d'un tiers, et qui se marquera psychiquement d'autant plus que cet essor n'a guère commencé avant 1740. Avec la seconde moitié du siècle, nous sommes donc en pleine poussée vitale, et depuis si longtemps attendue qu'elle doit psychiquement s'amplifier, comme une exubérance ou une jouvence. Il y a, dans ce « plus-être » vital, une lyrique et une énergétique de la vie, une euphorie de puissance aussi.

---

[1]. Les considérations démographiques qui suivent s'inspirent de l'*Histoire générale de la Population mondiale*, de M. Reinhard et A. Armengaud, Paris, 1961.

Même si, comme l'établissent les rigoureux analystes d'aujourd'hui, l'on peut saisir, dans notre période, la réduction des naissances et l'emploi de méthodes contraceptives dont, dira Mirabeau en 1778, les « funestes secrets » ont pénétré « jusque dans les villages ». Avec autant de vigueur que les analystes qui s'en tiennent au biologique pur, je serais tenté d'accentuer, avec cette prise de conscience de limitations possibles, une euphorie vitale plus consciente.

Du point de vue des consciences vitales, cet essor démographique s'équilibre entre un excédent des naissances devenu la règle (accroissement biologique naturel) et une lente diminution de la mortalité. Des crises interrompent parfois l'accroissement biologique naturel mais, psychiquement du moins, une manière de sécurité vitale peut tendre à s'établir. D'autant que diminuent les grandes décimations, provoquées par des crises du type « famines » ou « épidémies ». Les ravages de l'hiver de 1709, la peste de Marseille étaient encore inscrits dans les mémoires. La catastrophe imprévisible, déclenchement des fonds paniques et des forces irrationnelles, desserre sa fatalité ou ses rythmes sur la société des hommes. Les résultats sont évidemment émotifs : un retour d'optimisme vital, et la conscience grandissante d'une puissance d'homme. Les forces mystérieuses et paniques peuvent sembler n'être plus les plus fortes : la société des hommes s'affermit dans son corps.

Ce qui coïncide avec une découverte de la démographie en tant que telle, c'est-à-dire du corps vivant de la société des hommes, ou de la biologie sociale. Découverte sur quoi nous reviendrons : elle est hautement expressive d'une prise de conscience des réalités naturelles, de chair, d'une société indépendante. Sur une phrase qui chante comme un verset d'hymne, retrouvons-en la certitude, avec le marquis de Mirabeau, au chapitre IV de *L'Ami des Hommes*, où il dénombre les « avantages de la France relativement à l'Agriculture ». « L'on conçoit aisément, conclut-il, que la France doit être la patrie de la Population et de l'abondance. » Il n'y a rien de plus sensiblement physique — et lointainement physique aussi — que cette terre qui enfante les hommes.

Sur le plan économique, la richesse s'accumule dans le royaume au terme de deux siècles de mercantilisme — richesse du négoce, et surtout du commerce outre-Atlantique. Autre voie d'accumulation de la richesse : la continuité familiale bourgeoise, qui, depuis deux siècles au moins, par le jeu des charges et offices et surtout par le maniement des impôts royaux, qui ne sont pas encore les deniers publics, entasse les richesses, biens mobiliers et capitaux. La richesse animait-elle la création ? Constatons seulement que tout un monde de finances s'attache, par mode ou par besoin, à pratiquer une manière de mécénat fort éclairé. On sait l'importance des gens de finance dans le monde de la curiosité et des amateurs d'art au XVIIIe siècle. Collectionneurs, par exemple, les receveurs généraux de Meulan et Randon de Boisset ; les trésoriers Bertin, Boullogne Fabre, La Boissière, Périchon ; les contrôleurs généraux Boulogne et Moreau de Séchelles ; les fermiers généraux Grimod de la Reynière, Le Riche de la Popelinière, les banquiers Desbrières et Harenc de Presle — ou ce Bergeret (Jacques-Onésyme), qu'étudie Georges Wildenstein, et qui, fils d'un fermier général, cousin de Pâris de Montmartel, deviendra trésorier général de la généralité de Montauban.

Gens de finances et « traitants » se font mécènes : ils accèdent, par l'argent et le mécénat, à une fonction de culture collective, sinon de spiritualité sociale. C'est, face à la noblesse, définitrice de l'ordre classique, voire survivante de la « douceur de vivre », le temps de la relève. D'une tentative de relève du moins.

Bien entendu, ainsi que l'a fortement marqué Ernest Labrousse, il ne s'agit que d'une « prospérité de classe, n'intéressant que les zones supérieures de la société ». Je souscris en donnant à la notion de *classe* un sens souple, qui correspond surtout à *un art de vivre*, à une *conscience de suffisance* et à une *fonction différenciée* dans le corps social. Classe de « quelques-uns », les *happy few* — mais il faut bien reconnaître qu'alors cela suffit pour la culture.

Les Lumières, cela a toujours concerné quelques-uns tout en se voulant être de tous.

Enfin, revenons à la démographie, pour en dégager les aspects sociologiques. Lavoisier, cherchant à définir le rapport entre la population urbaine et la population rurale, estimait à 33 % de la population totale du royaume la population urbaine. Soit le tiers, quasi parfait. Les démographes d'aujourd'hui établissent des chiffres moindres : environ 16 % de la population du royaume s'entasserait dans les villes, soit pas tout à fait un habitant sur cinq. C'est sans doute peu. Mais nous sommes tout de même en période d'essor urbain accusé. Essor urbain qui semble correspondre surtout à un afflux rural important, car, dans les villes, la mortalité est plus forte qu'à la campagne et la natalité plus faible. La ville est ainsi, dans l'attrait et l'illusion collective, centre de vitalité. D'autant plus que, par rapport aux images communes, il y a entre les villes du royaume une hiérarchie fortement marquée.

Si un premier clivage s'établit entre les soixante villes qui ont plus de 10 000 habitants et la plupart des autres qui oscillent entre 2 000 et le double (4 000 à 4 500), l'autre se situe autour du chiffre d'une population de 50 000 habitants. À peine dix villes françaises y atteignent ou le dépassent. Dans un certain flou des chiffres, le plus juste est de dire qu'il y a en France sept grandes villes : Paris, Lyon, Marseille, Bordeaux, Rouen, Lille, Nantes, dont trois très grandes, les trois premières, et dans ces trois très grandes villes, Paris, sans comparaison ni mesure avec les autres (600 000 habitants, et Lyon entre 120 000 et 130 000). Hiérarchie des villes qui définit une échelle d'énergétique ou de consécration — le terme, ou le sommet, étant Paris.

Parallèlement, ou conséquemment ? la ville est le lieu des Lumières. On ne conçoit les Lumières aux champs que pour améliorer l'agriculture : Mirabeau ou La Rochefoucauld-Liancourt. Même si, dans l'univers physiocratique, la terre était la source créatrice, les physiocrates, Mirabeau tout le premier, dans son cénacle de la rue de Tournon, sont demeurés à la ville. Dans une société qui peut encore s'analyser entre la cour — la ville — et le plat pays, ce « plat pays » qui devient de plus en plus la « campagne » (*cf.* encore *L'Ami des Hommes*, I, 117 : « La campagne est et sera toujours l'unique source de la population »), lettres, sciences et arts deviennent essentiellement réalités urbaines. Par elles, la ville est conquérante et unifiante de tout le reste. Ce n'est pas un hasard si le mot-lumière des temps neufs est « civilisation ». Il n'y a civilisation que de la ville. Cette montée de règne urbain porte la puissance, la vertu, voire la superstition des Lumières, dans la société française de la seconde moitié du XVIIIe siècle.

CHAPITRE II

LA SOCIÉTÉ DES LUMIÈRES DANS LES CAHIERS DE DOLÉANCES DE 1789

Voici venu le moment, après celui de la définition, de procéder à un sondage d'enracinements. Autrement dit, de tenter d'inventorier les idées de grande circulation dans la société française à la fin de la période étudiée. Étude d'opinion, si l'on veut. En matière d'étude d'opinion, les cahiers de doléances — ébauche de mandats impératifs — présentés pour la réunion des États généraux en 1789 représentent une source privilégiée, de la plus réelle importance.

Par leur nombre d'abord. Leur très diligente répertorialiste, l'historienne américaine Beatrice Hyslop compte, au seul titre des cahiers généraux établis dans les assemblées de bailliages, six cent quinze cahiers, à quoi s'ajoutent neuf cahiers des colonies. De ces six cent vingt-quatre cahiers, environ une centaine a disparu. Restent cinq cent vingt-deux cahiers. Comme l'écrit avec prudence cette historienne, nous possédons ainsi une série quasi complète de documents représentant l'opinion collective de groupes, et ceci pour la France entière.

Il est sage, en effet, de parler de groupes. L'expression traduit bien ce qu'il peut y avoir d'épisodique et d'occasionnel dans la composition des assemblées responsables de l'établissement ou de l'approbation du cahier et ce qu'il y a d'autre part de représentation organique par rapport à des ensembles plus vastes, qui sont essentiellement les « états » ou les « ordres ». Mais ces groupes échantillonnent, pour l'entier royaume, dans leurs diversités régionales, au moins les trois ordres, clergé, noblesse, tiers, et ce qui est aussi important, pour ce qui concerne le tiers, la ville d'un côté, les campagnes de l'autre. L'ensemble des cahiers généraux de doléances prend ainsi les proportions d'une enquête pour toute la France, où témoignent les différentes parties organiques du royaume. Sinon toutes, du moins ce que l'on appellera les milieux ou classes ayant accès à la représentation.

Par leur caractère historique, ensuite : traditionnels, ils ont pris, en ce printemps 1789, l'ampleur d'une manifestation déjà révolutionnaire. L'établissement de cahiers de doléances en vue de la réunion des États généraux n'est pas, en effet, en 1789, un acte neuf. Dans la période d'établissement plus ou moins périodique des États généraux (entre 1484 et 1614, les États généraux ont été six fois réunis), la pratique s'est fixée de rédiger des cahiers de doléances et d'en présenter au roi la synthèse, une synthèse générale pour chaque ordre. Pratique si bien établie que c'est le gouvernement royal lui-même qui en 1789 invite à la rédaction de cahiers. Forme de consultation établie donc, et qui est, sous la monarchie d'Ancien Régime, quasi la seule occasion d'une expression consciente et élaborée de la *vox populi*. Cette consultation, sans périodicité régulière, se fait d'autre part dans une période de tension collective à l'intérieur du royaume. La mise par écrit concentre donc plus ou moins une violence : elle a toujours une puissance d'aveu novateur ou révolutionnaire. Elle découvre ce qui n'apparaît pas ordinairement dans les événements de l'histoire. Surtout en 1789. Il y a le nombre, évoqué un peu plus haut : on a beaucoup écrit, et à tous les niveaux. On sait d'autre part que la rédaction des cahiers de 1789 s'est faite dans une profusion de libelles, d'écrits polémiques d'une intensité exceptionnelle sur 1788 et 1789. Exemple entre mille, cet *Avis des bons-Normands à leurs frères, tous les bons Français de toutes les provinces et de tous les ordres sur l'envoi des lettres de convocation aux États généraux*, de février 1789, bientôt complété par une *Suite*. Les cahiers participent donc de tout un mouvement d'opinion écrite, beaucoup plus important qu'il ne fut jamais dans l'aveu d'opinion ou de revendication que comporte la convocation des États généraux... Ce qui d'une part leur donne une valeur exceptionnelle de témoignage par rapport à tout un ensemble d'idées en circulation dans le royaume (d'autant plus qu'ils comportent exigence de revendication et donc de réalisation), et d'autre part manifeste un effort d'ensemble pour constituer à travers tout le royaume une opinion unanime, c'est-à-dire une opinion moyenne. Violence et valeur moyenne du témoignage s'équilibrent ainsi dans la massivité numérique des cahiers.

Par leur élaboration collective, enfin, que l'on peut dire continûment collective, aux trois échelons de leur établissement : cahiers des assemblées secondaires, urbaines ou rurales ; cahiers de bailliage, par ordres ; cahiers nationaux par ordres. Sans suivre autrement le progrès de leur confection, l'on peut mettre en évidence que ces cahiers sont à la fois un ramassis des doléances les plus hétéroclites et un inventaire des grandes tendances ou besoins communs. On le saisit, au niveau des cahiers de bailliage, assez souvent organisés en deux parties établies même dans des cahiers séparés, l'une d'intérêt général, l'autre de revendications particulières. C'est donc le collectif qui dégage lui-même l'expression de ses communs besoins. Soit par ce qui est classé dans les cahiers eux-mêmes comme d'intérêt général, soit par un dénombrement statistique, deux documents peuvent ainsi être établis des lignes de force d'une opinion commune.

Opinion de qui ? Quel collectif ? Nous sommes placés ici devant un échantillonnage de sondages de groupes, réalisés à des niveaux différents et sur des champs suffisamment divers pour pouvoir dire que ce collectif, c'est, dans sa masse, l'entier royaume. L'élaboration des cahiers est, en effet, hiérarchique : le cahier de bailliage ou général est censé reprendre tout le plus important des cahiers des assemblées particulières, et le cahier de l'ordre est une synthèse, c'est-à-dire un choix de revendications ou les plus importantes ou les plus répétées dans les cahiers généraux. Il est incontestable que certains des besoins de la base ont passé dans la rédaction des cahiers de doléances. Mais ce collectif ouvert à l'entier royaume est aussi un collectif fermé. Collectif de ceux qui savent écrire d'abord, et aussi lire, pour éventuellement vérifier ce qui a été écrit : l'univers des cahiers de 1789 est un univers mis en forme écrite, « *rédigé* », donc de toute évidence dépendant de la littérature contemporaine. D'une part des « modèles » ont circulé, modèles le plus souvent d'origine parisienne. Non sans doute dans la proportion dominatrice que prétendait Taine, mais des canevas écrits ont modelé ou orchestré le désordre de revendications précises, locales, directement ressenties. D'autre part, à quelque niveau que ce soit, les cahiers sont rédigés par des gens qui savent écrire, donc témoins ou hérauts d'une opinion qui s'exprime par l'écrit et qui a été faite par l'écrit, celle de tout un monde de professions libérales, de robins, d'officiers locaux, voire de régents de collège, qui représente la strate provinciale et dernière d'une bourgeoisie éclairée.

Ainsi les cahiers se situent comme documents d'une société de style écrit, donc d'une société d'intermédiaires, intermédiaires entre l'abus ressenti, le besoin réel et l'expression de revendication ou d'analyse. Ils sont la conscience de certains milieux projetée sur tout le royaume : rarement y transpercent la réalité et les besoins du quatrième état. On les a justement présentés comme un « écho collectif et officiel de l'opinion ». En tant que documents de psychologie sociale, ils témoignent d'un collectif, éclairé sur ses propres besoins d'en haut, et non d'en bas, de l'imposition d'une idéologie à des maux ou des difficultés d'existence collective réels. Autrement dit, ils sont, dans une société restreinte d'expression écrite, et dirigeante parce qu'elle exprime et qu'elle écrit, le terme extrême de la vulgarisation des idées de la philosophie des Lumières. C'est ce niveau de fixation idéologique, en une mentalité plus ou moins pré-révolutionnaire, qu'il nous faut maintenant, à même les cahiers, tenter d'analyser.

LE « VENT DE RÉFORMES »

Les cahiers de 1789 sont des cahiers de doléances, c'est-à-dire que, dans leur présentation même, l'idéologie est sous-jacente à la dénonciation de l'abus. Cette idéologie, si elle a sans doute et pour une grande part aidé à prendre conscience de l'intolérabilité acquise de l'abus, n'est nullement négative, mais au contraire positive et constructrice. D'autant plus qu'elle s'impose dans une puissante atmosphère de renouveau. Témoin cette ferveur liminaire du cahier du collège des chirurgiens du bailliage de Rouen : « Une nouvelle aurore vient éclairer la France. La lumière va se répandre sur toutes les parties de l'administration. Un monarque juste et bienfaisant annonce qu'il veut bien prêter une oreille favorable aux réclamations de ses sujets de tout état et de tout ordre[1]. » Sans doute la plupart des cahiers n'en avouent pas tant ; mais les plus secs, les plus âpres dans leur hauteur à revendiquer témoignent aussi sûrement que des temps nouveaux sont arrivés. Il est d'autre part normal que l'abus soit émotivement, affectivement ou viscéralement, physiquement ressenti, avant que d'être idéologiquement dénoncé.

Aussi bien là se fait le départ entre réforme et révolution. La réforme « réforme » l'ordre ancien ; la Révolution définit un ordre nouveau. Les cahiers de doléances, même dans leurs plus grandes exigences, demandent réformes ; ils ne sont révolutionnaires que dans la logique d'eux-mêmes, ce postulat d'un ordre nouveau plus ou moins inconscient dans la plupart. Notre démarche d'analyse sera ainsi, selon la doctrine même, d'aller de la réforme attendue ou exigée à l'ordre neuf postulé.

Le besoin de réformes, on peut l'enserrer assez bien sous trois chefs : la liberté, l'égalité, l'unité du royaume.

La liberté

Il faudrait dire plus exactement *des libertés*, concrètement senties nécessaires pour l'existence collective. Libertés dont la conquête s'échelonne comme le progrès même de la société moderne.

La première est la liberté de conscience ou de culte. Il en est peu question, sous ce vocable, dans les cahiers

---

1. *Cahiers de doléances du Tiers État du bailliage de Rouen...*, publiés par Marc Bouloiseau, t. I, Paris, PUF, 1957, p. 30.

qui, œuvre d'une majorité, demeurent de dominante catholique. D'après les tableaux de Beatrice Hyslop, un petit nombre de cahiers, dont un seul du clergé, réclament de façon absolue la tolérance civile. Très rare, le principe posé dans le cahier du tiers de La Rochelle que « la tolérance universelle doit être la règle d'une nation éclairée ». En revanche, nombreux sont les cahiers qui approuvent l'édit de tolérance de novembre 1787 accordant aux protestants la reconnaissance de leurs droits civils. À Paris, noblesse et tiers état sont d'accord pour réclamer la suppression des certificats de catholicité pour les futurs maîtres des corporations. Si nous sommes loin encore d'une conscience collective d'un état civil ou laïque, du moins un ordre de coexistence religieuse s'établit-il dans la monarchie Très-Chrétienne. C'en est fini de la Révocation : ce que traduit mieux que tout cette incise du cahier général du tiers de Paris, à propos de la religion catholique, « religion dominante en France ». Ou cet article du cahier du tiers du Grand bailliage de Rouen demandant que les non-catholiques soient « pourvus d'une existence légale » et que soient reconnus les mariages mixtes.

Seconde liberté demandée, celle qui doit se dire la liberté individuelle. Ensemble complexe dont la genèse historique est bien sentie dans cette simple phrase d'un quelconque cahier normand : « Notre état déplorable vient des droits du clergé, des seigneurs, de la finance et des suppôts de la justice. » Ce qui donne les deux ensembles tyranniques : structures féodales d'un côté, administration monarchique de l'autre. Au cœur des structures féodales, le lien de dépendance à l'homme est le servage. Peu de cahiers en définitive (Beatrice Hyslop en compte quarante-cinq) condamnent le servage, si beaucoup demandent l'amélioration de la condition des main-mortables. Caractéristiquement, une cinquantaine de cahiers, et ce ne sont pas toujours les mêmes que les précédents, demandent l'abolition de l'esclavage et de la traite, fruit de la propagande de la Société des Amis des Noirs. La dépendance à l'homme est en fait surtout résiduelle. Ce qui vexe, ce sont les survivances féodales, sous la forme des justices féodales et des droits féodaux, surtout les banalités (particulièrement en Normandie les banalités de moulins), voire les dîmes. C'est tout le problème des *privilèges*. Si les nobles de Montargis, par exemple, affirment que les droits féodaux sont leur propriété, et donc participent du caractère inviolable de la propriété, la très grosse majorité des cahiers du tiers refuse de donner à des droits historiques, de moins en moins justifiables, une valeur d'éternel ou d'absolu. En fait la cause des droits féodaux était jugée pour la noblesse elle-même : si un tout petit nombre de cahiers demandait expressément leur maintien (dix-sept), et si un peu moins encore (onze contre dix-sept) en faisait l'offrande, la grande majorité des cahiers de la noblesse demeurait silencieuse : silence qui équivalait à renonciation.

D'autre part, dans l'unanimité du tiers contre les survivances féodales, s'il y a essentiellement des raisons matérielles (amoncellement de charges parfois écrasantes), les choses ne sont pas, dans la complexité des réactions des cahiers, si simples. Quelques constatations nous aideront à le mettre en évidence. La première, ainsi que l'a marqué fortement pour la Normandie Marc Bouloiseau dans l'introduction de son édition des cahiers de doléances du tiers état du bailliage de Rouen, c'est que dans la lutte contre les survivances du régime seigneurial, les paysans et les bourgeois avec eux combattent essentiellement les obligations qui pèsent sur les biens. Nul ne conteste les prérogatives personnelles de la noblesse. La lutte est contre le privilège réel, non contre le privilège d'honneurs. Il s'agit de rendre libre la terre.

Seconde constatation : la non-hostilité de principe à certains droits, surtout la dîme. Outre ses surenchérissements progressifs, ce qui est contesté, c'est son usage. On voudrait payer moins et que cet argent servît effectivement à nourrir les ministres réels du culte, non pas les gros décimateurs, voire à des services sociaux incombant à l'Église.

Hormis pour ce qui concerne la dîme, la lutte contre les survivances féodales est de toute évidence un combat d'arrière-garde. Il ne s'agit que d'emporter des forteresses démantelées, sauf peut-être autour du droit de chasse et de destruction des nuisibles, où s'affirme, dans la constance des cahiers, un droit poignant de l'homme de la terre de protéger les récoltes et surtout de pouvoir, lui aussi, chasser.

Autrement importante, la lutte contre l'administration monarchique, sous la forme surtout de l'arbitraire. Aucune mise en cause de l'autorité royale, mais du « système », c'est-à-dire de l'absolutisme. La lutte est ici essentiellement menée d'une part contre les bureaux, d'autre part au nom de la liberté individuelle à l'anglaise — et par la noblesse. Le cahier général de la noblesse de Paris contient, par exemple, les allusions les plus précises quant à la liberté individuelle, le plus souvent s'inspirant de l'*habeas corpus* anglais. Caractéristique, cette déclaration du cahier de la noblesse d'Artois : « Que la nation française est un peuple libre, c'est-à-dire que chaque Français est libre de faire ce qui ne porte pas tort à autrui et qui n'est pas interdit par la loi ; la loi peut seule priver un citoyen de sa liberté individuelle. » Il y a là une formule commune, empruntée peut-être à Sieyès, mais qui est devenue l'expression d'un ordre : la liberté définie par rapport à autrui.

Enfin, dernière venue des libertés, elle aussi plus ou

moins importée d'Angleterre, la liberté de la presse. Ici encore noblesse et tiers se trouvent réunis. Tantôt la liberté de la presse est réclamée comme conséquence de la liberté individuelle ; tantôt elle est invoquée comme moyen de faire échec à l'arbitraire gouvernemental, tantôt enfin elle sert l'essor des Lumières. Ainsi, dans la ferveur du temps, chante le tiers état de Bar-sur-Seine : « C'est par l'échange et la communication constante des pensées des hommes que la philosophie, les lettres, les sciences et tous les arts peuvent progresser et atteindre à cette perfection qui fait le bonheur des peuples et la prospérité des empires. »

On peut donc conclure que les diverses libertés sont déjà acquises à la hauteur de 1789. Il ne s'agit plus que de les reconnaître. Procès de mise à jour historique où les libertés deviennent *la liberté*, dont le premier contenu est un contenu de libération historique (les diverses libertés que nous venons de faire défiler), et qui se pose comme *liberté individuelle*, avec deux cautions essentielles, *la loi* — ou *les lois* —, et *la propriété*.

L'égalité

On peut aller plus vite pour ce qui concerne l'égalité : d'une part parce que l'incubation historique est plus courte, d'autre part parce que les racines revendicatrices sont bien apparentes. C'est de ces racines qu'il faut partir. L'une, la plus importante, est l'égalité fiscale. Une masse impressionnante de cahiers la revendiquent, et non seulement du tiers, mais des trois ordres. Ce qui amène Beatrice Hyslop à cette conclusion sage : « Cela peut avoir été très souvent la conséquence de la fraternité et du patriotisme, bien plutôt qu'une croyance absolue à une égalité abstraite. » Autrement dit, une pulsion irrationnelle ou épique. Mais à travers l'irrationnel, signe d'une conviction émotivement acquise, c'est-à-dire d'une partie gagnée, il y a, dans la conscience de l'injustice que les uns paient, les autres, non, le rationnel précis d'une exigence de base devant les charges communes, celles de l'abolition des privilèges fiscaux. Le second temps est, sans différenciation, une égale répartition des charges. Ainsi, parlant comme le tiers, le huitième département de la noblesse de Paris déclarait avant tout qu'il entendait « constituer avec le tiers état *également* sous la même forme et dénomination et en proportion de ses facultés aux impositions qui seront jugées nécessaires ».

Il est certain que, dans la France de 1789, toute une conscience acquise de l'intérêt général s'établit par la poussée des forces de l'égalité fiscale. Celle-ci entraîne — beaucoup le savent et les deux revendications sont souvent associées dans les cahiers — l'abolition des privilèges fiscaux des deux premiers ordres. Mais par voie de conséquence seulement. L'égalité fiscale est la véritable « promotion sociale » du tiers.

L'autre racine est celle de l'égalité des chances au départ, dans ce que nous dirions aujourd'hui la montée de puissance sociale. Entendons le collège des avocats au parlement de Rouen : « Tout citoyen, recommandable par ses vertus et ses talents, pourra être promu aux grades, emplois et dignités quelconques. » D'où la revendication souvent reprise contre la vénalité des charges, en particulier des charges de judicature. Les cahiers parisiens sont là-dessus très nets : elle est contraire à l'égalité souhaitable entre les citoyens.

Après les privilèges de naissance ou de condition (d'ordre), refus du privilège de l'argent pour l'accès à ce que nous dirions la « fonction publique ». Les officiers de l'élection rouennaise disent cela très en clair dans leur cahier particulier : « Art. 22. Que le seul mérite puisse prétendre à toutes les places et à tous les emplois, sans distinction des rangs. » De toute évidence, si les revendications pour la liberté définissent mal, ou confusément, une conscience positive de la société neuve, les revendications pour l'égalité postulent quasi lumineusement une organicité de société, sur laquelle il nous faudra revenir.

L'unité du royaume

Les revendications qui postulent l'unité du royaume sont d'ordre économique. D'une part elles veulent faire du royaume une unité économique de commerce. D'où la revendication quasi unanime d'une unification des poids et mesures — ou bien l'uniformisation des unités de compte pour toute la France. Ce que complète la sollicitude ou la fierté des routes, et aussi le souci de leur police.

Il faut entendre, d'ailleurs, la clarté simple et nette de la revendication pour pressentir tout ce qu'elle comporte de vision commune de l'unité : « Qu'il n'existe dans tout le Royaume qu'une seule mesure, un seul poids, une seule règle d'arpentage. » (Procureurs au bailliage et siège présidial de Rouen.) L'équivalence est celle-ci : un royaume, une unité économique. Mercantilisme et colbertisme procédaient d'une vision externe des choses. Ici, c'est le commerce interne qui exige l'unité du royaume.

Avec d'autre part — c'est le second aspect — « que toute espèce de commerce soit libre, et que les barrières soient reculées aux frontières du Royaume », selon ce que dit tel cahier normand. Liberté du commerce interne et le plus souvent protectionnisme. Le tiers état d'Amiens, au chapitre du protectionnisme, réclamait les tarifs protecteurs les plus élevés possibles ; mais la noblesse de Lyon demande, elle aussi, un tarif général pour favoriser le développement de l'industrie nationale. Ainsi se définit dans l'acte du commerce, et pour le bénéfice des intéressés, une conscience du royaume en tant qu'unité. Ce qui d'une part confirme les tendances centralisatrices d'une administration absolutiste et d'autre part façonne ou impose une mythique politique.

LA SOCIÉTÉ POLITIQUE

Le vent de réformes aurait peut-être pu aussi bien déboucher sur un ordre économique et social neuf. Il ne l'a pas fait, ni donc pu. Ce qui confirme l'explication d'ensemble proposée au début de la présente étude : le fait révolutionnaire s'insère dans un procès de libération mythique et historique. Le passage du sacral au social — ce qui eût été la révolution dans toute sa violence de novation — se fait par l'étape intermédiaire du *politique*, c'est-à-dire par une définition neuve des rapports d'autorité collective. Si les revendications économiques et sociales ne dépassent guère la dénonciation précise de l'abus ou l'indication limitée de besoins, une conscience politique apparaît, au niveau des cahiers, parfaitement mûrie et collective. Parmi les nouveaux textes de conscience, un des plus aboutis me paraît être celui de ces robins normands, avocats au parlement de Rouen, réunis le 21 mars 1789, dans « l'enceinte du Palais ». Voici ce qu'à cent dix-sept, ils acceptent :

1. La France est un état monarchique. La nation française est libre et représentée par les États généraux : le roi en est le chef héréditaire. Tout Français est citoyen, et chaque citoyen également soumis aux lois, ne dépend que d'elles, tant pour sa personne que pour ses propriétés...
2. Nul impôt ne pourra être continué, établi, fixé, réparti, levé et employé, sans le consentement des États généraux qui seront convoqués et assemblés, au plus tard, de quatre

ans en quatre ans, et qui ne pourront être suspendus ou dissous, si ce n'est de leur consentement.

Les quatre articles qui suivent précisent avec une acuité brutale le rôle financier des États généraux. Cela peut aller jusqu'à cet article 5 :

> Dans le cas où le retour périodique des États généraux serait différé, tout impôt cessera. Les citoyens en seront affranchis, et ceux qui tenteroient d'en faire la perception seront poursuivis par les cours comme concessionnaires.

Robins qui ne lâchent pas leur proie. Enfin, tout en demeurant parfaitement marqué d'esprit provincial dans nombre de revendications, ce dernier article d'ordre neuf :

> 8. Aucune loi ne pourra être établie ou abrogée, si ce n'est dans l'assemblée des États généraux, de leur consentement et sous l'autorité du Roi.

Maturation politique évidente et sûre de soi, où éclatent les exigences d'un ordre neuf.

L'exigence de l'autorité souveraine

La vénérable harmonie mythique — un Roi, une Loi, une Foi — est désormais décisivement atteinte. Deux puissances sont en présence : *le Roi* et *la Nation*. Il s'agit moins d'un conflit de puissances que d'une analyse interne de l'autorité monarchique. Celle-ci se fait au partir des finances du royaume. Rien de révolutionnaire en somme : il y avait déjà l'exemple anglais plusieurs fois séculaire. L'aggravation de la fiscalité monarchique, les difficultés et le désordre financier ont rendu impérieux le principe que qui contribue doit avoir le contrôle de l'emploi des deniers communs.

Par le biais fiscal, encore et toujours, s'introduit une autorité de contrôle, qui se donne forme collective dans le corps de la nation. Ainsi les deux pouvoirs se définissent parallèlement de la façon suivante : *le Roi*, une personne appartenant par l'hérédité à une famille souveraine, disposant d'une élection historique et mythique, figure humaine et traditionnelle de l'État ; *la Nation*, un corps collectif, plus ou moins correspondant à une réalité collective, elle aussi historique et mythique, la France. Entre les deux, la première figure de coopération est une image : le roi est le chef de la nation. Cela peut demeurer suffisant dans l'état d'esprit de ferveur et d'épique monarchiques dont témoigne la grande majorité des cahiers des États généraux.

On pourrait dire que la conscience du collectif national est fiscale, la pensée d'analyse politique plus ou moins orientée, le cœur éperdument monarchique. Ce que demande le tiers de Meaux, c'est que soit rétabli ce qui devrait toujours exister, la communication directe entre la nation et le monarque. Avec la noblesse de Belley, c'est l'ordre du père qui est évoqué : les Français sont tous frères, et d'un seul et même père, le roi. Le roi est donc le père du peuple (tiers de Vannes) ou le « restaurateur des droits ou libertés de la nation ». Imagerie d'un collectif encore profondément monarchique (bien qu'il soit à quatre ans à peine de l'exécution de son roi) et dont on peut saisir le façonnement légendaire dans cette exultation du tiers de Barcelonnette :

> Si Louis XII, si Henri IV sont encore aujourd'hui les idoles des Français à cause de leurs bienfaits, Louis XVI le bienfaisant est le Dieu des Français ; l'histoire le proposera comme le modèle des rois de tous les pays et de tous les siècles.

Mais au-delà des images, les rapports de coopération ou de coexistence entre les deux pouvoirs collectifs, historiques et mythiques, cherchent leur définition dans une pratique de la *représentation*. Cette pratique se fait institution par la formulation de périodicité d'une part, et d'autre part l'inviolabilité de la représentation. Entre les deux pouvoirs de base, se cherche ainsi, dans la volonté d'une communication directe entre le roi et la nation, une structure politique intermédiaire. La représentation est la communication; l'administration monarchique, l'isolement ou la séquestration royale.

Mais également dans un ordre supérieur des lois : si seulement trente-cinq cahiers, dont beaucoup de la noblesse, demandaient une autre formule d'indiction de la loi, c'est-à-dire l'analyse de l'unicité du pouvoir souverain qu'exprimait la formule *De par le Roi*, deux sources de la Loi sont désormais généralement conscientes, le Roi et la Nation.

Ce sont donc les lois qui définissent, par l'accord des deux pouvoirs, l'ordre suprême de la monarchie rénovée. La poussée légiste multiséculaire triomphe enfin, dans une religion civile des Lois. Le langage hésitera entre le pluriel et le singulier, entre une expérience coutumière, robine des lois, et le mythe romain de la *Lex*, plus ou moins fournie de la balance et du glaive. Aussi bien — ce qui est le « moment » historique —, la pensée hésite-t-elle.

Enfin, la définition des rapports entre les deux pouvoirs, le Roi et la Nation, se cherche dans l'établissement d'une Constitution. Cela culmine au Serment du Jeu de Paume. Mais de quelle Constitution s'agit-il ? Il faut nous garder d'interpréter le moment historique d'après ce qui est advenu par la suite. Telle « revendication » du cahier du clergé de Châteauneuf-en-Thimerais peut fort pertinemment nous éclairer sur la complexité des choses.

Voici ce que demandent les clercs du Thimerais : « Parfaitement satisfaits d'une constitution à laquelle l'empire français, depuis quatorze siècles, doit son état, son bonheur, sa prospérité, nous demandons que les États généraux définissent immédiatement avec le souverain les moyens de la rendre indestructible. » Nombreux sont en effet les cahiers, surtout des ordres privilégiés, qui considèrent comme déjà existantes les constitutions du royaume. Tout le passage est dès lors, et ceci importe, d'une constitution latente à une constitution publique, d'une constitution coutumière à une constitution écrite, d'une constitution historique à une constitution éternelle. La mise par écrit étant l'acte consécrateur par où la Constitution devient la loi organique et suprême du royaume.

Entre le roi et la nation, contrat d'équilibre d'autorité, doit désormais exister un texte, selon la vieille prudence tabellionesque que les écrits restent. C'est le texte, éternel dans l'intention, et dans le fait fragile et soumis à variations, qui est en définitive, consciemment ou inconsciemment, l'un des actes les plus expressivement « révolutionnaires ».

La forme de la société politique

Revenons au cahier des avocats au parlement de Rouen. « La nation française est libre. » « Tout Français est citoyen », proclame-t-il. Vocabulaire instant et neuf, qui exprime des réalités nouvelles, ou du moins ayant besoin de se manifester telles. Ainsi cette exigence porte sur le corps entier de la société politique. Une efflorescence de notions neuves, ou, si elles ne sont pas neuves, du moins de fréquence neuve, apparaît dans les cahiers : ce sont surtout *France*, *Patrie*, enfin et particulièrement *Nation*.

Si demeurent bien vivaces les expressions déjà historiques de royaume ou d'État, toutes deux accusées depuis le xvie siècle avec l'émancipation consciente d'une société politique, des notions plus chargées de totalité, plus affectives aussi ou épiques ont pris valeur de représentations collectives. Essentiellement celle de *Nation*, qui a eu peut-être l'avantage d'être — que l'on me permette la tautologie — plus nationale que d'autres. Notion d'origine latine, mais à charge historique surtout médiévale, elle a été consacrée par la pratique de la vie universitaire, dans les grandes universités de l'Occident. Si l'expression de *nationalisme* ne semble apparaître en France qu'à la fin de la Révolution, et venue d'Allemagne, la nation est par excellence, dans les cahiers, la société politique neuve. Réalité collective éminente et totale, comme il est évident dans cette écriture de cahier : « Que la nation s'assemble tous les trois ans en États généraux. » Réalité de chair aussi, sensible, volontiers réagissante dans cet autre article du même cahier : « Que toute distinction d'impôt entre les trois ordres soit proscrite comme humiliante pour la nation. » Ici, la nation ressemble au tiers état, comme une sœur jumelle...

Conscience de sa vie et de ses besoins, il y a un « bien général de la nation », qui n'est pas loin d'être un bien public. Conscience de sa puissance, cela peut aller jusqu'à cette formule abrupte d'un cahier normand, encore d'un collège d'officiers (procureurs de l'élection) : « Le roi ne régnera que par et pour la nation. » (Art. I.) Pareille extrémité dit mieux que tout une libération faite.

Mais l'expression moyenne est à la fois plus forte par sa fréquence même et par sa mesure impérieuse : elle pose les droits de la nation. Quelquefois ces droits de la nation sont dits « imprescriptibles ». Formule équilibrée caractéristique, celle-ci par exemple : « Que la Constitution de la monarchie et les droits de la nation soyent reconnus et assurés par des lois invariables. »

À la nation appartiennent des droits. État de revendications, ou de conscience d'un ordre des droits, où tout se passe comme si cette revendication de droits historiques, qui sont plus ou moins des privilèges, et pour lesquels n'ont cessé de combattre clergé et noblesse, devenait maintenant une habitude collective, valable pour l'entier corps de la nation. Ce qui suppose une contexture égalitaire du corps de la nation. La nation ne peut connaître ni privilèges, ni ordres, car elle doit être, avec d'autant plus de rigueur qu'elle est par certains aspects réalité irrationnelle, homogène en toutes ses parties. La revendication, si unanime, de la plus grande majorité des cahiers et où les ordres souvent se retrouvent d'accord, celle du vote par tête et non par ordre, ne procède pas d'autre chose que du besoin latent, présupposé ou postdécouvert, d'une société une, de l'égalité de toutes ses parties. Cette société, c'est la nation.

Mais l'exigence d'un ordre neuf touche aux éléments constitutifs de la nation, au-delà du corps de la société politique lui-même. Trois vocables, au moins, disent, en effet, la conscience réelle des parties de la nation : *citoyens, individus, particuliers*.

L'élément constitutif essentiel de la nation, c'est le citoyen. La nation est un corps de citoyens. Que la notion, bien que prédominante, ait du mal à se dégager, c'est l'évidence même dans des expressions comme celles-ci, que l'on trouve au hasard des cahiers : « tous les ordres de citoyens » ; « une classe ou un ordre de citoyens ». Les structures intermédiaires, traditionnelle ou neuve, demeurent les plus fortes ; la réalité toute nue, simple, du citoyen, a du mal à se détacher. C'est donc elle qui est « révolutionnaire ». Le fait révolutionnaire, c'est la constitution consciente du citoyen aux lieu et place du sujet. Une image de fiction historique, empruntée à la cité antique, romaine, de tendances égalitaires mais d'une égalité définie à l'échelon supérieur, celui des *cives*, vient spécifier la réalité nouvelle des éléments de la nation.

Étrange conglomérat de notions, où se mélange un arsenal historique de formes prises à l'Antiquité ou au Moyen Âge : la nation est un corps de citoyens. Encore, ainsi formulé, combien d'hommes de 89 eussent-ils souscrit ? Notre analyse de cohérence est évidemment trop systématique. Il s'agit de tendances qui s'expriment comme elles peuvent, trop incertaines de soi, malgré leur violence profonde, pour se manifester autrement que par un vocabulaire cautionné d'histoire. L'expression de *citoyen* avait d'ailleurs le double avantage d'évoquer avec plus ou moins de précision Rome et de ne rien engager quant à la réalité même de la société nouvelle. De plus, elle traduisait cet univers de cité, ou *urbain*, qui demeure, avec la ville, le cadre de la puissance de la société française dans la seconde moitié du xviiie siècle.

Quant à la composition interne de ces éléments, évidemment pas la moindre systématique. Seulement un implicite, parfois explicite : les citoyens sont égaux entre eux ; une modulation massive entre l'*intérêt général* et l'*intérêt particulier*. Ici aussi novation de vocabulaire, sur laquelle je n'insisterai pas, sinon pour remarquer que la notion de *commun* (bien *commun*, intérêt *commun*) s'estompe, voire parfois celle de *public*. Le *général* est une catégorie logique, correspondant à ce monde de l'universel, dans lequel se meut la pensée du xviiie siècle. Catégorie logique et vision massive d'ensemble, quelque peu d'uniformité, le général, quand il s'agira de le traduire en volonté ou en décision, s'exprimera par la quantité, par une arithmétique majoritaire — celle-là même que postule la revendication du vote par tête.

L'ORDRE DU MONDE, OU DE LA SOCIÉTÉ
« PRÉ-RÉVOLUTIONNAIRE »

Chaotiques comme ils sont, les cahiers de 1789 interdisent toute reconstruction trop systématique ; mais leur désordre est une voie très opportune d'analyse des tendances profondes. Autrement dit, de la société subconsciente. C'est celle-ci que nous voudrions très rapidement profiler, selon au moins trois caractères : indépendance, bonheur, éternité.

Une société indépendante

À la hauteur des cahiers de 89, la libération de la mythique traditionnelle n'est nullement achevée, surtout pour ce qui concerne la monarchie, et, grosso modo, quant aux deux ordres privilégiés, moins égoïstes peut-être qu'il ne semble de leurs privilèges qu'habités par une mentalité traditionnelle.

L'indépendance est cependant évidente dans le texte des cahiers, à l'égard de la fiscalité romaine, ou dans la conscience affective de la France, ou dans le besoin d'une unité commerciale du royaume. Ici l'indépendance s'appelle déjà *l'unité nationale*. Elle est également manifeste dans l'exigence d'une société politique, à puissances différenciées et qui donc doivent se régir ensemble par une Constitution. La Constitution, ou les constitutions, sont des voies d'une analyse interne d'une collectivité donnée. Et qui dit analyse interne dit prise de conscience de sa réalité propre.

Cette indépendance est, enfin, évidente aussi dans l'ordre des lois. Manifestement une société qui se définit par ses lois est en train de découvrir qu'elle se fait elle-même. Une ambiguïté cependant demeure, quant à la nature de ces lois : si les lois, cessant d'être divines, demeurent naturelles, une certaine métaphysique de l'universel empêchera la société politique de se connaître elle-même responsable de son propre ordre de lois. C'est, dans une perspective collective, le problème de la liberté ou du déterminisme, si riche de tant de développements postérieurs.

Une société de bonheur

L'*aura* d'enthousiasme pré-révolutionnaire est émotivement une manière de religion du bonheur. Et c'est la figure affective d'une certitude que les sociétés des hommes sont faites pour le bonheur commun. Cette finalité est évidemment la justice éthique d'une société indépendante. Entendons la solennité sans boursouflure du préambule du cahier des officiers de l'élection de Rouen, réunis le 24 mars 1789, en la Chambre du Conseil :

> Dans les circonstances mémorables où tous les ordres de citoyens se réunissent pour la restauration de l'État, la réforme des abus, pour le rétablissement de l'ordre dans les finances, et assurer le bonheur général et particulier sur des bases inébranlables [...]

Toute la dynamique psycho-émotive des cahiers, la conviction profonde qui est en eux que si l'on dénonce l'abus, il pourra être corrigé, tout postule une instance collective du bonheur. Il y a une certitude de santé possible dans cet alinéa tout simple du cahier du Grand-Lucé de la sénéchaussée de Château-du-Loir :

> Nous annonçons le mal en général, laissant le soin à des lumières supérieures, chargées de ce travail, d'y apporter de plus prompts et efficaces remèdes.

Dans un alinéa voisin du même cahier, on peut lire :

> La diminution des impositions pourrait rappeler l'aisance, sans ramener avec elle la félicité publique dont nous ne pouvons jouir qu'à l'abri des lois et des ordonnances qui garantissent notre sûreté et nos propriétés.

Voilà bien la valeur suprême : l'ordre des lois. Mais ce qui s'éclaire dans ce texte, c'est que l'aisance n'est pas le bonheur ; la félicité publique est autre chose et supérieure à l'aisance. Le bonheur est ainsi matériel et moral, du moins lié à un ordre, ordre plus ou moins proche, sinon toujours confondu, de celui que suggère l'expression d'« intérêt général ».

On pose alors l'équivalence : société de bonheur = société consciente de ses intérêts = société indépendante = société des hommes, tout entière centrée sur soi et de plus en plus dépouillée de sacralités et de surnature. La société de bonheur est une société uniquement terrestre et humaine, du moins dans l'incidence historique où son besoin se manifeste dans l'évolution encore « pessimiste » du christianisme occidental. Sans qu'il faille autrement accentuer la liaison, cette société de bonheur est une société de l'utile. Entendons par là qu'elle s'auto-analyse par rapport aux critères de l'utilité. L'instance de l'intérêt général bien entendu exige l'utile. Ainsi le tiers de Paris proposait-il d'autoriser « les nobles sans dérogeance à faire le commerce et embrasser toutes les professions utiles ». Cette société de l'utile postule le travail de tous. D'où l'imposante majorité à réclamer contre le monachisme traditionnel, surtout contemplatif, considéré comme non utile. Le besoin surtout de redistribuer tous les revenus ecclésiastiques, qui ne servent pas directement à l'existence matérielle du clergé séculier, pour ces « services sociaux » qui appartiennent encore à l'Église, les écoles et surtout les hôpitaux.

Une société de bonheur, selon des critères lentement acquis dans une expérience historique, doit d'une part assumer des fonctions de charité et d'autre part promouvoir les Lumières.

Une société d'éternité

Tout cela ne peut être qu'éternel. Poignant, dans l'univers mental des cahiers, ce besoin d'éternité. Il s'agit, au total, de réformes qui doivent rétablir l'ordre éternel. Du moins en apparence, car le besoin d'éternité va plus profond. Nous allons le saisir dans un instant. Dans ce besoin, il y a d'abord une véritable hantise de sûreté, de sécurité. Nos superstitions de sécurité ne datent pas d'aujourd'hui : dans la « France bourgeoise », sécurité et lois vont de pair, autant que l'une et les autres postulent l'éternité.

Tout ce qu'il y a de violence humorale dans la lutte contre l'arbitraire, d'humiliations et de souffrances séculairement recuites, se libère dans cette exigence d'être enfin à l'abri du « despotisme », et pour toujours. Le moyen souverain, c'est de manifester l'ordre, de poser les principes de la société nouvelle, neuve pour l'éternité.

Ainsi le tiers parisien affirmait-il dans une déclaration des droits préliminaire à un projet de constitution l'octroi à chaque citoyen de « la liberté naturelle, civile, religieuse ». Le mouvement mental est là : dans une désacralisation de la conscience sociale, poser des principes, valables sur les trois plans : religieux, naturel, civil. Où l'on pourrait vérifier cette vue d'ensemble que proposait le chapitre premier de notre étude : la société neuve est issue du procès de désacralisation d'une société traditionnelle, procès engagé dans l'expérience historique occidentale, et particulièrement française, depuis le XIIIe siècle.

Le procès de libération n'est manifestement pas encore achevé. À preuve l'exigence « métaphysique » de principes et, ce qui demeure de solennel et de sacral encore, dans la proclamation de ces principes, l'acte même de *déclarer*. Où il y a d'ailleurs parenté de besoin, voire imitation, entre ce qui s'accuse en France et ce qui s'est fait dans la jeune Révolution américaine.

Ces principes, ils sont ce qu'ils peuvent être, mais commandés par deux instances essentielles. L'une est que, dans leur formulation d'autorité, ils procèdent de cette mentalité d'universel, où la société classique et la société des Lumières se relayent dans une continuité, voire une complémentarité évidente. Exprimer ce qui est de tous les temps et de tous les pays, voilà ce qui est la certitude d'universel — clé de possession du monde, d'un monde désormais sans secrets, ni mystères. Dans cette certitude d'universel, se confondent ou se rencontrent une image de perfection utopique et celle d'un ordre anthropologique éternel. Rencontre qui est toute la réalité « métaphysique » de l'esprit des Lumières. Ce qui surtout importe à notre analyse, c'est qu'exprimant l'ordre universel, la société nouvelle est une société anhistorique, c'est-à-dire éternelle. C'était, par rapport à une société historique, hiérarchique, structurée en privilèges, le seul moyen de se débarrasser de l'histoire. Une société d'égalité cherche l'éternité, comme la certitude de son accomplissement.

L'autre instance est que cette société tend à se définir consciente par deux aspects fondamentaux : la réalité du corps social, prise dans son ensemble ; les éléments simples constitutifs du corps social.

La réalité du corps social, saisie dans sa totalité, ne s'impose, dans les cahiers, soit que comme expression politico-mythique (la nation, par exemple), soit que comme élan affectif. Par une conscience politique et des poussées irrationnelles, s'impose, au niveau des cahiers, la société nouvelle. Les éléments simples, c'est, par la décomposition des structures « d'états » ou « d'ordres », la tête, c'est-à-dire l'individu.

Ce qui, dans la dominante d'une tendance égalitaire, impose la représentation mentale d'une société, comme masse homogène, sans corps ni structures intermédiaires, où tous les éléments constitutifs sont en principe égaux. Société de raison en quelque sorte, et abstraite, abstraite en ceci surtout qu'elle est conçue comme le milieu nécessaire par rapport à l'exercice ou la manifestation des besoins qui la postulent, mais non pas saisie dans la révérence de sa vie propre, encore moins dans la totalité de sa vie. S'il fallait conclure sur des équivalences, je dirais société d'éternité = société indépendante = société « atomisée », analysée en ses éléments simples.

Le point précis de l'analyse historique est dès lors le suivant : tendance à l'émancipation d'une conscience d'une société autonome, « démythisée » ; cette conscience n'est pas parvenue à sa pleine libération : elle demeure encore *métaphysique*, et l'on pourrait aisément montrer que plus ou moins consciemment l'image sous-jacente de la société est décalquée sur des images de matière, matière physique ou matière « naturelle ». Tant il est vrai que « matérialisme » et « métaphysique » vont de pair dans la pensée commune de la seconde moitié du XVIIIe siècle français. Dès lors la réalité, plus immédiatement — et avidement — saisie, est celle des éléments simples : l'individu en tant qu'absolu social, et le plus souvent « réifié », comme diraient les philosophes, dans la valeur non moins absolue de la *propriété*.

Au terme de cette analyse de « mentalité collective », il importe, à mon sens, de garder à l'esprit quelques grands traits constitutifs :

— Dans une confusion de pulsions, voire de vocabulaire, ce qui vient d'être dégagé n'est qu'une orientation de tendances.

— Il est certain, c'est le fait massif, qu'une conscience neuve de société cherche à se libérer. À la hauteur des cahiers de 1789, cette conscience n'est pas arrivée à terme, du moins dans une cohérence organique, le sentiment d'un tout social.

— Les réalités émancipées de cette conscience sociale sont politiques et affectives. De la politique et du cœur, pourrait-on dire.

— Idées et philosophie ont incontestablement servi cette immense mise par écrit que représentent les cahiers de doléances de 1789. Mais le mouvement vient de plus loin. Ce qui va faire d'un acte après tout traditionnel — la présentation de doléances écrites avant la réunion des États généraux — une attitude pré-révolutionnaire, c'est *le nombre* et *l'uniformité*. C'est-à-dire la maturation d'un esprit commun, possiblement pendant un certain temps esprit de classe, mais aussi de vitalité sociale désacralisée.

CHAPITRE III

PROVINCE ET LUMIÈRES :
L'EXEMPLE DE LYON

Après le « sondage » à l'échelle du royaume par les cahiers de doléances, l'autre « sondage », quant à la circulation des idées, sur la vie intellectuelle, scientifique, technique, voire spirituelle d'une grande ville, Lyon.

On pourrait profiler une autre perspective, celle du rôle dans la vie collective des idées dans la société française de la seconde moitié du XVIIIe siècle, des « sociétés » : académies, sociétés littéraires ou savantes, voire sociétés de pensée. Phénomène typique de l'époque, encore que lui aussi soit un épanouissement, sans doute qualitatif mais surtout quantitatif. Le phénomène est discernable à l'échelle de la « société » française, comme une des terres de rencontre d'une aristocratie éclairée et d'une haute bourgeoisie, dès la fin du XVIe siècle. Mais c'est à la veille de la Révolution, et, bien au-delà, au moins jusqu'à la seconde moitié du XIXe siècle, qu'il prend forme d'une structure sociale de pensée.

La forme « académique », au pair de l'enseignement, a défini dans la France pré-contemporaine une élite d'échanges intellectuels, de connaissance. En dehors de cas isolés, et surtout pour ce que nous appellerions aujourd'hui les sciences de l'homme, elle a accompli une fonction collective de « recherches » et, pour reprendre le mot ancien, de « curiosité », qu'aucune autre institution n'a satisfait comme elle.

Cet éloge académique prononcé, essayons, sur le cas de Lyon, de saisir une grande ville du royaume dans son état de culture durant la seconde moitié du XVIIIe siècle.

LA CONJONCTURE LYONNAISE

Deux au moins des grandes données générales sont contenues dans l'expression répétée à plaisir : Lyon, « la seconde du royaume et la première par ses manufactures ». Ce panonceau de fierté lyonnaise exprime avec justesse la réalité. Lyon, seconde ville du royaume, nous l'avons déjà vu quant à la population. Si Paris s'établit autour de 600 000 habitants, Lyon vient après, même si loin, avec 120 000 habitants (estimations de 1760), ou 139 000 (estimation de 1789). Grosso modo donc, Lyon est le cinquième de Paris, mais est d'un quart à un tiers plus grand que Marseille.

Quant aux manufactures, l'essentiel en est constitué par ce grand corps de la *Fabrique*, « cette grande marchande de modes, dont le cœur semble battre dans un coffre-fort », ainsi que le coiffe malignement le comédien Bénard. Durant le règne de Louis XV, la Fabrique retrouve une activité comparable à celle du XVIe siècle. On compte en moyenne, autour de 1784, 12 000 métiers en activité, et plus de 30 000 personnes occupées par elles, marchands, ouvriers, compagnons, ourdisseuses, dévideuses, tordeuses. Le primat économique lyonnais est d'ailleurs plus commercial qu'industriel : Lyon, dans la seconde moitié du XVIIIe siècle, est le premier marché français de la soie, en même temps que, par l'évolution des foires (au rythme de quatre par an), elle est devenue un marché de l'argent très important en Europe : le cours des changes à Lyon fixait les taux pour les principales places d'Europe, sauf pour Plaisance, sa rivale.

Troisième donnée générale, en effet, Lyon est un lieu d'échanges à l'échelle de l'Europe. On rappellera tout juste sa situation privilégiée de carrefour, à la rencontre des routes nord/sud et est/ouest, surtout sa position presque marginale par rapport au royaume, qui lui garde vocation d'étape ou de pont, tant avec la Méditerranée qu'avec l'outre-mont. C'est, aux confins nord du monde méditerranéen, un carrefour européen, le dernier vers le sud, à peu près correspondant au carrefour de l'Allemagne rhénane. Au XVIIIe siècle d'ailleurs, les directions fréquentées par les relations lyonnaises d'échanges se sont étirées vers l'est, jusqu'en Russie, en Autriche ou au Levant. L'activité lyonnaise d'échanges est intra-continentale, hors des circuits du monde atlantique, et en symbiose, par toutes sortes de raisons, avec la Suisse, cet autre carrefour de l'Europe continentale et de l'Europe des Lumières.

Quatrième donnée générale, le passé de Lyon. Lyon est ville « illustre », *caput Galliarum* depuis les temps lointains de l'évangélisation chrétienne, surtout depuis le XVIe siècle, où elle a été, sinon une capitale créatrice de Renaissance, du moins une ville-étape essentielle, par l'édition surtout, dans les échanges de la Renaissance entre l'Italie et la France. Il y a sur elle vocation, prestige et habitudes d'échanges intellectuels.

Cinquième et dernière donnée générale, sur laquelle Louis Trénard, dans son *Lyon, de l'Encyclopédie au Préromantisme*, a fort heureusement insisté : Lyon est une ville sans États provinciaux, sans parlement ni université. Autrement dit sans grands corps traditionnels, définissant dans la ville une structure d'élite fermée, suffisante de son autorité monarchique, de sa représentativité ou jalouse de son recrutement clos.

Ville donc où règne le bourgeois, bourgeois de la

Fabrique ou bourgeois du négoce, avec tout ce dont peut être capable de fraîcheur ou d'habitudes, dans une grande ville d'échanges européens, une bourgeoisie sans maîtres ni modèles trop impérieux. Autre élément de fraîcheur aux échanges intellectuels, l'absence d'une université, toujours plus ou moins gardienne d'un conservatoire mental. Défiante des cours souveraines, la bourgeoisie lyonnaise semble s'être fait un point d'honneur de s'épanouir surtout par le commerce.

Aussi Lyon demeure-t-elle une ville d'oligarchie marchande, sans noblesse dominante. Une bourgeoisie d'affaires est la matière sociale vive de la cité : d'elle sortent noblesse échevinale, membres du clergé, membres des professions libérales. Elle s'accomplit, bien entendu, dans la noblesse ; mais aussi par la Fabrique peut-elle donner la réalité de l'illusion d'une classe « ouverte ».

Une ville en expansion

Expansion démographique, plus accentuée encore que dans d'autres grandes villes du royaume. Lyon non seulement en effet ville-refuge pour le surcroît démographique des provinces voisines, appauvries par la croissance de population et les crises, surtout après 1770, mais ville dévorante, ce « gouffre de l'espèce humaine », ainsi que dit Rousseau, dans l'*Émile*, pour les besoins mêmes de la Fabrique.

Dévorante surtout de jeunes filles ou femmes, la main d'œuvre des « tireuses », qui, une fois venues en ville, ne repartent plus. De Savoie ou du Dauphiné, mais plus encore, semble-t-il, du côté de l'ouest, le Massif central (Auvergne ou Velay). D'où le dicton : « Femme du Puy, homme de Lyon font une bonne maison. » Toute cette poussée de population, qui faisait tel voyageur de la fin du XVIIIe siècle estimer à 200 000 la population de Lyon, s'entassait comme elle pouvait. « Nulle part on ne voit dans une maison une économie de place comme à Lyon », constatait le même voyageur : d'où l'exiguïté des rues, l'élévation des maisons, plus encore que ce que les Persans de Montesquieu avaient constaté en débarquant à Paris.

Lyon est aussi en expansion urbaine : la ville s'étend, exploitant amplement son site. Le Lyon moderne en effet, et encore sous le règne de Louis XV, demeurait centré sur la Saône. Mais, au cours du siècle, l'activité commerciale s'est déplacée de plus en plus vers l'est, dans l'entre-deux-fleuves. Poussée insuffisante dans une ville dont les couvents et leurs dépendances occupent encore quasiment les trois quarts de la superficie.

Le besoin démographique, l'esprit de développement urbain, les intérêts de la spéculation d'une bourgeoisie quelquefois aventureuse vont amener la construction de nouveaux quartiers dans la région du confluent et sur la rive gauche du Rhône. Ainsi se développeront, de l'œuvre de Morand, au pied de la Croix-Rousse, les quartiers Saint-Clair et Saint-Vincent ; le quartier Perrache, et, encore des œuvres de Morand, ce qui ne fut pas mince affaire, le quartier des Brotteaux, poussée extrême de la ville vers l'est. L'agglomération lyonnaise pousse ainsi au nord, au sud et à l'est. À chacune de ces poussées peut être associé le nom d'un grand architecte — déjà des urbanistes : au nord, Soufflot ; au sud, Perrache ; à l'est, Morand. Double poussée vitale, des hommes et de l'espace humain, qui peut n'être qu'en apparence signe de prospérité ou d'euphorie, d'optimisme créateur.

Une conjoncture incertaine

La Fabrique lyonnaise semble bien avoir connu, sous le règne de Louis XV, « la plus haute période de sa prospérité », mais avec le règne de Louis XVI, c'est, pour les vingt-cinq dernières années du siècle, un déclin accéléré. Éminemment dépendante de la mode, la Fabrique l'est plus encore de ce que l'on pourrait appeler le luxe à moindres frais — ce luxe, qui est déjà le confort. Avec la mode des linons et des batistes, l'introduction des percales et des calicots, l'engouement pour les papiers peints, importés d'Angleterre, l'invasion des indiennes, étoffes courantes et de moindre prix, la Fabrique se trouvait fatalement atteinte. La reconversion pour la fabrication des nouvelles étoffes se fera soit dans la région lyonnaise, soit aux confins de la ville, et avec des étrangers, Genevois surtout.

La tradition lyonnaise ainsi dangereusement menacée, pour une bourgeoisie possédante, éclairée mais sans envergure, le réflexe de conservation est une politique de bas salaires. D'autant plus que le marché de la main-d'œuvre est abondant. D'où les grèves et coalitions, à propos desquelles Louis Trénard rapporte cette phrase de Silhouette : « Quand les caprices du goût ou les édits du souverain paralysaient la Fabrique, les canuts se plaignaient d'abord, se révoltaient parfois, se résignaient à la longue. »

Situation évidente de « crise » biologique et psychologique, aggravée encore par la régression économique agricole, conditionnée par une structure d'exploitation extrêmement sensible aux incertitudes du ciel et aux épidémies.

Avant le rigoureux hiver de 1789, les années 1781 et 1785 sont pour diverses raisons météorologiques difficiles, sur un arrière-plan de vie rurale déséquilibrée par la surproduction viticole et la chute des prix conséquente, en Beaujolais en particulier de 1778 à 1787. Le dessin est donc le suivant : à mesure que s'achève le siècle, un état d'instabilité grandit, d'autant qu'ont été plus fortes au préalable la poussée humaine et la poussée d'optimisme commercial.

Cela n'empêche pas Lyon d'avoir une fonction nouvelle. Jusqu'à la seconde moitié du xviiie siècle, Lyon, ville commerciale à l'échelle européenne, est une ville sans pays. Le Lyonnais est une toute petite province, entre Bourgogne, Dauphiné, Savoie et Auvergne par exemple. D'où une fragilité d'existence urbaine, tout entière dépendante de la prospérité des échanges. Disons bien : des échanges, plus que de la capacité productive. Dans un rapport présenté à l'Assemblée provinciale en 1787, l'ingénieur Lallié, disciple de Trudaine, démontrera non sans pertinence que, sans les voies de communication, l'abondance devient un fléau.

Cette fragilité de la ville exclusivement productrice s'aggrave avec les crises. Aussi, dans la seconde moitié du xviiie siècle, devant les difficultés grandissantes de la Fabrique urbaine, assiste-t-on à un essaimage des manufactures dans le plat pays, pour réaliser une économie mixte de type agricole et manufacturier tout ensemble. Ce qu'analyse, dès 1752, l'inspecteur des manufactures Brisson dans un mémoire sur les manufactures de toile du Beaujolais : « Les manufactures de cette province sont enfants de la nécessité. Plus le territoire d'une paroisse est stérile, plus on y manufacture pour se dédommager de ce que la nature y refuse. »

Autour de Roanne d'autre part, dans le massif de Tatrare, des centres textiles montagnards s'émancipent. Ce qui lentement, autour du centre européen d'échanges, définit une région, la région lyonnaise, complexe encore confus, sans structures, mais nettement saisissable et qui doit donner à Lyon une autotechnie de capitale. Déclins, instabilité et jouvences cherchent ainsi à s'équilibrer dans des années qui demeurent des années de « crise », c'est-à-dire de trouble d'âme. Et toute époque de crise hésite naturellement entre le conformisme plus ou moins traditionnel et les audaces d'un non-conformisme.

Les conditions psycho-sociales

Toutes les données, générales ou de conjoncture, qui viennent d'être analysées contribuent, il va sans dire, à la définition des conditions psycho-sociales de la vie collective de Lyon, dans la seconde moitié du XVIIIe siècle. Prenant quelque recul avec elles, il faut saisir d'abord le « milieu social » qui les exprime, du moins la société apparente, c'est-à-dire l'élite cultivée. Là-dessus, les réflexions de Mme Roland sont à la fois sûres d'une perspicacité féminine et injuste :

> Je veux me dégonfler avec vous — écrit-elle à une de ses amies lyonnaises aux premiers mois de la Révolution — de tout ce que mon pauvre cœur est obligé de souffrir dans cette ville... Les gains du commerce ont fait pulluler dans nos murs les anoblis, les privilégiés, les riches ou espérant le devenir ; ... les ecclésiastiques y sont nombreux, les suppôts de judicature le sont aussi.

En fait l'élite cultivée de la société lyonnaise est essentiellement constituée par des gens d'Église et des bourgeois, bourgeoisie du négoce et bourgeoisie de la Fabrique. Les clercs n'étant pas là seulement comme le sel de la terre, mais représentant une puissance possédante considérable, puisque l'on établit que le tiers environ des immeubles de la ville appartenait aux communautés religieuses intra-urbaines. D'où la question où débouche toute analyse des conditions psycho-sociales : ce conglomérat social est-il un terrain de Lumières ?

La première réponse partirait de Mme Roland et retrouverait bien d'autres dénonciateurs, tel Grimod de la Reynière, de l'obtusion mentale lyonnaise : « Rien de plus ignorant que le fabricant de Lyon, tirez-le de sa soie, c'est un véritable Topinambou... » écrit-il, non sans sarcasmes, en 1792. Ce qui revient à se demander si l'on peut être manufacturier et homme des Lumières.

À la hauteur de pareille distinction, il est évident que Lyon représente, pour saisir la pénétration des Lumières, le cas-limite du milieu de la résistance maxime ou, ce qui est pire, de la plus grande indifférence. Milieu peu enclin aux Lumières et cependant pénétré de lumières. On ne saurait oublier en effet, par rapport aux jugements du temps toujours plus ou moins humoraux, qu'il s'agit de la seconde ville de France et d'un centre de circulation et d'échanges européen. D'autant que Lyon, dans le grand circuit protestant entre « Désert » et « Refuge », est l'étape marquée par la géographie et par le négoce. La finance protestante, la banque surtout, tient une place importante sur le marché lyonnais. Banque d'étrangers, mais, à part les Germaniques, d'étrangers anciennement français, c'est-à-dire passés par la Suisse surtout.

Étape des pasteurs entre les Cévennes, le Vivarais ou le Languedoc et Genève et Lausanne, la grande ville rhodanienne est aussi la « marche » dans le royaume, entre Paris et Marseille, de la banque genevoise. La très remarquable étude d'Herbert Lüthy[1] fait foisonner les liaisons entre les deux villes concurrentes, Genève et

---

1. *La Banque protestante en France de la Révocation de l'Édit de Nantes à la Révolution*, t. II : *De la Banque aux Finances (1730-1794)*, Paris, 1961.

Province et Lumières : l'exemple de Lyon 97

Lyon, où Genève tient d'ailleurs de plus en plus le premier rôle.

La « nation suisse » à Lyon est au centre des affaires lyonnaises, avec les puissantes et fort ramifiées familles de Saint-Gall, les Scherer, les Sollicoffre (Zollikofer) et les Councler (Kunkler), l'omniprésente « tribu » Rilliet, solidement genevoise. Nombre de ces banquiers étrangers descendent de réfugiés français, à plusieurs générations, comme les Mallet, venus de Normandie en Suisse au XVIe siècle, les Thellusson, du Lyonnais, dans la première moitié du XVIIe siècle ; ou, après la Révocation, les Begon, originaires des Cévennes, ou les Sellon, de Nîmes. Le retour direct ou indirect de ces « exilés » est, comme il est normal, un retour en force, soit matérielle, soit d'autorité. Tel cet André Vernet, dont la famille est originaire de Provence (La Seyne exactement), et le grand-père, bourgeois de Genève depuis environ le milieu du XVIIe siècle. Négociant à Genève, il s'établit à Lyon, où il sera chargé des affaires du Valais.

Mais ce qui compte plus, au double titre de la puissance matérielle et commerciale et de la circulation possible des idées, c'est, en ce milieu protestant, ce que Herbert Lüthy appelle la « mosaïque de relations et de parentés ». Restons à nos Vernet. Par descendance directe ou par alliances, au milieu du XVIIIe siècle, on les trouve à Amsterdam, Avignon (celui-ci revenu au catholicisme), Genève, Lyon, Marseille, Paris, ou encore en Syrie, à Alicante et à Oneglia, voire à Saint-Domingue. Réseau d'étalement, prolongé mais rarement par des mariages étrangers. Dans la « gens » Vernet, un pasteur, « illustration de la famille » écrit Lüthy, le célèbre Jacob Vernet, d'abord ami de Voltaire, puis contre lui le défenseur de la Genève bien-pensante. Par le négoce suisse, à quoi s'allient naturellement par mariages les Lyonnais, un Guillaume Couderc par exemple, Lyon se trouve étape, et étape humaine, d'un réseau d'échanges largement ouvert.

Est-ce pour autant un foyer de Lumières ? Un des traits les plus fortement marqués par la puissante analyse de Herbert Lüthy me paraît être que si négoce et Lumières cheminent parallèlement dans les mêmes hommes et les mêmes milieux, il y a entre les affaires et les idées une manière de discipline absolue d'étrangéité. La richesse qui a son monde, ses règles propres, et de plus en plus, est une commodité...

Lyon aussi, ville commode aux Lumières. On peut le saisir sur le bon usage qu'en fait Voltaire pour ses affaires. Dès 1755, le banquier attitré de Voltaire, qui semble avoir manié le plus gros de sa fortune — celle-ci n'était pas mince —, est un Tronchin, banquier à Lyon, Jean-Robert, de la famille des Tronchin, patriciens genevois. C'est lui qui achètera les Délices pour le compte de Voltaire et qui les lui rachètera en 1765. Jusqu'à la venue de Tronchin à Paris en 1762, où il devient fermier général, Lyon, par Tronchin, s'intègre à la « cour Voltaire ». Ce qui d'ailleurs ne touche qu'un milieu très étroit, centré sur Genève, prolongé jusqu'à Lyon pour affaires ou commodité. Et, signe des temps, au cours des années soixante tout ce monde se repliera sur Paris, avec la ferme générale de Jean-Robert et l'établissement définitif à Paris comme premier médecin du duc d'Orléans du Dr Théodore Tronchin, petit-cousin de Jean-Robert, « l'homme le plus à la mode qu'il y ait actuellement en France, écrit Grimm en avril 1756. Toutes les femmes vont le consulter ; sa porte est assiégée, et la rue où il demeure embarrassée de carrosses et de voitures comme les quartiers des spectacles. »

Tout ce monde passe par Lyon, c'est un fait. Quelques-uns même y vivent. Jusqu'où imprègnent-ils le milieu lyonnais ? Autant que les circuits d'échanges, toujours aisés à dessiner, avec les suggestions de perméabilité qu'ils comportent, il y a aussi, dans l'histoire des mentalités, la juxtaposition des milieux. Il semble bien que cette société protestante lyonnaise ait vécu, et pour cause, sur ses racines genevoises, plus qu'elle ne s'est associée, hormis par le plus extérieur des Lumières (réflexions économiques, ou bonnes intentions philanthropiques, voire quelques créations : Étienne Delessert a fondé à Lyon la première compagnie d'assurances contre l'incendie), à la vie intellectuelle et spirituelle lyonnaise. Même pas un ferment ; tout au plus une présence catalytique et ici ou là des ouvertures sur l'univers genevois et suisse. Dès lors, au-delà des humeurs ou boutades à la Mme Roland, la juste réponse est l'analyse des diverses formes de la vie intellectuelle ou de la vie des idées dans la société lyonnaise de la seconde moitié du XVIIIe siècle.

LYON ET LES LUMIÈRES

Le développement technique

Devant la crise grandissante pour la Fabrique lyonnaise, on note, de la part de la bourgeoisie, un effort d'amélioration technique : mise au point du métier à la grande tire pour le tissage des façonnés ; utilisation par La Salle de la navette volante ; améliorations mécaniques pour le tissage des soies, autant d'aspects d'une ingéniosité artisane et technique dans « l'intérêt du commerce », comme disent les textes du temps, c'est-à-dire vitalité de défense d'une tradition menacée. C'est d'abord en travaillant à s'améliorer techniquement elle-même que se défend la Fabrique, avec la volonté de maintenir sa primauté comme industrie de luxe, surtout dans la production des façonnés pour l'ameublement comme pour le costume. Cet effort de progrès sur soi concerne aussi les procédés tinctoriaux, essentiels pour la perfection de l'art lyonnais quant à l'exactitude des nuances et au chinage.

Cette recherche d'amélioration s'élève de plus en plus à une conscience technique : par la recherche d'informations à l'échelle européenne (un négociant lyonnais, Jean-Baptiste Willermoz, se soucie par exemple de connaître les procédés tinctoriaux que le comte de Saint-Germain expérimente en Hesse-Cassel); par la volonté d'une histoire de l'« art » — on lira ainsi dans un écrit lyonnais de 1783 cette sûre définition de méthode : « S'il était possible d'avoir l'histoire de toutes les fautes, on aurait bientôt la clef de la route certaine des succès »; par l'élaboration et l'étude de traités techniques tels que *L'Art du Fabricant des velours de coton* ou les *Procédés de l'impression sur toiles et velours de coton*, rédigés par Roland de la Platière. Réflexes de défense, de progrès et de conscience après tout normaux pour une activité menacée. Seules les « formes » disent l'esprit du temps.

Dans une volonté d'avenir, on voit l'effort porter sur l'éducation technique. Entendons la bourgeoisie lyonnaise dans tel mémoire de son prévôt des marchands et de ses échevins, à la hauteur de 1763 : elle déclare inutile la fondation d'une université, qui ne pourrait être à Lyon que languissante et déserte. La vocation lyonnaise est impérieuse : « Les Lyonnais, toujours tournés du côté du commerce, préfèrent les travaux utiles aux études théoriques. » Aussi l'échevinat n'hésite-t-il pas à proposer, dans le même écrit, un plan d'éducation tout moderne et non jésuite, avec la préoccupation commerciale des langues vivantes (même l'arabe, pour les relations avec les échelles du Levant) et une part plus grande faite aux disciplines scientifiques.

Oratoriens et Joséphites qui succèdent aux Jésuites pour l'instruction des fils de la bourgeoisie lyonnaise s'efforceront dans l'orientation de l'enseignement de leurs collèges de satisfaire à ces tendances modernes et utilitaires. Mais la bourgeoisie d'affaires se défie tout de même d'eux, d'autant que les Oratoriens, par leur position plus ou moins janséniste sur le prêt à intérêt lui demeurent suspects. Ce qu'elle veut est parfaitement dit par Perrache dans son *Projet d'établissement d'éducation relative aux Sciences, au commerce et aux arts* de 1776 : ce sont « des hommes en état de remplir toutes les parties des arts, des manufactures et du commerce ». Formation professionnelle et aussi régionale, voilà l'essentiel.

À la conscience aiguë et neuve de ces besoins doivent correspondre des formes neuves. Si, à défaut d'une université, les séminaires demeurent très fréquentés même par les laïcs, surtout pour la culture philosophique, les formes nouvelles d'enseignement veulent deux choses :

— D'abord la formation professionnelle. Exemple caractéristique dans l'histoire lyonnaise, la transformation de ce qui s'appelle au XVIIe siècle l'Académie du roi pour l'éducation des gentilshommes en une École vétérinaire, ouverte à La Guillotière en 1761 — la première du royaume —, école dont le rayonnement de lumières ne sera pas sans importance : à mesure que le rôle de ses élèves s'étendait, peut écrire Louis Trénard, « le culte des saints guérisseurs se disciplinait ». Surtout, liée à la Fabrique, qui n'en avait pas encore, l'École de dessin « pour le progrès des arts et des manufactures », gratuite, ouverte en 1756. Institutions qui procédaient de cette ambition déjà sociale que formulait le tiers lyonnais en 1789 d'« un enseignement spécial plus immédiatement propre à fournir à chacun des moyens d'exister ». Ce qui plus ou moins postule la liaison instruction/capacité/rang social, essentielle à l'esprit des Lumières.

— Ensuite, l'enseignement « civil ». Il faut l'entendre

en un double sens : d'une part, moins enseignement donné par des civils, qu'enseignement orienté aux fins de vivre dans une société civile, pratique, immédiate ; d'autre part, enseignement de devoir collectif, donc soit de communautés civiles, soit d'État. Si les cahiers de doléances de Lyon et de la région lyonnaise s'équilibrent dans l'exigence ou non de la multiplication des moyens d'instruction, le clergé de la sénéchaussée de Lyon adopte une attitude centralisatrice, qui va jusqu'à souhaiter « que tous les instituteurs publics soient tenus de se conformer à un plan uniforme approuvé par les États généraux ». Même les clercs sont sur la voie d'un enseignement « national », dont un bel article est ainsi rêvé par le tiers lyonnais qui demande « que les lois constitutionnelles deviennent des livres classiques dans les villes et dans les campagnes ». Notre enseignement « civil » est donc un enseignement national, voire civique. S'établit-on déjà dans le politique ? La dominante des écrits lyonnais concernant l'instruction publique demande, avec le tiers lyonnais en 1789, de « former dans tous les ordres des citoyens utiles ».

La réflexion économique

Quant à la recherche d'une organisation économique meilleure de la société, aucune originalité de spéculation lyonnaise propre, mais, dans la montée de la crise, une acuité de recherches qui accuse au moins deux tendances :

— Un credo libéral où se retrouvent, dans la société lyonnaise, noblesse et tiers. Ainsi, quand l'abbé Raynal offre un prix pour le meilleur mémoire qui analyserait « les principes qui ont fait prospérer les manufactures..., les causes qui peuvent leur nuire..., les moyens d'en maintenir et d'en assurer la prospérité », le lauréat, Bertholon, ami de Franklin, conclut à l'amour d'une juste liberté comme principe de l'industrie et du commerce, qui sont « la véritable corne d'abondance » des empires. Ce n'est qu'un épisode académique. Mais plus nette encore, cette analyse du tiers lyonnais s'élevant dans son cahier contre les droits d'octroi : « On ne peut charger, écrit-il, les denrées de première nécessité du droit le plus léger sans augmenter la main-d'œuvre et nuire par cela même à la concurrence de nos manufactures avec les étrangers. » La controverse économique va d'ailleurs s'aviver à Lyon après la signature du traité d'Eden. Manifestement elle cherche des remèdes immédiats, tâtonnant vers le libéralisme à un triple niveau urbain, national, et international.

— Un premier sens coopératif. La bourgeoisie lyonnaise de négoce a pratiquement deux ennemis, les spéculateurs et les intermédiaires. Aussi, dans une réaction de vitalité et sur un point très précis quelques notables lyonnais, propriétaires en Beaujolais, vont-ils persévéramment, de 1764 à 1770, tenter une expérience d'association-coopérative — essentiellement la suppression du commissionnaire, le plus souvent mâconnais, maître des cours du Beaujolais sur Paris, et la constitution d'un groupement pour la vente quasi directe du vin et l'achat du blé.

De la réflexion économique à l'innovation, on ne saurait dire toutefois que sur cette seule tentative, même persévéramment reprise, il y ait une conscience sociale neuve. La prospérité, le négoce, l'échange, tout cela, c'est de la vocation bourgeoise. Tout au plus peut-on souligner l'ingéniosité vitale de cette bourgeoisie lyonnaise, lentement découvreuse, dans le sens de ses intérêts, de réalités sociales nouvelles.

Ce qui est conscient en revanche, c'est une certaine finalité de l'effort collectif et individuel. « La grande affaire, à tous les âges, est d'être heureux », écrivait en 1783 le lieutenant-général du bailliage de Bresse, un robin lyonnais. Nous atteignons ainsi à une ambition — ou une euphorie — des « Lumières ».

Formes et valeurs de « Lumières »

L'appétit de bonheur, caractéristique d'une société désacralisée, est-il pour autant inspirateur d'une organicité sociale neuve ? Je ne dirai pas que cette revendication du bonheur est narcissique — d'un narcissisme de classe —, mais il est certain qu'elle n'est pas créatrice. Les rapports sociaux sont plus du domaine du sentiment (le cœur, voire la peur) que de celui d'une justice sociale et spirituelle.

On le verra avec la crise de 1787, où la misère ouvrière est considérable. Les réactions sont des réactions d'entraide inquiète : distribution de secours ; denrées alimentaires aux indigents ; mesures pour l'approvisionnement en blé ; voire représentations de bienfaisance. À côté de cette charité épisodique, des institutions accusent cependant une préoccupation sociale : quant à l'enfance, avec la fondation d'un *Institut de Bienfaisance*, au profit duquel Beaumarchais, qui avait tenté de fonder une institution analogue à Paris, proposa d'éditer et de jouer *Le Mariage de Figaro* ; quant à la santé publique, avec l'ouverture d'une clinique de « variolisation » à Saint-Genis-Laval, ou la vulgarisation de conseils d'hygiène (*L'avis au peuple sur sa santé*, rédigé par Tissot, collaborateur de l'*Encyclopédie*).

Des tendances, des élans, mais rien qui dépasse, du côté bourgeois, le niveau de la « philanthropie », une sentimentalité, parfois une noblesse de cœurs « émus et attendris ». La société neuve, si elle doit être, se découvre à travers une sensibilité, voire une sensiblerie, de charité. Les voies du bonheur demeurent ainsi, pour les miséreux, des voies pitoyables... Dès lors, qu'est la vie des « Lumières » à Lyon ?

Le temps des sociétés

Une analyse sur le vif du Lyon des Lumières pourrait être esquissée avec le programme du séjour de Joseph II, en 1777, voyageant sous le nom de comte de Falkenstein. Nous ne le suivrons pas, profilant seulement sur cet exemple cette vie de circulation européenne : Lyon est une étape, et une étape qui compte, dans la découverte d'une Europe des Lumières. Qu'y montre-t-on ? Une vie de société assez raffinée, fastueuse à table (« Nulle part, je n'ai mangé d'aussi bonne cuisine », c'est l'aveu d'un Prussien, en 1792), amène, dit-on, plus ou moins libertine et, bien entendu, à dominante féminine, même si Mme Roland, dont la véritable nourriture était Plutarque, s'y ennuie.

Vie de société après tout dans la tradition classique : une bourgeoisie qui, plus ou moins marquée de son style propre, s'élève au commerce du monde, au niveau d'une grande ville de négoce. Plus caractéristiques du temps des Lumières, ce que nous n'appellerons pas les « sociétés de pensée », mais les « sociétés » tout court. Ces « sociétés » ont au moins trois formes : les sociétés de culture ; les Académies ; les loges maçonniques. Nous ne situerons ici que les deux premières formes.

L'une des plus vivantes des sociétés de culture s'appellera la Société littéraire, fondée en 1778 par des ecclésiastiques, des érudits, des avocats. On y dispute par exemple de la question de savoir « jusqu'à quel point l'esprit philosophique peut influencer la législation ». Elle essaimera avec la Société d'Émulation de Bourg, en 1783. À côté d'elle, le Salon des Arts procure les journaux, les livres récents, organise concerts, expositions, lectures publiques. Activité qui dit le besoin de toute une élite urbaine et de vivre en commun sa culture et de « se tenir au courant ». Une vie de société s'épanouit en une vie de culture — culture écrite, culture plastique.

Beaucoup plus importante, du point de vue du prestige et des Lumières, l'Académie des Sciences, Belles-Lettres et Arts. Elle se recrute exclusivement dans la haute bourgeoisie, avec un bon pourcentage d'ecclésiastiques. Nombre de ses membres appartiennent à d'autres académies françaises et étrangères : elle est l'un des centres de ce cosmopolitisme académique européen, qui demeure l'un des aspects sociologiques les plus essentiels du monde des Lumières. On y disserte une fois par semaine d'un peu de tout. « L'abbé Lacroix, écrit Trénard, était capable de parler successivement de "l'esprit liant", de l'égalité d'humeur, des tremblements de terre, du danger d'introduire les jeunes gens trop tôt dans le monde, du mélange des couleurs dans la peinture, de la lune, des parfums et des souliers à la poulaine. » Mais de débats plus ou moins littéraires ou badins, l'esprit évolue de plus en plus vers des recherches utiles ou une réflexion responsable.

Ainsi Soufflot y communique en 1773 les plans de Sainte-Geneviève ; ou bien l'Académie met en chantier une *Histoire naturelle de la Généralité de Lyon*, œuvre collective ; elle envoie des commissaires assister aux expériences de Joseph Montgolfier, et combat pour la vaccine. Enfin et surtout elle spécule sur les destins de la société. L'un des prix fondés par l'abbé Raynal en 1780, lors de sa réception triomphale, au retour d'un voyage en Suisse, pose ce problème de conscience : « La découverte de l'Amérique a-t-elle été utile ou nuisible au genre humain ? S'il en est résulté des biens, quels sont les moyens de les conserver et de les accroître ? Si elle a produit des maux, quels sont les moyens d'y remédier ? »

Société du bien et du mal, société du bonheur. D'où

la tension de réflexion sur les thèses de Rousseau et la valeur de la culture. Après le choc et un temps d'incertitude, il semble bien qu'au niveau de l'Académie lyonnaise, culture et société aient repris leurs droits : on entendra en 1784 Roland de la Platière célébrer « l'avantage des lettres et des arts relativement au bonheur de ceux qui les cultivent et à leur influence sur les mœurs ».

Les formes collectives de la vie des Lumières

L'édition est une haute et grande tradition lyonnaise, éminente au XVIᵉ siècle. Au XVIIIᵉ, nous n'en sommes plus à ses splendeurs. En fait, la librairie lyonnaise est en décadence, entre la librairie parisienne, « à la source des grâces » pour les privilèges et l'édition avignonnaise, pontificale, c'est-à-dire prospère en contrefaçons. Lyon devient alors un centre actif de contrebande du livre, avec des impressions clandestines ou un important trafic de livres prohibés.

Mais le livre ne fait pas que passer ; on le lit : la Bibliothèque publique comprenait, sous Louis XVI, 55 000 volumes ; des libraires de la place ont des cabinets de lecture achalandés ; la bourgeoisie riche collectionne les livres, et si la majorité des membres des professions libérales s'équipent surtout de leurs livres de travail, les goûts dominants semblent s'orienter vers l'histoire, l'*Encyclopédie* et autres dictionnaires (Bayle et Moreri), les romans sentimentaux et la littérature étrangère. Plus caractéristique encore du « poison » des lumières, le fait que les bibliothèques ecclésiastiques, de chapitres ou de chanoines, font place à l'*Encyclopédie*, à Bayle, à Voltaire et à Rousseau, voire aux écrivains pré-romantiques.

Plus que le livre, le grand fait urbain collectif, c'est le spectacle. À la hauteur de 1777, on compte deux cent cinquante-deux représentations annuelles et dans ce monde du spectacle lyonnais se profilent de futurs grands rôles d'une autre scène : Fabre d'Églantine y sera un moment associé à la direction de la Comédie lyonnaise ; Collot d'Herbois, pensionnaire, puis, en 1787, directeur.

Quant au répertoire, le goût semble plus tragique que comique : le vieux Corneille tient bien ; aussi Racine, mais surtout Voltaire, classique et moderne à la fois. Si la comédie est peu goûtée, la comédie larmoyante s'installe, et Beaumarchais, surtout *Le Mariage de Figaro*. Climat pré-révolutionnaire dans cette bourgeoisie lyonnaise ? À la vérité, rien de grave. La sensibilité lyonnaise au spectacle est plutôt pré-romantique : elle s'engoue au spectacle d'Opéra, avec des penchants marqués pour l'italianisme et l'opera buffa. Son grand homme est Grétry, dont le *Richard Cœur de Lion* soulèvera l'enthousiasme.

Mais c'est surtout le ballet qui connaît à Lyon la grande vogue, ballet-pantomime, dont les figures ne sont pas sans correspondances avec les préoccupations contemporaines : tel ce grand-ballet pantomime de *Pizzare aux Indes*, présenté en 1788, imagerie scénique des « malheurs du peuple de l'Amérique méridionale à l'époque où elle a été découverte ». Ou des bienfaits déjà civilisateurs de l'Europe...

À la grande tradition classique, de style et de « niveau social », peut-être aussi de besoin, s'associe de plus en plus le spectacle du cœur, sensible et d'épanchements.

Parmi les arts plastiques, c'est la peinture qui domine dans le décor de la vie commune. Aucun grand « créateur » pictural, spécifiquement lyonnais, pour la période, même si Greuze, né à Tournus, est de formation lyonnaise. Pillement, Lyonnais de naissance et de formation, travaille peu à Lyon avant 1789 et Jean-Jacques de Boissieu est un amateur de grand talent. La sensibilité artistique commune s'exprime donc dans le choix des œuvres. Si elle reste attachée aux formes décoratives (les peintres habituels sont surtout des décorateurs de la Fabrique), elle se satisfait surtout dans deux genres, le paysage et le portrait. Choix éminemment bourgeois désormais, dans la tradition des bourgeoisies nordiques, flamande et néerlandaise. Boissieu sera d'ailleurs à Lyon un champion des influences hollandaises.

Comme il est normal, la sensibilité artistique est « conservatrice » et c'est la forme de possession artistique la plus commune, la toile, qui domine, dans les intérieurs d'une bourgeoisie de négoce, sans besoin d'art véritable, mais vivant de modes. De modes qui viennent du dehors, et souvent de la capitale du royaume. Une seule tendance novatrice, mais elle aussi participant d'un phénomène collectif, largement extralyonnais : le besoin du musée, qui s'affirme dans l'organisation d'expositions. Pour cette exposition, ouverte en 1786, l'un des initiateurs précisait qu'il s'agissait d'offrir « à tous les sexes, à tous les âges, les amusements variés de l'esprit et de tout ce que les arts ont de plus enchanteur ». Cette générosité, souvent aveugle, est une noblesse de cœur d'un monde de Lumières...

Des éditions, des ballets, des toiles, telles les accentuations spécifiques des besoins de la bourgeoisie lyonnaise en sa vie de Lumières. Tous besoins qui sont d'une vie de société intra-muros, c'est-à-dire à l'intérieur des murs, soit de la maison bourgeoise, soit de la salle de spectacles.

L'urbanisme lyonnais

Besoins d'urbanisme et une certaine conscience de la ville vont de pair dans un monde de Lumières, d'élaboration et de commerce strictement urbains. L'esprit urbaniste s'exprime, dans l'histoire lyonnaise du xviiie siècle, d'une triple façon :

— Par une implantation plus résolue de la ville dans son site, cette prise de possession d'un espace urbain plus entier qu'expriment les grands travaux publics : aménagement du quai du Rhône, rectification du cours du Rhône de Saint-Clair à Ainay, entreprise d'Antoine-Michel Perrache pour rattacher à la presqu'île les îles du confluent. Consécration de cette conscience physique de la ville, l'établissement de quartiers « résidentiels » : le quartier Saint-Clair, bâti après 1758, devient le quartier élégant de la ville, où viennent se loger les « soyeux » ; dans les projets de Perrache, il y avait la définition de deux quartiers, l'un manufacturier vers le confluent, l'autre, résidentiel, vers la ville. Il est vrai qu'à la veille de la Révolution, peu de chose des plans de Perrache était réalisé.

Dans cette unité plus ou moins consciente, la différenciation des quartiers, surtout des quartiers de la résidence bourgeoise, tel ce quartier d'Ainay qui, après la dispersion des chanoines de l'abbatiale, deviendra, sous Louis XVI, « le Faubourg Saint-Germain lyonnais ».

Dernier trait de l'expansion lyonnaise avant la Révolution, la construction par Morand du pont des Brotteaux (1771-1774) et le début des premiers lotissements. Lentement se définit, dans sa complexité physique, une unité urbaine. Jusqu'en 1774 surtout, car les progrès postérieurs de la crise vont freiner grandement les travaux de croissance, d'implantation neuve et d'embellissement.

— Par l'achèvement de la place Bellecour qui est, à l'échelle lyonnaise, la place royale du xviie siècle, conçue pour recevoir et illustrer la statue équestre du Roi-Soleil. Elle sera parfaite, des conseils de Gabriel le père, dans la première moitié du siècle. Mais son ensemble devient parure de la ville, donc conscience, à l'époque : autour du culte de majesté (la statue royale au centre), c'est une composition monumentale de l'espace urbain, avec aménagement intérieur de cet espace : autour de la statue, l'harmonie des parterres ; des fontaines jaillissantes de marbre ; au midi, une promenade plantée d'arbres.

La majesté royale et la mise à la disposition « publique » des jardins, naguère privilèges du souverain ou des grands, se satisfont de concert. La place devient le lieu de promenade de la ville, éventuellement l'endroit des manifestations publiques les plus solennelles. Et ce, dans sa réalité peut-être la plus essentielle : elle est lieu d'harmonie architecturale ; par l'encadrement monumental des ensembles résidentiels privés « dont l'accord est remarquable », dira un contemporain de la fin du siècle.

— Par la construction d'édifices collectifs, à fonction urbaine. Cette bâtisse de monuments publics est une exigence de la ville nouvelle, celle du XVIIIe siècle, et d'autant plus souvent qu'il s'agit d'exprimer des fonctions urbaines traditionnelles. La reconstruction d'édifices anciens ou l'habillement architectural neuf de vieux services sociaux traduit quasi silencieusement le besoin d'une vision neuve des formes.

Ainsi, à Lyon, l'œuvre de Soufflot, affirmant la souplesse plastique de son génie, d'une part dans la construction des nouveaux bâtiments de l'Hôtel-Dieu, en bordure du Rhône, travaux conduits entre 1741 et 1748, et d'autre part, au débouché du vieux pont sur la Saône, l'hôtel de l'aristocratie marchande, dont il ne construisit, de 1747 à 1750, que la Loge du Change. Monuments publics, tous deux d'une fonction traditionnelle — leur place dans la ville remonte, pour ce qui concerne la France, environ au XIIIe siècle, mais qui prennent, soit par leur ligne d'ensemble, soit par la plastique des formes (dans la Loge, usage aéré et divers des ordres antiques; assouplissement majestueux du génie de la loggia italienne), une jeunesse publique, voire une ostension de puissance ou de service. L'ostension de puissance, manière de lyrique du cœur, éclate bien entendu dans le maniement des ordres antiques et surtout de la décoration : les pans coupés, aux extrémités de la façade de la Loge, porteront par exemple, les statues des *Quatre parties du monde*. Qui dit mieux les ambitions du négoce lyonnais ?

Édifice de fonction neuve en revanche, la troisième construction d'importance de Soufflot à Lyon, le Théâtre, aujourd'hui disparu. Construit de 1754 à 1756 dans les jardins de l'Hôtel de Ville, après le séjour de deux ans que Soufflot venait de faire en Italie auprès de Vandières, le frère de la Pompadour, ce fut à l'époque un édifice célèbre — salle ovale au plafond en voûte richement décoré; à l'extérieur, pour la protection des spectateurs contre les intempéries, une galerie couverte.

Négoce, charité ou assistance, divertissement par le spectacle en ville, la ville affirme ainsi ses fonctions et ses besoins. Ce qui devient caractéristique, c'est l'affirmation monumentale de chacune de ces réalités urbaines : solennité et beauté s'y éclairent de la nécessité de ce qui est maintenant « public ». Différenciation, affirmation sont autant d'éléments de conscience d'une vie urbaine indépendante, organique et contente de soi, ou du moins en ayant l'air. Le dernier caractère du témoignage architectural est le suivant : aération. Ces édifices neufs cherchent leur « espace vital » et introduisent dans les vieux quartiers des vides salutaires. D'où l'importance des façades, voire de l'équilibre d'une composition architecturale vue de loin : remarquable en ce sens, l'Hôtel-Dieu de Soufflot et son étagement puissant de lignes horizontales.

La conception plastique de la ville des Lumières, on peut la découvrir dans l'œuvre de Jacques Soufflot, qui modèle pour une très grande part la plastique urbaine du xviiie siècle lyonnais. Arrivé jeune à Lyon — il avait vingt-cinq ans et venait de séjourner longuement en Italie —, Soufflot s'y établit dix-sept ans, de 1738 à 1755, avec la seule interruption de son second séjour italien avec Vandières. Quand il gagnera Paris, il continuera cependant à régner sur Lyon : le Consulat le nomma en 1773 contrôleur général des bâtiments de la Ville, et la plupart des autres architectes qui construisent à Lyon dans la seconde moitié du siècle sont plus ou moins ses élèves ou bien travaillent sur ses plans. Antoine-Michel Perrache en particulier sera plusieurs fois le sculpteur de l'architecture de Soufflot.

Autant de traits qui marquent la correspondance entre le besoin collectif de formes architecturales, plus ou moins conscient, et la vision personnelle de Soufflot, qui affirme au moins deux traits majeurs : l'un est le rajeunissement *d'italianité*, cette extraordinaire et significative relève du baroque par l'antique. Au cours de ses deux séjours en Italie, Soufflot a vécu la redécouverte de l'antique à Rome, à Paestum, autant que, dans la vision urbaniste, il a médité Palladio à Vicence. Tout ce que l'Italie apporte d'expérience traditionnelle et de nouveauté par l'antique reflue à Lyon avec Soufflot, dans une conscience émancipée des formes et pour la définition d'un ordre bourgeois de majesté ou de solennité. Juste ce qu'il faut d'ailleurs.

L'autre est l'esthétique du maître. On la trouvera formulée dans les titres mêmes des deux mémoires que Soufflot remet à l'Académie de Lyon à trente ans environ d'intervalle. Le premier date de 1744 : *Dans l'art de l'architecture, le goût est-il préférable à la science des règles...?* Le second est de 1778 : *De l'identité du goût et des règles dans l'exercice de l'architecture.*

Ce qui était question en 1744 est certitude en 1778. Le goût, c'est, en architecture, la science des règles, c'est-à-dire, ainsi que l'écrit Soufflot, « cette sage et riche simplicité, ces proportions si estimées auxquelles les bâtiments étaient autrefois redevables de leur beauté ». Utilité et canon antique, plus d'ailleurs le vocabulaire de formes que le canon même, commandent l'architecture de Soufflot, « fonctionnelle » dans une nostalgie et une superstition de l'antique. Dans l'expression plastique de Soufflot, la bourgeoisie lyonnaise trouve sa certitude d'autorité. Mais celle-ci s'émancipe seulement dans la caution illustre d'une antiquité gréco-romaine, épurée, adaptée par une renaissance palladienne.

Ainsi — vocation d'étape ou bon usage des richesses avant la crise ? —, Lyon devint un des premiers centres français du style Louis XVI en architecture. Ce qui s'y affirme, dans la construction de nombreux hôtels bourgeois, c'est une double exigence de monumentalité (sens des ensembles architecturaux et de la façade) et de simplicité sévère : une géométrie sobre de lignes vraies, c'est-à-dire architecturalement nécessaires.

Originalité lyonnaise ? Il est certain qu'entre un néopalladisme plus ou moins « antiquisant » et le besoin commun lyonnais il y a correspondance. Mais dans le même temps, des églises s'achèvent, Saint-Polycarpe en particulier, marquées encore d'empreintes baroques. Surtout, la seconde ville du royaume pense beaucoup, dans ses novations, à imiter la première. Le modèle reste Paris. Ainsi, quand il s'agira d'aménager le tènement des Célestins, religieux sécularisés par bref pontifical en 1778, se constitue-t-il, à la veille même des années révolutionnaires, une « Société pour l'établissement d'un jardin entouré de maisons à façade uniforme et à galeries couvertes, à l'instar du Palais-Royal ».

En définitive, originale, comme il est naturel, dans

son développement, la seconde ville du royaume demeure cependant, quant à la culture, aux arts, à la vie de Lumières, dans l'orbite de la capitale. Des accents d'adaptation, qui traduisent des besoins propres, c'est à peu près tout dans la vie lyonnaise du monde urbain des Lumières.

LES ÉSOTÉRISMES LYONNAIS

En revanche, d'une façon plus aiguë qu'à Paris, se prépare à Lyon l'avenir. Lyon est, en effet, dès la seconde moitié du XVIIIe siècle, une des capitales européennes de l'ésotérisme. Il y a certes là un problème de l'élection lyonnaise. Nous n'avons pas à analyser ici cette vocation complexe, où s'allient les brouillards de l'atmosphère, cette ville enserrée sur elle-même et encore insuffisamment modelée par un urbanisme de lumières, la position internationale de Lyon aux vrais confins de deux mondes, méditerranéen et nordique mais à situer les aspects de vie de cette capitale ésotérique. Deux principaux aspects composent cette vie ésotérique : les *ésotérismes sociaux*, ou les organisations plus ou moins cryptiques pour une société nouvelle, et les *ésotérismes mystiques*.

À peine apparente, mais tenacement vivace, la première forme d'ésotérisme social, que vont exaspérer les développements de la crise économique après 1774, c'est le *compagnonnage*. Les compagnons du Devoir se réunissent au cabaret du Mouton couronné à Vaise, dissimulant sous des extérieurs de fêtes ou de cérémonies plus ou moins extraordinaires une activité d'entraide et un commencement d'organisation ouvrière contre le malheur des temps. Bien entendu, pour la police « bourgeoise », ce sont « gens sans aveu ». Leur activité de réunions est suspecte, et bien vite interdite. Mais besoins et goût du secret sont évidemment plus puissants que les surveillances policières. D'autant que la bourgeoisie elle-même donne l'exemple : aux dernières décennies du XVIIIe siècle, sévit en effet, à l'échelle européenne (Europe continentale et Europe atlantique) une véritable contamination de recréation par le secret — qui dit avec une intensité extrême un besoin de société neuve.

Lyon, capitale maçonnique

En 1774, à l'avènement de Louis XVI, une dizaine d'ateliers maçonniques existaient à Lyon, et les loges prolifèrent au rythme de deux au moins par an en 1781, 1782, 1783, au point qu'il faudra freiner le mouvement : il n'y aura plus d'inauguration après 1784.

C'est donc entre 1760 et 1784 que se situe à Lyon la floraison maçonnique. L'initiateur semble bien avoir été un marchand, ce Jean-Baptiste Willermoz, fondateur de *La Parfaite Amitié*, qui demeure une des figures les plus expressives de l'ésotérisme lyonnais. Il sera l'introducteur de la réforme écossaise dans la maçonnerie lyonnaise. La prolifération des loges va de pair avec l'accroissement pour chacune de leurs effectifs. Ici encore la grande poussée est nettement pré-révolutionnaire : à la veille de la Révolution, il y a comme une stabilisation et de l'attrait et des assiduités.

Quasi tous les milieux ont été touchés par la maçonnerie : les ecclésiastiques y sont nombreux, en particulier dans cette loge de Saint-Jean de Jérusalem d'Écosse, où était inscrit l'abbé Sieyès ; la noblesse aussi, bien qu'il soit proclamé dans le statut de telle loge que « la vraie noblesse consiste dans la vertu ». Mais la dominante est bourgeoise : bourgeoisie des offices, bourgeoisie des professions libérales, des imprimeurs, et surtout la bourgeoisie d'affaires. Plusieurs loges élisent un commerçant pour vénérable.

Par la réforme willermozienne, Lyon est devenue chef d'une province de la Stricte Observance, ce qui comporte des relations à travers tout le royaume, et aussi internationales. La maçonnerie lyonnaise, surtout par la loge des Chevaliers bienfaisants de la Cité Sainte, va s'assurer d'importantes liaisons internationales, en particulier avec le monde alémanique. Maçonnerie, affaires, continentalisme européen, dans le Lyon de la seconde moitié du xviiie siècle, vont souvent de concert.

Quant aux besoins et à l'état d'esprit moyen de cette maçonnerie lyonnaise, ils sont contrastés. Dans le développement maçonnique, s'assouvit l'aspiration vers une société différente de celle de la vie quotidienne et plus parfaite : gratuité sociale, être ensemble dans « le calme et la paix », surtout vivre une société meilleure, plus ou moins sacrale. Tel discours de tenue des années voisines de 89 exalte, par exemple, que « des citoyens de tous les ordres et de tous les états » se rassemblent pour assurer le bonheur de tous, jouir des « voluptés immortelles du sentiment », s'élever « au-dessus du vulgaire » et se rapprocher « du Grand Architecte de l'Univers ». Ces aspirations se nourrissent parfois de résurrections initiatiques avec les tendances rosicruciennes ou l'orientation écossaise de Michel de Ramsay, retrouvant l'ordre du Temple. La société meilleure peut souvent être une société ressuscitée, illustre d'une nostalgie d'éternité.

Dans sa pratique, la maçonnerie lyonnaise concilie sans question le besoin d'une société meilleure, voire plus « conforme aux principes rationnels », et un conservatisme social manifeste. Il en résulte, avec la pratique du respect dû aux souverains, images de Dieu sur la terre (voir les statuts de la Grande Loge), un vif enthousiasme pour les Insurgents d'Amérique.

Sur le plan religieux, les maçons lyonnais ne sont nullement des incroyants : ou crypto-religieux, pour reprendre l'expression de Roger Priouret, ou plus nettement encore traditionnellement religieux et chrétiens. Chrétiens surtout en ce sens qu'ils recrutent de plus en plus chez les protestants. La maçonnerie lyonnaise semble avoir vécu tout à la fois une tolérance très grande et une manière de syncrétisme religieux, dont la tolérance est l'aspect de bonne compagnie et qui complète, par un couronnement de religion, la coexistence commerciale ou de société. Quantitativement importante, la maçonnerie lyonnaise n'est tout de même pas l'aspect ni le plus marquant ni le plus profond de l'ésotérisme lyonnais.

Les ésotérismes mystiques

Aspect spirituel des liaisons continentales du négoce lyonnais et de la position « européenne » du carrefour lyonnais, les convergences vers Lyon des divers ésotérismes plus ou moins « occultes », qui se développent dans l'Europe continentale de la seconde moitié du XVIIIe siècle. Il y a aussi le tempérament lyonnais, évoqué par Émile Faguet en son meilleur livre, *Politiques et moralistes*, dans cette phrase pénétrante : « Très intelligents et infiniment amoureux des idées, ce sont des intelligences de seconde vue, à qui manque parfois la première. »

D'abord le premier *martinisme* ou *martinésisme* — enseignement ésotérique d'un certain don Martinès de Pasqually, dont le nom a fait longtemps incriminer une origine juive, et qui ne s'appelait peut-être, comme l'établit Auguste Viatte, que Martin Pascual, originaire de Grenoble. On le trouve fondant à Montpellier, en

1754, la loge des Juges écossais. Il partira en 1772 pour Saint-Domingue où il mourra peu après. Sur cette quinzaine d'années d'existence historique évidente, son lieu d'implantation et de rayonnement est Lyon, avec celui qui fut très tôt son disciple, Willermoz, disciple fidèle et incertain puisque, tout de suite après le départ du « maître » pour les Antilles, il tendra la main à la Stricte Observance allemande. C'est à Lyon et à Bordeaux avant son départ que Pasqually dicte la « somme théologique du martinisme », le *Traité de la Réintégration des Êtres*.

Tant le traité que sa doctrine pénétrèrent à suffisance à Lyon, pour que la loge des Chevaliers bienfaisants ait eu un moment l'intention d'en adopter les rites au lieu des pratiques écossaises.

Autour de Willermoz, le petit groupe lyonnais, où marque l'abbé Rozier, abbé agronome et du cercle d'Ermenonville que présidait le marquis de Girardin, est le centre d'une diaspora martinésiste très éparse, peu nombreuse, mais où comptent des esprits rares : à Strasbourg, le baron de Turckheim ; à Chambéry, Joseph de Maistre ; à Grenoble, Virieu ; en Allemagne, Charles de Hesse. Doctrine et mots d'ordre viennent de Lyon, chef d'Église.

En fait, il n'y a pas d'Église, selon Pasqually, nous naissons tous prophètes et l'un des buts essentiels du *Traité de la Réintégration des Êtres* est de retrouver la clé des mystères, égarée par les sacerdoces. Double réalité psycho-sociologique donc : d'abord, développer chez les disciples le don de la vision. Le monde des martinésiens est un monde de visionnaires, très axés d'autre part sur l'astrologie : il y a à Lyon un oracle qui parle, et que les correspondances entre initiés appellent l'« agent de Lyon ». Mais également faire des laïcs non pas des prêtres, mais des participants des mystères.

Ce qui conduit à une théosophie dont je ne marquerai ici que quelques traits : une théorie des nombres, reprise des traditions ésotériques, et qui est une lecture de l'univers : de un à dix s'organisent les principes de toutes choses. Mais surtout une doctrine de l'émanation. L'unité divine renferme originellement toutes choses ; elle s'accroît sans cesse par l'émanation, par l'émancipation par le Créateur, d'êtres émanés, auxquels il donne volonté propre, donc leur liberté.

Équilibre entre une théodicée plus ou moins panthéisante et une thérapeutique de la liberté. Car le grand principe de la cosmogonie martinésiste demeure : « Tout n'est qu'épreuve et punition. » Ce qui rejoint certains aspects d'une ascétique chrétienne, en une accentuation pessimiste par rapport à l'optimisme des Lumières. Contre-position où ésotérisme et pessimisme vont de concert dans un refus de la société présente.

Parmi les êtres émanés sont les Élus, « Élus Cohens ». D'où l'Ordre primitif des Élus Cohens détenteurs de la doctrine cosmogonique et des puissances ésotériques les plus diverses. Mais beaucoup plus que le premier martinisme, apparition d'un moment, importent dans la vie ésotérique lyonnaise les mouvements issus des disciples les plus immédiats.

Le premier est le *willermozisme*, mouvement à la fois plus immédiat, plus dépendant du martinésisme et qui, conscient de ses limites, gardera comme point d'appui et structure la maçonnerie. Ce négociant lyonnais, Jean-Baptiste Willermoz, a une expérience maçonnique avant sa réception entre les Élus Cohens. À vingt-trois ans, en 1753, il avait fondé à Lyon la loge de La Parfaite Amitié.

Ses efforts se situent sur plusieurs plans : d'abord, après sa réception comme Élu Cohen, faire pénétrer l'esprit martiniste dans la maçonnerie. L'essentiel de la doctrine demeure martiniste. Par la maçonnerie, sous la forme qui lui semble la plus adéquate, il veut l'ordre ou la religion, mais sans Église hiérarchique. D'un catholicisme ombrageux, il garde l'essentiel des dogmes, mais condamne et refuse la hiérarchie. Encore et toujours, par l'ésotérisme, la promotion cléricale ou sacrée du laïc.

Willermoz entend aussi, avec la maçonnerie ou au-delà d'elle, réaliser l'union des Églises, ce qui est sa ferveur d'unité. Il pourra même l'envisager, tant les attaches catholiques sont vives, comme un retour à la discipline romaine. Mais la meilleure définition de ce complexe religieux, ardent et peu cohérent, c'est celle de Joseph de Maistre écrivant à propos des loges lyonnaises sous la coupe des Willermoz (il y a un frère), qu'elles professent ce « christianisme exalté, appelé en Allemagne christianisme transcendantal... mélange de platonisme, d'origénianisme et de philosophie hermétique sur une base chrétienne ».

C'est son besoin d'unité qui l'amène, après le départ de Pasqually, à se lier à la Stricte Observance, d'origine française mais surtout répandue en Allemagne, que conduit Ferdinand de Brunswick, soutenu par Charles de Hesse, deux frères princiers. Promotion sociale et internationale du bourgeois lyonnais qui va prendre de plus en plus d'importance dans l'Observance. Il sera, à l'été 1782, l'âme du congrès de Wilhelmsbad, réunissant quarante délégués de tous les pays d'Europe, et où s'est ébauchée, malgré les notations déçues de Joseph de Maistre, cette cristallisation : ésotérisme/mystique/ traditionalisme social, voire historique, qui s'épanouira trente ans plus tard aux beaux temps de la Sainte-Alliance.

Deux accents essentiels marquent, dans le willermozisme, sa manière propre de « christianisme transcendantal ». C'est d'abord une religion intérieure, d'invasion psychique ou mystique. Aucune autorité enseignante, mais le croyant admet *du fond du cœur* les dogmes essentiels (existence de Dieu, spiritualité et immortalité de l'âme), tout le reste, à force de réflexion et d'étude, lui sera donné par surcroît. « Le feu qui doit vous éclairer, vous échauffer est en vous, écrit Willermoz à Joseph de Maistre, le 9 juillet 1779 ; un désir *pur, vif* et *constant* est le seul soufflet qui puisse l'embraser et l'éteindre... »

Cette disposition individuelle s'épanouit d'autre part dans la certitude d'une tradition ésotérique, perdue et à retrouver ou transmise dans de certaines conditions, ce que Willermoz appelle les connaissances secrètes qui viennent de la religion primitive. Ces connaissances secrètes, un moyen pour les retrouver peut être le commerce avec les esprits. Sur les loges willermoziennes, régnera longtemps un oracle, qui n'est pas autre chose que « le Verbe ».

Crypto-catholicisme maçonnique, tel est essentiellement le willermozisme. D'où, par la réunion de tant d'aspects divers et confus, sa vitalité : à travers un semi-ritualisme plus ou moins ésotérique, dans la lumière des « connaissances précieuses et secrètes qui découlent de la religion primitive », il est tout à la fois syncrétisme religieux, recherche de la communication avec le monde spirituel, exigence de pureté morale, voire ascétique. Surtout il est résolument christique (« le règne de l'Église de Jésus-Christ »), symbolique et éthique. Équilibre entre mystique individuelle et organisation religieuse et internationale, il est la satisfaction religieuse de tout un monde de bourgeoisie lyonnaise, exigeant de spiritualité, plus ou moins en rupture avec l'optimisme ambiant, et avide de promotion spirituelle et sociale.

Tout cela s'exprime très spécifiquement, à la hauteur de 1778, dans la loge des Chevaliers bienfaisants de la Cité Sainte, qui est le sanctuaire du willermozisme, en même temps que la plus recherchée des loges maçonniques de la ville.

Très proche longtemps de Joseph de Maistre, à la veille de la Révolution, Willermoz s'en sépare, comme de Claude de Saint-Martin, pour s'établir — signe d'une insatisfaction et d'une recherche — dans un occultisme plus ou moins incantatoire. Ce négociant lyonnais, très tôt maçon, puis maçon dissident et haut dignitaire européen de sa dissidence, toujours catholique, sinon romain, est le témoin très expressif d'une évolution spirituelle où se cherche un syncrétisme religieux, une angoisse sotériologique, et surtout une lecture cosmogonique, dans la compénétration des deux mondes, matériel et spirituel. Aussi verra-t-on Willermoz et sa loge, encore prospère au moins jusqu'en 1792, s'attacher, dans la ligne de la « réintégration » martinésiste, à spéculer sur la résurrection, victoire sur la mort, et plus encore à poursuivre, des années durant, des expériences de médiumnité.

Le second grand mouvement mystique est le *martinisme* proprement dit, ou doctrine de Claude de Saint-Martin, l'autre disciple de Martinès de Pasqually, sûrement plus achevé et plus célèbre que le maître. C'est, pour le monde, selon le mot de Joseph de Maistre, dans les *Soirées de Saint-Pétersbourg*, l'« élégant théosophe ». Cet adepte des Élus Cohens est plus connu sous le pseudonyme qu'il s'est taillé lui-même, l'empruntant peut-être à un oracle : le « Philosophe inconnu ». Pseudonyme qui présente sa première œuvre, très probablement d'élaboration lyonnaise : *Le Philosophe inconnu : des erreurs et de la Vérité ou des hommes rappelés au principe universel de la science* (Edimbourg — en vérité Lyon, 1775).

Le martinisme se définira lentement comme un ésotérisme pour gens du monde, marqué d'exigences spirituelles et mystiques, à la fois plus raffiné et plus cohérent que le willermozisme.

Mystique, il est tout à la fois, par le langage et le Verbe, une recherche de la communication directe avec Dieu et une psycho-théologie du retour, profilée dans cette formule : « Au lieu d'apprendre, nous ne faisons que nous rappeler, pour ainsi dire, ce que nous savions déjà. » Remembrance platonicienne, reprise, approfondie, christianisée dans la méditation de Jacob Boehme, « la plus grande lumière qui ait paru sur la terre après Celui qui est la lumière même ».

Deux positions essentielles du martinisme, ou deux tendances peuvent être éclairées ici :

— Quant à sa position religieuse, parmi les religions positives. Tous les peuples sans exception ont reçu la parole divine. La révélation est universelle, ce qui est cohérent pour une humanité qui procède de Dieu et vit la « remembrance ». Saint-Martin n'est point pour autant « syncrétiste ». Un seul rédempteur, le Christ; s'il déteste le clergé, il reconnaît les valeurs du culte catholique... Texte caractéristique de sa méditation : « Notre culte religieux, tel qu'il est devenu par l'ignorance, n'avance pas beaucoup l'homme ; mais malgré son efficacité précaire, il a une pompe qui fixe les sens grossiers et inférieurs et qui les empêche au moins pour un moment, de s'extratiquer et de s'extravaser, comme ils le font sans cesse. En outre, les âmes pures, comme les âmes fortes, ont toujours, dans ce culte, des profits à faire. »

Si l'Église catholique l'attire, il oppose cependant vigoureusement catholicisme et christianisme, en donnant à ce dernier la grâce de l'unité, et en posant vigoureusement cette discipline des sources : « Où se trouve l'esprit de Jésus-Christ, là est l'Église ; où cet esprit ne se trouve pas, il n'y a plus que des squelettes et des monceaux de pierres. »

Deux tendances orientent ainsi la religion martiniste : d'une part l'idée de tradition, cohérente avec la croyance d'une révélation primitive. « Les hommes n'inventent rien », enseigne-t-il dès 1775 ; « ils retrouvent ou transmettent. » Joseph de Maistre et Bonald s'en souviendront. D'autre part l'idée, plus souverainement martiniste, d'une suprématie de la religion. Il y a, dans le martinisme, l'aspiration au règne théocratique : « L'œil de l'éternelle justice, qui ne se ferme point, ne peut manquer de replacer un jour la religion à son rang naturel et de lui subordonner à son tour cette chose publique, dont elle n'eût jamais cessé d'être le flambeau, si l'homme eût su la conserver dans son intégrité radicale » (*Éclair sur l'association humaine*[1]).

— Quant à la vie religieuse, elle est recherche individuelle de la communication. Le « Philosophe inconnu » est le maître sans école. La formule est célèbre : « Ma secte, c'est la providence ; mes prosélytes, c'est moi ; mon culte, c'est la justice. »

Saint-Martin et le martinisme qui en procède vont se définir dans une attitude de plus en plus nette d'épuration de tout ce qui est panique, collectif, et d'un irrationnel que la violence fait anti-spirituel. Ainsi, sans rompre avec le millénarisme, recule-t-il l'échéance de la fin des temps ; aux premiers jours de la Révolution, il écrira même à Willermoz, au moment où il se retire des loges : « Je ferai même le sacrifice de l'initiation, attendu que tout le régime maçonnique devient pour moi chaque jour plus incompatible avec ma manière d'être et la simplicité de ma marche. »

Répudiant la loge ou la « chapelle », le martiniste doit s'ouvrir à l'« insinuation » directe du Verbe. Voie spirituelle épurée, dans un besoin du divin et du cosmique

---

1. Auguste Viatte, *Les Sources occultes du romantisme*, I, Paris, 1928, p. 282.

total. Toute la méditation de Claude de Saint-Martin se compose pour une mise en place de vie religieuse éclairée, selon ce que dit le titre même d'une œuvre de 1782 : *Tableau naturel des rapports qui existent entre Dieu, l'homme et l'univers*. C'est une théologie spirituelle, de pratique individuelle, de participation tout à la fois lucide et mystique, où peuvent se satisfaire et les natures exigeantes, voire raffinées selon un certain esprit de lumière et les pulsions irrationnelles ou préromantiques : avant l'envahissement de Boehme, il y a eu en Saint-Martin, beaucoup de Rousseau.

Mais à la fois par les comportements de l'homme et par l'enseignement, le martinisme ne peut être nourriture que de quelques-uns seulement. Doctrine naturellement aristocratique, et où se précipiteront très vite les aristocrates. Aussi bien le séjour de Saint-Martin à Lyon, si le *Philosophe inconnu* semble bien y avoir été élaboré, si ses relations avec Willermoz ont été poursuivies malgré des vicissitudes diverses, n'a-t-il marqué que par des traces individuelles, une *aura* d'attraits, dans la société lyonnaise contemporaine.

La « parapsychologie »

Au lendemain de la Révolution Lavater, dénombrant les différentes formes de sociétés religieuses — ne disons pas de sectes —, relevait : « Des visionnaires : il y en a de nombreuses classes, et toutes différentes, ainsi à Lyon et à Avignon. » Nous avons vu que le willermozisme se prolongeait et durait en des expériences de médiumnité.

Cagliostro a eu son heure lyonnaise. Heure souveraine : il est reçu par l'archevêque, couvert de sourires par les disciples reconnaissants, trônant à la loge de La Sagesse triomphante et donnant, comme un maître et thaumaturge, « ses nombreuses audiences qui ne font que s'accroître; il y en a trois par semaines, celles des lundi et mercredi destinées uniquement à la première et seconde classes des citoyens, et la troisième qui est celle du samedi pour les pauvres, les artisans et les gens de la campagne ». Nous sommes en décembre 1783.

Les disciples sont d'ailleurs à la hauteur du maître, puisque la loge lyonnaise cagliostrienne peut écrire au Congrès des Philalèthes :

« Très chers frères, ils existent ces maçons qu'aucun lieu de la terre n'avait encore offerts à vos yeux; leur voix fraternelle ose vous dire : Ne cherchez plus. Nous avons vu l'immuable vérité s'asseoir au milieu de nous sur les débris du doute et des systèmes... »

En 1796 encore, Lyon est l'un des trois points du triangle des loges cagliostriennes avec Paris et Bâle. Saint-Costard, banquier à Lyon, et surtout Magneval, qui finira en 1815 député à la Chambre introuvable, maintiendront durant la Révolution l'enseignement du Maître, à travers un catholicisme exalté, prophétique, emporté par des annonces eschatologiques pour le triomphe suprême, qui est « opposer victorieusement l'œuvre de Dieu aux efforts de l'Œuvre magique ».

Mais l'attrait le plus marqué demeure celui du mesmérisme. Rien de spécifiquement lyonnais ici; l'engouement est « européen ». Le mesmérisme, ou enseignement du médecin Antoine Mesmer, est essentiellement une conscience du magnétisme planétaire, dont l'influx, quand on le capte, est régénérateur de santé. Marquée de l'influence de Paracelse, la thèse de médecine de Mesmer, *L'Influence des Planètes sur le corps humain*, procédait des traditions ésotériques et astrologiques. Mais elle était lumière de puissance humaine, et s'insérait donc dans l'euphorie plus ou moins millénariste de la fin du siècle. Une ivresse chante dans les textes contemporains de l'exploit de Montgolfier, du paratonnerre de Franklin, de la mise à la disposition de l'homme des énergies spirituelles, astrales, vitales par Mesmer.

Une société magnétisante fleurit rapidement à Lyon. Mme Roland s'en gardait : « Cela a l'air diabolique », déclarait-elle, sans s'apercevoir que les élans de son cœur et les expériences du magnétisme procédaient d'un même éclatement du monde du rationalisme bourgeois. Pour ou contre le mesmérisme, les médecins lyonnais s'engagèrent avec passion. Mais ce qui accuse plus que tout le besoin, ce sont les frénésies, voire les déviations. Séances collectives de magnétisme, d'hypnose, de somnambulisme se développent à qui mieux mieux — et, là encore, dans la « société ». Ainsi le doyen du chapitre, Jean de Castellas, endormait-il Gilberte Rochette qui répondait aux questions des assistants, décrivait les flammes du Purgatoire et les appartements confortables du Paradis.

Expériences d'ailleurs le plus souvent conformistes, aux moyens près, puisque, dans la hantise encore obsédante du salut, la voix de l'Au-delà répondait que « la messe est le plus grand moyen de soulagement ».

Quelques ecclésiastiques. une bourgeoisie cultivée, surtout des médecins se rencontrent en cet illuminisme expérimental, hantise de découvertes de forces ou de pénétration de l'Au-delà. Le mesmérisme trouvera même à Lyon un doctrinaire en la personne de Nicolas Bergasse, le futur constituant, dont les *Considérations sur le magnétisme* (1784) sont un traité d'un messmerisme social. Hanté par le somnambulisme et l'hypnose, avec près de lui un sujet médiumnique, une femme bien entendu, Bergasse vit la recherche angoissée et religieuse des mystères de l'Au-delà. « L'Évangile est encore pour nous un livre fermé », et il vivra d'espérance que « même dans le temps une époque arrivera où les ombres qui dérobent à nos regards les plans de l'Éternel se dissiperont ». Un temps, il s'acharnera à les dissiper par des expériences somnambuliques.

Lui et son frère, auquel vient se joindre l'avocat grenoblois Mounier, ils seront, aux premiers temps de la Révolution, l'âme même du groupe des Monarchiens. Travaillés donc de martinisme et de mesmérisme au creuset lyonnais. On comprend l'impuissance temporelle de ces bourgeois, habités d'au-delà, et le ricanement de Mirabeau sur eux, dans une lettre à Lamarck, d'octobre 1790 : « C'est donc au baquet messmerique, c'est donc sur le trépied de l'illumination qu'ils vont chercher un remède à leurs maux. » Sarcasme qui méconnaît, grâce à la caricature du baquet, la complexité d'une attitude : dans le mesmérisme social d'un Bergasse, il y a le besoin et de puissances neuves et d'un principe, physique ou métaphysique, ce qui pour les esprits du temps est la même chose, de la société nouvelle.

C'est le même Bergasse qui, à la hauteur de 1787, pouvait énoncer ces clartés politiques. Dans un État libre, les lois « sont garanties par l'évidence, c'est-à-dire par la certitude où l'on est qu'elles sont l'expression de la volonté de tous. La constitution la plus libérale est aussi celle qui s'accorde le mieux avec les lois de la morale et de l'humanité ». Preuve évidente qu'à pareil homme, un ordre politique, même éternel et universel, ne suffit plus : la politique des Lumières n'épuise ni ne satisfait la vie. À société nouvelle, il faut ou une religion ou des sources... Autour de Bergasse d'ailleurs, dans l'exploration « magnétique », on trouve ou retrouve Lavater, Saint-Martin (qui a suivi les cours de Mesmer), la duchesse de Bourbon, et plus tard... Mme de Krüdener.

On pourrait poursuivre le dénombrement des ésotérismes lyonnais. C'est un fait que chaque fois que l'on atteint ces profondeurs ou ces ténèbres, groupes, groupuscules ou sectes foisonnent. Mais Lyon a été pour eux, dans la seconde moitié du XVIIIe siècle, ville d'élection, prenant cette marque de « ville secrète » qu'elle a gardée jusque dans l'histoire héroïque de notre temps.

L'aspiration à un au-delà mal défini

Sans prétendre expliquer ce qui est fort complexe, je me contenterai de souligner les rapports possibles de tels besoins et de la société qui les vit. Il y a, dans ces avidités ésotériques, au moins trois ordres de besoin : un besoin religieux « sectaire », c'est-à-dire d'une Église de quelques-uns, en face de la grande Église, ou trop peu religieuse, ou trop ouverte ; un désir de société meilleure, plus authentiquement humaine, pour parler le langage du temps, un accomplissement de « philanthropie » ; au tréfonds, et non la moins exaltante, une volonté de puissance démiurgique, c'est-à-dire la maîtrise des forces de l'univers pour une puissance plus grande de l'humanité. Ce que ces besoins ont de commun, c'est qu'ils cherchent *au-delà* de la vie immédiate et quotidienne, de par sa réalité non-satisfaisante. Ils témoignent donc d'une société insatisfaite et ayant besoin d'autre chose. À moins qu'ils ne diagnostiquent une maladie collective. Dans tous les cas, ils témoignent d'un déséquilibre.

Sur le cas lyonnais, outre des besoins d'âme spécifiques, l'analyse me paraît établir deux possibilités. Cette prolifération de groupes ésotériques s'intègre dans un ensemble européen : donc promotion d'une bourgeoisie urbaine à un rang de cosmopolitisme, de réalité ou d'apparence aristocratique ; elle exprime aussi l'ambiguïté d'un besoin de recréation religieuse, qui peut être soit régénération de religion soit élaboration de société aussi organique qu'une religion.

C'est dans le milieu des ésotérismes lyonnais que va

grandir une bonne part de la clientèle saint-simonienne et le saint-simonien Ballanche. Mais dans une ville élue, la seconde du royaume, cela peut être aussi ou une grâce ou une réaction de vitalité et d'originalité provinciale. Notre Nicolas Bergasse, dans une lettre de l'été 1775, a justement glorifié ce cryptique provincial : « Le rendez-vous des hommes de génie est la capitale, mais ce n'est pas là qu'ils font leurs ouvrages; tous ou presque tous ont vécu longtemps et vivent encore dans la retraite; ils se montrent à Paris, mais ne s'y forment pas. N'imitez donc pas nos bonnes gens de province qui s'imaginent qu'un homme fait à Paris est une merveille. Nous avons autant d'esprit que ces merveilles-là; mais nous n'avons pas leur heureuse impudence. » Réflexions qui disent et le travail obscur et aussi le complexe.

LYON ET LES COMMENCEMENTS DE LA RÉVOLUTION

Les premiers commencements de la Révolution à Lyon sont ceux d'une grande ville, manière de république aristocratique, fidèle à son roi et à ses « libertés ». Au Conseil général de la Commune, le procureur propose d'élever une statue à Louis XVI, « restaurateur de la liberté française » et de graver sur le piédestal la Déclaration des Droits. Monumentalité contractuelle qui témoigne d'une « canonicité » des Lumières. Mais le monument ne fut pas érigé. Devant l'accélération des événements, le développement de forces paniques, la bourgeoisie lyonnaise comprendra très vite qu'il ne faut pas abuser des « Lumières ».

Revenons à Mme Roland, toujours bonne image d'exemplarité. Au chapitre de sa religion, cet aphorisme dit tout : « Quand on doute, il faut vivre comme si l'on croyait. » Conformisme social, qui est sagesse et sûreté : car « la religion de nos pères », même si elle consacre « toutes les maximes du despotisme », n'en reste pas moins la meilleure pour le peuple qui ne doit pas être « éclairé et savant ».

Est-ce pressentiment ou plutôt phénomène social normal, les Lumières sont à Lyon les jeux et les ferveurs d'une société très restreinte. Voltaire pénètre peu, surtout comme poète, ce qui n'est pas marque de « novation ». S'il y a engouement pour Rousseau, le milieu lyonnais demeure assez résistant aux idées philosophiques. L'accès aux Lumières semble plus ou moins une passion, en tout cas un style. Il n'est nullement conversion, à part quelques cas singuliers. C'est une double promotion — et encore peu sûre — de classe, c'est-à-dire aristocratique, un privilège de vie fortunée (la richesse donnant les moyens d'être oisif ou de le paraître), et promotion urbaine : la seconde ville du royaume doit être une autre capitale. Le complexe d'infériorité vis-à-vis de Paris ou l'exemplarité parisienne affleurent constamment dans l'histoire du Lyon des Lumières.

Règne urbain et d'une ville unique, et règne d'une société jalouse, fermée sur la ville — ce que les contemporains connaissent seulement, et avec eux l'histoire —, telle, sur l'exemple lyonnais, l'implantation sociale des Lumières. En définitive, pris dans l'aspect le plus quantitatif de l'analyse, une mode lentement reçue dans un milieu du négoce de luxe, pétri du besoin de style et de décor.

Surtout, aucune création importante, au plan des œuvres de l'esprit, ne sort du Lyon des Lumières. Premier signe de moindre réactivité. Autre signe qui confirme le caractère *de mode* qui vient d'être signalé : vie et production des Lumières gardent, ainsi que l'a fort judicieusement estimé Louis Trénard, un caractère chaotique et superficiel.

Nourriture trop riche ou prématurée, c'est-à-dire déséquilibre. On le constatera, me semble-t-il, à la fièvre avec laquelle certaines « formes » de Lumières, telles que comités et presse, vont proliférer à Lyon, quasiment comme sorties des ténèbres, dès les premiers mois de la Révolution acquise. Analyse en somme du fait d'une vie sociale publique. La création spécifique parisienne des Lumières éclatée, répandue dans tout le royaume, voilà une puissante dynamique révolutionnaire. Pour discrètes et provinciales qu'elles soient, les Lumières à Lyon, par le fait peut-être qu'elles cherchent à se développer entre Paris et la Suisse, voire l'Allemagne et l'Angleterre, n'en ont pas moins une expressivité significative pour l'analyse historique.

Prenons le cas précis du petit écrit de Roland de la Platière, bon témoin : *De l'influence des lettres dans les provinces comparée à leur influence dans les capitales* (Lyon, 1785). Il y apparaît que les Lumières sont le vrai divertissement de l'oisiveté, donc liées à une société capable d'être oisive, parce que riche ou faisant semblant de l'être. Société de toute évidence qui s'ennuie de son argent ou de l'habitude de ses plaisirs. Source des plaisirs neufs, ainsi qu'analyse Roland, *connaître* et *aimer*. Autrement dit, Lumières et pré-romantisme, de concert. Et dans connaître, l'avidité d'une possession du monde, qui s'appelle alors la nature. L'aphorisme de Roland est un témoignage : « L'étude de la nature élève l'âme par les vérités qu'on découvre en la contemplant. » Nature qui peut être le cosmos, ou, à un moindre et plus tendre degré, la campagne. Il y a, dans la montée des Lumières, phénomène urbain, une recherche de sortie de la ville par l'observation du ciel, l'histoire naturelle ou la vie des champs.

Ambiguïtés ou complémentarités qui s'accusent dans l'exemple lyonnais, au moins sur deux autres chefs. L'un est la gratuité des lumières et le souci lyonnais de *l'utile*. Abstraction et oisiveté, temps de l'étude, d'un côté, pourrait-on dire; et de l'autre, besoin du concret, nécessité de vivre et de gagner sa vie, formation accélérée. Deux mondes? Non. Mais deux temps possibles dans la manifestation d'une société neuve. L'utile est une étape de la dialectique des Lumières, si celles-ci sont conscience collective et volonté d'une société naturelle indépendante et publique. Il est aussi le contrepoids de toute abstraction complaisante. Enfin, il compose et justifie l'idée même de formation spécialisée, indispensable à la conscience d'une société indépendante, qui naturellement doit s'intra-analyser, comme première conscience et justice de soi.

L'autre est, dans le Lyon des Lumières, le besoin de l'irrationnel, de l'ésotérique, du mystère. Compensation? Peut-être. Cela est aussi certainement, dans la partie positive de la vie ésotérique, une volonté de puissance, donc une acuité de lumières dans la ligne du postulat traditionnel que connaître, c'est pouvoir.

En même temps, il y a, dans tous les ésotérismes lyonnais, ou la crainte ou la sagesse d'une irruption trop prompte, inutilement révolutionnaire, des formes d'une société neuve. Ils sont ainsi le passage modérateur d'une ténèbre sociale, zone de subconscience indispensable, à une publicité sociale, sans profondeurs, la réalité superficielle et d'abord manifeste d'une société indépendante.

Selon Louis Trénard, après le goût des Lumières, dans le développement des années de crise et l'approche de la Révolution, les tendances pré-romantiques se développent. Satiété de rationnel ou de lumière, il y a fuite dans l'irrationnel et le mystère. Phénomène compensatoire, si l'on veut, que l'on peut analyser sous bien des aspects différents : usure, insatiété, déséquilibre, etc. Il y a sûrement du « phénomène compensatoire » ; mais toute explication de création sociale doit aller au plus total, qui est forcément l'essentiel.

Ce qui me paraît manifeste, et l'évidence même, dans l'expérience lyonnaise des Lumières, c'est l'importance collective des ésotérismes. On pourra dire que cela est plus sensible à Lyon qu'à Paris — Lyon, « la seconde ville du royaume », meilleure échelle pour l'étude de ces phénomènes cryptiques. À Paris, tout se confond, et il faut d'autre part reconnaître que le Paris « occulte » (ou « occultiste ») est encore très mal connu.

Sur le cas lyonnais, j'éclairerai tout particulièrement un aspect qui me paraît révélateur, et qui va s'affirmer dans la vie lyonnaise des socialismes français, du moins dans la première moitié du XIXe siècle. On n'oubliera pas que Lyon, après Paris, a été la seconde capitale française du saint-simonisme. C'est l'effort bourgeois de se donner, par les ésotérismes et surtout la maçonnerie, une puissance de vie et peut-être plus encore de définition religieuse. Définir une religion laïque, cela va être, à travers toutes sortes d'épisodes, le drame de la bourgeoisie, dans sa volonté de domination ou de service spirituel. Le jansénisme a peut-être été, par certains de ses aspects-maîtres, un des épisodes de cet effort admirable mais vain. De l'ancien ordre médiéval, harmonieux et intégré, la noblesse, avec humanistes et Renaissants pionniers ou suiveurs, avait dégagé l'ordre de vie aristocratique, ordre parfaitement civil. Que pouvait faire la bourgeoisie pour se dégager à son tour ? Ou imiter, ou bien faire plus, c'est-à-dire arriver au degré supérieur d'une religion laïque, pour une Église civile et sans clercs. Tentative grande, et qui n'apparaît que dans le recul de l'histoire, donc pour les contemporains subconsciente. Mais qu'il valait de souligner sur l'exemple lyonnais, riche de lendemains, et qui est, dans un univers de Lumières, la véritable originalité et création — ou aveu — de la société lyonnaise.

CHAPITRE IV

LUMIÈRES ET RELIGION : LA RELIGION DE VOLTAIRE

La « religion de Voltaire »[1] s'appelle le déisme. Deux points peuvent être tout de suite mis en lumière, pour orienter notre analyse ultérieure :

— Cet aboutissement de Voltaire, exaspération, synthèse et courage de vie qui s'est quelque peu simplifié dans le mot d'ordre fameux « Écrasons l'infâme », n'atteindra jamais à l'athéisme. Puisque l'horloge existe, il faut bien l'horloger. Cette récurrence impérieuse, souvent répétée, porte toute la religion de Voltaire. Répondant à Diderot qui lui envoie en 1749 sa *Lettre sur les aveugles*, Voltaire relèvera, aimablement au reste mais fermement, la profession d'athéisme de l'aveugle Saunderson, celle de Diderot lui-même. Pour Voltaire, Dieu doit être respecté. Le théisme est le centre même de l'univers de Voltaire. Cette exigence est de l'homme : sur sa longue vie, de quatre-vingt-quatre ans, elle est un sens d'exister. L'« athée » Voltaire est fiction polémique ; il y a un Dieu de Voltaire. La religion de Voltaire n'est donc pas l'irréligion, mais une religion. Celle des besoins propres de vie de Voltaire, ou une religion commune ?

— Le déisme existait avant Voltaire. Celui-ci, si l'on

---

[1]. Pour reprendre le titre de la thèse monumentale de René Pomeau, Paris, Nizet, 1956.

ne peut dire qu'il soit fidèle d'une religion — le déisme est une religion sans Église apparente — n'est pas davantage définisseur.

Sans prétendre à brosser ici une histoire du déisme, situons quelques exemples : les Persans de Montesquieu (Voltaire n'a pas encore trente ans), qui donnent tort aux docteurs de représenter Dieu comme un être qui fait un exercice tyrannique de sa puissance. Derrière la critique persane, se profile la croyance en un Dieu souverainement bon. Ou bien la réflexion d'Usbek, faussement naïve, se demandant si les chrétiens, ces infidèles, seront tous damnés par Allah. C'est tout à la fois le problème du salut des infidèles, donc celui de l'étroitesse de la révélation, et la certitude des bienfaits d'une coexistence de religions, donc plus ou moins l'absence de révélation unique.

Dans son *Histoire des Arabes et de Mahomet*, parue à Amsterdam en 1731, Boulainvilliers donne de saisissantes définitions d'une théologie déiste et en grandit le Prophète et l'Apôtre.

Il y a surtout le déisme anglais, Woolston, Collins, dont les œuvres se pressent dans les premières décennies du xviiie siècle.

Point n'est besoin d'ailleurs d'invoquer telle ou telle école. Il est patent que d'une part les apologistes, de l'autre les missionnaires chrétiens, surtout les jésuites dont Voltaire est l'élève, étaient d'accord sur l'existence d'une « religion naturelle » et commune à toute l'humanité, donc hors révélation chrétienne, et en quelque manière originelle, religion primitive dirions-nous aujourd'hui, déformée par l'idolâtrie, puis ressuscitée ou redécouverte par les révélations postérieures, mosaïque et chrétienne. Il y a là un fonds commun, avec des variantes et des prudences infinies, d'où procède, dans l'épuration des religions révélées, le déisme, manière de retour à un état originel ou naturel, ce qui peut être, selon les cas, la même chose.

La religion de Voltaire s'exprime dans ce fonds commun. Son originalité est celle de l'homme même et de la place, du rayonnement de l'homme dans l'histoire du temps — et au-delà.

LA RELIGION DE VOLTAIRE

Dans sa grande thèse sur la religion de Voltaire[1], René Pomeau écrit sous la forme d'une notation naïve seulement en apparence : « Voltaire n'a pas pu être vraiment philosophe, parce que ses idées expriment les exigences de sa nature, exigences divergentes qui interdisent l'élaboration d'un tout systématique. » Il faudra sans cesse nous en souvenir : aucune systématique, mais l'homme même. Une analyse de la religion de Voltaire commence donc par la mise en place de cette nature tourmentée, maladive sa longue vie durant, capable des plus évidentes discontinuités, passant d'exaltations passionnées en dépressions profondes.

Ce mot de sa jeunesse éclaire sa vie entière : « Toujours allant et souffrant », répondra-t-il à un inconnu qui lui demandait comment il se portait. Dès 1723 — il n'a pas trente ans —, il commence sa carrière de moribond, qu'il saura poursuivre un bon demi-siècle encore. Étonnante vitalité, travaillée par un art de vivre qui va se rythmer de crises. La dominante demeure l'hypocondrie (« l'hypocondre Voltaire ») avec des états dépressifs profonds. Il en était parfaitement lucide et, se plaignant d'un état de langueur dans une lettre à Thiriot de 1729, il avouera sur lui le destin d'hérédité : « Je suis né d'ailleurs de parents malsains et morts jeunes. » Destin que

---

1. *Op. cit.*, p. 245.

semblaient confirmer les astres, puisque Boulainvilliers et un de ses confrères en astrologie lui avaient prédit qu'il mourrait à trente-deux ans. L'hypocondrie bien conduite lui fera ainsi gagner cinquante-deux ans sur le destin.

Cela représente un art consommé de la conduite de soi. L'un des deux articles-maîtres de la thérapeutique de Voltaire est le *divertissement*. Malade, d'humeur instable et excessive, et porté, par sa vitalité profonde, dans les périodes de rémission, à une vive sensualité, il s'équilibre par le divertissement. De lui, ce vers, qui est un aveu, que l'on n'attendait pas : « Notre ennemi le plus grand, c'est l'ennui. » On pensera tout de suite dès lors au Voltaire du *Mondain*, poète léger, badin, épicurien et courtisan. Mais un peu plus de dix ans après, il y a l'*Anti-Mondain*, qui est l'*Épître à Mme Denis* sur la vie de Paris et de Versailles. Ne construisons pas là-dessus une conversion à l'érémitisme. La réalité est que, dans le divertissement de Voltaire, la libération par l'écrit, la transposition intellectuelle de ses états oppressifs est d'une importance vitale. Dès lors les écrits peuvent parfois s'entrechoquer, voire se contredire dans les positions philosophiques ou morales; l'homme dure. C'est cet axe de durée profonde qui est la vie même de Voltaire, donc son être historique.

L'autre article thérapeutique est l'engagement passionné. Plus Voltaire prendra de l'âge, plus maux et complexes s'établiront ou durciront; plus il réagira par un combat entier, plus il durera. L'œuvre et l'homme se trouvent ainsi étroitement unis en un combat vital. C'est la grande noblesse de cette vie, sarcastique et consacrée. Au-delà des variations de l'homme, de sa conduite, des positions diverses de ses écrits, l'unité de cette vie, sa continuité profonde, elle est ce combat vital et, dans ce combat vital, et peut-être pour lui, le besoin de Dieu. Je dis bien : de Dieu, et non pas d'un Dieu. Ce besoin, on peut en suivre expressions et sources dans les trois temps de la vie de Voltaire que marquent deux grandes crises dépressives.

La période de poésie anti-chrétienne (1694-1726)

C'est-à-dire années d'enfance, d'adolescence et de jeunesse, jusqu'à la bastonnade du printemps 1726, où Voltaire est mis à mal par les gens du chevalier de Rohan, embastillé, puis exilé en Angleterre. C'est, dans la scansion du siècle, l'année même où Fleury devient premier ministre.

En ces années se cherche une conscience religieuse d'homme, à travers le milieu familial. Voltaire est né robin, non pas dans la Cour du Palais, à Paris, comme il l'a prétendu, mais tout proche. De parents malsains, a-t-il dit. Beaucoup plus malsain, semble-t-il, le père, de corps et d'âme. On va voir comme. La mère, elle, est morte lorsque François-Marie Arouet, notre Voltaire, n'avait que sept ans. S'il y a eu là, pour le jeune enfant, un traumatisme possible, ainsi que le suggère avec pénétration René Pomeau, il n'a pu que rendre plus impérieux le choix religieux de Voltaire dans une famille partagée. Schématiquement, trop schématiquement pour ces matières entre toutes délicates, la famille Arouet semble bien avoir été partagée entre jansénistes et libertins.

Côté janséniste, il y a le père, François Arouet, receveur à la Chambre des Comptes, bourgeois parisien issu de la marchandise (un Arouet s'est installé marchand-drapier à Paris au début du siècle, venant sans doute de son Poitou originel); il y a aussi le frère, Armand. Le père était grondeur et le frère, l'aîné, ce frère qui, après avoir passé chez les Oratoriens de Saint-Magloire, se retrouvera plus tard parmi les convulsionnaires jansénistes. Celui-là, « janséniste outré », du second jansénisme, celui de Quesnel, plus contorsionné, étroit, sévère, pointilleux, maladif, rationaliste et mystique tout ensemble.

Côté libertins, il y a Ninon vieillissante, dont le père Arouet gérait les affaires, une Ninon assagie et sceptique, mais fidèle à ses amis libertins, entre lesquels quelques abbés, mondains évidemment, tels que cet abbé de Châteauneuf qui sera l'éducateur des premières années de Voltaire, son filleul, et son maître à douter. L'abbé de Châteauneuf était lié d'une étroite amitié avec Mme Arouet : l'on n'en sait pas plus.

Ainsi partagée, la famille Arouet ne pouvait qu'accuser les déséquilibres congénitaux du jeune Voltaire ou faire cristalliser en lui la défense d'une indifférence sceptique. C'est un choix violent qui s'opéra : Voltaire a choisi, contre son père et son frère aîné, pour les amis plus ou moins impertinents de sa mère. Le déisme voltairien est d'abord un antijansénisme farouche, le refus vital de la religion du père et du frère aîné. Celui-là même qui en plein Paris convulsionnaire faisait apposer, en expiation des impiétés de Voltaire, un ex-voto dans l'église de Saint-André-des-Arts.

Aussi, dans *Mahomet,* Voltaire aiguisera-t-il ses flèches contre « une troupe égarée, des poisons de l'erreur avec zèle enivrée ».

Des affres de son affirmation dans le milieu familial, Voltaire, enfant et adolescent prodige, a gardé d'une part la haine du fanatisme — haine qui n'est pas seulement refus entier, mais qui cristallise en obsessions. C'est un fait, semble-t-il bien établi, que le jour anniversaire de la Saint-Barthélemy, le 24 août, Voltaire avait la fièvre. Cette « crise périodique » ira s'établissant avec l'âge, révélant ainsi le combat des premières années contre l'oppression religieuse destructrice et criminelle. Dans ce combat d'affirmation familiale, où se sont façonnés d'indélébiles fantasmes, s'est faite une imprégnation plus profonde, celle d'une hantise des questions religieuses, où s'enracine, avec la vie et le milieu familial, un lancinant besoin de Dieu, qui se transformera en certitude.

Mais Voltaire cherche sa conscience religieuse également à travers l'éducation jésuite. Sept ans interne chez les jésuites de la rue Saint-Jacques, au collège Louis-le-Grand, il a gardé, de ces années passées à un bras de Seine et quelques rues de la maison paternelle, une influence en profondeur, subtile, de celles dont on ne se défait pas, et dont l'image se compose plus ou moins dans la vie de Voltaire dans l'image du père Porée, humaniste délicat et maître tendre, et dont le cadet, ce qui n'est pas sans importance, était secrétaire de Fénelon. Depuis 1702, l'archevêque de Cambrai resserrait ses liens avec la Compagnie, et plusieurs des maîtres jésuites de Voltaire dont Porée participent de cette religion de suavité et de raison aussi altière qu'ouverte qui fut celle du grand prélat.

Voltaire a conservé d'autre part de cette période un refus, qui n'est pas loin d'être une révolte : les pères ont, semble-t-il, voulu garder à la Compagnie cet adolescent si remarquablement doué. Une échappatoire sera de plastronner l'impiété, donc de se rendre impossible jésuite. Complexe dont la richesse a été fort heureusement éclairée par cette belle formule de René Pomeau : « Par leur faute peut-être (il s'agit des pères), Arouet n'est déjà plus chrétien, mais grâce à eux, Voltaire restera "catholique". »

Enfin, Voltaire se cherche à travers le monde : à dix-neuf ans à peine, le voilà dans le monde — et poète, en proie même au théâtre déjà (il composait *Œdipe*). D'où les années folles et la stylisation aisée d'un Voltaire épicurien, léger, courtisan qu'amènent à des pensées plus graves sinon la bastonnade, du moins le voyage d'Angleterre qui suivit. Un des apports de l'étude en profondeur de René Pomeau est d'avoir défait cette image trop simple, plus ou moins anglomane. En fait les années folles du monde livrent, à qui les scrute, un Arouet devenu Voltaire qui se fait dans le combat de ses problèmes intérieurs à travers ses expériences du monde. Au moins trois d'entre elles marquent sa montée : son entrée dans le groupe libertin du Temple, où l'abbé de Chaulieu lui transmettra les traditions libertines d'un hédonisme aisé, dans un commerce de vie agréable avec un Dieu bon et aimable ; sa découverte de Locke, sur les conseils de Bolingbroke, qu'il rencontre à Paris, chef du parti tory émigré ; ses voyages de Hollande qui lui découvrent la réalité vivante d'une société où les religions pacifiquement coexistent : « Je voi des ministres calvinistes, des arminiens, des sociniens, des anabaptistes, qui parlent tous à merveille et qui, en vérité, ont tous raison. » Cette notation d'une lettre de La Haye de l'automne 1722 vibre comme la découverte d'une société extraordinaire, neuve, pour Voltaire d'autant plus attachante qu'elle ne connaît ni fanatiques ni le combat de religion. Au regard candide de Voltaire du moins. Donc la société libératrice des tyrannies de religion familiales, voire scolaires.

Voltaire fait alors le choix de Dieu : plus sérieux que la légende, mondaine et apologétique à la fois, René Pomeau découvre, à travers les années folles, un Arouet anxieux de sa cohérence, ou, si l'on veut, de sa religion. Nature propre, milieu originel et expériences de commencement de vie imposent en effet un choix religieux. Ce choix, orienté très tôt, semble-t-il, chez Voltaire — dès l'âge de quinze ans —, est un choix métaphysique, passionnel et sensible, autour de la question : « Pourquoi y a-t-il du mal sur la terre ? »

La position affective et spirituelle du jeune Voltaire, anti-janséniste en quelque manière, est de refuser le

Dieu cruel. Son choix d'Œdipe, pour sa première tragédie, à laquelle il travailla pendant cinq ans, est un refus de la fatalité, donc de la prédestination janséniste, donc une horreur du Dieu terrible. À l'horreur du Dieu de crainte, asservissant les hommes, s'ajoute le refus du prêtre, qui règne par ce Dieu-tyran. On sait les vers célèbres :

> Les prêtres ne sont point ce qu'un vain peuple pense
> Notre crédulité fait toute leur science.

Pour se défendre ou pour chercher un Dieu plus vrai, sinon désacraliser, du moins « désacerdotaliser » : c'est la démarche voltairienne quasi originale. Elle se développe dans le procès du fanatisme, déroulé dans la *Henriade*, dont la première édition paraît en 1723, sous le titre de la *Ligue*. Titre qui dit la procession des différentes espèces de fanatisme, avec Catherine de Médicis, Mayenne, le petit peuple parisien, les moines surtout, entre lesquels le régicide Jacques Clément.

Dans le drame des rapports de Voltaire et de son Dieu — réalité profonde de l'homme — Voltaire choisit un Dieu meilleur que celui que lui offre sa religion socialement reçue. C'est l'aveu de cette méditation quasi intime en vers, mûrie pour l'essentiel avant 1726, qu'est l'*Épître à Uranie*, et ce vers :

> Je ne suis pas chrétien, mais c'est pour t'aimer mieux.

Cette quête personnelle de Dieu s'accuse, chez Voltaire, de sa curiosité ouverte pour ce qui est humain : on le voit en 1725 aller interroger « quatre sauvages amenés du Mississipi à Fontainebleau ». Elle se fortifie de ses lectures : Bayle, et aussi Malebranche, qui accentue en lui le besoin d'une justification rationnelle des dogmes. Chez Voltaire, raison et optimisme — par angoisse religieuse pessimiste et profonde — vont de pair. C'est tout son problème personnel, ainsi posé avec lumière par René Pomeau : pour exorciser de lancinantes humeurs noires, un drame d'être, biologique, psychique et social, fonder un déisme optimiste.

La certitude de Dieu (1726-1750)

De la trentaine à la cinquantaine bien sonnée, Voltaire fait son Dieu, dans l'approfondissement du choc de la crise du printemps 1726, qui est la bastonnade par les gens du chevalier de Rohan, la Bastille, l'exil anglais.

Trois voies convergent à éclairer cette maturation religieuse de Voltaire. La première est l'expérience anglaise : l'une des données désormais inscrites dans l'analyse de la religion de Voltaire par René Pomeau est la préparation de Voltaire à cette rencontre. Ses tendances religieuses sont déjà en place avant l'exil : celui-ci ne fera qu'accuser les plus nécessaires. Cette expérience anglaise quant à la religion, on peut la décanter à travers les *Lettres anglaises*, plus tard *Lettres philosophiques*, qu'il écrit après son retour en France, en 1729, et qui feront scandale au printemps 1734.

Deux de ces *Lettres philosophiques* sont consacrées à la politique, sept à la religion. Et une figure d'exemplarité religieuse anime, dès les trois premières, cette œuvre explosive : celle des Quakers (quatre lettres au total leur sont consacrées). Voltaire les a fréquentés en Angleterre ; bien entendu, il les a vus comme il avait besoin de les voir, les tirant de plus en plus vers son déisme.

Mais de la vie anglaise et de cette image d'exemplarité découlent les certitudes suivantes : après la Hollande, l'Angleterre confirme en Voltaire mieux que la possibilité, le bienfait de la pluralité religieuse. Cette pluralité d'autant plus pacifique que les religions sont sans Église, c'est-à-dire sans prêtres, ou, ce qui est même chose, que chacun y est prêtre. Donc une religion sans Église, du moins sans prêtres différenciés.

D'où également la supériorité d'une religion en esprit et fraternelle. Double aspect que la fréquentation des Quakers accuse chez Voltaire : d'une part, le refus de toute sacralité extérieure, des rites, surtout des sacrements. Le Quaker ne pense pas que la religion « consiste à jeter de l'eau froide sur la tête avec un peu de sel » ; d'autre part, la ferveur fraternelle et humaine d'une religion des « amis » — cette appellation de non-Église et de chaleur ou de lien humains, que se donnent les Quakers.

D'où enfin l'existence, sous-jacente à la pluralité des sectes ou des religions chrétiennes, d'un christianisme épuré, dont Voltaire n'entend pas se déprendre. Au temps des *Lettres philosophiques*, il demeure soucieux d'être encore chrétien, mais de ce christianisme dont il a donné, à propos d'*Alzire*, cette définition généreuse : qui est « de regarder tous les hommes comme ses frères, de leur faire du bien et de leur pardonner le mal ».

Religion d'exigence universelle, de dépassement spirituel, d'éthique humaine, elle exprime cependant cette quête religieuse, ou de conformité religieuse, qui est l'homme même et qui va se fonder dans les années studieuses et protégées de Cirey.

La deuxième voie est, après l'expérience anglaise, la découverte de l'histoire des religions : au printemps 1734, avec le scandale des *Lettres philosophiques*, Voltaire se réfugie à Cirey, auprès de Mme du Châtelet, avec qui il est lié depuis l'année précédente. À Cirey, il trouvera une Égérie — combien femme — et une bibliothèque, la paix (paix extérieure surtout) et l'étude. C'est cette étape d'étude qui va faire le Voltaire que nous appellerons plus tard, avec René Pomeau, « l'apôtre du théisme », le Voltaire de la lutte contre l'infâme. L'expérience anglaise en effet, la fréquentation des Quakers n'ont pas converti Voltaire ; elles n'ont fait qu'accuser certains de ses besoins propres ou de ses tendances religieuses. René Pomeau l'a écrit quelque part : Voltaire n'est pas devenu déiste en Angleterre — il l'était déjà. Disons, de tendance.

À Cirey, en revanche, il se fonde en son déisme d'abord. Pour la préparation de son *Mahomet*, il lira de près *L'Histoire des Arabes et de Mahomet* de Boulainvilliers (Amsterdam, 1731); les relations des missionnaires jésuites, surtout la *Description de la Chine* du père du Halde, l'informent sur la Chine. Il a des curiosités zoroastriennes — la religion de Zoroastre sera celle de Zadig.

Cette découverte de l'histoire confrontée des religions impose en lui la certitude d'un fonds commun des religions, donc d'une religion universelle — le déisme. En un opuscule de 1742, intitulé *Du déisme*, tout est dit, situant parfaitement la certitude voltairienne :

> Le déisme est une religion répandue dans toutes les religions; c'est un métal qui s'allie avec tous les autres, et dont les veines s'étendent sous terre aux quatre coins du monde. Cette mine est plus à découvert, plus travaillée à la Chine; partout ailleurs elle est cachée, et le secret n'est que dans la main des adeptes. Il n'y a point de pays où il y ait plus de ces adeptes qu'en Angleterre...

Découverte qui va de pair, dans la solitude de Cirey, à deux ou à plusieurs, avec la lecture que l'on y fait tous les matins, pendant le déjeuner, d'un chapitre de l'Histoire sainte. C'est surtout le *Commentaire littéral* du bénédictin dom Calmet que l'on y lit (vingt-quatre tomes) et Mme du Châtelet en tirera même un *Examen des deux Testaments* en cinq volumes, heureusement encore manuscrits. Méditation exégétique, où l'inspiratrice passionnée et critique est la Marquise, nourrie par la compilation honnête d'un bénédictin lorrain et de quelques autres œuvres de lecture aisée (Bayle parfois), elle marque, de libérations déchristianisantes, Voltaire mûrissant dans sa quarantaine.

De cette enquête sur l'histoire des religions, plus ou moins méthodique, mais orientée par des besoins profonds, se dégage un résultat double : un sens de l'historicité des religions, donc désacralisation par l'histoire de la religion traditionnelle ; en second lieu, la certitude d'un fonds commun, qui est la religion de tous les hommes.

Ce qui va confirmer la philosophie, troisième voie et dernière : les années de Cirey sont, dans la vie de Voltaire, la période métaphysique par excellence ; et les deux œuvres qui en sont le fruit sont le *Traité de métaphysique* et les *Éléments de Newton*, écrits résolument sérieux sous la tutelle vigilante de Mme du Châtelet, mais que Voltaire, ingrat, avisé ou candide, destinera tous deux au prince royal de Prusse, avec qui il a commencé à correspondre, en l'été 1736.

Réalisant le programme que lui avait jadis tracé Bolingbroke, durant son exil anglais, Voltaire s'imprègne de Locke et découvre Newton, la physique et la métaphysique de Newton ; mais ce qui marque le plus, pour les élaborations de Cirey, c'est cette théologie newtonienne, dont le Dr Samuel Clarke, « l'ami, le disciple et le commentateur de Newton », s'est fait le vulgarisateur. Même si, selon son génie, il butine et souvent confond, Voltaire reste marqué par cet univers newtonien, où la physique se lit en métaphysique, et la métaphysique en religion, où même la métaphysique est religion. Aussi, quand Mme du Châtelet le prend en main pour la mise en forme de sa philosophie, est-ce vers les newtoniens qu'il se tourne.

Si les cartésiens peuvent être athées, les newtoniens, eux, sont religieusement théistes. C'est ce qui importe à Voltaire, ainsi qu'à « l'immortelle Émilie ». Dieu du moins leur est un principe nécessaire, et premier, à leur explication de l'univers. En ce sens surtout, du moins quant à Voltaire, qu'il est le nom même du mystère et la sauvegarde à l'encontre d'une vision pessimiste de l'homme, qui reste en Voltaire comme sa contracture d'angoisse.

Immensité divine et insignifiance humaine, cette antithèse newtonienne, elle est la passion religieuse de Voltaire. Aussi bien que la vision newtonienne du Cosmos, simple, majestueuse, et désacralisée, comble la sensibilité voltairienne. En vérité, mais aussi avec un imperceptible humour, René Pomeau cite cet aveu d'une lettre de Voltaire à Vauvenargues : « Le grand, le pathétique, le sentiment, voilà mes premiers maîtres. »

La pensée newtonienne est ainsi, pour Voltaire, et une doctrine d'ensemble, qui lui est une référence commode, outre qu'elle est anglaise, et une thérapeutique personnelle, celle de la lutte contre ses démons intérieurs, ce Dieu janséniste qui le hante et qu'il affrontera dans Pascal, et duquel le garde Émilie, « géométrique et maternelle », selon la très heureuse expression de René Pomeau.

Pas assez puissamment, peut-être aussi trop charnellement abusive, pour que Voltaire ne connaisse, au moment où Cirey s'achève, dans les années 1747-1748, la seconde crise dépressive de sa vie — dépression qui dans un corps égrotant est une manière de petite mort. Surtout quand meurt Mme du Châtelet, après avoir donné naissance à l'enfant de Saint-Lambert.

Au terme de cette crise vitale — l'homme a dépassé maintenant la cinquantaine —, deux faits s'imposent dans la biographie psycho-spirituelle de Voltaire : d'une part, pour se délivrer de la hantise du mal, il a trouvé son remède propre, le conte. Le conte voltairien naît définitivement de la crise de 1748. D'autre part, une cristallisation s'est faite pour l'équilibre de cet homme mûr et souffrant, autour de cette position qui n'a qu'une cohérence, elle aussi thérapeutique : le mal existe ; donc Dieu est. C'est le fondement organique du « déisme » de Voltaire.

L'apôtre du théisme (1750-1778)

Ce sont là les vingt-huit ans du combat voltairien pour le théisme certes, mais surtout contre l'infâme. Cependant, si l'on en croit la très belle épigraphe extraite des *Marginalia* de Voltaire, que René Pomeau a placée en tête de sa troisième partie : « Je mourrais pour cette religion éternelle, la mère de toutes les autres qui déchirent les entrailles dont elles sont sorties. » Il est certain que, établi dans sa forteresse de Ferney, loin d'un Paris qu'il déteste, où trop de choses le sollicitent et ne lui permettent pas de vivre, Voltaire s'accomplit dans sa religion.

De lui, cet aphorisme d'aveu : « La vie n'est que de l'ennui ou de la crème fouettée. » Pour combattre le vide intérieur, et le sentiment de défaillance vitale qui monte en lui, Voltaire va s'en prendre à l'essentiel, aux sources vitales de religion.

Pour une religion positive d'abord. Avant le déchaînement de la lutte contre l'infâme, Voltaire a rêvé d'une Église déiste. Ardent comme il l'était à vivre ses imaginations, cette Église, il l'a rêvée d'abord dans la « dyarchie » Frédéric II/Voltaire. Il y a de l'espérance déiste dans le voyage de Prusse. Voici, dans un retour de mémoire, près de vingt ans après, comment Voltaire avait pu penser faire place nette au déisme — dans une lettre à Frédéric, du 8 juin 1770 : « Que ne vous chargez-vous du vicaire de Simon Bargine, tandis que l'impératrice de Russie époussette le vicaire de Mahomet ? Vous auriez à vous deux purgé la terre de deux étranges sottises. J'avais autrefois conçu ces grandes espérances de vous ; mais vous vous êtes contenté de vous moquer de

Rome et de moi, d'aller droit au solide, et d'être un héros très avisé. »

L'homme n'est pas dupe de son rêve ; mais rêve il y a eu. Faire place nette des fanatismes avec les souverains éclairés — et par une manière de césaropapisme renouvelé, avec Frédéric II, « le roi des déistes », « faire fleurir... une religion pure ». L'instrument d'imposition de la nouvelle Église, ce sera, élaboré dans les soupers de Potsdam, un *Dictionnaire philosophique*, œuvre collective de tous les gens de lettres du roi, le roi lui-même collaborant. Naissance du *Dictionnaire philosophique*, auquel Voltaire, « théologien de Belzébuth », s'attelle avec acharnement. On sait qu'en 1753, Voltaire quittait Berlin et son « despote » plus ou moins éclairé.

Il est possible qu'il se soit, dès la fin de l'année suivante, dirigé vers Genève pour y trouver des alliés, les calvinistes libéraux, disciples de Turretin. Entre les pasteurs, surtout vaudois, et Voltaire, c'est une rencontre « éclairée ». Voltaire put un moment penser avoir trouvé les théologiens de l'Église déiste. Genève, sur laquelle il se faisait des illusions à la mesure de son besoin, sera la capitale pontificale. « Tous les honnêtes gens (de Genève, bien entendu) sont des déistes par Christ », écrira-t-il sans sourciller à d'Alembert, en août 1757.

Mais, à ce moment, les jeux étaient en train de se faire : après le séjour d'Alembert aux Délices, Voltaire collabore à l'*Encyclopédie* (t. VII) ; surtout il inspire, de façon évidente, l'article « Genève » de l'*Encyclopédie*, rédigé par d'Alembert. Ceux que le couple d'Alembert/Voltaire considère comme d'un « socinianisme parfait, rejetant tout ce qu'on appelle *mystères*, s'imaginant que le premier principe d'une religion véritable est de ne rien proposer à croire qui heurte la raison... », les pasteurs genevois qui réagissent à cette figure déchristianisée que l'on fait d'eux, deviennent à leur tour des fanatiques.

Décidément tout ministre du culte est fanatique. Il n'y aura pas d'Église déiste.

La « *lutte contre l'infâme* »

À partir de 1759, c'est l'apostolat de l'apôtre du théisme, et cet « apostolat » absorbe toutes ses forces. C'est aussi le moment où en France se déchaîne le parti dévot. Voltaire va ainsi conduire vingt ans de guerre contre l'infâme.

Dans une page très dense du chapitre « Delenda Carthago », René Pomeau cherche à répondre avec précision à la question : qui est l'infâme ? Sa conclusion est nette : l'infâme c'est le christianisme. Je n'en suis pas pour ma part si sûr. Je cernerais, quant à moi, la réalité de l'infâme entre ces deux citations que j'emprunte à René Pomeau. D'une part, cette phrase d'une lettre à d'Alembert, de novembre 1762 : « Vous pensez bien que je ne vous parle que de la superstition : car, pour la religion chrétienne, je la respecte et je l'aime comme vous. » D'autre part, on peut lire dans ses *Notebooks* : « La superstition est tout ce que l'on ajoute à la religion naturelle. »

Renversant les choses, le théisme de Voltaire, dirais-je, est tout ce qu'il y a de religion naturelle dans le christianisme ; l'infâme, l'inverse, c'est-à-dire le théologique, l'institutionnel, l'historique, et au premier chef le fanatisme ou l'intolérance (le mot « intolérance » entre dans le vocabulaire de Voltaire, autour de l'affaire Calas). Cette guerre contre l'infâme, sur vingt ans, Voltaire va la poursuivre persévéramment, mais avec des temps d'intensité extrême et des formes différentes.

Du printemps 1759 au printemps 1761, la guerre ouverte débute essentiellement par des satires personnelles. Comme tout l'œuvre de Voltaire, c'est une thérapeutique : par prescription médicale, celle du bon docteur Tronchin, il doit « courre le Pompignan » tous les matins. Et voici son propre aveu : « J'ai la colique, je souffre beaucoup, mais quand je me bats contre *l'infâme*, je suis soulagé. »

Voie de la satire, qui est un éveil de conscience de la « société », de celle qui gouverne, « la bonne compagnie ». « C'est la bonne compagnie seule qui gouverne les opinions des hommes », écrit-il à Helvétius le 27 octobre 1760. Aussi va-t-il durant ces années rêver opiniâtrement une conversion du pouvoir à la lutte « contre l'infâme ». C'est la logique du bel esprit, toujours plus ou moins courtisan et homme du monde, en train d'éclairer le despote. N'est-on d'ailleurs pas sur le chemin, puisqu'en 1761 le parlement de Paris ordonne la fermeture des collèges jésuites et se met à examiner les constitutions de la Compagnie ?

Au printemps 1762 éclate la plus importante des « affaires » de la lutte contre l'infâme — l'affaire Calas. D'une analyse serrée et pénétrante, René Pomeau a fort bien montré comme Voltaire a monté quasiment tout seul l'« affaire », et que c'est le moment où dans ses lettres s'établit le leitmotiv de « Écrasons l'infâme », en même temps qu'il parle de plus en plus de tolérance. Par les mots, c'est saisir la portée spirituelle de la crise.

Si le parlement de Paris a engagé la lutte contre les jésuites, en février et mars 1762, le parlement de Toulouse a fait, à une vingtaine de jours d'intervalle, publiquement supplicier un pasteur protestant, prédicant clandestin, et trois « gentilshommes » calvinistes, puis un boutiquier calviniste accusé d'avoir tué son fils qui voulait se faire catholique — Calas.

Sollicité d'intervenir l'année précédente pour la première affaire, Voltaire l'avait fait, mais sans autrement s'émouvoir. À l'encontre, pour l'affaire Calas, pris dans sa sensibilité par l'innocence des témoignages qu'il recueille, choqué dans son émotivité torturée par le récit même du supplice, conscient de loin du fanatisme panique des exécutions toulousaines, Voltaire va-t-il de toutes ses forces dénoncer le crime contre l'humanité que représente l'exécution de Calas ? Il alertera, par des lettres innombrables, la cour et la haute société parisienne, et non seulement en France, la société du pouvoir, mais toute une opinion européenne de Lumières, manière de juge suscité par lui du scandale de l'intolérance en France : il lance une souscription en Angleterre, demande contribution aux souverains, ses correspondants. Par rapport à une haute société protestante qui lentement s'introduit en cet envers souverain du pouvoir que sont les ressources financières (pour la première fois, en janvier 1762, un protestant, Jean-Robert Tronchin, est devenu fermier-général) et qui demeure fort peu soucieuse de compromettre l'avenir de ses affaires dans un combat de religion, Voltaire porte, quasiment à lui tout seul, le poids de ce courageux et immense recours à l'opinion.

Avec deux conséquences essentielles. L'une, d'avoir imposé Calas comme un martyr, un témoin d'un ordre neuf, celui qui rayonne dans l'élévation de la *Prière à Dieu* : « Puissent tous les hommes se souvenir qu'ils sont frères ! » et qu'enseigne le *Traité sur la Tolérance*. L'autre, d'avoir rendu, autour de lui, son parti opposé à la lutte contre l'infâme. En tête, d'Alembert, le disciple bien-aimé, « celui dont Israël attend le plus », et qui assurera plus ou moins à la lutte un bloc académique. Depuis les *Philosophes* de Palissot, il y a froid, sinon rupture, entre Voltaire et le « clan encyclopédique »; mais Damilaville et pour une part l'abbé Morellet (= Mords-les) assurent les liaisons. En moindre place, Marmontel et Helvétius. Quelques ducs ; Mme du Deffand, plus ou moins, c'est-à-dire Mme de Choiseul, son amie intime ; ce qui ne veut pas dire le « clan Choiseul », sceptique, distant juste ce qu'il faut et louvoyant.

N'imaginons pas que les grandes causes unissent en une sublimation de Lumières. Il y a le jugement célèbre de Diderot sur Voltaire, quelques jours à peine après avoir vibré d'enthousiasme dans l'affaire Calas : « Cet homme n'est que le second dans tous les genres. » L'âme du parti demeure cependant la province (des nobles, des bourgeois, de la robe et du négoce, souvent des isolés, mais qui sont des apôtres) et l'Europe, c'est-à-dire un « brelan de rois », des princes allemands, une impératrice, et aussi les deux métropoles de Genève et de Lausanne.

Ainsi ce qui a été à l'origine transe passionnée de Voltaire, c'est-à-dire souffrance de religion, est-il devenu un « parti ». Correspondance évidente entre la sensibilité de l'homme et les besoins d'une époque, ceux-ci étant essentiellement la distinction, voire la séparation de deux mondes, l'un de la religion traditionnelle, l'autre de la religion neuve ou de l'homme. Dans ce monde neuf de religion, on ne tue plus par pression fanatique de religion.

Avec le choc humain et européen de l'affaire Calas, Voltaire pouvait croire avoir triomphé : en janvier 1764, il ne demandait à d'Alembert, pour écraser l'infâme, « que cinq ou six bons mots par jour... cela suffit ; il ne s'en relèvera pas. » Il dut très vite déchanter.

D'où, du printemps 1764 au printemps 1767, nouvelle phase de la lutte, marquée surtout par le combat par les Dictionnaires et les Manuscrits clandestins. C'est le temps du *Portatif* qu'il lance en juillet 1764 ; entre les Manuscrits de circulation clandestine, il y a le célèbre *Sermon des cinquante*, l'une des pièces les plus fortes de l'attaque et de la religion voltairienne. Ce qui n'empêcha pas la Tournelle parisienne de confirmer l'exécution du jugement du tribunal d'Abbeville, ordonnant le supplice du chevalier de La Barre. Avec le cadavre de l'adolescent, sur le bûcher, avait brûlé un exemplaire du *Dictionnaire philosophique*.

Les réactions de ce septuagénaire égrotant sont d'une énergie étonnante : un moment même, après l'exécution du chevalier de La Barre, il pensera à regrouper à Clèves parti voltairien, philosophes, encyclopédistes pour y poursuivre la lutte.

Celle-ci remplit chaque jour davantage sa vie. Il écrit et imprime vertigineusement des ouvrages de tout genre, de tout poids, depuis une nouvelle édition augmentée du *Dictionnaire philosophique* jusqu'à la *Princesse de Babylone*, conte oriental, avec, à la pointe du combat, les *Questions de Zapata* ou surtout l'*Épître aux Romains* (1768). Cependant qu'il va poursuivre la réhabilitation de Sirven, le petit arpenteur de Mazamet. S'opposant à Rousseau, il a écrit cette formule révélatrice : « Jean-Jacques n'écrit que pour écrire et moi j'écris pour agir. »

La lutte contre l'infâme atteint autour de 1770 — Voltaire est presque octogénaire — son maximum d'intensité et aussi son apogée. L'homme a-t-il senti ses ans comptés et voulu sa victoire ? La conjoncture européenne semble d'autre part annoncer cette victoire prochaine : la révision du procès Sirven est contemporaine du bannissement définitif des jésuites de France ; la même année, 1767, dès février, les jésuites avaient été expulsés d'Espagne. En Autriche, le joséphisme s'installe : la bulle *In Cœna Domini* est supprimée dans tous les États autrichiens. En Italie, les princes, Parme et Naples surtout, sont partis en guerre contre les moines. Catherine II, de son côté, sécularise les biens du clergé russe. Les temps de Lumières sont proches.

Où il faut s'arrêter pour situer, en son univers de Lumières, le combat voltairien contre l'infâme. Il est d'abord thérapeutique personnelle : de combat passionné, donc de durée et d'assouvissement contre le fanatisme, cet anti-fanatisme étant sa contracture psychique originelle.

Il est ensuite combat contre le fanatisme. Est fanatisme l'intolérance, c'est-à-dire la persécution contre l'homme, du fait de la religion. Fanatiques donc, ou puissances du fanatisme, l'alliance de la religion et du pouvoir temporel, et surtout la papauté, donc Rome, qui en est conservatrice. Toutes les « affaires » orchestrées par Voltaire dans un combat sincère et déchaîné, combien puissant, sont des affaires *contre Rome*, des moyens d'abattre la puissance romaine.

Il s'agit, en effet, d'atteindre à une victoire. Car les temps de la victoire sont proches. Dans cet esprit, que l'on schématise volontiers par l'ironie et la raison, il y a la marque du feu millénariste, le « millénarisme » des Lumières. Voltaire écrira par exemple « qu'il suffirait de deux ou trois ans pour faire une époque éternelle ». Comme tout apôtre entier en son apostolat, il vit l'immanence prochaine. « Un beau siècle se prépare », c'est, de lui encore, un aveu parousique. Dans l'attente eschatologique, il y a toujours le rêve. Le rêve, le voici, il est une « croisade ».

Paradoxalement, s'il condamne les croisades de l'histoire médiévale, guerres saintes du fanatisme, Voltaire veut le retour de la croisade : croisade en Orient, c'est Catherine II qui en est la princesse élue pour aller rétablir l'empire à Constantinople. Ce que Voltaire avec acharnement ne cessera de répéter dans ses lettres à la Sémiramis du Nord. Et « pendant que Catherine II époussette le vicaire de Mahomet », il prépare une croisade ou quelque chose d'approchant en Occident : il demandera à Frédéric II, retrouvant un autre rêve impérial, de descendre au sud pour, mieux qu'épousseter, renverser le vicaire de Jésus-Christ. Ainsi, par le bras temporel des despotes éclairés, faire place nette, en Orient et en Occident, des « vicaires », c'est-à-dire des représentants abusifs de Dieu, et comme tels clé de voûte des fanatismes. Et donc laisser s'épanouir un règne, celui de la religion rénovée.

Le combat contre l'infâme n'est une lutte *anti* que parce qu'infâme il y a. L'infâme ne saurait être la religion en tant que telle, mais les usurpateurs ou les pervertisseurs de la religion. Voltaire « réformateur »? René Pomeau va jusque-là. Il faut l'y suivre. Au-delà du cas Voltaire, tout cela est parfaitement cohérent dans le procès historique de désacralisation qui se poursuit. À preuve, essentiellement, la lutte non moins acharnée de Voltaire contre l'athéisme et la coterie « holbachienne ». Dans les relations complexes et fort alternées de Voltaire et des Encyclopédistes, outre la défiance instinctive chez un Diderot, et probablement réciproque chez Voltaire, il y a le refus de Voltaire de l'athéisme, surtout de l'athéisme naturaliste, celui d'un Diderot par exemple.

Mais la lutte contre l'infâme avait montré à Voltaire l'utilité de regrouper parfois toutes les forces, Encyclopédistes y compris. Cependant, quand paraît en 1770 le *Système de la nature*, le manifeste accompli du « laboratoire d'athéisme » du baron d'Holbach, Voltaire luttera avec acharnement contre la coterie holbachique et ses doctrines. Combat sur deux fronts où il épuisera ses forces de quasi-octogénaire et ses dernières années. Quel témoignage plus sûr que ce courage sénile pour manifester la profondeur d'un besoin et donc la vérité d'une vie?

Le combat pour une religion positive, devenu, dans les conditions que l'on a dites, la « lutte contre l'infâme », débouche sur une redéfinition des rapports entre la métaphysique et la religion.

Dans la légende du Voltaire athée, il n'y a pas de religion de Voltaire, tout au plus une philosophie. En fait, selon ce qu'établit René Pomeau, infatigable des deux combats, Voltaire, en même temps, médite, toujours par la plume, approfondissant sa métaphysique. Contre les athées surtout, face auxquels il lutte jusqu'à sa fin. N'a-t-il pas conclu sa première *Homélie sur l'athéisme* sur cette certitude que si les gens du monde athée sont inoffensifs, des souverains qui ne croiraient pas en Dieu « seraient aussi funestes au genre humain que des superstitieux » ?

Le *Système de la nature* notamment, du baron d'Holbach, le contraint, à travers polémiques et écrits de circonstance, à creuser sa nécessité de Dieu, voire à retrouver la tentation de l'immortalité. Butant toujours sur le problème du mal, tourmenté par l'angoisse prochaine de la mort (« Je passe mon temps à faire des gambades sur le bord de mon tombeau »), lentement cristallise en lui l'idée d'une possible survie.

C'est — manière de pari pascalien — choisir le parti de l'homme de bien. Le voici qui dit en clair dans une lettre du début de 1771 : « Ce qui est sûr, c'est que l'homme de bien n'a rien à craindre. Le pis qui puisse arriver, c'est de n'être point ; et s'il existe, il sera heureux. » N'avoir rien à craindre, c'est toujours cette libération du Dieu janséniste qui fait l'unité de la vie de Voltaire. Dieu dont il a besoin et qu'il a également besoin de ne pas craindre. Liberté de soi, la religion de Voltaire ; elle est aussi sûreté. René Pomeau a pu écrire cette phrase incisive : « Le théisme est un confort intellectuel[1]. » Pouvait-on demander à un vieillard de ne pas s'établir pour tranquillement mourir ?

Aussi, si Dieu est la sûreté de Voltaire, approfondissement, méditation et vieillesse aidant, selon ce trait maître de son génie qui est de traduire son émotion en

---

1. *Op. cit.*, p. 404.

vision ou en écriture métaphysique, Voltaire va-t-il chercher une manière de fusion en Dieu.

C'est par la voie du spinozisme, reprenant les « idées de ce mauvais juif », qu'il semble n'avoir connues que vers la fin des années cinquante du siècle. Caractéristique de la tendance, son *Tout en Dieu* fleure un certain panthéisme spinoziste mais il ne s'y abandonnera pas, incapable qu'il est de s'absorber en Dieu.

Tout cela, évidemment, jeu d'une passion métaphysique et sénescente. Ce qu'a fort bien senti Boswell, dans le récit d'un entretien qu'il eut à Ferney avec le patriarche. L'entretien porte sur la religion, et Voltaire vient d'agonir l'Anglais de tous les crimes de la religion. Médusé, l'autre, de l'entendre un peu plus tard, ses transes finies, lui dire son amour pour l'Être Suprême, *the Author of Goodness*. Notre homme ne comprend plus, et à force de ne pas comprendre, il sentira. Voici sa notation : « J'étais ému ; j'étais affligé. Je doutais de sa sincérité. Je lui demandai d'un ton pénétré : "Êtes-vous sincère ? Êtes-vous vraiment sincère ?" Il répondit : "Devant Dieu ? Je le suis". Alors avec cette brûlante intensité que l'on note si souvent dans ses tragédies au théâtre de Paris, il ajoute : "Je souffre beaucoup, mais je souffre avec patience ; je me résigne en homme, pas en chrétien." » Du théâtre sans doute, mais du théâtre qui est vie, angoisse, et qui trouve après tout sa justice dans un drame d'existence de plus de quatre-vingts ans. À cette échelle de durée, la souffrance n'est plus complaisance, mais dans une nature tourmentée, mal assise physiquement, thérapeutique et création.

Aux toutes dernières années de sa vie, Voltaire, avidement, dès que perçait le premier soleil printanier, allait le recevoir sur les terrasses de Ferney. Chaleur physique, cosmique, recréante du corps usé. C'était la paix ; aussi la certitude solaire de l'« Être des êtres ».

René Pomeau, avec cet art qu'il a d'écrire, ne joue

pas seulement sur les mots dans cette jolie phrase : « Il y a, dans le théisme voltairien, un mysticisme des "Lumières". » Prenant le soleil printanier, le vieillard prie le Dieu de lumières ; plus exactement, comme il l'a écrit quelque part, paraphrasant le Psalmiste, il célèbre, avec le Ciel, sinon la gloire, du moins l'existence de Dieu. Ne faisons pas de la religion de Voltaire un mysticisme métaphysique, non plus qu'une religion « en esprit et en vérité ».

Il est normal par ailleurs qu'avec l'âge, le grand âge surtout, ressortent des images, des besoins, des habitudes héréditaires. D'autre part le collectif contraint l'homme au culte : il y a des pèlerins de Ferney, quelques-uns, des femmes, en témoignent en transes ; il y a le « patriarche de Ferney ». Ce patriarche est seigneur, et il en a accepté les rôles sur la paroisse : banc à l'église ; la première place et l'encens à l'offertoire, autorité sur le desservant. On sait même, son évêque qui est l'évêque d'Annecy plus ou moins dupe, qu'il a fait ses Pâques en 1761, flanqué de Mme Denis et de la petite-fille du grand Corneille. Il recommencera en 1768, par la célèbre communion qui, elle, inquiètera le nouvel évêque d'Annecy. Bien plus, le voilà bâtisseur d'une Église neuve. Tous ces actes de culte conforme ostensiblement publiés, et il en écrit beaucoup, toujours avec une écriture sardonique, cela contraignait au procès de tendance : de la sincérité de Voltaire ? ou Voltaire, comédien de religion ?

En fait, dans la vie de Voltaire, il y a cohérence : comédien pour une part, c'est certain — ce sens du théâtre que découvrait Boswell ; mais il y a aussi l'acceptation du rôle, parfois des souffles paniques de peur, et la tentation ou le besoin d'être patriarche de religion. Le patriarche de Ferney est un patriarche religieux. À preuve cette église offerte sur le fronton de laquelle il fait inscrire le lapidaire

Deo erexit
Voltaire

À preuve l'évolution de ses idées, quant à l'utilité du clergé : le clergé est nécessaire au peuple pour lui enseigner la bonne morale, comme Dieu est la sûreté de Voltaire (cf. *Catéchisme* dans le *Portatif*). Son grand ouvrage d'apologétique, *Dieu et les hommes*, qu'il écrit au même temps, est un traité de la religion d'État, parfaitement structurée en clergé et hiérarchie, avec son culte public, avec le double modèle de l'Église anglicane « bien établie par acte de parlement, bien dépendante du souverain » et de l'Église orthodoxe, celle de Catherine, parfaitement soumise à sa Sémiramis autocrate.

Cela aboutit à cet extrême de gallicanisme : « L'Église est dans l'État, et non l'État dans l'Église. » La lutte contre l'athéisme, le rêve du despote éclairé, ses amitiés royales par le fallace desquelles il peut se croire réformateur de religion, confirment en Voltaire le besoin social de religion. Église neuve, son Église ? Non pas ; mais la religion traditionnelle, réformée, étatisée, socialisée.

Aux toutes dernières années de sa vie, c'en est fini de sa lutte contre l'infâme. Il s'y est épuisé, et l'infâme tient toujours. Voici l'aveu amer d'une lettre du printemps 1776 : « Ce qui est fondé sur beaucoup d'argent et sur beaucoup d'honneurs est fondé sur le roc. »

Défaite finale de Voltaire ?

Selon le siècle, peut-être, du moins en apparence. C'est l'épisode de l'article de la mort : Voltaire, toujours amoureux de gloire, acceptant l'épreuve folle, à quatre-vingt-quatre ans, du voyage à Paris pour le couronnement du « roi Voltaire ». Une semaine de Paris, et il était aux extrémités.

Dans l'horreur physique d'être traité comme la Lecouvreur et de ne pas reposer en terre chrétienne, Voltaire va alors négocier, son agonie durant, sa réconciliation avec l'Église régnante. Agonie contrastée, à l'image de la vie de l'homme, avec d'étonnantes reprises : cela durera de février à mai. Voltaire meurt à Paris, le 30 mai 1778, ce Paris qui le grise et le tue et où tyranniquement Mme Denis le retient.

Dans la déclaration la plus importante, du moins pour être rendue publique, il protestera de mourir *dans* la religion catholique. Ce qui n'est pas pour autant avoir déclaré être catholique. À la vérité, tant le gouvernement du Roi que l'Église, y compris le curé de Saint-Sulpice acharné à la repentance d'un Voltaire orthodoxe, étaient encombrés par cet agonisant illustre et maudit. On s'en tira donc par cet arrangement qui, au regard de l'analyse historique, n'est pas le moins bel article de la religion de Voltaire : pour éviter le scandale du refus de sépulture, le cadavre serait amené secrètement, tout habillé dans sa voiture jusqu'à Ferney. En cours de route, il serait embaumé, et l'on ferait savoir que Voltaire était mort en chemin. Scénario justicier que vint faire échouer le zèle des neveux. Voltaire mort, la famille reprenait ses droits. Évitant le trop long voyage de Ferney, son neveu, l'abbé Mignot, le fera enterrer dans l'église de l'abbaye de Scellières, au diocèse de Troyes, dont il était prieur. Repos non éternel pour Voltaire, puisqu'à la veille du deuxième anniversaire du 14 Juillet, en 1791, ses restes seront solennellement conduits au Panthéon.

La religion de Voltaire culmine, sur quasiment cent ans d'existence mortelle et posthume, en cette filiation révolutionnaire, de la Révolution bourgeoise tout au moins, et sans doute sur cet article de la vraie profession de foi qu'il avait remise à un ami, avant sa déclaration d'appartenance catholique : « Je meurs en adorant Dieu, en aimant mes amis, en ne haïssant pas mes ennemis, et en détestant la superstition. »

LE DÉISME DE VOLTAIRE

Après l'analyse de vie, sans schématisme abusif, la saisie statique.

Compensation ou exorcisme du drame intérieur de Voltaire, tel est le Dieu de Voltaire, « le Dieu de Voltaire, juste, bon, infini », a apprécié Stendhal, qui s'y connaissait.

Son *Œdipe*, écrit de ses vingt ans (1718) et qu'il a mis cinq ans à mûrir — cette tragédie indispensable à l'époque pour s'affirmer dans le monde homme de lettres —, est un acte magnifique de courage. Contre toute la tradition antique, ces « anciens qui ont tous été de parfaits jansénistes », Œdipe se dresse contre le *fatum* ou la prédestination. La tragédie tout entière étale l'horreur du Dieu terrible. Donc elle le dénonce. Contre le Dieu de crainte, Dieu-tyran, Voltaire s'ouvre à un Dieu de bonté, qu'il sait être un Dieu-Père.

Dans sa réplique en vers au *Poème sur la Grâce* de Louis Racine, voici, en deux vers libérateurs, le jansénisme exorcisé :

> Tu m'en fais un tyran, je veux qu'il soit mon Père,
> Ton hommage est forcé, le mien est volontaire !

Ce que reprend dans les mêmes termes l'*Épître à Uranie*, élaborée dans les mêmes années.

D'où, dans la purgation de ses humeurs noires, la lente élaboration d'un *déisme optimiste*. Ce qui signifie un Dieu bon. Ce sont les vers célèbres d'*Alzire*, que Voltaire commence en 1733, quand il vient d'achever les *Lettres philosophiques*. La conversion chrétienne de Gusman, qui vient agoniser sur la scène, s'éclaire dans cette religion de pardon :

> Des dieux que nous servons connais la différence :
> Les tiens t'ont commandé le meurtre et la vengeance ;
> Et le mien, quand ton bras vient de m'assassiner,
> M'ordonne de te plaindre et de te pardonner.

Le christianisme, religion d'amour, religion éthique et fraternelle, mais un christianisme sans Christ, sans Dieu fait homme. Le Dieu de Voltaire est un Dieu-Père, le seul Dieu : il n'y a pas pour lui de Trinité.

Surtout, et c'est ce qui commande viscéralement et spirituellement le Dieu-Père voltairien, Voltaire refuse l'Incarnation : « L'idée d'un Dieu-homme est monstrueuse », écrit-il dans le *Dictionnaire philosophique*, à l'article « Divinité de Jésus ». Cela s'illustre par une imagerie très vivante d'une scène des toutes dernières années, témoignage d'un voyageur pèlerin de Ferney, qu'exhume René Pomeau.

Voltaire entraîne son jeune visiteur dans une promenade à la découverte du soleil levant. Dans une levée d'aurore sur ce paysage alpestre, il fait sa profession de foi du Vicaire savoyard et, prosterné, il invoque le « Dieu puissant ». Mais tout à coup, se relevant, il remit son chapeau, secoua la poussière de ses genoux, reprit sa figure plissée et regardant le ciel comme il regardait quelquefois le marquis de Villette lorsque ce dernier disait une naïveté, il ajoute vivement : « Quant à Monsieur le Fils et à Madame sa Mère, c'est une autre affaire. » Il n'y a pas de Fils procédant du Père, parce que le Père est le seul Dieu.

On ne saurait assez insister sur la réalité anti-christique ou achristique du Dieu de Voltaire. Ni Fils, ni

Christ, ni rédemption, sa religion est celle du Dieu-Père. Mais un Dieu-Père qui n'est pas le Jahvé de cet Ancien Testament, seule partie de l'Écriture que Voltaire ait, depuis les années de Cirey, analysée en historien et en critique. Il déteste le Dieu des Juifs, Dieu cruel et vengeur, qui lui rappelle le Dieu de sa famille janséniste.

À Jahvé, il reproche aussi trop d'immanence en la société des hommes. Son Dieu-Père n'est pas un Dieu paternel. C'est pleinement saisir le personnage que de l'éclairer, comme l'a fait René Pomeau, comme un émotif sans tendresse. Son Dieu, incapable d'incarnation comme de vivre au milieu des hommes, doit être un Dieu lointain.

Jésus alors? Il y a, dans l'évolution religieuse de Voltaire, tout un procès qui va du refus à l'attrait de Jésus et qui s'établit, aux moments de plus grande proximité, tels que l'*Homélie sur la superstition* (1767), en un Jésus « Socrate de la Galilée », « le premier des théistes ». Contre d'Holbach même, il prêchera « le théisme par Christ ».

Le Dieu de Voltaire est peut-être un Dieu-Père, en ce sens que l'homme ne communique pas avec lui à travers Églises, cultes ou doctrines : le Dieu terrible est un Dieu du sanctuaire et des rites, le Dieu de l'Église obscure. Y a-t-il pour autant communication entre Dieu et l'homme?

Toute la religion voltairienne, et la philosophie, reposent sur l'opposition fondamentale, physique et métaphysique, entre l'extrême grandeur de Dieu et l'extrême petitesse de l'homme. Plus exactement, cette opposition pascalienne est assumée par Voltaire dans le sentiment qui le tiendra toute sa vie de dénigrer le bipède, insecte, puce ou ciron. Dans ses *Notebooks*, cette mesure de l'homme : « Un homme fait sur la terre la même figure qu'un pou d'une ligne de hauteur et d'un cinquième de largeur ferait sur une montagne de 15 000 pieds ou environ de circuit. »

D'où la conclusion métaphysique de *Candide* : « Le nombre des souffrants est extrême; la nature se moque des individus. Pourvu que la grande machine de l'univers aille son train, les cirons qui l'habitent ne lui importent guère. » Dieu ne s'intéresse *pas* à l'homme; l'homme ne peut pas cependant s'en passer. Il lui faut garder Dieu comme l'espérance dans un univers où règne le mal. Le déisme de Voltaire est ainsi anti-chrétien, en ce sens que le christianisme, par le Christ, par l'Église, par les rites, voire les superstitions, cherche la communication constante, salvatrice, justicière, rédemptrice entre Dieu et l'homme.

Le sarcasme de Voltaire sur la « condition humaine » — janséniste après tout — exige le Dieu lointain. Cet éloignement de Dieu libère des fanatismes, des mystères, des doctrines — ce que nous appellerions aujourd'hui une religion positive; il libère Voltaire de toute présence inquiétante d'un Dieu dominateur ou par trop présent, toujours le Dieu janséniste; il laisse place, en contrepoint, à un optimisme foncier quant à la nature humaine abaissée.

L'évidence historique et naturelle de Dieu dans le monde

La base historique du déisme est l'histoire des religions. On se souvient des réflexions de l'opuscule *Du déisme* (1742), qui deviendra l'article « Théisme » du *Dictionnaire philosophique* : Zoroastrisme, religions de l'Inde, Islam, les cultes chinois surtout ont un fonds commun, l'adoration d'un Être suprême.

Il n'y a pas de religion sans Dieu. Prêtres ou bonzes détériorent la religion, mais ce qu'enseigne « l'esprit des nations », c'est, dans toute l'histoire humaine, le besoin et la présence de Dieu.

Deux conséquences ainsi obvies : la première est la non-singularité de la religion chrétienne, donc la dissolution de la révélation judéo-chrétienne dans l'immensité de l'univers, historique et géographique. L'histoire universelle est le creuset de désacralisation de l'histoire sainte. Et s'il fallait bien peser la hiérarchie des influences de cet inventaire de l'histoire « universelle », il est certain que c'est la Chine qui pèse le plus dans la balance. Le déisme voltairien retrouve ce qu'il appelle lui-même le « déisme chinois » : la littérature des bons Pères.

Dans les perspectives qui cristalliseront dans l'*Essai sur les Mœurs*, s'achève la désacralisation de l'histoire, dans le rapport entre histoire sacrée et histoire profane : toute histoire devient profane. Ce qu'il restait de sacralité par l'action de la Providence sur les hommes dans le *Discours sur l'histoire universelle* de Bossuet est définitivement expurgé. Dieu lui-même d'ailleurs est expurgé de l'histoire. L'histoire humaine, c'est-à-dire profane, n'a que faire de lui. Aussi bien les hommes, en le mêlant à leur histoire, ont-ils fait assez de mal : ce n'est pas pour rien que Voltaire dans *Dieu et les hommes* a dénombré les victimes du fanatisme : il en a trouvé 9 468 000.

Surtout, la singularité chrétienne est mise à l'alignement d'un fait universel, beaucoup plus important, à l'échelle de l'humanité entière celui-là et non du petit monde chrétien, l'adoration commune d'un Dieu. Ce qui impose l'idée d'une religion, et primitive, c'est-à-dire plus ancienne et plus fondamentale que le christianisme, et naturelle, c'est-à-dire inhérente à l'homme, l'homme de tous les temps et de tous les pays, comme dit la certitude d'universel.

D'autre part Dieu, n'étant plus dans l'histoire, ne peut avoir d'autre réalité qu'éternelle. « L'immutabilité lui paraît être le propre du divin », écrira René Pomeau. Dès lors la vraie religion est une *suite*, tradition vivante de l'humanité tout entière, parfois cachée, secrète, déformée par d'autres religions adventices (type : l'imposture du christianisme). Les sources n'en sont plus dans la Palestine, dite Terre Sainte, mais bien à l'Extrême-Orient de la terre, en la Chine.

Le théisme voltairien, à nostalgie d'éternité et à certitude d'universel, acquiert ainsi une double vertu temporelle : du passé, il transmet, dans une tradition vivante, la religion originelle ; pour l'avenir, il représente la promesse de l'unité. Procédant de l'infinité des temps, commandant l'autre infinité de l'avenir, quelle force de l'humanité entière, le « théisme », pour « écraser l'infâme » ! En un autre sens, et ceci grandement importe, sans qu'il y ait jeu sur les mots de la part de René Pomeau, l'universel est figure ou justice de catholicité. Voltaire donc « catholique ».

N'abusons pas du jeu. Mais il est certain que la vocation d'universel catholique et la conscience d'universel d'un Voltaire, qui est celle du monde classique et des Lumières, tendent à se rencontrer et même à se confondre. L'universel est en somme critère et preuve de vérité. Fondamental, ce texte de l'avant-propos de l'*Examen important*[1] de Voltaire : « Les principes de la raison universelle sont communs à toutes les nations policées, toutes reconnaissent un Dieu ; elles peuvent donc se flatter que cette connaissance est une vérité. Mais chacune d'elles a une religion différente ; elles peuvent donc conclure qu'ayant raison d'adorer un Dieu, elles ont tort dans tout ce qu'elles ont imaginé au-delà. » Jeu caractéristique d'un double mouvement : l'inventaire extensif

---

1. *Examen important de Milord Bolingbroke ou le tombeau du fanatisme* (1736), in *Mélanges*, Paris, Gallimard, Bibliothèque de la Pléiade, 1961, p. 1020-1021.

du *consensus omnium*; la réduction au plus petit commun, la reconnaissance de Dieu. Mouvements d'esprit fort caractéristiques d'une « mentalité » moderne, épanouie aux Lumières.

La deuxième conséquence du besoin et de la présence de Dieu, après l'affirmation de la non-singularité du christianisme, est que l'universelle religion, vraie religion, est la *religion naturelle*. Quelle nature ? La nature humaine évidemment, et d'abord. Le théisme voltairien tend à ce que nous dirions aujourd'hui un « immanentisme ». C'est le mouvement incoercible d'une analyse philosophico-sociale d'une société qui se veut de plus en plus indépendante.

La religion universelle, c'est la religion naturelle, qui est la religion de l'humanité, au sens du positivisme comtien. La continuité est évidente, et il est non moins évident qu'elle procède d'au moins deux siècles d'apologétique, qui ont usé et abusé de l'argument de consentement universel, qui est psychologiquement et spirituellement un argument du quantitatif (*tous* contre *un*), d'où procédera d'ailleurs au politique la règle majoritaire des systèmes démocratiques. Cette vraie religion est, ainsi que dit Voltaire, « l'adoration de l'Être suprême sans aucun dogme métaphysique ». Peut-on dire moins, et en même temps plus, par rapport à l'expérience humaine universelle ? La religion naturelle de Voltaire, beaucoup moins qu'elle n'explore la réalité de l'Être suprême, explore l'universel humain. D'où deux autres perspectives convergentes, de cette religion naturelle, toujours selon le mouvement réductionnel, dynamique même de cette analyse :

« J'entends par religion naturelle, écrit Voltaire, les principes de la morale communs au genre humain. » Donc toujours le « commun » de l'humanité : ce commun ici s'équilibre sur la morale. Être suprême, éthique universelle, deux articles essentiels de la religion naturelle.

Dans l'opuscule *Du déisme* les choses vont plus loin encore, jusqu'à mettre en évidence les mécanismes humains de cette religion naturelle — lucidité de l'« immanence ».

> Mais celui qui pense que Dieu a daigné mettre un rapport entre lui et les hommes, qu'il les a faits libres, capables du bien et du mal, et qu'il leur a donné à tous ce bon sens qui est l'instinct de l'homme, et sur lequel est fondée la loi naturelle, celui-là sans doute a une religion, et une religion beaucoup meilleure que toutes les sectes qui sont hors de notre Église ; car toutes ces sectes sont fausses et la loi naturelle est vraie. Notre religion révélée n'est même et ne pouvait être que cette loi naturelle perfectionnée. Ainsi le déisme est le bon sens qui n'est pas encore instruit de la révélation, et les autres religions sont le bon sens perverti de la superstition.

Pensée dont il ne faut peut-être pas pousser à l'extrême la cohérence mais dont les plans s'imposent : la bonté d'un Dieu créateur ; la liberté de l'homme ; manière de *modus vivendi* entre Dieu et l'homme, la loi naturelle ; conscience, pratique, vie de cette loi naturelle, le *bon sens*.

On pourrait prendre à rebours l'analyse, et l'on aurait la construction de la religion naturelle voltairienne. Point suffisante cependant.

Mais de Cirey, Voltaire n'avait pas seulement gardé de Dieu une évidence historique et naturelle. Il en conçut une évidence.

*L'évidence métaphysique et cosmique de Dieu
dans le monde*

Le déisme voltairien démontre la nécessité métaphysique de Dieu. Comme l'apologétique de son temps, Voltaire démontre l'existence de Dieu : c'est toujours mauvais signe, du point de vue de l'analyse d'ensemble, quand pareilles démonstrations prolifèrent. Mais là n'est pas la question. Voltaire à la fois suit son temps et vit son expérience propre. Les preuves de l'existence de Dieu composent l'univers et la démonstration voltairienne.

Il y a le *plaisir*. Des textes savoureux pourraient être cités. Retenons ces deux vers du Ve *Discours* :

> Ah! dans tous vos états, en tout temps, en tout lieu,
> Mortels, à vos plaisirs, reconnaissez un Dieu.

Il y a l'existence même de Voltaire, qui postule Dieu, selon ce raisonnement du *Traité de métaphysique*, aussi sec que cohérent : « J'existe, donc quelque chose existe. Si quelque chose existe, quelque chose a donc existé de toute éternité car ce qui est, ou est par lui-même, ou a reçu son être d'un autre. »

Dans les deux cas, il s'agit de Dieu. Si le raisonnement implique des postulats aujourd'hui évidents, pour Voltaire, il a sa nécessité. Son existence, à lui Voltaire, implique Dieu.

Il y a l'horloge. Puisque l'horloge existe, il faut un horloger. L'horloge, c'est l'ordre du monde tel qu'il marche. Preuve mécanicienne ? Beaucoup plus, sentiment organique en Voltaire d'un ordre des causes finales dans le monde. La machine est trop belle, trop bien agencée pour qu'il n'y ait pas l'artiste — on dirait aujourd'hui le « technicien supérieur ».

Où l'on peut au passage marquer combien ce déisme de Voltaire est imprégné de sacralité traditionnelle, celle-ci dégradée en un anthropomorphisme plus ou moins déifiant. Le monde n'est pas arraché en son indépendance ; il y a l'autre, et lié à ce monde dans un lien de création.

Des preuves, la démarche aboutit naturellement à des figures de Dieu : le Dieu métaphysique de Voltaire est un premier principe. « Ou il n'y a pas de Dieu, ou il n'y a de premiers principes que de Dieu. » C'est une articulation démonstrative des philosophes de Cirey (lui et Émilie). Autrement dit, à l'échelle de Voltaire, toute philosophie déductive de principes implique un premier principe. Nécessité à la fois du raisonnement et d'une emprise métaphysique de l'univers.

Mais il y a aussi le Dieu manifesté dans la *nature*. Ici il faut distinguer deux aspects, qui analysent deux réalités maîtresses de la nature dans la pensée et l'univers de Voltaire : la nature métaphysique d'une part, la sensibilité au cosmique d'autre part.

La nature métaphysique, c'est-à-dire la totalité de l'univers, renvoie au propos célèbre : « Si Dieu n'existait pas, il faudrait l'inventer ; mais toute la nature nous crie qu'il existe. » Face à l'athéisme grandissant qui s'établit par le développement des sciences de la nature, et particulièrement sur la preuve faite de la génération spontanée et sur l'intuition raisonnée du transformisme, nette chez un Buffon, Voltaire dresse la conscience du Tout, non pas dans une immanence biologique, mais dans la réalité de la Divinité, le « grand Être qui a tout fait, et qui a donné à chaque élément, à chaque espèce, à chaque genre, sa forme, sa place et ses fonctions éternelles ». Autrement dit un démiurge géomètre, « l'éternel géomètre, qui a tout arrangé avec ordre, poids et mesure ».

La métaphysique « naturelle » de Voltaire s'organise

autour de ces deux démarches fondamentales, caractéristiques d'ailleurs de la coupure entre deux générations : celle de la génération ou des générations voltairiennes et celle de ce que l'on est convenu d'appeler la génération de 1750. L'une est qu'il n'y a point de nature, que tout est art dans l'univers. Il est évident que si tout est art, il faut l'artiste, ce qui donne, selon la tradition classique, une lecture humaine, anthropomorphe de l'univers. L'autre est la volonté que Nature soit contenant, c'est-à-dire abstraction de synthèse, une composition d'unité.

Qu'est-ce donc que cette Nature des athées ? s'interroge Voltaire : « Un mot inventé, pour signifier l'universalité des choses. » Voltaire en est là. Nature, pour lui, est un mot inventé. Mais ce mot dit l'univers. La figure, la puissance d'unité et l'éternité de cet univers, c'est Dieu. Où l'on retrouve la cohérence et la source d'une religion naturelle.

On aboutit ainsi, dans une nature qui n'est qu'un mot, d'une part, à un déisme mécaniste, ou à une conception mécanicienne du cosmos. Le cosmos-machine, cela devient le règne de Dieu par des lois générales, lois générales qui conduisent l'homme. Mécanicité de l'univers établie en somme par une lecture humaine de l'univers divin. D'autre part, conséquence philosophique de ce qui précède, à une sécurité parfaitement établie. Aucun conflit, mais aussi aucun dialogue dans un monde où il n'y a en définitive plus que Dieu et l'homme en présence, et un Dieu à la fois tout humain et abstrait, limite de raison et de sécurité de l'abstraction humaine la plus universelle.

Quelque extrême que soit l'abstraction, cette sécurité en Dieu n'est pas loin de se confondre avec l'émotivité d'un Dieu bon. Elle est l'intellectualisation la plus extrême d'une compensation émotive et contraire au Dieu-tyran du jansénisme.

La sensibilité au cosmique, deuxième aspect de la nature dans la pensée de Voltaire, tient à l'influence de la métaphysique newtonienne : Voltaire est un « astral », sa nature sensible, c'est le ciel, l'immensité. Le Dieu de Voltaire est un Dieu géomètre, donc de géométrie ; il est aussi, voire surtout, un Dieu d'astronomie. Hypocondrie et exigence de grandeur, ainsi que l'a noté avec pénétration René Pomeau, vont de pair : Voltaire se libère dans la contemplation du ciel newtonien et y trouve son Dieu.

L'immense, l'illimité est, pour Voltaire, la figure physique de l'universel, et aussi, thérapeutiquement, la voie pour n'être point cette caricature d'homme qu'est Pangloss, « le plus grand philosophe de la Province et par conséquent de toute la Terre ». Ce que, en d'autres termes, il livrera quant à Catherine II, reine de l'immensité des terres : « Il y a loin de l'impératrice de Russie à nos dames du Marais, qui font des visites de quartier. » (Lettre de mai 1767.)

Quelque peu en dégradé du Psalmiste, les cieux, pour Voltaire — les cieux, non la terre — racontent et magnifient Dieu, sinon la gloire de Dieu : « Dans ces cieux infinis, le Dieu des cieux réside. » « Dieu des innombrables mondes » que dans l'*Histoire de Jenni* adore le « bon Parouba », agenouillé sous le ciel étoilé d'Amérique. « Parouba, termine Voltaire, se mit à genoux, et dit : "Les cieux annoncent Dieu" ».

Tel l'accès naturel à Dieu : ouvrir les yeux ; contempler le ciel à l'un ou l'autre des moments de plénitude cosmique et solaire, l'aube, la lumière montante, la nuit ; et dans l'envahissement de ce spectacle, reconnaître Dieu. Quelle figure de Dieu ? Ici encore ne demandons pas plus que l'acte de culte de l'agenouillement sous le ciel étoilé et dans le lever d'aurore. Quelle nature ? C'est essentiellement le spectacle du ciel, religion de l'œil, religion solaire, religion des certitudes astronomiques, mais aussi religion par l'envahissement du spectacle du monde en ce qu'il y a de plus total et de plus abstrait, *l'immense*.

De ces figures de Dieu — à la vérité aussi peu figures que possible — atteintes par l'approche métaphysique et cosmique, quelques nécessités découlent, toujours dans les cohérences de la religion voltairienne. De ces nécessités, nous retiendrons la plus essentielle, celle de la coexistence, de toute éternité, de Dieu et de l'ordre.

« Quel resserrement d'esprit, écrira Voltaire, quelle absurde grossièreté de dire : le chaos était éternel, et l'ordre n'était que d'hier ! Non, l'ordre fut toujours, parce que l'Être nécessaire, auteur de l'ordre, fut toujours. » D'un revers de phrase, c'est toute la Genèse écartée, tout récit mythique de la création du monde. C'est en même temps Dieu hors de l'histoire, Dieu extra-temporel, métaphysique, Dieu lointain toujours : le déisme voltairien ne cesse de faire de Dieu la mesure de l'immense, donc de le rendre inaccessible à l'homme, du moins non définissable. Ce Dieu, nécessaire au monde, principe de toutes choses, doit demeurer mystérieux. À l'école des théologiens newtoniens, Voltaire a besoin de Dieu, Dieu créateur, au centre du monde ; mais ce Dieu doit garder son mystère. Impossible de le définir, de détailler ses attributs : on sait seulement qu'il est, et de toute éternité.

Déjà, dans les *Lettres philosophiques*, était posé le *Procedes huc, et non ibis amplius*. Ce que reprend le *IVe Discours*, adressé au savant :

> Au bord de l'infini ton cours doit s'arrêter ;
> Là commence un abîme, il le faut respecter

Il y a un inconnaissable divin : cet inconnaissable, ce sont même les « droits de Dieu », que l'homme ne doit pas enfreindre. Au cours des années de Ferney, la certitude du mystère nécessaire et vénérant s'est accusée en Voltaire. « Dieu a dit à chaque homme : tu pourras aller jusque-là et tu n'iras pas plus loin. » Ce qui, au plan de l'homme, correspond à cette autre démarche : « Pour peu qu'on creuse, on trouve un abîme extrême. Il faut admirer et se taire. » Le ciel, ou l'abîme, c'est toute une religiosité de l'immense.

Dans ce donné voltairien de la coexistence nécessaire de Dieu et du monde, il y a un dualisme, dualisme du moins de la conscience et de la communication. À l'encontre, l'athéisme contemporain, celui d'un Diderot, tend au monisme. Si Voltaire aura parfois la tentation ou la prudence de se rapprocher de ceux qu'il appelle les « bons épicuriens », quand ceux-ci expliquent la vie universelle par le développement du « pouvoir secret » de la nature, voici l'ultime position voltairienne : « Je suis de leur avis, déclarera-t-il dans le deuxième *Dialogue d'Évhémère*, pourvu qu'ils reconnaissent que ce pouvoir secret est celui d'un Être nécessaire, éternel, puissant, intelligent. » Dans un monisme éventuel, Dieu demeure la puissance, anthropomorphe, de l'unité.

Nullement, en son mystère, le Dieu d'une rencontre mystique. Il n'y a pas d'échappée mystique dans le déisme voltairien. « Ce Dieu voltairien, écrit avec force René Pomeau, est le "Dieu des philosophes" rajeuni par la théologie newtonienne », cet ancien Dieu stoïcien, esprit pur et souverain, mais fort lointain et assez froid. Voltaire l'avoue : « Dieu est l'éternel géomètre, mais les géomètres n'aiment point. »

Mais il est certain d'autre part que ce Dieu du ciel et du mystère, s'il ne déchaîne pas l'émotivité de Voltaire, peut postuler pour d'autres toutes les approches du sentiment. Un Dieu lointain contraint comme de soi les poussées pré-romantiques. Nous aurons à nous en souvenir. Voltaire a poussé aussi loin que possible son imagerie métaphysique de Dieu pour que chez d'autres, plus sensibles, les voies du cœur et du mysticisme se trouvent satisfaites et même comblées du Dieu « déiste ».

Dieu dans la société

Ce Dieu nécessaire et lointain est présent dans la société des hommes en ce sens qu'il est fondement d'une affectivité collective, celle de la communauté des frères dans la fraternité universelle. Le Dieu de tous les hommes, Dieu-Père si l'on veut, manifeste, par son universalité même, que tous les hommes sont frères. À la rencontre de cette réalité de Dieu, ce qui est peut-être le besoin émotif le plus profond, le plus généreux en même temps que le plus égoïste de Voltaire, d'une communion d'humanité.

Au-delà de la tolérance, bien au-delà, la lyrique de la fraternité universelle. C'est la très belle élévation de la *Prière à Dieu*, lumière de la lutte contre l'infâme : « Puissent tous les hommes se souvenir qu'ils sont frères, qu'ils aient en horreur la tyrannie exercée sur les âmes, comme ils ont en exécration le brigandage qui ravit par la force le fruit du travail et de l'industrie paisible. Si les fléaux de la guerre sont inévitables, ne nous haïssons pas, ne nous déchirons pas les uns les autres dans le sein de la paix, et employons l'instant de notre existence à bénir également en mille langages divers, depuis Siam jusqu'à la Californie, la bonté qui nous a donné cet instant ! » Dieu de la paix civile, dieu de la fraternité dans la bénédiction commune, ce Dieu, s'il n'est pas le Dieu de l'immanence, est celui de la société civile, c'est-à-dire de la morale.

Au fondement d'une affectivité collective, Dieu est également au fondement de la morale.

« J'entends par religion naturelle, a écrit Voltaire, les principes de la morale communs au genre humain. » Nous connaissons ce mouvement qui, par *l'universel*, réduit *le naturel* à *la morale*. C'est l'aveu laïque de toute évolution de désacralisation religieuse, où le déisme, s'il n'est pas une morale laïque, est la religiosité d'une nécessité d'éthique collective. Religion et métaphysique débouchent, chez Voltaire, sur une éthique — sûreté collective de la société et donc de Voltaire.

Ne faisons pas du Dieu de Voltaire un Dieu-gendarme, caricature du Dieu janséniste, d'autant que les choses sont à la vérité plus complexes. La morale de Voltaire, établie en déisme, exprime au moins trois tendances diverses. Les deux premières, évidentes à la hauteur des écrits de Cirey (*Traité de métaphysique*; *V^e et VIIe Discours en vers*; *Éléments de Newton*), sont caractéristiques de l'homme, mais florissantes surtout chez un homme d'âge mûr. D'une part, une morale de l'intérêt, intérêt individuel et intérêt de l'espèce. Ce qui s'encadre entre ces deux réflexions : « Il suffit, pour que l'univers soit ce qu'il est aujourd'hui, qu'un homme ait été amoureux d'une femme », et cette définition de la vertu et du vice dans le *Traité de métaphysique* : « Ce qui est utile ou nuisible à la société. » Aucune transcendance éthique donc, mais une morale immanente au bien ou au mal social, et individuel. La part de l'espèce qui est plus ou moins la société, étant de loin souveraine.

D'autre part, une morale de la bienveillance, plus exactement même de la « bienfaisance » (c'est un mot du temps), voire de la tendresse. Celle-ci entendue au sens d'épanchement affectif, comme en a besoin Voltaire, par constitution même. Ce qu'il écrivait, en aveu de doctrine, à Frédéric II, en justifiant le choix de la maîtresse royale, Mme de Mailly :

> Malheur aux cœurs durs : Dieu bénira les âmes tendres. Il y a je ne sais quoi de réprouvé à être insensible : aussi sainte Thérèse définissait-elle le diable le *malheureux qui ne sut point aimer*.

Dans ces tendances morales, d'apparence contradictoires, il y a un sentiment profond de la liberté de l'homme, et donc de l'indépendance vis-à-vis de Dieu, de la société des hommes. Celle-ci s'organise, subsiste, se sublime ou se consolide, Dieu nécessaire, mais non intervenant. Morale de la séparation, qui est typiquement moderne.

La troisième tendance, sans rapprocher abusivement Dieu, le fait plus présent, du moins philosophiquement agissant sur l'esprit des hommes. Elle est du Voltaire vieillissant, d'après les années cinquante.

Contre les athées, les sermons du curé Meslier à ses ouailles, Voltaire cherche un Dieu socialement « utile ». En voici l'aveu sans fard : « Je veux que mon procureur, mon tailleur, mes valets, ma femme même croient en Dieu ; et je m'imagine que j'en serai moins volé et moins cocu. » Là-dessus, il serait facile de mettre Voltaire en contradiction avec lui-même, de rouvrir le procès d'insincérité. Sa cohérence est d'avoir toujours eu besoin de Dieu, et donc de découvrir, avec le déchaînement de l'athéisme, l'âge, l'établissement social — il demeure un homme épanoui et célèbre de la première moitié du siècle —, que la religion est réalité sociale.

Dans cette découverte voltairienne de la nature sociale du fait religieux, on peut discerner au moins deux tendances. L'une est positive, disons, de « culte social ». La voici, dans une manière de conscience de la manifestation de Dieu dans la société des hommes — dans les *Questions de Zapata* : « Sitôt que les hommes sont rassemblés, Dieu se manifeste à leur raison : ils ont besoin de justice, ils adorent en lui le principe de toute justice. » Il n'y a pas de société sans justice ; donc toute société, plus qu'elle n'implique son Dieu juste, le manifeste. Voltaire ne dit pas qu'elle le fait.

On conçoit qu'il y avait là une voie de certitude sociale de Dieu. Ne demandons jamais à Voltaire un système, voire d'aller jusqu'au bout de ses tendances — que nous saisissons en définitive seulement par ses écrits.

L'autre tendance, négative si l'on veut, ou pessimiste, de police sociale. Ainsi, dans l'*Histoire de Jenni*, cette certitude : « L'athée pauvre et violent, sûr de l'impunité, sera un sot s'il ne vous assassine pas pour voler votre argent. » De là à dire qu'un athée serait un voleur en puissance, il n'y a quasiment qu'un pas.

Tout au moins la nécessité protectrice de Dieu : c'est le « Si Dieu n'existait pas... » et la figure, de dégénerescence ou d'extrapolation janséniste, du Dieu « rémunérateur et vengeur ».

La justice ne régnera entre les hommes que si n'est point éteinte, comme elle le fut jadis aux pires moments de l'histoire romaine, « la doctrine d'un Dieu vengeur ». Dieu gendarme, ou Dieu juge ? Il n'y a à la vérité qu'un dégradé de l'une à l'autre figure de Dieu, dans le déroulement d'un procès où la justice de Dieu devient police, c'est-à-dire sanction des délits et des crimes, donc des péchés publics, et non plus parousie de salut commun.

Au lieu de reprendre les banalités d'usage, usées et usantes comme tout procès de tendance, sur l'insincérité de Voltaire, il faut au contraire, jusque dans les variations de ce génie tourmenté, mettre en valeur la sincérité de l'expérience et du témoignage. Le déisme de Voltaire n'est pas une religion désincarnée, une imagination d'intellectuel. Au contraire, elle est entée sur un besoin religieux profond, et personnel et pour tous les autres.

Aucune irréligion de Voltaire. Son Dieu est un Dieu moral, comme la réalité la plus puissante de la société qu'ait découverte, depuis le XVIe siècle surtout, la conscience occidentale progressivement libérée d'un ordre théologico-mythique du salut commun. Ce Dieu moral est un Dieu social, non pas le Dieu d'une religion individuelle, selon les termes du Dieu seul et de l'homme seul. D'où l'évolution naturelle de la pensée de

Voltaire du *déisme* au *théisme*. Passage du latin au grec, qui suggère la manifestation et le culte, tous deux réalités sociales éminemment. On ne saurait suspecter là-dessus le témoignage de Lefranc de Pompignan, dans les *Questions sur l'incrédulité* :

> On a donné le nom de théistes à ceux qui croient, non seulement l'existence de Dieu, mais encore l'obligation de lui rendre un culte, la loi naturelle dont il est la source, le libre arbitre de l'homme, l'immortalité de l'âme, les peines et les récompenses d'une autre vie. On a conservé le nom de déistes à ceux qui, se bornant à l'existence de Dieu, mettent tout le reste au rang des erreurs ou des problèmes.

Ainsi Voltaire avancé en religion. Autant qu'il le devient en âge. Selon ces critères sémantiques qui ont leur vertu, René Pomeau constate qu'environ en 1750, et après cette date régulièrement, Voltaire adopte *théisme* au lieu de *déisme*.

Le théisme voltairien

Religion d'aboutissement de Voltaire — celle des trente dernières années, confrontée aussi au développement de l'athéisme —, c'est à la fois une religion sociale et une humanité de religion. On peut, semble-t-il, la caractériser par deux traits essentiels.

D'abord, dans la logique du combat voltairien contre la religion dogmatique et les superstitions ou pratiques religieuses, son extrême *simplicité*. Face à la *Profession de foi du vicaire savoyard*, Voltaire a posé sa *Profession de foi des théistes* (1768). Elle dit que les théistes sont les « adorateurs d'un Dieu ami des hommes ». C'est tout dire, et fort peu dire ; mais du moins dire Dieu et que les hommes ont besoin de le sentir ami. Elle dit aussi que le théisme est la religion des religions, c'est-à-dire la religion primitive, naturelle, co-essentielle à l'humanité.

Constitutivement, et sans calembour déplorable, c'est la « religion-père ». Le théisme est en effet, dans la lucidité de l'écriture voltairienne, le « père » ; ou, ce qui tend au même, le frère aîné. Des théistes, il écrit qu'ils « sont les frères aînés du genre humain et ils chérissent leurs frères » ; aveu voltairien de l'universalité théiste, plus ou moins paternalisante. Cette *Profession de foi des théistes* dit encore qu'il n'est qu'un commandement : « Adore et sois juste ». Donc les deux présences : Dieu, et les hommes ; les deux actes libres dans leur plus extrême dépouillement, le culte d'adoration, et la morale pratiquée en justice.

L'autre caractère se formule en question : religion résiduelle ou bien retour vers une plénitude de religion ? On a pu longtemps penser qu'il fallait faire du théisme voltairien comme le minimum résiduel d'une religion qui ne peut pas mourir.

Après l'exploration à la fois fervente et démystifiante de René Pomeau, il faut conclure, me semble-t-il, que le théisme voltairien, outre toutes les nécessités personnelles à suffisance situées, se cherche religion de l'humanité. C'est-à-dire, comme dit le vocabulaire classique et du XVIIIe siècle encore, la Religion : disons une religion de l'unité.

Au lieu d'être, comme l'ont cristallisé les passions diverses, forme d'irréligion, le théisme voltairien peut être cette « réforme manquée » qu'a suggérée René Pomeau. Mais beaucoup plus encore, me semble-t-il, une tentative à la fois désespérée et sereine pour que la religion ne sorte pas de la vie de la société des hommes, et qu'elle y soit dégagée de toute mythique surnaturelle, indépendante et consciente de soi. Elle affirme la nécessité, la réalité ou la vocation de religion de toute société des hommes, et cette religion est — ce que ne sont pas les religions positives ou historiques — à la mesure de toute la Terre.

DÉISME ET THÉISME DANS LE SIÈCLE

Pour personnelle que soit l'« expérience religieuse » de Voltaire, le déisme n'appartient pas à Voltaire. Il y a d'autre part un rayonnement réel du « voltairianisme » dans le siècle, un théisme postérieur. Critères d'histoire tout extérieurs qui insèrent déisme ou théisme voltairien dans le collectif du siècle, national et européen, et qui imposent un « sens » historique à cette expérience, à la fois individuelle et puissamment collective.

Quelques perspectives seulement autour des points essentiels. Le déisme procède de trois courants principaux :

— Un anti-christianisme, qui est le phénomène continu et intense de libération de l'ordre traditionnel, et qui cherche sa vertu dans une désacralisation effective, dans la conscience d'un ordre de la nature et de la vie, opposé au sacré religieux et à toute tradition mythique, voire théologique. Ainsi, dans l'adolescence d'un Voltaire, l'influence de la tradition libertine, effort de quelques esprits rares, confus ou « curieux » pour libérer la vie et la pensée de tout conformisme mythique et de ce que le XVIIIe siècle appellera « préjugés » ou « superstitions ».

— L'apologétique, intensifiée, voire exaspérée, d'une part dans la controverse entre religions chrétiennes séparées au XVIe et au XVIIe siècles, et d'autre part dans la lutte contre ceux que l'écriture des bien-pensants ou strictement pensants du XVIIe siècle appelle « libertins, athées et impies ». À force de démontrer, s'est imposé un fonds commun, celui d'une « religion naturelle ». Contre les négateurs, l'évidence, dans l'espace et dans le temps, d'un *consensus omnium*, ou bien de nécessités logiques communes à ce qui s'appelle désormais l'« humanité ». On pourrait sur l'exemple de l'argument de la montre (la montre impliquant l'horloger), en circulation au moins dès les débuts du xviiie siècle[1], en dégager les certitudes progressives.

— La découverte et l'évangélisation du monde. La découverte de sauvages, aux Indes occidentales, n'ayant jamais entendu parler du christianisme, et surtout de peuples hautement civilisés aux Indes orientales représente, sur près de deux siècles d'histoire d'Occident, le choc libérateur d'une conscience de l'« humanité ». Une humanité hors la révélation. Face au christianisme, religion de la révélation intégrée dans l'histoire, s'impose une religion de l'espace, universelle, de commun humain.

Ainsi que Voltaire l'a appris de ses maîtres jésuites, la religion naturelle a plus d'assiette, plus d'universalité que la religion chrétienne. Partant plus d'historicité, parce qu'elle est « primitive ». La révélation devient ainsi, de manière flagrante, partielle à l'humanité.

Perspectives qui seront celles de l'*Essai sur les mœurs*, et désormais d'une « histoire universelle », grandissant au détriment d'une histoire sacrée. Le déisme sort ainsi de l'histoire et du monde. Ce que Voltaire répétera souvent, certitude de son univers : « Que les anciens peuples policés reconnaissaient un Dieu suprême. » Partout et toujours : ce sont les critères « existentiels » du *déisme*, figure religieuse de l'*universalisme*.

À côté de ces courants de fond, il faut situer trois centres d'élaboration déiste, parmi ceux qui compteront le plus pour Voltaire même : le déisme anglais, le spinozisme, et la maçonnerie.

---

1. *Cf.* Jacques Abbadie, *Traité de la vérité de la religion chrétienne*, dont la cinquième édition, en trois volumes, est de Rotterdam, 1705.

Le déisme anglais

Complexe philosophique défini dans l'entre-deux-siècles (de la fin XVIIᵉ aux premières décennies du XVIIIᵉ) par des personnalités que l'on peut saisir à travers le témoignage de Voltaire lui-même. En voici dans les *Homélies* de 1767 (Quatrième homélie sur l'interprétation du Nouveau Testament) la liste glorieuse :

> J'ose me flatter, mes frères, que si les plus grands ennemis de la religion chrétienne nous entendaient dans ce temple écarté où l'amour de la vertu nous rassemble ; si les lords Herbert, Shaftesbury, Bolingbroke ; si les Tindal, les Toland, les Collins, les Whiston, les Trenchard, les Gordon, les Swift, étaient témoins de notre douce et innocente simplicité, ils auraient pour nous moins de mépris et d'horreur.

Galerie où il y a plus, ou pire, que des déistes, mais ceux-ci sont la majorité de ces champions de l'antichristianisme. Dans les *Lettres à S.A. Mgr le Prince de **** sur Rabelais et sur d'autres auteurs accusés d'avoir mal parlé de la religion chrétienne*, écrit de la même année, Voltaire d'ailleurs s'en explique et distingue.

Il y a les grands ancêtres, Herbert de Cherbury (mort en 1648), père de l'athéisme anglais, Shaftesbury, philosophe de la fatalité, Hobbes et Locke, celui-ci avec son *Christianisme raisonnable*. Ancêtres des déistes par des voies diverses et convergentes, mais non pas déistes, telle cette génération contemporaine de Voltaire, philosophes, savants, voire évêques anglicans, entre lesquels le plus brillant chef tory, mondainement répandu, homme d'État par surcroît, demeure « milord Bolingbroke », dont la publication des *Œuvres posthumes* (1754-1755) donnera à Voltaire l'occasion d'écrire cet autre manifeste du « théisme » qu'est *L'Examen impor-*

tant de milord Bolingbroke ou le tombeau du fanatisme, écrit sur la fin de 1756.

Unanimement antichrétiens, du moins à l'égard d'un christianisme manifeste sous les deux formes d'une religion à mystères et d'une Église définie par les clercs : Woolston, maître ès arts de Cambridge, et Toland, plus ou moins athée, déchaînés contre les miracles et poussant l'évhémérisme jusqu'à ses limites les plus extrêmes. Ou doctrinaires d'une religion naturelle, depuis la *Religion of Nature Delineated* de Wollaston, parue en 1672 et qui ne sera traduite qu'en 1756, jusqu'à ce Chubb, auteur surtout des *Nouveaux Essais sur la bonté de Dieu, la liberté de l'homme et l'origine du mal*, que Voltaire n'aimait pas, semble-t-il, mais qu'Émilie pratiquait ferme.

Est-ce la raison pour laquelle Voltaire, dans les *Lettres à S.A. Mgr le Prince de* **** a tracé de lui ce portrait-miroir, miroir de Voltaire théiste s'entend ?

> Thomas Chubb est un philosophe formé par la nature. La subtilité de son génie, dont il abusa, lui fit embrasser non seulement le parti des sociniens, qui ne regardent Jésus-Christ que comme un homme, mais enfin celui des théistes rigides, qui reconnaissent un Dieu et n'admettent aucun mystère. Ses égarements sont méthodiques : il voudrait réunir tous les hommes dans une religion qu'il croit épurée parce qu'elle est simple... Jésus-Christ a dit : « Aimez Dieu et votre prochain, voilà toute la loi, voilà tout l'homme. » Chubb s'en tient à ces paroles, il écarte tout le reste.

Entre ces « déistes » anglais, ont compté, surtout pour Voltaire, Antoine Collins et Matthieu Tindal, tous deux évêques autour des années cinquante du siècle. L'un, Collins, « un des plus terribles ennemis de la religion chrétienne, écrira Voltaire, est un métaphysicien de la tradition de Locke, philosophe de la liberté et de la nécessité, c'est-à-dire déterministe accompli ; controversiste et exégète aussi, en particulier s'attaquant au problème de l'accomplissement des prophéties, pour démontrer que celles-ci doivent être interprétées par figures (*Scheme of Literal Prophety*, Londres, 1726, 2 vol.); et surtout l'un des définisseurs de la « libre pensée », dans le célèbre écrit dont voici le titre en traduction française : *Discours sur la liberté de penser, écrit à l'occasion d'une nouvelle secte d'esprits forts ou de gens qui pensent librement*, traduit de l'anglais et augmenté d'une lettre d'un médecin arabe, Londres, 1714.

Tindal, peut-être plus proche encore du cœur de Voltaire, et sur lequel il suffira de citer ces lignes de Voltaire : « ... pour le Dr Tindal, auteur du *Christianisme aussi ancien que le monde*, il a été constamment le plus intrépide soutien de la religion naturelle, ainsi que de la maison royale de Hanovre. C'était un des plus savants hommes d'Angleterre dans l'histoire. » *Christianity as old as the Creation* (1729-1730) : c'est un des traités maîtres, avec une grande richesse d'exégèse antichrétienne, d'une désacralisation de l'histoire sainte traditionnelle. Il y a une religion « aussi ancienne que le monde », c'est la religion naturelle. Non sans signification historique, le Dr Tindal l'appelle le christianisme. C'est le christianisme déchristianisé du déisme.

De ce déisme anglais, l'influence sur Voltaire a été minutieusement étudiée par Norman L. Torrey[1], avec tout ce qu'il peut y avoir de probant dans des déterminations d'influences, celles-ci établies même d'après le maniement des propres livres de la bibliothèque de Voltaire, conservée à Leningrad. Voltaire parcourait d'abord les livres, les cochait en marge et, doué, paraît-il, d'une mémoire étonnante, retrouvait très vite ce dont il voulait se servir.

Au-delà du problème de l'influence, ce qui nous

---

1. *Voltaire and the English Deists*, Newhaven, Yale U.P., 1930.

importe, c'est de saisir en quelques traits les caractéristiques historiques essentielles de ce déisme anglais. Il y a deux courants, ou, plus exactement, deux « états » : un déisme critique et un déisme radical.

Le déisme critique est essentiellement l'analyse critique des bases surnaturelles, scripturaires, historiques, de la religion traditionnelle. Attitude destructrice ou libératrice, ici critique veut dire décomposition, selon au moins trois critères majeurs : le critère de la raison ou du raisonnable, tout ce qui est irrationnel, ou se justifiant en mystère est faux ou inacceptable; le critère de la plus grande histoire, c'est-à-dire histoire universelle contre histoire sacrée judéo-chrétienne — il y a, dans le déisme critique anglais, tout un travail contre l'acceptation déclarée trop aveugle que fit Locke de l'histoire juive traditionnelle dans sa *Reasonableness of Christianity* (1694); le critère, enfin, d'un ordre de valeurs morales supérieures — une critique de l'Ancien Testament et même du Nouveau s'instaure par la dénonciation de l'immoralité répugnante de nombre de récits des livres saints traditionnels (immoraux, donc humainement inacceptables).

Ce déisme critique, de beaucoup le plus important, se développe essentiellement depuis les dernières années du XVIIe siècle. Il vaut de remarquer que l'écrit célèbre de Toland, *Christianity not mysterious*, paraît en 1696, l'année même de la publication du *Dictionnaire* de Bayle. D'ailleurs il y a liaison entre les déistes anglais et le monde du Refuge, particulièrement aux Pays-Bas.

Le déisme radical est une religion de la nature, articulée sur trois articles au moins : la pluralité des religions, et donc une religion universelle; un Dieu qui se confond avec la nature, plus ou moins anthropomorphe, plus ou moins confondu avec les lois générales de celle-ci; une éthique de marque anglaise, plus individuelle que sociale.

Autrement dit, il y a, de l'un à l'autre déisme, le passage d'une critique de cabinet à un style de vie, voire à une religion.

Au-delà de cette distinction entre déisme critique et déisme radical, qui peut commander des plans très différents d'influence, les déistes anglais se reconnaissent assez communément comme *free-thinkers*. Le français d'aujourd'hui traduirait « libres-penseurs ». La libre-pensée est de fait, sous étiquette anglaise, née en Angleterre. Comme dans l'anglais du temps, *deist* est quasi l'équivalent de *free-thinker*, qui d'ailleurs est une attitude intellectuelle et spirituelle.

D'après les indications de Norman Torrey, c'est à John Toland, « le célèbre Toland » dit Voltaire, qu'a été d'abord appliqué le nom de *free-thinker*. Que cela soit, par rapport aux idées de Toland, juste ou non, il n'importe : le fait est là.

Comme cette reconnaissance de Voltaire dans *Dieu et les Hommes* (écrit de 1769, donné comme la traduction d'une œuvre anglaise, d'un pseudo Dr Ober) :

> Nous avons parmi nous une secte assez connue, qu'on appelle les *Free-thinkers*, les francs-pensants, beaucoup plus étendue que celle des francs-maçons. Nous comptons, parmi les principaux chefs de cette secte, milord Herbert, les chevaliers Raleigh et Sidney, milord Shaftesbury, le sage Locke, modéré jusqu'à la timidité, le grand Newton, qui nia si hardiment la divinité de Jésus-Christ, les Collins, les Toland, les Tindal, les Trenchard, les Gordon, les Woolston, les Wollaston, et surtout le célèbre milord Bolingbroke. Plusieurs d'entre eux ont poussé l'esprit d'examen et de critique jusqu'à douter de l'existence de Moïse.

Ceci dans le chapitre qui porte pour titre : « Si Moïse a existé ».

Généreux certes, Voltaire, tellement il a besoin de monde dans ses « francs-pensants ». Mais la cohorte est là. Elle a son manifeste dans le *Discourse on Freethinking* de Collins, 1713, qui connaît trois traductions françaises, dont deux dès 1714 et 1717, de Londres, sous le titre *Discours sur la liberté de penser*. Ce besoin d'affirmer la liberté de penser, on le retrouverait dans d'autres œuvres contemporaines, plus anticléricales d'ailleurs que proprement déistes.

Que sont donc les *free-thinkers* ? On peut les caractériser sous trois chefs :

— Au niveau du *Discours* de Collins, le *free-thinker* est, pourrait-on dire, celui qui refuse la tradition imposée d'une histoire sacrée. Le *Discours* est en effet surtout une attaque contre les fondements historiques du christianisme. Aucune précellence chrétienne : il y a une pluralité de religion. Pluralité que le *free-thinker* naturellement dépasse, dans une maîtrise de l'espace et du temps. C'est le libre esprit face à l'histoire imposée et traditionnelle.

— Le *free-thinker* est un laïque. Disons, même s'il est clerc ; à la vérité, les clercs sont très peu nombreux dans les déistes anglais. En s'occupant des matières réservées aux théologiens, il affirme le droit des laïques de prononcer en matière de religion. Même la critique exégétique leur appartient. Ainsi le *free-thinker* affirme vigoureusement une irruption profane au champ des sacralités réservées, et donc une désacralisation, ou, ce qui peut revenir au même, une universelle sacralisation. Des laïcs ayant autorité en matière de religion à une religion laïque, la frontière est mobile, légère : elle peut être aisément franchie.

— Le *free-thinker* vit une exigeante éthique. Collins a même démontré que le « franc-pensant » est plus moral que le chrétien : il hésitera en effet avant de commettre son péché, n'ayant pas à sa disposition les commodités de la confession.

Vie sous l'œil de Dieu, à la manière « quaker », ou

ascèse d'une manière d'éthique stoïcienne, le *free-thinker* a une présence morale et de hauts modèles, pris dans les plus hauts exemplaires d'humanité, de Socrate à Lord Bacon, en passant par les deux Catons, voire les prophètes juifs. Rien d'étonnant que, à l'article de la mort, ils ne sachent se comporter de manière aussi exemplaire. C'est là-dessus que Voltaire les célèbre dans ses *Lettres au prince de Brunswick* (1767). Pour Toland : « Toland mourut avec un grand courage en 1721. Ses dernières paroles furent : "Je vais dormir." » Et Locke : « Locke mourut en paix, disant à Mme Masham et à ses amis qui l'entouraient : "La vie est une pure vanité." » Images d'une humanité supérieure, celles d'une autre sainteté, effectivement manifestée au siècle.

D'où la dernière caractéristique : le *free-thinker* appartient à une classe sociale supérieure. C'est d'une part un fait ; d'autre part, pour Voltaire, une nécessité d'autorité. Norman Torrey a fort justement relevé combien, citant les déistes anglais, Voltaire aimait mettre en évidence les titres : milords, chevaliers, cela foisonne et cela prouve d'autant mieux...

Le spinozisme

Entendons par spinozisme le complexe de mouvements de pensée et d'attitudes spirituelles qui procèdent des œuvres maîtresses de Spinoza, *L'Éthique* et le *Tractatus théologico-politicus*, outre les *Œuvres posthumes*.

Étudier l'influence du spinozisme peut se faire à travers la seule littérature publique, ce qu'a fait Paul Vernière[1]. Mais c'est de l'histoire des idées à ciel ouvert. Tout aussi importante, pour les éclatements spirituels de la seconde moitié du siècle, la circulation de manuscrits clandestins, proliférant au long du XVIIIe siècle, et qui,

---

1. *Spinoza et la pensée française avant la Révolution*, Paris, 1954.

eux, procèdent essentiellement du *Tractatus*, nourris de sa critique mythique et historique, particulièrement par rapport à l'Ancien Testament, et marqués d'une exigence sans merci d'exégèse critique rationnelle. L'explosivité spinoziste, elle est là ; d'autant que l'*Éthique* est un livre difficile, peu lu, et surtout que tout écrit cryptique et nourri à une source telle que le *Tractatus* prend de plus en plus de vertu de violence découvreuse.

On a souligné la double tendance de ces écrits clandestins, leur irréligion ouverte, c'est-à-dire leur antichristianisme, si tous traitent de religion, mais en même temps leur religion affirmée de l'Être suprême. Ainsi dans le célèbre *Esprit de Spinoza*, dit aussi « Traité des Trois Imposteurs », ou *La Religion analysée* ou *L'Examen de la Religion*, trois de ces manuscrits cryptiques les plus importants de la première moitié du siècle.

Normalement, selon la passion et la critique rationnelle, la durée aussi qui use les sauvegardes, l'irréligion deviendra athéisme. Aussi Voltaire en publiant en 1762 l'*Extrait des Sentiments de Jean Meslier* s'empressera-t-il d'accommoder, dans une perspective déiste, le Testament athée du curé Jean Meslier, curé du village d'Étrepigny en Champagne, texte fondamental de l'athéisme public dans la seconde moitié du siècle.

Contre ceux qu'il appelle les « spinozistes modernes », Voltaire a-t-il ou bien, selon sa pratique impérative, fabriqué un Spinoza déiste, ou bien au contraire découvert le Spinoza ancien, c'est-à-dire la pensée religieuse de l'auteur du *Traité des cérémonies superstitieuses* auquel il consacre, dans les *Lettres à S.A...*, une lettre entière ? Traiter la question d'influence n'est pas de notre propos présent. On peut cependant la situer, au passage, avec Paul Vernière, juge exigeant voire sévère pour Voltaire.

C'est un fait maintenant établi que Voltaire a, sinon découvert du moins lu Spinoza tard. On constate même qu'il n'y avait pas dans la bibliothèque de Voltaire de livre de Spinoza. Il ne peut pas ne pas l'avoir connu, ou ne pas en avoir entendu parler ; mais ce n'est que tard qu'il se met à le lire. « Durant cette campagne ininterrompue de seize ans contre l'Église qui s'ouvre en 1762 par le *Sermon des Cinquante*, écrit Paul Vernière, Voltaire ne cesse de faire appel au *Tractatus*[1]. En particulier — ce qui est l'une des originalités de Voltaire et une marque incontestable d'influence — pour tout ce qui concerne l'aspect philologique de la question biblique. Même s'il ne l'avoue pas, voire le dissimule, la critique voltairienne de l'Ancien Testament procède du juif Spinoza. D'autre part il est attiré par l'homme, la grandeur simple de sa vie. À Mme du Deffand (lettre du 3 avril 1769), il écrira cet aveu d'admiration entière : « Je sens très bien que le siècle de Louis XIV est si supérieur au siècle présent que les athées de ce temps-ci ne valent pas ceux du temps passé ; il n'y en a aucun qui approche de Spinoza. »

Athée, Spinoza ? Dans une découverte progressive de l'œuvre, Voltaire va reconnaître un Spinoza déiste. Non pas qu'il soit entré dans le « château enchanté » de *L'Éthique*. Honnête toujours dans l'étincellement de ses boutades, Voltaire le répète à d'Alembert, aussi tard dans sa vie que l'été 1773 (lettre du 16 juin) : « Je ne connais que Spinoza qui ait bien raisonné ; mais personne ne peut le lire. »

Mais il y a, dans la découverte de Spinoza par Voltaire, rencontre religieuse. Aucun texte ne l'exprime mieux que la lettre sur Spinoza, de 1767. On y peut lire à découvert les lignes spirituelles de la rencontre. En Voltaire d'abord, refus de l'athéisme. Si celui-ci est

---

1. P. Vernière, *op. cit.*, t. II, p. 510.

dans Spinoza, il ne découle que de ses *Œuvres posthumes*. « Il faut chercher l'athéisme dans les anciens philosophes : on ne le trouve à découvert que dans les œuvres posthumes de Spinoza. » Autrement dit, toute la littérature clandestine, dont Voltaire a bien senti la virulence critique.

Là-contre, les barrières sont mises : « L'athéisme ne peut faire aucun bien à la morale, et peut lui faire beaucoup de mal. Il est presque aussi dangereux que le fanatisme. » Face à l'athéisme, le théisme. Toute la fin de la lettre est badinage grave. Entendons-en l'ironie fervente dans ce seul paragraphe :

> Encore une fois, ce qui doit consoler une âme aussi noble que la vôtre, c'est que le théisme, qui perd aujourd'hui tant d'âmes, ne peut jamais nuire ni à la paix des États, ni à la douceur de la société. La controverse a fait couler partout le sang, et le théisme l'a étanché. C'est un mauvais remède, je l'avoue ; mais il a guéri les plus cruelles blessures. Il est excellent pour cette vie, s'il est détestable pour l'autre. Il damne sûrement son homme, mais il le rend paisible.

Profession de foi qui n'est pas dressée contre Spinoza, mais qui, au terme de cette lettre qui lui est consacrée, est comme un besoin de résonance ou d'approfondissement.

La troisième grande source du déisme fut non plus le spinozisme, mais la religion du *Tractatus*.

Un peu plus haut, au terme du récit de la vie de Spinoza, stylisé avec une évidente émotion admirative, Voltaire écrit, du *Tractatus* qu'il appelle *Traité des cérémonies superstitieuses* : « On a prétendu trouver dans ce livre les semences de son athéisme par la même raison qu'on trouve toujours la physionomie mauvaise à un homme qui a fait une méchante action. Ce livre est si loin de l'athéisme qu'il y est souvent parlé de Jésus-

Lumières et religion : la religion de Voltaire 197

Christ comme de l'envoyé de Dieu. Cet ouvrage est très profond, et le meilleur qu'il ait fait... »

Entre Spinoza et Voltaire, il y a en effet le Christ : Christ inutile pour Voltaire et seulement Jésus ; Christ historique et présent pour Spinoza. Paul Vernière a pu fort pertinemment parler de la « théosophie chrétienne de Spinoza et de Rousseau [1] ». Celle qui se définit dans le mot célèbre de Rousseau, *Lettres de la montagne* : « Ôtez les miracles de l'Évangile et toute la terre est aux pieds de Jésus-Christ. »

À Jésus-Christ près, il y a une rencontre religieuse possible entre Voltaire et Spinoza, dans une religiosité non athée, celle du *Tractatus*. Le spinozisme en effet peut nourrir les certitudes ou les besoins déistes par un certain nombre de ses données maîtresses. On peut en marquer quelques-unes, en ébauchant après Paul Vernière les rapports de la religion de Rousseau au Dieu de Spinoza : « Par sa formation et ses amitiés genevoises, écrit Paul Vernière, Rousseau vit et pense sous le ciel de Calvin avec la double exigence d'un élan spontané vers Dieu et d'un rationalisme critique qui le pousse à récuser le témoignage d'une histoire ou l'autorité d'une église [2]. » Double mouvement, qui peut trouver en Spinoza ses correspondances ou peut-être ses racines.

Rationalisme critique d'une part. Celui-ci s'attaque à la religion traditionnelle et positive, contre tout mystère révélé, et indifférent aux formes de culte. Voici, chez Rousseau, l'impératif critique : « Ils ont beau me crier, soumets ta raison ; autant m'en peut dire celui qui me trompe ; il me faut des raisons pour soumettre ma raison. » (*Émile*, livre IV.)

Aussi, écartant surnaturel et miracles avec ce grief capital qu'ils sont au fond des faits de désordre dans

---

1. P. Vernière, *op. cit.*, t. II, p. 493.
2. *Ibid.*, p. 487.

l'univers et, comme tels, la droite voie de l'athéisme, Rousseau conclut-il : « C'est l'ordre inaltérable de la Nature qui montre le mieux la sage main qui la régit ; et pour moi, je crois trop en Dieu pour croire à tant de miracles si peu dignes de lui... » (*Émile, ibid.*) Où l'on peut (soit dit en passant) saisir l'exigence fondamentale qui tient le monde des lumières : celle d'un univers ordonné. Autrement c'est le vertige. Il s'agit bien d'une possession du monde, celle de l'univers dans l'ordre, cet univers qui s'ordonne en lois universelles, ainsi qu'a enseigné Spinoza dans le *Tractatus* : « Il n'arrive rien dans la nature qui contredise à ses lois universelles. »

Ainsi cheminait, presque un siècle avant l'*Émile*, le *Tractatus* : « La foi au miracle nous ferait douter de tout et nous conduirait à l'athéisme. » La raison humaine est lumière souveraine de l'ordre de l'univers : c'est la « lumière naturelle » de Spinoza.

Il en résulte qu'il y a indifférence à l'égard des religions établies. Chacune est bonne à l'homme moral, selon l'usage qu'il en fait. Le disciple du Vicaire savoyard demeura protestant et Spinoza invite à aller au prêche. Il en résulte aussi que la religion du sage est celle d'un « très petit nombre de dogmes très simples ».

« Un très petit nombre de dogmes très simples » — c'est la religion naturelle du déisme, mais il faut compléter le texte du *Tractatus* : « ... dogmes très simples que le Christ a enseignés comme étant les siens ».

Ce Christ, devant lequel hésite le déisme voltairien et qu'il a longtemps refusé, il demeure au centre de la religion du *Tractatus*, religion catholique universelle, comme il est au centre de l'expérience religieuse de Rousseau. Le voici, puissamment saisi, et avec un total respect, par la méditation spinoziste : « Le Christ fut non un prophète, mais la bouche de Dieu », et « si l'on observe la vraie règle de vie, on possède l'absolue béatitude et l'on a vraiment en soi l'esprit du Christ. »

Voie d'un christianisme déiste ou d'un déisme chrétien, dont la vie est une éthique universelle. Cette acceptation du Christ est en même temps déshistoricisation du Christ et substitution à une religion positive du message moral évangélique, illuminé et justifié en raison. Aussi, dans les *Lettres de la montagne*, verra-t-on s'imposer la figure de Jésus docteur, non pas prophète ; et, au-delà de tout contenu théologique, voire philosophique, l'exigence que la valeur de la doctrine est dans la vie. Exigence d'unité morale, de style de religion sociale, et aussi d'une manière d'esthétique, de noblesse, d'harmonie pour la doctrine, que traduisent, avec les deux valeurs suprêmes de la *justice* et de la *vertu*, ces lignes des *Lettres* sur « le signe qui frappe par préférence les gens bons et droits, qui voient la vérité partout où ils voient la justice et n'entendent la voie de Dieu que dans la bouche de la vertu ».

Outre le rationalisme critique, le *Tractatus* fonde l'élan vers Dieu.

Il y a sans doute loin de la « lumière naturelle » de Spinoza, évidence de plénitude métaphysique, au Dieu de Rousseau, sensible au cœur. Mais, dans la démarche de communication entre Dieu et l'homme, il n'y a que deux protagonistes, Dieu et le sujet religieux. Le processus d'approche ou de communication peut varier. La singulière puissance métaphysique de l'attitude spinoziste renforce la certitude individuelle de Dieu, aussi bien qu'elle en définit l'atmosphère, dans une plénitude de religion naturelle, à la fois déshumanisée (ou mieux non anthropomorphe) et sensible aux sens et à l'esprit.

« Voyez le spectacle de la nature, dit l'*Émile* (livre IV), écoutez la voix intérieure. Dieu n'a-t-il pas tout dit à nos yeux, à notre conscience, à notre jugement ? Qu'est-ce que les hommes nous diront de plus ?

Leurs révélations ne font que dégrader Dieu, en lui donnant des passions humaines. » Et cette religion de Rousseau, marquée de démarches spinozistes, voici comme elle se nomme, dans le même texte : « J'y vois, à peu de choses près, le théisme ou la religion naturelle, que les chrétiens affectent de confondre avec l'athéisme ou l'irréligion qui est la doctrine directement opposée. »

Il est certain que de toute la littérature clandestine issue des écrits de Spinoza publiés de son vivant ou posthumes, et de ces écrits mêmes, difficiles, où chacun peut prendre ce qu'il a besoin d'y trouver, se dégagent, avec la violence persuasive de tout ce qui est cryptiquement reçu : une exégèse et une critique historique rationnelles de toutes les sacralités ou des mystères chrétiens, sapés dans leurs racines judaïques ; la conscience d'un univers organique de Dieu ou en Dieu, ce que traduira à sa façon le *Tout en Dieu* de Voltaire ; un mysticisme intellectuel, certitude de plénitude, qui peut être une forme d'affirmation religieuse, au-delà de toute lutte.

Le maçonnisme

Enfin la maçonnerie. Je me contenterai ici de la situer, dans ce tableau sommaire du déisme prévoltairien, ou contemporain de Voltaire.

Ramsay et Voltaire sont contemporains. Dans un *Discours sur la mythologie*, de 1727, Ramsay démontrait que tous les anciens peuples de l'Orient avaient une religion secrète qui était la croyance à un Dieu supérieur unique. Être suprême, Religion primitive ésotérique, assomption de la tradition orientale, maçonnerie, et dans celle-ci le culte d'un Démiurge architecte ou « maçon », les représentations solaires, tout cela s'affirme, et en expériences religieuses collectives, dans le temps et les milieux où vit Voltaire. Sur le problème de Voltaire maçon, à leur ordinaire les pages de René Pomeau sont éclairantes. Il vit au milieu : il a fréquenté Ramsay ; Frédéric II était maçon, mais avant l'initiation glorieuse de 1778, l'année de sa mort, Voltaire semble bien ne pas être « frère ». Du moins toute son action se développe-t-elle indépendante de la maçonnerie et avec peu de souci apparent de celle-ci.

De ce tableau brossé à très grands traits résultent, semble-t-il, les données suivantes : le déisme procède d'une élaboration mentale essentielle à l'esprit moderne européen ; il est et fait européen et nourriture intellectuelle, voire spirituelle, d'une élite ; de quelque côté qu'on le saisisse, il est élaboration de « clercs » : théologiens, exégètes, philosophes, historiens, dans une analyse lucide d'un monde de l'universel (espace et temps).

Le déisme s'analyse historiquement en deux mouvements : il procède d'une critique de la religion traditionnelle ou établie, critique qui tend à détruire cette religion. Donc il est irréligion libératrice ; il est religion, parce que déisme, voire théisme, il affirme Dieu et son culte social. Cette affirmation ou ce besoin de Dieu comptent autant et plus, dans l'ordre des valeurs de l'analyse déiste, que le refus de l'athéisme. Mais il est évident que le secret ou la vertu du déisme, l'analyse historique ne peut avec sûreté les entr'apercevoir qu'au moment justement où déisme et athéisme se séparent et se combattent. D'où la valeur du « cas Voltaire ».

Jusqu'au milieu du siècle, le déisme est en France ou réalité étrangère, c'est-à-dire doctrine élaborée, voire pratiquée dans quelques milieux élevés et rares hors de France, ou de maturation plus ou moins cryptique. Dans l'histoire du fait déiste, la France survient tard, du moins quant aux possibilités d'affirmation publique. On peut même se demander si les

« Lumières » déistes en France ne sont pas adoption à retardement, dans un système politico-social où l'ordre mythique traditionnel demeure encore puissant, de tout un ensemble d'idées élaborées dans les pays nordiques depuis près d'un siècle et quasi publiquement enseignés. Quoi qu'il en soit, avec Voltaire, le déisme va devenir en France promesse publique de religion.

Que le déisme ne soit point irréligion, mais religion, nous le savons déjà par l'expérience religieuse de Voltaire. Il est certain d'autre part que le déisme, au long du XVIIIe siècle, a cherché forme de religion positive. Sans prétendre ici décrire cette religion déiste, il peut être opportun d'en profiler au moins trois aspects.

Le déisme et le despotisme éclairé

Il y a eu chez Voltaire, nous l'avons vu, la grande espérance d'établir le déisme triomphant grâce aux souverains éclairés. Ce pouvait être affaire de circonstances et de relations plus ou moins ingénues. De fait, il y a entre déisme et despotisme éclairé des correspondances ou des complémentarités. Dans la mesure où le déisme lutte contre les Églises établies, il confirme l'« ecclésiasticisme » de l'État ; il fait la religion civile de l'État, cette religion que Voltaire célèbre en de mauvais vers, dès le *Poème sur la Loi naturelle* qui paraît en 1756 avec le *Poème sur le Désastre de Lisbonne* mais, semble-t-il, de facture antérieure :

> Le marchand, l'ouvrier, le prêtre, le soldat
> Sont tous également les membres de l'État.
> De la religion l'appareil nécessaire
> Confond aux yeux de Dieu le grand et le vulgaire ;
> Et les civiles lois, par un autre lien
> Ont confondu le prêtre avec le citoyen.
> *(4e partie, vers 83 sqq.)*

Essentiellement éthique, le déisme est donc à la fois d'apparences progressives ou « éclairé », dans la mesure où il libère la morale des pratiques de religion, et socialement conservateur, voire, au sens le plus noble, « de bonne police ». Enfin, ce qui est plus subtil mais tout aussi vrai, le despote, même quand celui-ci est femme et Sémiramis, a une ressemblance connaturelle à une religion du Père.

Frédéric II déiste est violemment hostile à toute religion de la Mère et du Fils. Il terminait ainsi une lettre à Voltaire, comte de Tourney : « Je vous recommande, Monsieur le Comte, à la protection de la très sainte Immaculée Vierge, et à celle de monsieur son fils le pendu. » En revanche la religion du Père est une caution du despote et de bonne sauvegarde sociale. Elle a d'autre part le double avantage et d'être une religion de progrès et d'avoir toutes les apparences de la religion primitive et originelle de l'humanité.

Le déisme et la lutte contre l'infâme

La lutte voltairienne contre l'infâme a servi en France le rayonnement déiste et accusé le besoin, ne serait-ce qu'en en rendant l'expression possible, d'une religion déiste. Aspect négatif du déisme sans doute, mais qui est peut-être au regard de l'histoire le plus important.

La lutte voltairienne fait le déisme d'abord parce qu'elle fait du bruit. Voltaire est un extraordinaire éveilleur d'opinion. Le retentissement des « affaires » (Calas, Sirven, La Barre), le recours à une opinion européenne plus ou moins consciente de soi brassent la société contemporaine et la rendent inquiète de l'ordre établi. Le bruit, qui a toujours quelque vertu, n'y aurait pas suffi, s'il n'y avait eu, pour un milieu de lumières, scandale, c'est-à-dire violation de valeurs essentielles.

Valeurs que regroupe fort bien la triade raison, nature et humanité.

L'infâme, c'est en définitive à la fois la religion dominante, qui règne d'en haut et selon un privilège historique et un ordre lui aussi préétabli, devenu soudain écrasant parce qu'il opprime l'expression de ces besoins nouveaux constitutifs d'une société neuve, profane et civile. Aussi bien l'un des grands mérites de Voltaire, peut-être ce qu'il y a de plus accusé dans son génie historique, est-il, ainsi que l'a noté Paul Vernière, « de savoir écouter les voix ». C'est ici qu'il faut faire le point de la conjoncture aux entours de 1750.

Voltaire, notre héros, est presque sexagénaire. Malgré sa vitalité moribonde, il ne changera plus. Ses seuls changements seront un approfondissement possible qui va lui faire découvrir véritablement Spinoza; mais de ce Spinoza, il nourrira son déisme et, après 1762 surtout, plus de quinze ans de lutte contre l'infâme. Sa découverte de Spinoza est-elle liée à la voix du siècle ?

En même temps que Voltaire se fixe, une génération neuve s'impose, la génération de 1750. Diderot n'a pas encore quarante ans; il a publié quatre ans avant des *Pensées philosophiques* qui ont fait scandale; la *Lettre sur les aveugles à l'usage de ceux qui voient* est de la veille (1749). Depuis 1746, l'année des *Pensées philosophiques*, le privilège de l'*Encyclopédie* est scellé, et Diderot, du choix même du chancelier d'Aguesseau, doit en être le principal éditeur. Ce qui ne l'empêchera pas d'aller à Vincennes, l'été et l'automne 1749. Mais 1750 verra l'achèvement des premiers articles de l'*Encyclopédie* et le lancement du prospectus : les souscriptions afflueront.

1750, c'est encore l'année du *Discours sur les sciences et les arts*. Rousseau lui non plus n'a pas quarante ans, trente-huit exactement. L'année d'avant, Rousseau, comme l'en a chargé d'Alembert, a rédigé pour l'*Ency-

clopédie en gestation les articles sur la musique. Et c'est, on le sait, en allant rendre visite à Diderot prisonnier à Vincennes qu'il lira dans le *Mercure de France* la question proposée par l'Académie de Dijon pour le prix de morale de 1750 : Le rétablissement des sciences et des arts a-t-il contribué à épurer les mœurs ?

Des voies neuves se cherchent, dans l'analyse d'un monde humain, seulement humain, quant à la connaissance, à l'inventaire des sciences et des techniques, voire au sens historique des sociétés humaines. D'où monteront demain les forces de libération qui s'appelleront athéisme et matérialisme.

Si telle est la conjoncture, on pourrait être tenté par l'interprétation schématique qui ferait du déisme voltairien, renforcé en théisme, une manière de surenchère face aux jeunes, une jouvence sociale d'un homme sénescent d'autant plus avide de gloire et qui ne veut surtout pas se laisser dépasser par ceux qui ont appris à penser dans ses œuvres. La vérité paraît à l'encontre tout autre : le déisme voltairien se fait théisme parce qu'il a trouvé sa clientèle.

Les « idées » de la génération de 1750 ne sont pas pour demain, et il faut toujours du temps avant que l'expression littéraire, fût-elle même l'*Encyclopédie*, n'ait trouvé sa clientèle, à la fois réceptive et active.

En fait, par un phénomène à la réflexion cohérent, la lutte voltairienne contre l'infâme, plus elle s'est intensifiée comme lutte d'irréligion, plus elle devait chercher sa religion. Beaucoup moins une substitution qu'une cohérence. C'est le point d'équilibre entre Voltaire et les voix du siècle : tous ceux que Voltaire a recrutés dans le parti de sa lutte ont eu besoin de rompre avec la religion traditionnelle. Des aristocrates et, de plus en plus, des bourgeois. La clientèle de Voltaire, c'est, pour près d'un siècle jusqu'à Monsieur Homais et au-delà, ce qui s'appelle désormais dans l'histoire la « bourgeoisie voltairienne ». À certaines époques même, par rapport aux nobles et aux clercs, bourgeois est quasiment synonyme de voltairien.

L'alliance s'est faite dans la mesure où la lutte contre l'infâme a fait de l'irréligion une religion de suffisance civile, au pair par exemple des ésotérismes maçonniques. Alliance où s'équilibrent la libération du mythe traditionnel par la critique rationnelle — cette raison n'étant d'ailleurs pas autre chose que la mesure humaine du vraisemblable — et une religiosité encore organique ou socialement utile. Cette alliance, dont on peut démontrer qu'elle était congénitale à l'émancipation souveraine de la bourgeoisie (démonstration qui, à mon sens, n'est pas raison), est devenue surtout nécessaire à mesure qu'il devenait évident que le despotisme éclairé, bien que d'orientation théiste, était incapable de la « réforme » théiste. Le despotisme éclairé s'est avéré dans l'histoire ecclésiasticiste, c'est-à-dire dans l'histoire moderne, religieusement conservateur. L'aubaine dès lors était belle pour une bourgeoisie de devenir classe dirigeante en se manifestant capable soit du « renouvellement de religion », soit d'une autre et universelle « réforme ».

Le culte théiste

Une analyse des strates de la religiosité moyenne dans la société française de la seconde moitié du XVIIIe siècle est donnée en clair dans la crise révolutionnaire. Rien que de plus normal : une « crise » qui dure, plus elle est violente, plus elle est découverte des profondeurs.

La Révolution est d'abord « révolution de religion ». Si elle n'établit pas une autre religion, elle n'aura été que révolution fort partielle.

Avec le retour concordataire de 1802, il est certain

que les masses, et en elles surtout les femmes, ont gagné. Le théisme n'a jamais été une religion de masses, encore moins une religion de femmes : il est d'une élite et viril.

Mais sur la décennie de crise, que constate-t-on ? L'établissement d'une Église civile avec la Constitution civile du clergé, manière d'ecclésiasticisme civil, c'est-à-dire laïc, où, ainsi que l'a titré jadis Louis Madelin, ce sont les « morts qui parlent » : les morts, ce sont les protestants, les jansénistes, voire les voltairiens. La Constitution civile du clergé exprime la libération de la religion traditionnelle dans une étape de conformisme mental gallican. Religion politique ou civile, nullement une religion neuve. Dans l'exaspération de la crise, ce sont les besoins de religion, plus profonds, qui vont chercher à prendre corps.

Premier temps, encore tranquille : une exaltation sublimante des grands hommes. Le 11 juillet 1791, Voltaire, exhumé de sa lointaine abbaye champenoise, est solennellement conduit au temple civique du Panthéon. Nous sommes à quelques jours à peine du retour du roi prisonnier après la fuite à Varennes ; à la veille des exaltations commémoratives de la mi-juillet. Dans ce que la *Feuille villageoise*, rendant compte de la montée glorieuse de Voltaire au Panthéon, appelle « la sainte ardeur du patriotisme », ou la profusion des « rayons de la Philosophie ». Instance d'une religion civique, où patriotisme et lumières réciproquement s'animent. C'est une religion tout humaine, d'exemplarité des grands hommes pour la patrie. Grands hommes de la patrie encore ; demain, grands hommes de l'humanité, car l'humanité a ses « illustres ».

Le deuxième temps est celui des cultes plus ou moins distincts de l'Être suprême et de la Raison. Qu'importe que l'un soit déiste, l'autre athée, et que leurs définisseurs s'opposent de façon parfois inexpiable, les fidèles distingueront mal.

Dans une note de son livre, René Pomeau a cette spirituelle « mise en place » : « La bourgeoisie "patriote" (le peuple restait catholique) qui avait lu Voltaire et Rousseau, était en général déiste ; elle ne fit pas la différence entre le culte de la Raison et celui de l'Être suprême ; les mêmes oripeaux et les mêmes demoiselles qui avaient servi pour l'un servirent encore pour l'autre. » Cette confusion dit l'étape intermédiaire et l'exploitation d'un fonds commun de religiosité, toujours vital. Très vite d'ailleurs, on peut le constater avec Robespierre, déisme voltairien et profession de foi du Vicaire savoyard seront utilisés, même s'ils se sont historiquement opposés, pour faire front contre l'athéisme.

Le troisième temps, celui de la lutte sur deux fronts, le réveil de l'Église traditionnelle et l'athéisme, va naturellement mettre en évidence le fonds religieux le plus solide, le théisme. De lui procèdent la volonté de la conspiration des Égaux de redonner vigueur au culte de l'Être suprême, sous le Directoire[1] ; l'imagination des « plans de religion » ; le culte des Adorateurs, mot qui n'est pas encore du jargon parisien mais qui garde toute sa pureté voltairienne, ces Adorateurs qui se définissent « Adorateurs d'un Dieu, amis des hommes ». Nous sommes sur la voie des Théoanthropophiles, qui, pour éviter l'hiatus sans doute, vont devenir Théophilanthropes ; cette théophilanthropie, qui fut Église, en qui s'allient, comme dans la théologie voltairienne, *Dieu et les hommes* et qui comptera des hommes tels que Valentin Haüy et Dupont de Nemours.

---

1. Dans sa *Conspiration pour l'Égalité*, Buonarotti situe ainsi les choses : « On résolut donc de paraître dans les temples publics sous le titre de déistes prêchant pour tout dogme la morale naturelle. »

Religion qu'emportera le Concordat, parce qu'elle fut trop étroite en hommes, si elle était universelle en esprit, mais qui en définitive se perpétue, tout en se diversifiant, au long du XIXᵉ siècle, dans les familles spirituelles que peuvent être la maçonnerie, le protestantisme libéral, le positivisme.

Signification historique du déisme

Rayonnement et religiosité déiste dépassent de loin l'expérience et le combat voltairien. On pourrait même manifester le déisme comme la « religion naturelle » du monde des lumières. Il vaut donc de conclure brièvement par une mise en place historique du déisme dans l'histoire religieuse moderne, accusant les traits suivants.

D'abord, la contexture religieuse du déisme : face à l'athéisme, dont le nom de baptême est caractéristiquement privatif, théisme ou déisme exigent Dieu. Ce Dieu est un Dieu créateur ou démiurge, voire un Dieu-Père.

En fait, dans le théisme, le jansénisme et la maçonnerie, surtout au XVIIIᵉ siècle, il y a d'étranges et expressives parentés. Que le jansénisme accuse la présence d'un Dieu de l'Ancien Testament, à figure plus ou moins jahvique, que la maçonnerie enseigne le Grand Architecte de l'Univers, ou que le théisme enseigne Dieu nécessaire et présent sous une figure plus ou moins anthropomorphe, ces expressions attestent, par rapport à la religion traditionnelle, l'épuisement d'une christologie et donc le moindre besoin d'une théodicée de la rédemption.

L'exigence religieuse porte moins sur la promesse de salut que sur la présence, ou la nécessité de Dieu. Ce Dieu sans mystères est en même temps à des degrés divers un Dieu viril, ou du moins un Dieu fort, en tous les cas un Dieu mâle. À moins qu'il ne soit, dans le théisme et la maçonnerie, un Dieu de l'immensité du ciel ou un Dieu solaire, un Dieu de nature, comme sa religion est naturelle. Si le jansénisme garde encore, par ses imprégnations scripturaires, un Dieu manifesté dans l'histoire sacrée, le Dieu théiste comme le Dieu maçon trouve son éternité coexistentielle à être un Dieu de la Nature, ou même la figure à la fois anthropomorphe et divine de la Nature comme étant l'ensemble des choses, la totalité du monde.

Dans le rapprochement que j'ébauche à grands traits entre le jansénisme du XVIIIᵉ siècle, la maçonnerie et le théisme, il y a, de toute évidence, l'aveu d'une recherche de religion, mais de religion de moins en moins chrétienne, si le Christ est au centre du christianisme.

Après cette insertion du théisme dans un mouvement religieux plus ample que lui, distinguons ses caractères phénoménologiques.

Religion commune de l'univers, ou religion primitive et « suite » de cette religion primitive à travers l'histoire, il est une religion de *l'humanité*, d'une humanité qui est à la fois tous les hommes et ce qu'il y a de commun humain dans chaque homme. Cette religion de l'humanité se définit hors toute révélation historique et surnaturelle : ses principes maîtres sont la raison, la nature et le monde, triade du monde des Lumières. Sous cette forme de religion de l'humanité, le théisme procède pour une très grande part de l'éclatement et de la découverte du monde aux XVᵉ et XVIᵉ siècles, et, pour une part moindre, de la réalité de l'Antiquité païenne resurgie dans l'acte de Renaissance.

Dans le théisme, Dieu est présent, mais quasi sans communication avec l'homme. C'est le troisième temps d'une évolution religieuse ainsi analysée :

1) Dans la religion médiévale, du monde de chrétienté, surnature et nature sont co-participantes en Dieu, et toute théodicée de salut est de salut commun ;

les voies de la communication sont à la fois naturelles et eschatologiques.

2) Avec la « crise » de la Réforme, il y a séparation de Dieu et des hommes, ou du moins distinction grandissante ; la communication devient individuelle ; c'est la religion du *Deus solus*.

3) Le troisième temps est le nôtre : entre les deux mondes, de Dieu et de l'homme, il y a coexistence silencieuse.

D'où deux conséquences : au plan individuel, la seule démarche vers Dieu sera du cœur ou des sens, plus ou moins mystique — il y a un vide adorant à combler ; au plan social, la religion devient expression d'une réalité sociale plus ou moins de plénitude — la communication avec Dieu n'existant quasiment pas au plan collectif, la religion devient conscience de l'humanité ensemble, une religion de l'humanité d'autant plus abstraite et d'autant plus vague qu'elle sera moins pratiquée collectivement, mais au contraire exprimée dans des élans individuels.

Le théisme est, dans les expériences religieuses collectives de l'Occident moderne, le témoignage de l'épuisement d'une religion traditionnelle de salut commun et de la crainte d'une société à admettre toutes les conséquences d'une religion uniquement de salut individuel. Dans son abstraction rationalisante, le théisme est plus complexe qu'il ne paraît ; à tout le moins la sauvegarde de ce qui ne doit pas mourir.

Le théisme est en effet une « religion sociale ». Ce qui s'avère dans ses images de Dieu : un Dieu bon ou un Dieu policier, « rémunérateur et vengeur », c'est un Dieu strictement social, autorité d'un ordre social, défini par la morale. Non plus le Dieu du Jugement, manifesté aux tympans romans ou gothiques. Le Dieu-juge est le Dieu de l'au-delà, de la Surnature, ou ce qui est entrée humaine en l'au-delà, de l'eschatologie. La Justice est en effet l'acte même de salut.

Avec le Dieu théiste, le salut est de cette terre. Sa vertu est donc d'ordonner au bonheur la société des hommes. Dieu au service des hommes, et non plus cette montée traditionnelle de la société des hommes, pour rentrer en gloire au sein de Dieu.

Enfin, le théisme est religion « intermédiaire » et d'intermédiaires. Sans jeu sur les mots, la correspondance est obvie.

D'abord, dans son contenu historique, le théisme est à la fois, par rapport à la religion traditionnelle et même aux religions issues de la Réforme, une religion « réduite », en même temps que, sous la forme de religion primitive, ou « suite » de la religion, il est une religion plus large, religion de l'humanité tout entière. Mais psychologiquement, dans la pratique, c'est l'aspect « réductionnel » qui l'emporte, dans cette confiance qu'impose à tous, défenseurs et adversaires de la religion traditionnelle, le *consentement universel*. À la vérité, il y a crainte, comme quand tout ordre traditionnel, séculairement établi, se désagrège. Il est certain par exemple que l'athée vertueux, thème établi depuis Bayle et les *Lettres sur les comètes*, demeurait en soi, pour la majorité des esprits même éclairés, un scandale.

Replacé maintenant dans l'évolution historique de la société française moderne, le théisme se situe comme suit dans le procès de libération de la mythique traditionnelle : le monde de la Renaissance et la société classique avaient réalisé leur indépendance « civile », vis-à-vis d'un univers de chrétienté, par la définition d'une société, caractérisée par son style de vie, une « esthétique aristocratique ». Cette société esthétique, exprimée par l'aristocratie, typifiée dans l'« honnête homme », s'est développée dans une juxtaposition de bienséance avec la religion traditionnelle. La société bourgeoise montante, elle, se réclame d'un ordre moral de la société. Cet ordre moral peut-il être indépendant de la religion ? La rupture, vécue par quelques-uns, serait pour la majorité de la société pire que la révolution, l'aventure et l'anarchie. D'autant que la religion traditionnelle elle-même, depuis le XVIe siècle au moins et les définitions tridentines tant dogmatiques que de réforme, s'exprime de plus en plus en morale, mettant davantage l'accent sur la pratique de la vie rythmée par la pratique sacramentaire que sur une parousie des fins dernières. Le grand fait de la société moderne, éclairée par sa découverte très orientée de l'antiquité gréco-latine, est ainsi l'importance grandissante de la morale, au détriment d'une totalité cosmique, historique et surnaturelle de religion. Dans une société qui ne s'est pas encore reconnue « civile » ou « laïque », la morale ne saurait être indépendante. De la religion cautionnante, il lui faut au moins le principe, réduit à sa plus grande simplicité, c'est-à-dire Dieu, un Dieu de moins en moins anthropomorphe, signe de la totalité de l'univers et représenté en symbole. D'où la figuration solaire du triangle à rayons divergents, avec, dernier reste de l'anthropomorphie, à l'intérieur, l'œil de lumière ou de conscience.

Morale universelle, morale cosmique et solaire, c'est par quoi le théisme, la plus expressive peut-être des religions « réductionnelles » du XVIIIe siècle, pose l'accès bourgeois à une fonction de spiritualité sociale.

Enfin, dans sa sociologie historique, le théisme est à dominante bourgeoise. Religion d'ambition, de progrès rationnel et de conservation sociale tout ensemble, il est vécu essentiellement par un monde de bourgeoisie.

Étape intermédiaire entre la religion traditionnelle et l'athéisme laïque — ce qui se traduit jusque dans les mots : historiquement l'athéisme apparaît avant le théisme —, c'est à la bourgeoisie, classe intermédiaire, dans son progrès précautionneux et persévérant pour la conquête du pouvoir sur la société civile, qu'il appartenait et de le définir et d'en assumer la manifestation religieuse. Jusqu'au jour où la société bourgeoise deviendrait enfin capable d'une morale parfaitement indépendante de la religion.

EXCURSUS SUR L'AFFAIRE CALAS

En fait, il s'agit d'un « sondage » typique d'une crise d'opinion dans la deuxième moitié du siècle.

Voltaire a fait l'affaire Calas. Étudier cette exploitation généreuse et puissante de l'exécution toulousaine est l'aspect « classique » de l'affaire encore que l'étude précise, malgré une fort abondante littérature qui tourne toute autour du fait de savoir si Calas était coupable ou non, n'ait jamais été faite.

Une autre perspective, moins large mais susceptible d'analyses plus serrées, est celle de l'étude de l'affaire Calas dans le milieu toulousain d'époque[1].

Dans la nuit du 13 octobre 1761, des cris provenant d'une boutique alertent le voisinage, petit-boutiquier, de l'étroite rue des Filatiers, dans l'un des quartiers commerçants de Toulouse. Il y avait eu mort d'homme, celle du jeune Marc-Antoine Calas, commis de 29 ans, calviniste comme ses parents, chez lesquels il habitait. Jean Calas, le père, avait dépassé la soixantaine ; depuis vingt-sept ans installé dans sa boutique toulousaine, son négoce de draps semblait prospère. Sa femme, de quinze ans plus jeune que lui, lointaine parente de

---

1. Ce que fait une étude, au demeurant d'une rigueur attachante, de psycho-sociologie historique, de facture américaine. C'est le livre de David D. Bien, *The Calas Affair. Persecution, Toleration, and Heresy in Eighteenth Century in Toulouse*, Princeton U.P., 1960.

Montesquieu, lui avait donné six enfants. Quatre fils, dont seuls l'aîné, Marc-Antoine, et son cadet, Pierre, vivaient avec les parents, tous deux employés dans la boutique. Les deux autres fils, l'un, Louis, vivait à Toulouse, ayant quitté sa famille après sa conversion au catholicisme quatre ans auparavant ; l'autre était en apprentissage à Nîmes. Quant aux deux filles, dix-neuf et dix-huit ans, elles étaient à la campagne justement cette première quinzaine d'octobre. Le cadavre de Marc-Antoine sera découvert entre 9 heures 30 et 10 heures du soir. Il y avait dans la maison, ce soir-là, cinq personnes, outre la victime : Calas, sa femme, Pierre, le cadet, la bonne et un jeune homme de passage, fils d'un robin toulousain, lui aussi protestant. Ce jeune homme, qui allait retrouver sa famille en vacances, avait été invité par hasard le matin même par ses amis, les fils Calas. À environ 19 heures 30, les trois jeunes gens étaient venus dîner. Repas rapide ; vers 20 heures, Marc-Antoine avait quitté la table pour s'en aller, à son habitude, au café des Quatre-Billards. Tous les autres avaient continué de parler autour de la table, au second étage, jusque vers 21 heures 30. C'est le moment où, raccompagnant le jeune homme retenu à dîner, Pierre, marchant le premier, trouve la porte de la boutique ouverte et le cadavre de Marc-Antoine gisant sur le sol. D'où les cris de frayeur et de douleur qu'entendit le voisinage. Les médecins appelés ne peuvent que constater des marques de strangulation par corde, et conclure que Marc-Antoine avait été étranglé ou pendu soit de ses propres œuvres soit de celles d'autrui. À quoi il faut ajouter une variation importante dans les déclarations de la famille Calas entre les deux premiers interrogatoires. Première version : le cadavre trouvé par terre ; deuxième version, le corps trouvé pendu dans le petit couloir entre la boutique et l'arrière-boutique.

Tel étant le brut des faits au commencement de l'enquête, les choses vont évoluer selon deux cohérences contraires.

— *La version des Calas et du groupe de la maisonnée*. La première réaction de l'entier groupe familial s'expliquait dans la crainte du scandale social du suicide. L'Ordonnance criminelle de 1670 disposait toujours de l'ostension publique du corps, traîné dans les rues sur une claie, la face contre terre ; la confiscation des biens, et, bien entendu, le refus des sacrements. Bien que pareilles dispositions fussent de moins en moins appliquées, la peur collective pourrait expliquer la première déposition controuvée.

Outre la spontanéité des cris à la découverte du cadavre, bien d'autres vraisemblances semblaient rendre impossible le meurtre collectif, y compris la présence de la bonne, catholique, elle, et très attachée depuis longtemps aux enfants. Si, depuis trois ans, Marc-Antoine avait été vu souvent dans les églises, cela s'expliquait par son goût pour la musique, particulièrement la musique religieuse.

Le caractère, certaines circonstances d'échec social, tant dans le commerce que pour l'obtention de la licence en droit, interdite aux protestants, autant de raisons qui pouvaient confirmer la thèse du suicide de Marc-Antoine.

— *La version « collective »*. Dès le début de l'enquête, les autorités et l'opinion ont leur siège fait. Le père a préféré tuer son fils, plutôt que de connaître le déshonneur d'une abjuration publique, car il est établi que Marc-Antoine allait abjurer le lendemain. Pour cette abjuration, Marc-Antoine s'était même confessé, bien que l'on n'ait jamais pu retrouver le prêtre qui eût reçu cette confession. La mère, de son côté, était très attachée à l'hérésie. On était donc en présence et d'un meurtre collectif et d'un complot protestant contre l'abjuration.

Toute la mise en cause du « fanatisme » est dans ce passage du crime ou de l'acte individuel au crime ou à l'acte collectif. Si acte collectif il y a, voire complot, tout le collectif se sent concerné et menacé. Entrent dès lors en jeu les forces irrationnelles. Le célèbre Monitoire approuvé par les capitouls orientait l'enquête dans le sens du crime collectif pour cause de religion. Marc-Antoine devenait ainsi un martyr de la foi. Son cadavre, conservé pendant plus de trois semaines à l'Hôtel de Ville, va être solennellement enterré en terre chrétienne, au cimetière de la paroisse Saint-Étienne. Ce qui, pendant que l'instruction se déroule, a valeur de certitude. Une procession solennelle, avec une cinquantaine de clercs de tout rang, la compagnie des Pénitents Blancs, une foule considérable, accompagnent en terre catholique le converti martyr. Toute la première partie de l'enquête, conduite par les capitouls, se trouve ainsi orientée dans le sens d'un crime collectif de religion, dont il importe de démontrer qu'il a été préparé hors la maison de Calas même.

Les choses en sont là quand, en décembre, la Tournelle du parlement de Toulouse, surtout parce qu'il y a crime de religion, se saisit de l'affaire. Le 9 mars 1762, les treize juges parlementaires, dont huit votèrent la mort, condamnent Jean Calas comme coupable du meurtre de son fils. Les membres rompus par le bourreau, il sera exposé sur la roue « aussi longtemps qu'il plaira à Dieu lui donner vie ». En fait le bourreau est secrètement autorisé à l'étrangler après deux heures d'exposition. Le cadavre sera brûlé et les cendres jetées au vent. Huit fois sous la torture, et une dernière fois au pied de l'échafaud, Calas, cet homme de soixante-quatre ans, demeurera d'une fermeté exemplaire devant les questions des juges : il niera et avoir su que

Marc devait se convertir, et le complot avec sa femme, son fils et l'hôte d'un soir; il niera, pour lui ou pour quiconque dans la maison, le meurtre de Marc-Antoine.

Témoignage de tous le plus saisissant, qui devait faire de Jean Calas le martyr du fanatisme. On comprend qu'en 1793 la Convention nationale ait décrété l'érection, place Saint-Georges, au lieu même où Calas avait été supplicié, d'une colonne expiatoire qui devait être construite avec les pierres des églises à démolir. Colonne qui au demeurant ne fut jamais élevée.

L'intolérance à Toulouse

L'un des plus grands mérites du travail de David Bien est d'établir la singularité du « cas Calas » dans la vie religieuse toulousaine au XVIIIe siècle. Ainsi qu'il le souligne plusieurs fois, c'est une affaire anachronique. Il n'y avait en effet à Toulouse, vers le mitan du siècle, qu'une poignée de protestants, guère plus de deux cents. Nombre d'entre eux étaient de robe ou de basoche : sur les dix-neuf protestants vivant dans la paroisse Saint-Étienne en 1754, sept étaient procureurs au parlement. Dans ce monde de la robe, la tolérance était courante : on relève même des mariages d'avocats protestants avec des filles de leurs confrères catholiques. Vivant extérieurement en catholiques et pratiquant chez eux un culte familial, cela très probablement au su de leurs collègues catholiques, leur non-orthodoxie, qui ne se manifestait en général qu'à l'article de la mort, ne gênait personne, ni dans la vie courante, ni pour les affaires, ni même pour les mariages.

Caractéristique, la famille Calas, dont tous les enfants, garçons autant que filles, avaient nombre d'amis catholiques. Les affaires protestantes étaient en général prospères, à preuve le marchand Isaac Courtois dont procède l'actuelle banque Courtois. « En règle générale, estime David Bien, les relations entre protestants et catholiques n'accusent pas de différences marquées avec les relations de catholique à catholique. » La vie économique et sociale tient peu compte de la différence de religion : il y a tolérance par indifférence. De même, après l'affaire Calas, Toulouse retrouve sa tolérance pratique. Sans doute le parlement suscita-t-il toutes sortes de difficultés pour empêcher la réhabilitation de Calas, cet affront fait à son autorité de justice trois ans après jour pour jour.

Mais, peut-être avec une pointe d'excès méridionale, le fougueux correspondant de Voltaire qu'était l'abbé Audra, professeur d'histoire au Collège royal, pouvait-il lui écrire en pleine affaire Sirven, en décembre 1768 : « Quant au parlement et aux avocats, presque tous ceux qui ont moins de trente-cinq ans sont pleins de zèle et de lumières, et les gens de culture ne manquent pas non plus parmi les haut placés. » On verra même, avec la réhabilitation de Sirven, ce qui était, vingt ans avant, tolérance par indifférence, devenir à la hauteur de 1770, jusque chez les parlementaires, tolérance par principe et par besoin humain. Le premier président du parlement de Toulouse annoncera lui-même à Voltaire, en 1771, la réhabilitation de Sirven. Dès 1769, ce même parlement tend de plus en plus à reconnaître comme valables civilement, c'est-à-dire légalement, les mariages protestants et donc les droits d'héritage. Ceci, près de vingt ans avant que l'édit de 1787 n'accorde aux protestants leur premier statut civil.

Dans l'Académie des Jeux floraux, sanctuaire mondain de l'« intelligentsia » toulousaine, grandit un esprit de lumières, sensible dans les sujets de concours. Jusqu'à proposer un éloge de Pierre Bayle, que des ordres royaux formels contraindront à abandonner.

Jusqu'à choquer même Loménie de Brienne, archevêque de Toulouse au lendemain de l'affaire Calas, en 1763 — homme de lumières s'il en fut dans sa lutte contre les régaliers, les pratiques superstitieuses ou pour l'éducation populaire —, avec la célèbre fondation du Musée, en 1785. Brienne sera même le théologien « éclairé » d'une double tolérance. Il y a la tolérance d'Église ou théologique, celle-ci tout à fait impensable. Ne rien céder sur la doctrine; par contre, la tolérance civile devient pour lui quasiment de plein droit. C'est déjà reconnaître l'indépendance de la société civile par rapport à la religion unique.

Toute une opinion cultivée s'élève de plus en plus dans la Toulouse des dernières décennies du siècle, contre le fanatisme et pour une coexistence d'humanité. Ce qui pénètre jusque dans les masses, puisque l'on voit lentement décroître l'affluence des foules à la procession de Mai commémorant le massacre des Huguenots en 1562.

La maçonnerie enfin fleurit à Toulouse : douze loges jusqu'en 1789; ce qui fait probablement six cents frères. La poussée de recrutement est intense. On peut le saisir sur l'exemple de la loge Encyclopédique qui, fondée en 1787 avec trois membres, en aura cent vingt au bout d'une année.

Le martyre de Jean Calas a-t-il fait éclater les ténèbres d'un fanatisme collectif traditionnel, et libéré les forces neuves d'une tolérance humaine ? Il faut, me semble-t-il, d'une part le situer, surtout avec l'affaire telle que la conduira Voltaire, comme un éclair de conscience accélérant l'évolution générale des esprits, mais d'autre part, avec David Bien, en faire un anachronisme, c'est-à-dire, ce qui arrive souvent dans l'histoire des mentalités, comme un retard normal des esprits et de la conception du monde par rapport à la société ambiante.

Car il y a des « motivations » toulousaines de l'« affaire Calas ».

D'une analyse serrée et remarquablement cohérente, David Bien, qui a travaillé sur les originaux du procès (procès des capitouls et procès devant les juges du parlement) aux Archives départementales de la Haute-Garonne, sur la question du fond de l'affaire, c'est-à-dire celle de savoir comment est mort Marc-Antoine Calas, peut conclure : « L'affaire en soi demeure un mystère. » Deux évidences : l'une, qu'il y a nombre d'éléments troublants à la charge des Calas, des invraisemblances tout au moins ; l'autre que, dès le premier moment, le siège des autorités de justice a été fait et qu'elles ont, dès le début de l'enquête, orienté celle-ci pour la faire aboutir au supplice public de mars 1762.

Pareil développement fatal s'analyse par une coïncidence singulière et explosive entre des complexes mentaux et des circonstances de fait.

Considérons d'abord les complexes mentaux, et, en premier lieu, chez les juges parlementaires. Il faut partir de cette constatation, heureusement mise en valeur par David Bien, que nombre des juges parlementaires de Calas sont en même temps parmi les plus engagés dans la lutte contre la Compagnie de Jésus. Le procès Calas se situe même dans l'exaspération de cette lutte, qui aboutira en février 1763 à cette décision du parlement de Toulouse, déclarant « inadmissibles dans un état civilisé » les constitutions et les règles de la Compagnie de Jésus.

Beaucoup plus que des fanatiques de religion, ces parlementaires sont des gallicans, défenseurs sourcilleux de l'autorité royale. Autorité royale qui est, dans le complexe gallican, autorité de religion. Le procès survient ainsi dans un temps où il y a combat pour la religion royale, et c'est le parlement qui mène la lutte contre le clergé ultramontain, défenseur des traditions gallicanes.

Il y a donc, chez les parlementaires, exaspération quant à l'affirmation de l'autorité royale en matière de religion dans le royaume. Ils sentent cette autorité menacée. Ce qui ouvre la voie à toute réaction contre les menaces d'anarchie. Parmi celles-ci, il en est une, latente, profondément inscrite dans la mentalité commune : la persévérance dans la religion réformée et la pratique de cette religion sont interdites par les lois. Le protestantisme est hors la loi.

Mais les magistrats savent qu'il continue à être pratiqué ; il y a donc mépris des lois. Si, en milieu urbain, à Toulouse en particulier, un *modus vivendi* s'est établi où il n'y a pas d'inquiétude, il n'en va pas de même avec le plat pays. Toulouse se trouve sensibilisée à toute peur de révolte latente par rapport à ces régions proches où cette révolte couve, la Montagne-Noire et le Castrais, surtout les Cévennes, voire même le Montalbanais tout proche et sa capitale. Le calvinisme est ainsi, à l'arrière-plan du mental parlementaire, persévéramment entiché du « complexe » camisard. « L'existence d'un protestantisme organisé, bien vivant, est nécessairement associée à ces conséquences : l'anarchie, le désordre, la confusion, et au pire, la guerre civile. » À cette analyse de cohérence de la mentalité parlementaire, d'après David Bien, j'ajouterai ce facteur psychologiquement important de toute peur répressive, qui est de savoir que cette vie est une vie clandestine, donc sans contrôle de conscience possible. Tout acte protestant violent est donc démultiplié par la menace d'une organisation politique et de la guerre civile, de la reconstitution d'un corps étranger à l'unité et à l'uniformité du royaume.

Autre trait de mentalité, l'habitude justicière d'équivalences répressives. Dans la mentalité du magistrat, là

Lumières et religion : la religion de Voltaire 223

où il y a mort d'homme, la justice habituelle, c'est l'exécution du coupable présumé. À meurtre, exécution : ce sont les vieux fonds de mentalité primitive toujours en place. Ainsi la sanction de Calas est-elle pour une grande part « défanatisée », et David Bien peut fort pertinemment conclure qu'étant donné l'esprit du temps, avec quelques exemples récents de jugements du même parlement de Toulouse, les « druides barbares » qu'a dénoncés Voltaire ne sont après tout que des magistrats ordinaires. Gardiens de l'ordre social, leur sanction est automatique. Ces juges étaient des juges sévères : entre 1750 et 1778, ils gardent à leur actif deux cent trente-six sentences de mort. Dans le développement de la procédure, l'innocent n'avait quasiment aucune garantie.

Mais les complexes mentaux concernent également le collectif toulousain. Dépouillant cette littérature quasi populaire que représentent les almanachs, en l'occurrence l'*Almanach historique et chronologique de Languedoc et des provinces du ressort du parlement de Toulouse*... David Bien établit que, dans la mémoire collective commune, à l'idée protestante se trouvent associés les souvenirs d'une époque barbare, sauvage, des restes de cauchemar de guerre civile.

Deux mois après l'exécution de Calas sera célébré avec une pompe particulière le deuxième centenaire du massacre commis contre les protestants à Toulouse, en mai 1562. Tous les ans d'ailleurs, cette fête du 17 mai associait, jusque dans les libertés d'une kermesse populaire, le souvenir joyeux du triomphe et la haine de l'hérésie sanguinaire. Ces souvenirs créent une latence qui s'avive aux périodes de crise. Le premier réflexe de l'irrationnel collectif est le protestantisme, bouc émissaire. D'autant qu'il est évident que le protestantisme agit encore. Quelque irrégulière qu'ait été la répression, des vingt-cinq pasteurs exécutés après la Révocation, neuf le furent après 1715, et de ces neuf, six ont été pendus entre 1745 et 1762. Répression accusée donc à la moitié du siècle, c'est-à-dire exaspération d'autant plus grande du collectif contre l'illégalité clandestine.

Outre les complexes mentaux, la conjoncture. La menace protestante se décuple dans l'état de guerre. Dans les régions méridionales en particulier, où l'on savait, dans le souvenir de la répression camisarde et de la révolte armée qui l'avait motivée entre 1702 et 1710, que l'ordre exigeait la présence des troupes.

Avec les guerres de la Succession d'Autriche et de Sept Ans, l'autorité royale faiblit; les correspondances attestent d'un plan de modération. D'où l'inquiétude larvaire d'un retour de la rébellion, d'où les fantasmes d'un complot protestant, qui n'aurait jamais désarmé. Surtout quand il devient évident que la guerre de Sept Ans tourne mal : dans l'été de 1761, Choiseul fera à l'Angleterre ses premières ouvertures de paix, qui seront repoussées. Il est d'ailleurs normal que, plus l'issue de la guerre fait question comme celle-ci, menée contre des puissances protestantes, Angleterre et Prusse, plus les protestants de l'intérieur, surtout clandestins et résistants, soient suspectés.

Épuisement de défaite, faiblissement de l'autorité, victoire évidente des puissances protestantes, autant de facteurs accusant, dans un psychisme collectif traumatisé, la menace protestante.

D'autant que les corps souffrent. Conséquence de la guerre prolongée, les perturbations économiques. Avec la maîtrise grandissante de l'Angleterre sur la mer, le commerce atlantique de Bordeaux se trouvait très profondément atteint : les importations de sucre antillais sont tombées durant la guerre de Sept Ans à 10 % de leur valeur à la hauteur de 1750. Crise qui finit par atteindre Toulouse, bien que Toulouse soit essentiellement centre administratif et entrepôt agricole. Les grains se vendent mal, les paysans n'achètent plus ou peu en ville. Calas et son commerce, exemple entre autres, était à la veille de la banqueroute.

Atteinte dans son commerce, Toulouse était d'autre part très sensible, par la partie pauvre de sa population, à la cherté des grains et aux disettes. D'autant qu'à chaque crise, une masse d'ouvriers agricoles en chômage se réfugiaient en ville. Entre 1756 et 1761, le prix du setier de blé avait augmenté de 25 %, et de 50 % par rapport au prix de l'hiver 1755. Il y avait incontestablement, dans la Toulouse de l'hiver 1761-62, instabilité sociale et peur alimentaire.

Or c'est un fait de vie de ces forces irrationnelles : les peurs s'ajoutent aux peurs, se renforçant réciproquement. Elles ne se libèrent qu'avec une victime expiatoire. Surtout quand, dans une tension de crise, des événements violents réveillent les fantasmes à peine assoupis.

C'est le cas de l'affaire Rochette : une nuit de septembre 1761, était arrêté par une patrouille armée dans la campagne de Caussade, entre Montauban et Cahors, un certain François Rochette qui reconnaissait être ministre protestant. Dans ses bagages, un registre de baptêmes et mariages protestants, son costume pastoral, des notes de sermons, donc toutes les preuves du délit de célébration d'un culte interdit. Ceci se passait dans la nuit précédant la foire du lieu. Toute la campagne alentour de Caussade était peuplée de protestants — quasiment la moitié de la population paysanne. Et il semble bien qu'un groupe de protestants ait essayé de récupérer Rochette.

Concentration de foule le jour de foire ; événements dramatiques la nuit précédente. Il n'en faut pas davantage en ce temps-là pour déclencher une peur collective : le bruit se répand que les protestants viennent armés délivrer le pasteur. D'où émoi panique dans la bourgade ; appel de troupes ; mesures de protection qui devaient aboutir, le lendemain de la foire, toujours de nuit, à l'arrestation de trois frères, gentilshommes-verriers et protestants, désignés tout de suite comme chefs de la rébellion. L'imagination collective en transes fait immédiatement rôder dans le plat pays, nuitamment surtout, des troupes de protestants en armes, de cinq à six cents personnes, prêts à tout massacrer et brûler.

Drame caractéristique de la peur rurale, puisque l'on vit, dans Caussade, catholiques et protestants s'unir pour la défense de la ville. Il n'importe. À Toulouse, il est fait état « d'un soulèvement considérable, d'une sédition ». Le parlement se saisit de l'affaire, et six mois plus tard, en février 1762, la Grande Chambre du parlement déclarait François Rochette coupable d'avoir prêché, baptisé, célébré des mariages dans des assemblées au désert. Il était condamné à mort par pendaison, cependant que les frères Grenier, « gentilshommes-verriers », avaient le privilège de la décapitation.

La sévérité du jugement paraît avoir été commandée par des mobiles paniques : depuis l'arrivée des prisonniers à Toulouse, une crainte larvaire circulait de tentatives armées protestantes pour les délivrer. Même pour leur exécution, des précautions exceptionnelles avaient été prises, et les bois de justice dressés sur une autre place, plus petite, plus commode à défendre que la place Saint-Georges. Crainte larvaire nourrie du vieux fonds d'antagonisme entre ville et campagne, la ville toujours menacée par l'irruption de jacqueries paysannes. Et particulièrement sensibilisés à cette menace panique des champs, les parlementaires, tous plus ou moins propriétaires, et immédiatement inquiets de tout trouble dans les campagnes.

Panique de Caussade et meurtre de Marc-Antoine Calas se situent à un mois d'intervalle, dans cet automne 1761, difficile. L'automne, volontiers saison des peurs dans la menace de l'hiver qui approche; l'hiver à son tour ne fait que durcir ces peurs en certitudes. Les exécutions suivent au printemps.

Les motivations décisives

Elles s'établissent dans cette correspondance, semble-t-il éclairante de l'entière affaire. D'une part, l'affaire demeurant en soi un mystère, toutes les motivations explicites ou implicites sont irrationnelles. D'autre part, le parlement de Toulouse s'en est tenu farouchement à l'imputation de « crime religieux ».

Autrement dit le meurtre de Marc-Antoine Calas ne pouvait être qu'un meurtre collectif. L'opinion sera d'ailleurs scandalisée de la modération du parlement qui n'a condamné à mort que le père. Les plans de certitude du meurtre collectif s'établissent dès lors de la façon suivante :

— À l'arrière-plan, primitif et profond, la croyance populaire tenace que les protestants tuaient leurs enfants qui voulaient changer de religion, manière de meurtre rituel. Même s'ils n'étaient pas fils des Lumières, les parlementaires ne semblent pas s'être déterminés sur cette croyance élémentaire.

— Plan de conscience intermédiaire : le fanatisme calviniste. De quoi tout le monde est convaincu, à des degrés près.

— La certitude du crime est celle du complot familial, inspiré par les fonds communs fanatiques. Dès lors, ce qui joue le moins, dans l'affaire Calas, c'est la lumière en ce meurtre mystérieux; mais plutôt le stéréotype collectif : le protestant est fanatique; donc le groupe protestant préfère le meurtre à l'abjuration. Toute autre interprétation se trouve exclue : le protestant ne peut pas agir autrement. Nous sommes en présence d'un stéréotype d'affrontement religieux, cristallisé sur trois siècles de guerre religieuse, dans une intolérance mentale systématique, et devenue naturelle.

— Ce stéréotype d'irrationnalité religieuse est cautionné enfin par une représentation mentale encore solidement établie, celle de la *famille*. Du père au fils et par rapport à la famille prise en sa réalité de masse, la justice est encore admise. Donc il devient normal que Calas ait tué son fils pour éviter un déshonneur à la famille.

Toutes certitudes irrationnelles qui ont pour force essentielle d'être irrationnelles, donc au-delà de toute preuve de vérité. David Bien, très finement, a constaté que sur les cent quatre-vingt-treize témoins du procès, quarante et un connaissent les Calas assez bien. Ce sont ceux-là qui sont les moins affirmatifs. À l'encontre, les autres sont catégoriques, parfaitement sûrs de la culpabilité des Calas et que le meurtre a été commis pour cause de religion.

L'exécution de Calas : un acte de Lumières ?

Pour l'analyse historique d'aujourd'hui, toute violence fanatique est triomphe des forces irrationnelles collectives. Il n'en va pas de même dans le monde de Lumières où éclate l'« affaire Calas ».

On le mesure dans l'ambiguïté de l'affaire, et ambiguïté non seulement pour cause de passions, mais aussi et surtout ambiguïté pour des esprits de Lumières : d'une part l'alerte à l'opinion par Voltaire pose l'exécution de Calas comme un crime du fanatisme ; agents de ce fanatisme, les juges du parlement toulousain. D'autre part il est certain que les juges de Toulouse ont pu légitimement se considérer comme serviteurs de l'anti-fanatisme, en réprimant exemplairement un crime de religion.

En un certain sens, l'exécution de Calas est un acte de Lumières. Cette ambiguïté témoigne, pour l'analyse historique, d'une mutation dans l'ordre des valeurs ou des représentations collectives. Toulouse passe, avec l'affaire Calas, de la tolérance passive à la tolérance active. Bien entendu, dans les perspectives du temps, ni une exécution, ni même l'erreur judiciaire imposée par Voltaire ne sauraient être seules responsables de ce changement d'attitude. Tout au plus ont-elles accéléré un procès qui est essentiellement la décomposition du complexe panique de répression ou de défense religieuse, ce qui signifie que la religion traditionnelle perd de sa vitalité animale; la définition d'un milieu social nouveau, caractérisé par la coexistence religieuse, donc le primat implicite de la société civile, société qui se considère comme historiquement, voire spirituellement supérieure à la société religieuse, et dont la valeur fondamentale est une valeur d'humanité, de sens concret, voire sensible, de la vie, de la souffrance, du sang humain.

Témoignage très caractéristique de cette mutation, qui monte des profondeurs de la conscience collective à la surface de l'histoire, dans l'abondante littérature autour de la réhabilitation de Sirven, on trouve, sous la plume d'un avocat défenseur du condamné de Mazamet, cette réflexion :

> L'un des plus grands avantages à retirer de la tolérance civile, revendiquée avec tant d'éloquence par Sirven, serait de mettre un terme à toutes les imputations insidieuses par lesquelles les fidèles de ces deux religions se défendent les uns contre les autres. La conséquence fatale de cette division serait en effet de laisser s'établir avec le temps deux nations différentes dans le même état.

On croirait entendre Jaurès parler des « deux jeunesses ».

L'unité de la nation, comme naguère l'unité du royaume, imposait la religion unique, impose désormais la coexistence des deux religions. Dans l'unité de la nation, il ne doit plus y avoir adversité de religion.

CHAPITRE V

LES LUMIÈRES ET LES SCIENCES : LAVOISIER

Trois raisons justifient, dans l'analyse de l'esprit des Lumières, le choix de Lavoisier. Sa vie, d'à peine un peu plus d'un demi-siècle — cinquante et un ans exactement —, coïncide parfaitement avec le demi-siècle pré-révolutionnaire. Il en est, à un très haut degré, type d'exemplarité. Il est d'autre part le créateur, c'est-à-dire l'émancipateur de la chimie moderne. Avec lui donc, l'acte de naissance d'une science souverainement moderne, et non moins souverainement régnante en notre temps. La légende enfin, sinon l'histoire, lui a donné, presque au lendemain de sa mort tragique, valeur de symbole. Dans les débats du Tribunal Révolutionnaire, qui devait, le 19 floréal an deux de la République Française, envoyer à l'échafaud une charrette de fermiers généraux, entre lesquels Lavoisier, le président Coffinhal aurait prononcé la phrase célèbre : « La République n'a pas besoin de savants, il faut que la justice suive son cours... »

En ces temps révolutionnaires, l'ordre politique a pu se croire un moment supérieur à la science...

L'ASCENSION SOCIALE ET LA FIN BRUTALE

L'ascension sociale d'Antoine-Laurent Lavoisier et de sa famille est bourgeoise et d'argent. La base géographique du départ familial est le bailliage de Villers-Cotterêts. À la fin du XVIe siècle, un Lavoisier (Antoine) est postillon, « chevaucheur des écuries du roi ». Le fils du postillon sera maître de poste. La descendance essaime, qui dans le négoce local, qui dans les offices locaux.

Dans le monde robin, la montée sociale se fait du bailliage de Villers-Cotterêts au parlement de Paris. Un membre de la famille procureur bien établi au parlement de Paris, il n'en faut pas davantage pour que le procureur au bailliage de Villers-Cotterêts envoie son fils faire ses études de droit à Paris et s'y établir avocat. Ce fils, Jean-Antoine, est le père d'Antoine-Laurent, notre héros.

Des fonds provinciaux d'Île-de-France, montée persévérante et solide vers l'établissement parisien, qui demeure un établissement de fraîche date, en ces années trente du siècle, à peine une douzaine d'années avant la naissance du chimiste. Celui-ci est donc Parisien à la première génération. On pourrait philosopher valablement sur « la race » et « le milieu ». Posons-le solide dans son « bourgeoisisme » provincial, c'est-à-dire socialement « conforme ». Un milieu qui ne pose pas de questions, comme Antoine-Laurent n'en posera pas, dans sa montée toute droite, conforme, et sûre par la richesse.

Il naît donc en août 1743, d'un père procureur au parlement de Paris, charge où il succédait à son oncle, et d'une mère naturellement fille de robin et fortunée. À cinq ans, orphelin de mère, Antoine-Laurent va grandir dans le giron de la famille de sa mère, élevé par sa grand-mère, et surtout par sa tante, qui se consacrera à l'éducation des deux enfants nés du mariage de son frère, Antoine-Laurent et une sœur de deux ans sa cadette. Éducation à dominante féminine à l'ombre de Saint-Eustache : cette éducation ne pouvait qu'établir chez l'enfant et l'adolescent les qualités traditionnelles, les ambitions aussi d'un milieu fraîchement promu. D'autant que, si la fortune du père est modeste, celle du milieu maternel est importante. Les femmes se concentreront d'autant plus à la montée sociale de l'adolescent que sa jeune sœur mourra à quinze ans.

L'adolescent, par les études, est déjà ambitieux et traditionnel. Lavoisier entre en effet, vers dix ans, comme externe dans l'établissement le plus coté de Paris, sur l'autre rive de la Seine, ce collège Mazarin, anciennement des Quatre-Nations, où sont élevés gratuitement, aux termes du testament de Mazarin, soixante enfants de gentilshommes ou « principaux bourgeois », originaires d'Alsace, de Flandre, du Roussillon et du Territoire de Pignerol. Milieu scolaire qui compte pour l'établissement dans le monde, d'autant que Lavoisier s'imposera comme élève très vite. Il remporte même en 1760 le deuxième prix de discours français pour la classe de rhétorique, au Concours général qui n'avait pas encore quinze ans d'âge.

La tradition, l'exemple paternel, la sagesse de la fortune imposent, à la sortie du collège Mazarin, les études de droit. Lavoisier prend sagement ses grades comme son père : il est même reçu avocat au parlement de Paris. S'agit-il seulement, dans cette entrée au monde, de continuer le père ? Le plus possible, hormis ce qu'exige la richesse extraordinaire des dons.

L'équilibre de la vie de Lavoisier est tout entier dans l'économie de son année 1768 — il a tout juste vingt-cinq ans — où, en mai, il est élu membre-adjoint chimiste à l'Académie des sciences, et, le même mois, il devient adjoint d'un fermier général. La tradition qui est de consacrer la fortune et de l'augmenter le plus possible l'entraîne, quasiment en ses commencements de vie, à s'établir dans l'une des plus hautes puissances d'argent de l'époque, puissance d'argent qui est aussi, grâce au rôle joué par la Ferme dans l'État monarchique, puissance d'administration et donc politique.

Adolescent comblé et porté, quasiment sans efforts, là où, dans le système monarchique, la puissance bourgeoise s'exerce avec le plus de sûreté dominatrice et profitable.

Son entrée à la Ferme générale ne laissa pas que d'être un petit scandale. Il y a, à ce propos, ce mot de l'un de ses confrères de l'Académie des sciences : « S'il est plus riche, les dîners qu'il donnera n'en seront que meilleurs. » La richesse, et donc les voies d'en gagner, sont l'une des certitudes de cette vie. De 1768 à la suppression de cette institution en mars 1791, soit vingt-trois ans, Lavoisier appartient à la Ferme ; il mourra même « fermier général ».

C'est donc en 1768 que l'intendant de Lorraine, de la Galaizière, intervient auprès de l'abbé Terray pour faire agréer comme adjoint du fermier général Baudon, âgé de soixante-quatorze ans et qui voulait sans doute quelques rentrées d'argent, le fils du procureur Lavoisier, du parlement de Paris. À la mort de Baudon, en 1779, il deviendra fermier général en titre, et donc l'un des soixante administrateurs de la Ferme, c'est-à-dire « sangsue publique ».

Dès ses débuts à la Ferme, il fait partie de la commission du Tabac. Ce qui l'amènera à des inspections surtout dans le nord et l'est de la France, inspections de contrôle douanier ou des plantations et manufactures de tabac. Il s'y montrera grand expert à déceler les fraudes que les débitants de tabac pratiquaient volontiers, utilisant en particulier la cendre. La commission du Tabac lui donnera en outre une femme. Selon les bonnes règles, son mariage est de la Ferme. Le président de la commission du Tabac, lui aussi robin devenu fermier général, est Jacques Paulze. Neveu par alliance de l'abbé Terray, celui-ci, toujours hors série dans ses combinaisons, aurait voulu marier la petite Paulze à un gentilhomme de peu de fortune. Noblesse, mais sans le sou, ou presque ?

Jacques Paulze choisira mieux : depuis deux ans le jeune Lavoisier est sous ses ordres. Il a apprécié l'homme, ses mémoires sur les tabacs, et aussi compté sa fortune. En 1771, à 28 ans, en la chapelle de l'hôtel du Contrôle général, et donc avec la bénédiction de l'abbé Terray, Lavoisier épouse Marie-Anne Paulze, qui n'avait pas encore quatorze ans. Mariage qui devait confirmer très solidement la position du jeune fermier général, et en faire une des puissances du parti honnête, consciencieux, du style « grand fonctionnaire » de plus en plus important aux dernières décennies de la Ferme générale. Aussi montera-t-il très vite aux plus hautes fonctions de la Ferme : de 1778 à 1783, il passe à la direction supérieure des Tabacs, à celle des Entrées de Paris ; en 1783 enfin, il entre au Comité d'Administration, c'est-à-dire à la direction même de la Ferme générale.

Il aura ainsi participé à trois baux de la Ferme, et pris une part très active à la négociation de celui de 1780 — négociation capitale pour les revenus du fermier, à qui la Ferme devait apporter dans les bonnes années 20 % du capital engagé. D'où l'importance des négociations serrées avec le pouvoir, surtout le contrôleur général des Finances (il y aura un moment d'émoi avec l'arrivée de Turgot, mais tout rentrera dans l'ordre), et la vigilance à contrôler les fraudes, sur le tabac en particulier.

À la fin de l'Ancien Régime, la Ferme si décriée est

devenue une manière de service privé de l'État monarchique. Avec des hommes de valeur, dont l'expérience financière et la connaissance des matières et des circuits s'impose, le Fermier devient une manière de haut fonctionnaire. Aussi, quand Turgot, pour fournir l'État en bonne poudre de guerre et au meilleur prix, décidera de créer une Régie des poudres, substituant au monopole privé un monopole gouvernemental, la confiera-t-il à trois membres de l'ancienne Ferme des poudres et à un fermier général, Lavoisier. C'est le temps de l'établissement, en 1775, de Lavoisier à l'Arsenal, d'où il ne partira qu'en 1792.

L'ascension sociale remarquable d'Antoine-Laurent Lavoisier n'était pas, selon la plus établie des traditions bourgeoises, encore à son terme. Le père avait d'ailleurs montré au fils la voie : quelques mois après le mariage du fils, le procureur au parlement avait acheté un office de conseiller-secrétaire du roi, maison, finance et couronne de France, qui lui donnait le titre d'écuyer. Étape ultime, donc, l'anoblissement. Le fils aurait droit à la particule. Il en usera quant à lui, semble-t-il, discrètement mais, de noblesse trop récente, dans l'Assemblée provinciale de l'Orléanais, en 1787, il n'interviendra que comme représentant du tiers à l'élection de Romorantin. Et si, en février 1789, il est membre de la noblesse du bailliage de Blois pour la rédaction du Cahier de l'ordre et l'élection des députés aux États généraux, il ne sera désigné que comme député suppléant.

Le sens bourgeois de la puissance avait plus sûrement choisi en lui. Dans ces décennies pré-révolutionnaires, on ne s'improvise plus noble, et la puissance est dans l'argent et dans la haute administration de l'État, surtout dans les grands rôles techniques. À preuve le déclin de sa puissance qu'il va vivre, à mesure que la Révolution s'accélère. C'est le déclin du fermier général.

Désigné à l'automne 1789, par le district de Saint-

Louis-la-Culture, pour le représenter à la Commune de Paris, dans cette Assemblée de Lumières où il retrouve Bailly, Condorcet, Jussieu, Quatremère, Cassini, ou bien membre de la Société Patriotique de 1789, où s'est cherchée une contrepartie du Club des Jacobins, dans le courant de 1792, tout ce qu'il a tenté comme ébauche de vie politique est désormais fini. On n'a besoin de lui que comme « technicien ». Technicien de la circulation économique, dirait-on aujourd'hui, sous la forme, très spécifique pour l'époque, des Poids et Mesures. Il animera la commission des Poids et Mesures de l'Académie des sciences, et quand l'Académie disparaîtra, il continuera avec ladite commission, réorganisée par le Comité de l'Instruction publique.

Un moment, au début de 1792, avec un plus haut rôle de « technicien », il avait été commissaire à la Trésorerie nationale, c'est-à-dire, sous l'autorité du ministre, administrateur du Trésor royal. Mais il démissionnera très vite, comme il refusera, en juin 1792, le poste de ministre des Contributions publiques qui lui avait été proposé. Cascade de démissions ou de refus qui se terminent, dans la même année, avec la fin de ses fonctions de Régisseur des Poudres et son départ de l'Arsenal. Il reste dans la mémoire collective, et dans la pratique même des opérations de liquidation de la Ferme, le fermier général. C'est donc ainsi qu'il mourra.

Un décret de mars 1791 avait décidé la liquidation de la Ferme générale, la confiant à six de ses anciens titulaires. Mais les rancœurs collectives devaient s'imposer, expiatrices, avec 1793. À la tribune de la Convention, Carra proclamera le devoir de s'attaquer à ces « stupides sangsues » pour « les faire dégorger de tout le sang qu'[elles] ont sucé sur le corps du peuple ». Finie la liquidation tranquille. Les scellés sont apposés sur les papiers de Lavoisier, en novembre 93, l'arrestation des fermiers généraux décidée. Après avoir un moment tenté de se cacher, Lavoisier est emprisonné; il ne devait sortir de ses prisons que pour monter sur l'échafaud, le 8 mai 1794. Son exécution eut lieu à 5 heures de l'après-midi, immédiatement après celle de son beau-père, Jacques Paulze. Lavoisier n'avait pas encore 51 ans.

La veille de son exécution — longtemps il avait cru qu'il ne serait pas condamné à mort —, il écrivit à un sien parent :

> Il est donc vrai que l'exercice de toutes les vertus sociales, des services importants rendus à la patrie, une carrière utilement employée pour le progrès des arts et des connaissances humaines ne suffisent pas pour préserver d'une fin sinistre et pour éviter de périr en coupable.

Le crime de Lavoisier, c'était d'avoir choisi ou accepté la voie la plus sûre de la puissance par l'argent dans la société d'Ancien Régime finissant. Il mourra, victime offerte à la vindicte des peuples. Il y a, dans l'histoire des sciences, autour de Lavoisier, une tradition hagiographique. Ses biographes ou bien s'efforcent de démontrer, ce qui paraît incontestable, l'extrême droiture de l'homme, financier et savant, ou bien, argument d'aujourd'hui, affirment que ses revenus finançaient sa recherche, contribution donc à la recherche scientifique. Le fait est plus simple : comme il excellait en tant de choses surtout par sa méthode, sa concentration, sa sûreté vigilante, Lavoisier conduisait fort bien ses affaires. Tout petit trait, mais fort expressif de l'homme, d'une lettre de prison à sa femme : « N'oublie pas nos assignats à face royale. Il n'y a cependant rien de très urgent. Nous avons encore dix jours. »

LE BOURGEOIS DES LUMIÈRES

Hormis ses dernières années d'épreuve et sa fin tragique, Lavoisier, de par ses sûretés sociales, a vécu une vie sans difficultés. Cette courte vie géniale s'est développée et épanouie dans l'aisance.

Cela comporte le temps pour l'étude : l'assouvissement de cette « fureur d'apprendre » qui tient la société éclairée, à dominante bourgeoise. Au collège Mazarin, le seul où à Paris fut particulièrement développé l'enseignement des sciences — il y avait même un observatoire à toit tournant —, le jeune Lavoisier s'intéresse aussi bien aux sciences qu'à la rhétorique, voire à disserter des sujets mis au concours par les académies de province.

Après le collège, si la prudence paternelle l'établit dans le droit, on le verra s'attacher aux sciences les plus diverses, mathématiques et astronomie, la géologie et la minéralogie, l'anatomie. Il herborise avec Bernard de Jussieu et étudie la botanique au Jardin du Roy. Surtout, neuf ans après Diderot, il suit les cours fort fréquentés de cet extraordinaire personnage, apothicaire et « physicien », « démonstrateur en Chymie au Jardin du Roy » qu'est Rouelle. Le cours d'expériences chimiques de Rouelle se caractérise fort bien en son prospectus où il est annoncé : « Les Plantes, les Animaux et les Minéraux sont l'objet de ces Expériences et en sont les trois parties. »

Autrement dit toute une analyse en raccourci du système du monde, et par expériences, dont la méthode se situe aux confins des pratiques alchimistes et des découvertes modernes. L'essentiel demeure dans cette « fureur d'apprendre », de s'intéresser à tout en une fièvre de connaissance encyclopédique et de possession du monde. À quoi il faut ajouter que cette culture de découverte universelle, d'une part est transmise selon un langage de société, donc aussi peu « spécialisé » que possible, d'autre part est abordée de plain-pied par les gens du monde, dans un « apprentissage sans maître ». Tel était le milieu de connaissance, seules les natures supérieurement organisées et fortes parviennent à maîtriser la matière pour en faire science.

En ce milieu, la dispersion s'impose : il s'agit d'une découverte « encyclopédique » du monde. Ainsi le jeune Lavoisier travaillera-t-il l'enseignement de Rouelle sur les notes de Diderot, qui circulaient — c'était le « polycopié » du temps, mais « polycopié » pour gens du monde. Tout juste âgé de vingt ans, et étudiant en droit, il poursuit des observations météorologiques, et durant ses voyages où il continue à noter, sa tante, demeurée à Paris, consigne, par comparaison, l'état du ciel parisien.

Où il faut en passant noter cette singularité du personnage ; dans le type du « bourgeois des Lumières », Lavoisier, ainsi que l'a noté Maurice Daumas[1], est un être sans jeunesse. Du moins sans jeunesse commune. Pour lui, sa jeunesse, c'est la passion de découverte. Avec Guettard, son maître de géologie au Jardin du Roy et ami de la famille, il vit la passion des cailloux. Collectionneur bien entendu, mais aussi prospecteur : à vingt-cinq ans, soutenu par Guettard, qui est de même un découvreur avide de bien des sciences, il aura exploré quasiment toute l'Île-de-France, la Normandie, une partie de l'est de la France, prenant des notes de géologie et s'intéressant surtout aux mines et carrières, et aux matériaux de construction. D'où son premier mémoire présenté à l'Académie des sciences en février 1765, qui s'intitule : *Analyse du Gypse* — application des méthodes de la chimie à l'analyse géologique.

---

1. Maurice Daumas, *Lavoisier*, Paris, Gallimard, 1949, et *Lavoisier, théoricien et expérimentateur*, Paris, PUF, 1955.

Dans cette « fureur d'apprendre », plus les connaissances s'accumulent, plus l'ordre s'impose. Guettard, l'un des premiers, a compris la nécessité de cartes minéralogiques. Il décidera le contrôleur général des Finances Bertin à l'entreprise officielle d'un *Atlas minéralogique de la France* : en ayant pris la charge en 1767, il demandera au jeune Lavoisier d'être son compagnon d'inventaire, son collaborateur de confiance. Tout l'été 1767, Lavoisier explorera, avec Guettard, les Vosges, la Lorraine et l'Alsace, pour la préparation de l'Atlas dont, trois ans plus tard, seize cartes seront déjà gravées. Ainsi se satisfait dans un inventaire méthodique — première démarche définitrice d'une science — le besoin qui, près de quarante ans plus tôt, poussait le jeune président de Montesquieu à découvrir l'Europe. La mine et l'exploration du sol, soit pour les métaux soit pour les matériaux de construction, auront joué un rôle important dans la philosophie « naturaliste » des hommes des Lumières.

La mission Guettard ne spécialise pas pour autant notre découvreur de vingt-sept ans que, soit dit en passant, les femmes de la famille ont eu quelque mal à laisser partir. Sa curiosité observatrice s'attache au plus grand nombre possible de phénomènes naturels : il en rapportera nombre d'observations météorologiques ou chimiques. Deux ans avant cette exploration scientifique, zélé des concours académiques, Lavoisier avait d'autre part concouru pour le sujet proposé par l'Académie royale des sciences, à la demande du lieutenant de police Sartine, sur « le meilleur moyen d'éclairer pendant la nuit les rues d'une grande ville, en combinant ensemble la clarté, la facilité du service et l'économie ». Problème de lumière s'il en fut, et de sécurité urbaine : Lavoisier avait présenté, outre son mémoire, une lanterne elliptique. S'il n'eut pas le prix, il connut du moins en l'occurrence son premier succès académique : son mémoire fièrement marqué de la devise *Signabit que viam flammis* obtiendra la récompense d'une médaille d'or offerte par le Roi.

Ces commencements de vie, portés par l'étude qui, au sens le plus entier du mot, est pour lui passion ou zèle, marquent une existence. Celle-ci, même abrégée, sera tout entière animée de ce besoin entier de l'étude ; mais besoin qui ne se satisfait que très lentement, s'il se satisfait même, de la spécialisation.

Lavoisier, chimiste génial ? Sans doute. Mais le fond reste du « bourgeois des Lumières », passionné de toutes les recherches qui découvrent le monde immense de la nature. Nature du minéral surtout ou nature des éléments, selon le choix progressif de la passion d'Antoine-Laurent Lavoisier.

L'Académie des sciences

Vie extérieure et pour une grande part vie intérieure de Lavoisier coïncident avec vingt-trois ans de vie de l'Académie des sciences. C'est l'un des corps maîtres d'une société des Lumières : c'est un accomplissement bourgeois d'y entrer, et c'est aussi une société d'étude, ouverte à la plus grande diversité de l'univers des « sciences ».

Lavoisier de surcroît y entre très jeune — il a tout juste vingt-cinq ans. Avec un strapontin sans doute, ou une banquette, à l'élection du 18 mai 1768, si Lavoisier avait eu la préférence de ses pairs, présenté, dirions-nous, en première ligne, le choix du Roi lui préférera son concurrent. Mais il fut tout de suite décidé que Lavoisier, à raison de ses mérites, serait également nommé, et attendrait, comme adjoint, la première place vacante. Discrètement le chimiste qui lui avait été préféré ne devait le faire attendre qu'un peu plus d'une année : il mourut en effet en août de l'année suivante.

Ainsi, adjoint-chimiste à l'Académie des sciences dès le 1er juin 1768, il devait, jusqu'à la disparition de l'Académie elle-même, en gravir avec éclat le cursus intérieur : associé chimiste en 1772, il est six ans après pensionnaire chimiste, sous-directeur en 1784 ; on le trouve, à la fin de 1791, trésorier de l'Académie.

L'astronome Lalande s'est vanté, dans sa *Notice sur la vie et les ouvrages de Lavoisier*, d'avoir contribué à l'élection académique de Lavoisier. Dans les considérants de son choix, celui-ci, parfaitement avoué, la fortune de Lavoisier : cet homme jeune « que la fortune dispensait d'embrasser une autre profession, serait très naturellement très utile aux sciences ». C'était la noblesse neuve de la promotion bourgeoise : la noblesse par l'illustration académique, en même temps que par une participation très régulière aux travaux de l'Académie qui se réunissait, selon une tradition établie depuis sa fondation, deux après-midi par semaine. L'Académie des sciences représente pour Lavoisier l'autorité scientifique de l'État des Lumières. Il l'a dit, dans un fort beau plaidoyer pour la Convention nationale. Si, comme il en pose avec ses contemporains l'axiome « l'industrie est la vie d'un État civilisé », la vitalité de l'industrie dépend des sciences. Celles-ci ne peuvent procéder, dans la pensée de Condorcet, que d'un effort collectif, dans la recherche, dans l'information ; elles exigent aussi un tribunal, ou, comme explique d'abord Lavoisier, « une sorte de creuset où les expériences, les observations et les découvertes sont soumises à une sérieuse épreuve ».

Donc la nation et l'État ont besoin de l'Académie. Ce qui pouvait être société de rencontre de quelques-uns devient une « autorité ». Et Lavoisier de conclure modestement, mais fièrement : « L'Académie des sciences est la ressource habituelle des administrateurs. » Démarche analogue en somme à celle qui porte le fermier général à devenir administrateur ; démarche éminente de conquête bourgeoise du pouvoir par l'administration.

On comprend que Lavoisier ait fait de l'Académie le lieu de consécration de ses recherches : il lui soumettra environ cinquante mémoires sur ses découvertes ; seul, ou avec d'autres confrères, plus de deux cents sur les sujets les plus variés, toujours utiles à l'économie de la vie collective. Au service de l'administration royale, l'Académie est tout à la fois un bureau d'inventions, largement ouvert, un centre de discussion et d'examens, une autorité de service social. D'où le souci de Lavoisier de faire correspondre les curiosités et les sections de l'Académie à tous les secteurs nouveaux de la découverte et de la recherche. Il luttera pour la réorganisation de l'Académie et le nouveau règlement de 1785 consacrera pour une part ses vues en instituant des sections nouvelles de physique expérimentale, de minéralogie et d'agriculture.

Ainsi entretenait-il « le temple des sciences », ce temple qui va se trouver menacé dès les commencements mêmes de la Révolution. Trop évidemment pilier de l'Ancien Régime, l'Académie des sciences, et avec elle toutes les Académies. Ce que traduisait, en un style « anticlérical » et égalitaire, le folliculaire de la *Feuille à deux sous* : « L'Assemblée nationale a décrété la suppression des chanoines : les Académiciens sont les chanoines des Sciences, de la Littérature et des Arts. » Marat poursuivait l'Académie des sciences de sa vindicte, et particulièrement Lavoisier, dit-on. Au-delà de l'épisode, le mouvement était irréversible : dans la tendance égalitaire, les corps devaient disparaître. Malgré les efforts de Lakanal pour faire excepter l'Académie des sciences, après un rapport du citoyen Grégoire, en août 1793, les Académies seront supprimées. Et quand la loi du 8 brumaire an IV, organisant l'Institut de France, ressuscitait l'Académie des sciences, depuis dix-huit mois Lavoisier était mort sur l'échafaud. Une vie géniale avait été emportée par l'épisode révolutionnaire; mais l'État bourgeois proclamait à nouveau qu'il avait besoin de savants. Et aucune autre forme ne fut préférée à celle, cependant traditionnelle, de l'Académie.

Les salons

Mais la vie des « Lumières » n'est pas qu'étude ou séances de l'Académie des sciences. Elle revêt une autre forme tout aussi importante : le salon plus ou moins philosophique, c'est-à-dire surtout bourgeois, mais illustré par la présence de savants.

Trois salons, tous bourgeois, vont marquer la montée de Lumières chez Lavoisier. Le premier, il y prendra femme. C'est le salon de Madame Paulze, nièce de l'abbé Terray, que tiendra, après la mort de la mère, la fille Marie, qu'épousera Lavoisier. Y fréquentent Turgot, Dupont de Nemours, Malesherbes, Condorcet, les Trudaine. Toute une élite de haute administration d'Ancien Régime, marquée d'esprit encyclopédique, de certitudes physiocratiques, plus ou moins du goût des sciences : c'est mieux qu'une mode pour les Trudaine d'avoir dans leur château de Montigny un laboratoire de chimie où travaillera Lavoisier. En cette société, vie mondaine, administration, sciences et laboratoire, tout se vit de concert, comme un « niveau » naturel de puissance et de responsabilité sociales, de besoin de connaître et de pré-intuition de la puissance qu'apporte avec soi la science en train de naître.

Deuxième salon, quelque peu genevois, celui de Mme Necker. Salon grave, où l'on parlait morale, philosophie, arts et littérature, avec cette exigence de l'utile et ce sens du devoir social qu'avaient cristallisé à Genève la banque, le patriciat calviniste et la fierté du « citoyen de Genève ». On y passait, bien entendu, des réflexions graves de l'esprit aux affaires et aux finances de l'État (Mme Necker portant à son mari une admiration persuasive), ou même à des préoccupations sociales immédiates, toujours « philanthropiques ». Ici encore finances personnelles, administration monarchique, conscience sociale et sciences vont de pair. Qui dit mieux, dans cette possession de connaissances qu'exprime l'encyclopédisme, la montée de puissance bourgeoise, à la veille d'exécutions révolutionnaires ?

Le troisième salon est celui de Marie Lavoisier, le sien. Salon et laboratoire se jouxtant l'un l'autre, c'est la portée historique de ce salon de l'Arsenal, qui entre pour la première fois dans l'histoire spirituelle française. Durant seize ans, deux fois par semaine, une « société de Lumières », la dernière, faite pour une grande part de noms illustres, fréquentait l'Arsenal. Il y a les nobles, ceux pour qui noblesse, Lumières et sciences se situent à un même « niveau », toujours les mêmes : le duc de La Rochefoucauld ; le duc d'Ayen, beau-père de La Fayette ; le duc de Chaulnes ; il y a les fermiers généraux du clan Paulze ; encore Turgot, Dupont de Nemours et Condorcet ; des savants surtout, Lagrange, Laplace et Monge, mathématiciens ; le chimiste Berthollet ; Bailly, l'astronome et futur maire de Paris. Dans ce salon d'un nouveau style, à l'aboutissement d'une série de deux siècles de vie de société, le laboratoire était le sanctuaire. On ne s'entretenait pas seulement des choses de l'esprit, ou des découvertes ; des expériences étaient présentées par Lavoisier lui-même. Des lieux, voici le profil singulier et attachant dans les notes de l'Anglais Young, convié à déjeuner à l'automne 1787 : « Mme Lavoisier, femme aimable, pleine de sensibilité et de vivacité, et en même temps savante, avait préparé un déjeuner anglais de thé et de café, mais sa conversation au sujet de l'essai de Kirwan sur le phlogistique qu'elle traduit de l'anglais, et sur d'autres sujets qu'une femme d'esprit, qui travaille avec son mari dans le laboratoire, sait orner à son gré, fut pour moi le meilleur repas. Je ressentis beaucoup de plaisir, en examinant cet appartement, dont les opérations sont devenues si intéressantes pour le monde savant. » Dans l'écriture du voyageur anglais, déjeuner, appartement et laboratoire se confondent. Il s'agit maintenant d'un lieu célèbre dans toute l'Europe savante, ou « curieuse ».

La recherche d'idées nouvelles

Cette intensité de la vie des Lumières va de pair dans la société française de la seconde moitié du XVIIIe siècle avec la recherche d'idées nouvelles.

Ces idées nouvelles, qu'il faudrait dire selon le langage du temps « réformatrices », procèdent chez Lavoisier d'une attitude mentale, qu'il convient d'analyser brièvement ici.

Cette attitude se caractérise d'abord, ainsi qu'on l'a vu pour l'étude, par une curiosité ouverte, non seulement à tout un échiquier de sciences de la nature, mais aussi à l'action créatrice.

La ferme et les sciences ne sont pas toute la vie de Lavoisier. Son existence durant, il demeure passionné d'agriculture. Faut-il dire agriculture ou agronomie ? Le théoricien en lui ne se dissocie jamais de l'homme d'expériences. Nanti en terres, comme toute la bourgeoisie de son époque en conquête de noblesse, il est aussi marqué des idées physiocratiques. Les disciples de Quesnay fréquentaient les trois salons de sa société, et l'on y devait, selon le mot de Voltaire, « raisonner sur les blés ». Mais homme d'expériences partout, Lavoisier a besoin de tâter directement la matière. Il l'a écrit gravement, à sa façon, dans une réflexion qui est l'homme même : « Que ce n'est pas seulement dans les cabinets qu'il faut étudier l'économie politique, que c'est par une étude réfléchie d'une grande exploitation territoriale, par des calculs suivis pendant un grand nombre d'années sur la distribution des richesses renaissantes, qu'on peut se former des idées justes sur ce qui concourt à la prospérité d'un grand royaume. »

Esprit de méthode, sens de l'expérience, exigence d'incarnation et donc d'engagement actif, c'est la synthèse vivante, quant à l'agriculture, de l'étude et de l'utile. Il faut donc faire son expérience, soi-même, sur son domaine. Important propriétaire terrien, au Bourget, en Beauce, c'est le domaine de Fréchines, à mi-chemin entre Blois et Vendôme, terre de près de six cents hectares (dont cent de bois) qui sera sa terre d'expériences. Persuadé de la nécessité de procéder à échelle convenable, il arrondira assez largement de terres environnantes son propre domaine.

Ses essais porteront surtout sur les prairies artificielles. C'était, ainsi qu'il l'analyse lui-même, pourvoir à la nourriture des bestiaux et conséquemment à l'engrais des terres.

Les yeux fixés sur la pratique agricole anglaise, il prône la révolution agraire qui doit transformer une agriculture quasi uniquement productrice de blé en une agriculture d'élevage. Aussi va-t-il rigoureusement s'attacher à des expériences d'élevage, avec parcs à bestiaux en plein air, pour ovins en particulier. La production des bêtes est fonction du zèle des hommes ; il instituera même une prime au rendement, par tête de vache ou de mouton au-dessus d'une certaine proportion.

Sa tension de recherche est incessante pour organiser et donc multiplier la production : expériences et fournitures de semences ; plan de cultures, avec introduction de ce que nous appelons aujourd'hui les cultures dérobées. Tout cela inlassablement contrôlé, analysé par écrit, sous forme de *Mémoires* ou de *Réflexions*. Huit années durant, il conduira ses expériences agricoles, faisant relever très exactement le plan des terres qu'il exploite, tenant registre à Paris de leur exploitation (chaque pièce de terre a son chapitre), établissant un indispensable contrôle de la quantité des récoltes obtenues. Expériences qui pour lui doivent éclairer les règles d'une économie agricole, orienter vers un statut d'exploitation, suggérer une politique agraire d'ensemble. Ce qu'il réalise a en effet valeur d'induction et d'exemplarité, selon la double démarche de l'expérience scientifique et du service social.

Nous tenons là le cycle que l'on pourrait dire « civique » d'un esprit de Lumières : l'étude ; l'expérience ; l'établissement de règles ou de techniques ; la généralisation nationale. Aussi verra-t-on Lavoisier, fort de ses expériences propres, animer le Comité d'administration de l'Agriculture, institué en 1785 par Calonne, et présenter tout de suite un plan d'ensemble « pour concourir... aux progrès de l'agriculture », plan en partie double : organisation, d'une part, d'expériences agricoles ; d'autre part, institution d'un service de vulgarisation des connaissances. Expérimenter et enseigner, ce sont les deux actes d'une science vivante, au service de la société tout entière. Pour quoi d'ailleurs Lavoisier mettait au service de l'expérience sa ferme du Bourget, « une ferme considérable sous la conduite d'un homme intelligent et sûr », un maître de postes comme les ancêtres mêmes de Lavoisier. Tout cela, dans cette nature scientifique, non sans arrière-plan de félicité commune, félicité utopique ou rêvée, mais dynamique de l'esprit de Lumières.

Lavoisier, laborieusement, méthodiquement, comme il faisait toute chose, préparait un traité d'Agriculture. Et le sens de cette œuvre, il l'a écrit : outre l'analyse de ses propres expériences, ce devait être un appel à l'opinion éclairée pour « concourir... à la prospérité nationale ». Voici surtout comment : « En engageant les grands propriétaires de terres, les capitalistes (le mot est ici bien en place), les gens aisés à porter leur superflu dans la culture des terres. » Politique de l'exemple, qui porte en elle cette justice, exprimée par Lavoisier avec cette lyrique sobre, révélatrice de ses certitudes profondes : « Un riche propriétaire ne peut faire valoir sa ferme et l'améliorer sans répandre autour de lui l'aisance et le bonheur; une végétation riche et abondante; une population nombreuse, l'image de la prospérité, sont la récompense de ses soins. »

Avant la Révolution bourgeoise, il y a ce rêve bourgeois éclatant de prospérité : il s'inscrit dans la conscience de Lumières d'une société indépendante, c'est-à-dire où l'homme, en l'occurrence les hommes, ou une élite d'hommes — créent de leur propre initiative prospérité, richesses, luxuriance de vie, bonheur.

L'étude, chez un Lavoisier, n'est plus « curiosité » découvreuse : elle est expérience, témoignage, engagement pour le bien de tous. Ainsi Lumières et progrès éclairent-ils la dynamique d'une société montante, tournée vers l'avenir, en libération consciente de sa propre puissance — c'est, sociologiquement, la société bourgeoise.

La recherche de l'utile et l'engagement social

La philosophie politique et humaine de Lavoisier est sociale. On peut saisir la démarche de cette pensée à la fois généreuse et avisée dans ce beau plaidoyer courageux et lucide pour le monde paysan contemporain. « Osons le dire, écrira-t-il, l'agriculture est une profession qui n'est exercée que par la classe la plus indigente du peuple... » « Jusqu'au règne de Louis XVI, le peuple n'avait été compté pour rien en France; on ne connaissait que les mots de force, de puissance, de richesse de l'État; ceux de bonheur du peuple, de liberté, d'aisance particulière, n'avaient jamais frappé l'oreille de ceux qui nous gouvernent, et l'on ignorait que le véritable but du Gouvernement doit être d'augmenter la somme des jouissances, la somme du bonheur et du bien-être de tous les individus. »

Texte de « Lumières » éminemment expressif, qui mériterait analyse. Contentons-nous d'y noter : un sens vigoureux du « peuple », d'un peuple qui maintenant est la partie pauvre, voire miséreuse de la société, partie qui compte à l'égal des autres ; une opposition esquissée, du moins une différenciation entre peuple, réalité vivante, humaine, souffrante, et État, autorité exclusive, abusive, impersonnelle ; le sentiment de temps neufs, puissamment, naïvement étalé ; la conscience enfin d'une société où ne survient ni surnature ni Providence, puisque la société est faite, sans plus, de la *somme* de *tous* les individus.

Société donc parfaitement libérée, et lucide de son économie. On en peut saisir l'exigence dans les préoccupations économiques de Lavoisier. Continuant un travail de Dupont de Nemours, commencé par le Comité d'administration de l'Agriculture, Lavoisier entreprend en 1784 la rédaction d'un ouvrage au titre caractéristique, *De la Richesse territoriale du Royaume de France*.

En même temps que préoccupation de financier pour la fixation des bases de l'impôt, c'est surtout une prise de conscience chiffrée de la richesse de la nation. Inventaire mûrement médité en méthode, fort laborieusement préparé tant en rassemblant les données de base qu'en multipliant les moyens de les vérifier. C'est tout ensemble un « compte général en nature », c'est-à-dire un inventaire brut de l'ensemble de la production territoriale en nature ; un « compte général en argent », ou la conversion en argent de tout ce qui, dans le produit en nature, demeure susceptible d'être converti en espèces ; enfin une estimation du revenu net, ou la portion du revenu territorial en argent, qui se partage entre le Trésor public et les propriétaires.

Nous sommes au temps des bilans, de la publicité désormais exigée des « comptes de la Nation ». Il s'agit en somme de savoir où l'on en est, de prendre conscience des mécanismes collectifs de la production des richesses, et surtout d'en analyser le partage, au moins entre ce que Lavoisier appelle « le Trésor public », soit l'État, et « les propriétaires ». Besoin du temps, qui n'échappe pas à l'esprit du financier économiste, quand il écrit d'une plume légère : « Il est bien remarquable qu'après tant de recherches et de calculs on arrive précisément au résultat que François Quesnay avait indiqué dans la *Philosophie rurale*; résultat qui a donné lieu à l'agréable brochure de Voltaire, intitulée *L'homme aux quarante écus*. Ce pamphlet est à la fois un chef-d'œuvre de profondeur et de plaisanterie. Pour le philosophe, c'est un traité complet d'économie politique; pour l'homme du monde, c'est un conte plein de gaieté; le génie supérieur à tous a trouvé le moyen de se mettre au niveau de tous. »

Dans cette conscience de la richesse, statique et dynamique, de la nation, l'analyse de Lavoisier ne s'attache pas aux seuls chiffres. La méthode analytique comptable de ce savant est d'une « mathématique sociale », incarnée surtout en ce sens qu'elle se soucie de justice. Moins encore de justice distributive que de justice conservatrice. Le sens bourgeois de la propriété ne perd pas ses droits, ainsi que Lavoisier le manifestera en écrivant ses conseils pour une émission modérée d'assignats — conseils qui ne furent pas suivis.

Ce qui compte, dans les démarches de cette pensée d'économiste, c'est l'intention d'appliquer à l'utilité commune, au budget, aux finances, à la richesse de la nation ou de l'État des méthodes scientifiques aussi rigoureuses que possible. Commencements timides mais sûrs d'une administration scientifique, aux origines de nos technocraties.

Dans la pensée de Lavoisier, la science demeure servante de fins sociales « philanthropiques » ou bienfaisantes. Ainsi pour ses projets d'assurances plus ou moins mutuelles. Idées dans l'air sans doute et qui se développent parallèlement à une mythique de progrès : plus celle-ci se fait optimiste de l'avenir, plus il faut se prémunir contre celui-ci. Aussi Lavoisier combattra-t-il pour l'institution d'une assurance agricole mutuelle, obligatoire et destinée surtout à couvrir les pertes du fait des désastres météorologiques ou des épizooties. Surtout, il a mis sur pied un projet d'établissement d'une Caisse de bienfaisance, dont l'objet serait d'assurer aux vieillards et aux veuves des secours contre l'indigence — projet qu'il présente, à l'automne 1787, à l'Assemblée générale de l'Orléanais.

Projet résolument social, qui tend à l'institution à Orléans d'une Caisse d'épargnes du Peuple, ce peuple qui ici encore est « le Pauvre » ; projet scientifiquement établi, du point de vue de la gestion financière, par l'étude des tables de mortalité, tables, on le sait, d'établissement récent ; projet caractéristiquement bourgeois, car toute l'administration, par le fait qu'elle est gratuite, demeure « philanthropique » et en des mains notables ; et projet qui s'inscrit dans toute cette lutte bourgeoise, depuis des siècles menée, pour réduire les charges de charité, ou hospitalières, pesant sur les fortunes citadines. Mais aussi projet visionnaire d'une société neuve, forte de soi, parce qu'assurée contre les misères de l'existence. Il y a, dans le texte de Lavoisier, ce noble envol prophétique : « Qui sait d'ailleurs si l'art de vivre en société n'est pas susceptible comme tous les autres de se perfectionner ? Si une administration plus populaire, si une répartition plus égale dans les charges publiques, enfin si le calme que répandra sur toute la vie la certitude d'une vieillesse heureuse et tranquille n'augmentera pas la vie moyenne des hommes et ne diminuera pas la mortalité ? » Optimisme social, autrement puissant qu'un optimisme philosophique, et de toute évidence porté par une acceptation biologique et humaine des forces de la vie.

Le sens de l'État et de la chose publique

Comme tous ses contemporains des « Lumières », et nombre des grands esprits qu'il rencontre dans « ses » salons, l'intelligence de Lavoisier est « réformatrice », c'est-à-dire qu'elle s'attache à une analyse intégrale, recréante, de la société nouvelle, dans une « cosmogonie » philosophique plus ou moins traditionnelle. Mais chez lui, non seulement la spéculation tend à l'acte, elle est surtout conscience organique de l'État. Ce côté haut fonctionnaire ou grand commis — qui en définitive ne pense réforme que par une administration promue à un niveau de toute-puissance — est très caractéristique de l'homme.

L'éloge de Fourcroy, peu suspect, est d'une parfaite pertinence : « Lavoisier a été un des plus grands administrateurs de la France. » Administrateur du moins, au sens élevé et spécifique où a culminé l'Ancien Régime : cela s'exprime dans des méthodes, mais surtout un sens exigeant et lucide de l'État.

Le fermier général en Lavoisier s'est élevé jusqu'au service de grand commis ; grand commis ou administrateur, il l'est, après 1775, à la Régie des poudres, soucieux tout à la fois d'enrichir le Trésor au lieu des particuliers et d'une politique de la puissance et de la qualité qui lui permettait d'écrire : « Les poudres de France sont devenues les meilleures de l'Europe », ou bien : « Le royaume s'est trouvé en situation de fournir, dans la guerre dernière, des poudres à tous les amis ou alliés du Roi ; on peut dire avec vérité que c'est à elles que l'Amérique septentrionale doit sa liberté. » Serviteur de l'État donc, et du rayonnement de la puissance de l'État.

Même sens de l'État réformateur dans les différents mémoires qu'il présente à l'Académie des sciences, depuis la réorganisation des hôpitaux parisiens jusqu'à la fourniture des villes, et surtout de Paris en eau potable. « Philanthropie » active et créatrice, que nous dirions aujourd'hui urbanistique ou économie sociale, y compris l'hygiène du travail, l'activité inventrice de cet esprit est incessante pour porter à son plus haut niveau la vocation bienfaisante de cette monarchie d'Ancien Régime, dont la réalité fut de se chercher, ainsi que l'a fort bien marqué G. Pagès, « monarchie administrative ».

Toute son intelligence réformatrice fonctionne en effet comme un service de l'État nouveau. Jusque dans la Caisse d'épargnes du Peuple, qu'il propose à l'Assemblée générale de l'Orléanais, il exige la garantie de la province ou de l'État. Ainsi la bienfaisance cesse d'être geste généreux de quelques-uns, pour devenir fonction ou service d'État.

Caractéristique, cette autre proposition de Lavoisier à la même Assemblée d'ouvrir des *Ateliers de charité et de mendicité*. L'idée n'est pas neuve, mais elle procède, chez lui, d'une conscience aiguë de l'ordre public. Mieux encore, conscience d'une société ordonnée, et ainsi gardée par l'État-maître. De cet ordre, voici l'aveu lucide et partageant : « Ce n'est que dans un ordre de choses ainsi constitué qu'on peut, sans inquiétude, faire justice à tous, renvoyer les malades et les infirmes dans les hôpitaux, les hommes vigoureux aux travaux publics, les femmes et les enfants aux ateliers de filature, les vagabonds aux renfermeries. » Société du travail et de la stabilité : chacun y est à sa place et par cela même — postulat implicite à l'esprit des Lumières — heureux. On comprend que pour cet État réformateur, Lavoisier ait eu, comme tant de ses contemporains, le plus grand souci d'assurer l'avenir. D'où ses réflexions sur l'instruction publique, dont l'aboutissement sera le rapport présenté en août 1793 par le Bureau de consultation des Arts et Métiers, institué depuis septembre 1791, et que l'on sait être l'œuvre de Lavoisier. Le rapport aboutit à un projet d'ouverture dans la République française d'« écoles primaires ou communes, pour tous les enfants, sans distinction, ni exception », d'écoles élémentaires des arts et d'une hiérarchie de lycées, dans la volonté d'un enseignement commun, équilibré, technique, pour développer l'avenir des sciences et des arts et la puissance du royaume par l'industrie.

Lavoisier n'oubliait même pas les professeurs, réclamant pour eux un traitement convenable et remontrant à la Convention « qu'il est de sa justice d'assurer une subsistance à ceux qui s'occupent de l'honorable fonction d'instruire leurs semblables, de reculer les bornes des connaissances humaines, et qui préparent la prospérité générale de la nation par le mouvement progressif qu'ils impriment aux sciences et aux arts. »

Avec les *Réflexions sur l'Instruction publique*, l'État réformateur de Lavoisier devient la République. L'État de Lavoisier est à coup sûr celui de la « chose publique ». Au-delà ? Dans ses écrits d'avant les déclenchements révolutionnaires, on pouvait doser un équilibre tempéré et sans contrainte entre la notion grandissante de « citoyen » et celle, monarchique, de « sujet ».

En fait, Lavoisier, grand bourgeois des Lumières, n'est pas un novateur politique. Les principes « réformateurs » qu'il approuve dans la rédaction des Instructions données par la noblesse du bailliage de Blois à ses députés aux États généraux, en mars 1789, sont ceux des aspirations communes d'une société de Lumières : le bonheur de tous, but de la société et donc droit commun ; la liberté individuelle, droit sacré à quoi se lient en cascades les libertés d'écrire, de pensée, de la presse, auxquelles Lavoisier ajouterait personnellement l'exigence de l'égalité fiscale. Ce qui, dans son esprit, est suffisamment démocratique. C'est au parti démocratique qu'il entend appartenir, dans la célèbre lettre à Franklin du 2 février 1790 — ce parti dont il écrit : « Le parti démocratique a de son côté le plus grand nombre, et de plus l'instruction, la philosophie, les Lumières. »

Démocratie mesurée puisque dans la même lettre il marque sa crainte de la faiblesse qui a fait armer le peuple et tous les citoyens. « Qu'il est impolitique de placer la force entre les mains de ceux qui doivent obéir », voilà sa maxime d'ordre, déjà son contre-courant révolutionnaire. Pleinement participant de l'élan patriotique des premiers temps de la Révolution, son idéal politique culmine à la monarchie constitutionnelle, au « roi citoyen », à celui qu'il appelle « le restaurateur de la liberté française ».

Il n'ira pas plus loin, en homme libre, et parce qu'il ne peut pas aller plus loin. Rien de plus expressif de la haute figure de ce bourgeois des Lumières que la lettre au roi, dans laquelle, en juin 1792, il refuse noblement le poste de ministre des Contributions publiques, qui venait de lui être proposé. Il y a de l'inflexible dans ce portrait de lui, véridique, mais stylisé en médaille : « Je ne suis ni jacobin, ni feuillant ; je ne suis d'aucune société, d'aucun club. Accoutumé à peser tout au poids de ma conscience et de ma raison, jamais je n'aurais pu consentir à aliéner mes opinions à aucun parti. » Il a juré la Constitution ; celle-ci est chaque jour outrepassée ; il refuse donc d'accepter d'être « un ministre constitutionnaire » dans l'anarchie constitutionnelle grandissante.

Dans cette rigidité, il y a aussi beaucoup de prudence

et comme une trace de manque de courage en ces lignes dernières, typique d'une éloquence des Lumières sur sa fin : « Soldat citoyen, je porterai les armes pour la défense de la patrie, pour celle de la loi, pour la sûreté du représentant inamovible du peuple français. » La Patrie, la Loi, le Roi, c'est la triade où s'accomplit pour Lavoisier l'ordre politique des Lumières. Au-delà, il n'y a plus que révolution déferlante et, pour lui, le crime d'être toujours l'homme du mur des fermiers généraux, et donc, sur une place parisienne, l'échafaud.

Avec l'histoire de Lavoisier, la bourgeoisie française des Lumières, encyclopédiste et polytechnicienne, demain technocratique, campe l'une de ses plus hautes figures. Victime condamnée sans doute, mais image inépuisable d'exemplarité car la figure sociale de ce grand bourgeois s'est personnalisée dans l'un des plus grands savants modernes.

LE DÉFINISSEUR DE SCIENCE

À l'encontre d'une règle après tout utile qui impose de ne faire mourir son héros qu'à la fin même du chapitre, dès la première partie de cette analyse, le fermier général est monté sur l'échafaud. Aussi bien notre seconde partie était-elle de typification sociale : une société, un milieu profilés à travers une grande expérience. Il s'agit maintenant de présenter la singularité d'un génie dans son immortalité.

Les biographes de Lavoisier s'accordent à préciser que c'est en 1770 qu'il a véritablement entrepris ses recherches originales — Lavoisier n'a pas trente ans — il les poursuivra vingt-quatre ans jusqu'à sa fin fatale.

Le trait majeur de Lavoisier savant est le besoin et la pratique de l'expérience. Trait commun des sciences en ce monde des Lumières : l'expérience y est même passion mondaine. Nous l'avons vu déjà avec les cours de Rouelle. Le futur tsar Paul Ier, alors comte du Nord, visitant Paris, assiste à l'Académie des sciences, en juin 1782, à « plusieurs expériences curieuses », dont une de Lavoisier faisant fondre en un instant du platine sur un foyer de charbon de bois sur lequel est soufflé de l'oxygène. Le roi lui-même, la reine voudront voir le spectacle d'expériences de Lavoisier. Lui-même n'en était pas avare dans son laboratoire pour Franklin, pour Young et toutes les illustrations européennes qui venaient à l'Arsenal.

Mme Lavoisier rapporte que dans l'emploi du temps de cet homme très occupé, Lavoisier se réservait religieusement un jour par semaine pour ses expériences de laboratoire : c'était son jour de bonheur. Selon le déroulement de son existence, le rythme de ses occupations, il consacrera plus de temps aux recherches, mais ce qui caractérise le savant, c'est surtout dans sa jeunesse une tension quasi constante d'expérimentation. On rapporte souvent ses expériences préliminaires pour préparer son mémoire pour le concours de M. de Sartine quant au meilleur éclairage nocturne des rues d'une grande ville. Six semaines durant, il s'enfermera dans une pièce de la maison familiale, qu'il avait fait obscurcir de toutes parts pour affirmer sa vue afin de mieux percevoir les intensités lumineuses.

Partir de l'expérience, et s'engager dans l'expérience, tel Lavoisier. Ce savant est d'abord un expérimentateur. Capable d'expérimenter aussi bien avec son corps, son génie inventif est extrême pour confectionner les appareils que le développement de ses expériences exige. Cet expérimentateur a un soin jaloux de l'instrument et il n'est pas pour lui de détail incontrôlé.

Autrement dit, l'expérience est de bout en bout son œuvre. Exigence et puissance expérimentatrices procèdent chez Lavoisier non seulement de sa passion et de son habileté personnelle, mais d'une attitude mentale très nette, le besoin de reprendre tous les travaux faits avant lui. Ainsi son apprentissage se fera-t-il quasiment sans maître, et, toute sa vie, il travaillera souvent seul, n'ayant comme collaborateur toujours présent que sa femme. L'expérience en effet exige un greffier, consignant attentivement tous les détails de l'expérience sur un registre, ces célèbres registres de Lavoisier, qui sont au commencement d'une science.

Naturellement, cet expérimentateur entier est jaloux de ses découvertes — son bien. Pour la présentation de son bien, c'est-à-dire la communication de ses découvertes, à l'encontre d'un Priestley par exemple, il sait attendre avant de publier, multiplier les expériences, en laisser mûrir en lui l'analyse. Sa communication des résultats obtenus n'est pas autre chose qu'un compendium d'expériences. Ainsi ses *Opuscules physiques et chimiques* (1774) sont-ils un simple recueil d'expériences : récit précis des préparatifs ; description des faits observés ; mise en place des résultats. Comme un livre de laboratoire, ou des expériences mises par écrit.

Dans l'expérience, l'instrument joue un rôle primordial. Lavoisier travaille avec les plus simples, se donnant progressivement le matériel de son besoin. L'instrument de base du laboratoire de Lavoisier, c'est la balance. Ses balances, il a pour elles un soin spécial : il les fait construire spécialement par un balancier rue de la Sorbonne, les tient à l'abri de l'atmosphère du laboratoire. La pesée méticuleuse est un principe de son expérimentation. Par rapport à celle-ci, il a l'audace de l'instrument neuf : c'est ainsi qu'il utilisera pour la première fois le chalumeau à hydrogène, afin de fondre du platine (1783).

Cette quasi-solitude dans la rencontre du savant avec sa matière est, chez Lavoisier, attitude de connaissance : l'expérience, et aucun autre préalable, c'est peut-être ainsi qu'on l'a remarqué, « l'incarnation la plus parfaite du chercheur cartésien. » La tension d'observation va de pair avec la méditation interprétative. L'expérience solidement établie n'est pas pour lui matériel descriptif seulement ; elle est fondement d'explication. Explication qui prendra volontiers forme d'hypothèse, mais qui n'en a pas moins pour lui valeur d'explication d'ensemble. L'intelligence d'un homme du XVIIIe siècle a toujours besoin d'une clé pour la compréhension d'un ensemble de phénomènes, plus encore de l'ensemble des phénomènes.

Dans le *Mémoire sur la combustion en général*, où se découvre, en 1777, l'audace grandissante de ses découvertes, voici comme il s'explique : « Au reste, je le répète, en attaquant ici la doctrine de Stahl, je n'ai pas pour objet d'y substituer une théorie rigoureusement démontrée, mais seulement une hypothèse... » Prudence du savant dans l'induction au partir de l'expérience, mais besoin de l'explication d'ensemble cependant, et de quelle certitude : « J'ose assurer d'avance que l'hypothèse que je propose explique d'une manière très heureuse et très simple les principaux phénomènes de la physique et de la chimie. » Le style de Lavoisier est parfaitement situé, dans ce mémoire décisif : expliquer d'une manière *très heureuse* et *très simple*, c'est-à-dire un ajustement intelligible des choses. Ces choses qui sont pour lui les principaux phénomènes de la physique et de la chimie, à quoi s'ajoutera un peu plus tard, dans un troisième temps d'expérimentation découvreuse, la chimie organique et la naissante biologie.

Les découvertes : l'oxygène

Vers 1770, la chimie demeurait dominée par deux systèmes d'explication générale des phénomènes. L'un était la théorie traditionnelle, aristotélicienne, des quatre éléments fondamentaux, ces quatre éléments constitutifs de toute matière que sont l'eau, l'air, la terre et le feu. L'autre, beaucoup plus récente, établissait l'explication par l'existence d'un principe hypothétique, le *phlogistique*.

Là-dessus, pourquoi ne pas entendre Lavoisier lui-même : « À l'époque où Stahl a écrit, les principaux phénomènes de la combustion étaient encore ignorés. Il n'a connu de cette opération que ce qui frappe les sens, le dégagement de la chaleur et de la lumière. De ce que quelques corps brûlaient et s'enflammaient, il en a conclu qu'il existait entre eux un principe inflammable, du feu fixé ; mais, comme il était difficile de concilier la fixité qu'on observe dans quelques corps combustibles avec la mobilité, la subtilité qui paraît caractériser l'élément du feu, il a supposé qu'un principe terreux servait d'intermède pour unir le feu aux corps combustibles, et il a appelé *principe inflammable* ou *phlogistique* le résultat de cette combinaison. » Ce qui, après tout, ainsi que le note un peu plus loin Lavoisier, revenait à dire que les corps combustibles s'enflamment parce qu'ils contiennent un principe inflammable.

Explication tautologique, par où Stahl avouait peut-être une impuissance à expliquer, alors qu'il avait, expérimentalement et analytiquement, mis en valeur deux faits capitaux : l'un, que les métaux sont des corps combustibles et que leur calcination est une véritable combustion ; l'autre, plus important encore, est la transmissibilité d'un corps à un autre de la propriété de brûler. Les métaux par exemple perdent par la calcination leur qualité combustible ; mais mis en contact avec du charbon, ils retrouvent, aux dépens de ce dernier, leur qualité combustible.

Le médecin prussien Georg Ernst Stahl, médecin du roi de Prusse, définisseur de *l'animisme*, avait, au commencement du siècle, expliqué les choses de la façon suivante : ces phénomènes mis en évidence, et d'autre part, selon l'inébranlable physique aristotélicienne, le feu étant un élément simple, il faut admettre l'existence d'un *principe inflammable* susceptible de se combiner avec d'autres corps. Puisque les métaux chauffés se transforment en oxydes, ou en « chaux métalliques » selon le vocabulaire de l'époque, un métal est constitué de l'union d'une chaux et du phlogistique. Le principe dès lors s'établissait : tout corps est composé du phlogiston et d'un radical ; chaque combustion se caractérise par la sortie du phlogiston.

Nous savons aujourd'hui que la réalité est inverse : en chauffant un métal, on obtient une chaux, non parce que ce métal perd son phlogistique, mais parce qu'il se combine avec l'oxygène de l'air ambiant. La chaux n'est pas un corps simple, mais le métal. Pour l'établir, il fallait établir avec une précision totale ce qui se passe dans une opération de calcination. D'où la célèbre expérience de Lavoisier de calcination d'un morceau d'étain, en présence d'air, dans un vase hermétiquement clos. Instrument essentiel, la balance, pour constater que le poids total du système ne varie pas ; seuls varient les poids du métal transformé en chaux et de l'air renfermé dans la cornue, et ce, dans une correspondance parfaitement exacte. Le poids de la chaux obtenue est égal à celui du métal additionné au poids de l'air disparu dans le récipient.

Le principe inflammable se trouve dès lors fort menacé, et la conclusion impérieuse de Lavoisier survient : « Une fraction de l'air de la cornue s'est unie au métal et l'a rendu plus lourd qu'il n'était avant la calcination. » Qu'est-ce donc que cet air ? Les tâtonnements du langage témoignent de la difficulté qu'il y a à s'arracher à une théorie communément admise et donc du courage du découvreur. Cet air, ce sera successivement, dans l'écriture de Lavoisier, l'« air nouveau », l'« air éminemment respirable », enfin plus tard l'oxygène.

Dans le *Mémoire sur la nature du principe qui se combine avec les métaux pendant leur calcination et qui en augmente le poids*, que Lavoisier lit devant l'Académie des sciences à la rentrée de Pâques 1775, après avoir travaillé tout l'hiver et dans le laboratoire des Trudaine à Montigny, ce n'est encore que « l'air éminemment respirable ». Mais cet air éminemment respirable, dans son individualité propre, est pour la première fois présenté au monde savant.

Découverte entière de Lavoisier? Maurice Daumas a fort heureusement souligné que la découverte de Lavoisier s'exprime dans un double ensemble : ce qu'il appelle la découverte « des airs »; une crise poignante de découverte. C'est un fait essentiel que le XVIIIe siècle, ce siècle de « Lumières », est le siècle de la découverte des airs. Il y a différentes sortes d'airs, et non plus l'air, élément unique et simple de la physique aristotélicienne. Un effort singulier s'acharne à analyser cet élément, c'est-à-dire à le décomposer. Effort tâtonnant, inconscient, mais d'une remarquable sûreté.

Ce sont les Anglais Hales et Priestley qui ont été les pionniers de cette découverte, se détachant d'un peloton plus confus. Hales, naturaliste, met en évidence dans les années vingt du siècle, dans l'analyse de la vie végétale, les réactions chimiques qui absorbent ou dégagent des *airs*, c'est-à-dire des gaz. L'exploration de cette matière gazeuse devait faire apparaître l'existence de l'« air fixe », c'est-à-dire le gaz carbonique, que décrit Black, autre Anglais. Priestley, génial et turbulent découvreur, parlera bientôt d'un « air inflammable », c'est notre hydrogène, et d'un « air nitreux ».

La tendance, dans cette exploration des airs, est à multiplier les différentes espèces d'air, forme d'analyse verbale qui ne saurait satisfaire Lavoisier, exigeant d'une autre lumière « sur la théorie de la chimie ». Il n'en saurait rester à cet inventaire que dressait Priestley dans son livre célèbre, publié en 1772, *Experiments and Observations on Different Kinds of Air*.

Ce qui nous conduit à la « crise de découverte », c'est-à-dire à cette coïncidence éminemment émouvante dans le flux de l'histoire, où il faut que la découverte soit. C'est un fait qu'à quelques mois d'intervalle, sans qu'on puisse parler d'autre chose que de « correspondances » dans la dynamique de découverte, l'apothicaire suédois Scheele analyse l'air en deux « fluides élastiques », *l'air vicié* et l'air du feu ou *air empyréal*, l'anglais Priestley, pasteur et chimiste, distingue dans l'air *l'air vicié* ou air naturel et *l'air très pur*, l'air de la respiration des êtres vivants, qu'il appelle caractéristiquement « l'air déphlogistiqué ». L'air du feu ou l'air très pur, c'est à peu près au même moment l'« air éminemment respirable » ou l'« air vital » de Lavoisier, qu'il nommera pour la première fois, en 1779, « principe acidifiant ou principe oxygène ».

Convergence « européenne » saisissante, où la description de la pluralité des airs conduit, par une chaîne de découvreurs de génie, à la décomposition de l'air, c'est-à-dire à la fin décisive de la physique des quatre éléments. C'est aussi la fin, moins conséquente, mais importante, de la théorie du phlogistique. Si Priestley a découvert l'oxygène, Lavoisier seul lui a donné sa place et son sens dans une explication d'ensemble. Sur la base de ses expériences, il conclura d'abord que l'air atmosphérique est formé d'un gaz actif, l'« air vital », susceptible de s'unir aux métaux pour les transformer en chaux, et d'une « mofette résiduaire » qui joue le rôle d'un gaz inerte (notre azote, qu'il avait ainsi isolé). Ayant vérifié toujours expérimentalement ses idées sur la composition de l'air, il établit définitivement l'existence de l'acide carbonique et les proportions de carbone et d'oxygène qui le composent. Ainsi lui apparaît le rôle essentiel de l'oxygène dans toutes les réactions chimiques qui ont lieu à la surface de la terre.

Si l'on a pu lui reprocher d'avoir admis que l'oxygène entre dans la composition de tous les acides, cette concentration sur le rôle omniprésent de l'oxygène l'a d'une part amené à éclairer l'intervention de l'oxygène dans les phénomènes de combustion et le fait déboucher d'autre part sur l'intuition biologique du rôle de la respiration chez l'homme et les animaux supérieurs. Celle-ci lui apparaît comme le moyen par lequel l'organisme se procure l'oxygène dont il a besoin pour brûler ses déchets et pour entretenir la chaleur animale indispensable à la vie.

L'analyse des « airs », la distinction de l'« air vital » ou « air éminemment respirable » aboutit ainsi, dépassant les phénomènes de combustion, à des recherches de calorimétrie et de biologie.

Au printemps de 1783, après des années consacrées à ces autres formes de vie, Lavoisier revient plus intensément au laboratoire. Avec le mathématicien Laplace, depuis un certain temps déjà, il réfléchissait sur la nature de la chaleur et de la lumière.

Si Laplace, plus moderne que Lavoisier, tend à expliquer la chaleur comme l'effet d'un mouvement interne des corps, Lavoisier, plus lié aux conceptions traditionnelles, explique la chaleur par le calorique. Manière d'explication « phlogistiquée », à quoi il se tiendra obstinément, et qui fait du *calorique* un fluide pénétrant les parties du corps, les écartant les unes des autres, baignant ces parties en lui. « Conception corpusculaire de la matière », écrit Maurice Daumas : c'est l'évidence même. Mais, Lavoisier empêtré par son principe, les expériences de calorimétrie n'en continuent pas moins et c'est au terme du *Mémoire sur la chaleur* présenté à l'Académie des sciences en juin 1783 qu'il peut écrire :

« La respiration est donc une combustion à la vérité fort lente, mais d'ailleurs parfaitement semblable à celle du charbon. »

Ainsi travaille cet esprit d'explication d'ensemble pour lire à travers les phénomènes chimiques certains traits essentiels, vitaux, de l'univers biologique. C'était poser les bases de l'étude physico-chimique du fonctionnement des organismes vivants, et donc ouvrir les voies d'une physiologie, équilibrée entre chimie et biologie. Enfin, à ce gaz nouveau, Lavoisier a donné son nom : « Nous avons, écrit-il, donné à la base de la portion respirable de l'air le nom d'oxygène, en le dérivant de deux mots grecs, οξυς, acide, γαινομαι, j'engendre, parce qu'en effet une des propriétés les plus générales de cette base est de former des acides en se combinant avec la plupart des substances. »

L'analyse de l'eau et le rôle de l'hydrogène

Dès 1767, Cavendish avait découvert l'hydrogène ; mais sa place dans la nature était mal fixée, la règle des quatre éléments constitutifs de la matière enseignant traditionnellement que l'eau était un élément indécomposable.

Si l'on connaissait le phénomène de la libération d'hydrogène dans l'oxydation du fer au contact de l'eau, l'eau n'y pouvait jouer qu'un rôle de catalyse. Les partisans du phlogistique allaient même plus loin à cause du caractère fort inflammable de l'hydrogène, ils en faisaient tout de go le *principe* inflammable.

Adversaire comme il l'était de l'explication phlogistique, Lavoisier devait être mis en éveil. Pour lui, l'hydrogène brûle au contact de l'air parce qu'il s'unit à l'oxygène contenu dans l'air. Restait à savoir ce qu'était le produit de la combinaison de l'hydrogène avec l'oxygène. Lavoisier pensait que c'était l'acide carbonique. Ici encore, nous sommes dans une « crise » libératrice de découverte — manière de compétition entre les deux rives de la Manche.

Le découvreur de l'hydrogène, ou gaz inflammable, Cavendish, avait déjà à Londres obtenu effectivement de l'eau, et même en quantité assez importante. La découverte se caractérise moins par la production expérimentale que par la lecture mentale. Pour les Anglais Cavendish et, derrière lui, Priestley, l'union de l'air inflammable ou phlogistique avec l'air déphlogistiqué donnerait l'eau. Autrement dit la découverte est faite, mais elle n'est pas comprise, car l'air inflammable, c'est l'hydrogène et l'air déphlogistiqué, c'est l'oxygène. Toute lecture neuve est empêchée du côté anglais par la fiction du « phlogistique ».

Le mérite de Lavoisier et de Laplace qui conduisent ensemble à l'automne 1783 les expériences de production expérimentale de l'eau, au laboratoire de l'Arsenal, est d'être débarrassés du principe « métaphysique ». Toute la clarté de la découverte est dans le titre même du mémoire qu'ils lisent à l'Académie des sciences pour la rentrée de la Saint-Martin 1783, *Mémoire dans lequel on a pour objet de prouver que l'eau n'est pas une substance simple*; qu'elle n'est pas un élément proprement dit, mais qu'elle est susceptible de décomposition et de recomposition. Ce qui n'était pas encore l'éclatante découverte.

Comme pour les phénomènes de combustion, et beaucoup plus encore, il y a une frénésie européenne pour découvrir la nature de l'eau, et partant en pouvoir produire : Monge, dans son laboratoire de l'École de Génie de Mézières ; en Italie, en Allemagne ; Priestley surtout, qui continue ses expériences géniales et désordonnées, et qui réduit le mininum au moyen du gaz inflammable, et James Watt, qui peut-être plus que tous a formulé l'hypothèse vraie sur la composition de l'eau.

Convergence qui dit moment découvreur — et cela seul importe pour l'analyse historique —, cette année de fièvre 1783-printemps 1784, où le secret de l'eau va être percé. Il demeure cependant certain, d'une part, que les expériences de Lavoisier avec Meusnier, officier du génie qui cherchait à produire en abondance du gaz pour gonfler les montgolfières, ont été décisives dans l'établissement clair et irréfutable de la décomposition de l'eau, et que, d'autre part, le génie de Lavoisier a su comprendre ce devant quoi hésitaient des expérimentateurs eux aussi de génie, mais de moindre lucidité.

Quand Monge aura précisé peu après, par démonstration expérimentale, que la masse d'eau qui apparaît dans la combustion de l'hydrogène est égale à la somme des masses d'hydrogène et d'oxygène qui disparaissent dans la réaction, la formule chimique est proche qui écrit l'eau, H^2O.

Des découvertes qui engendrent une chimie nouvelle

La première conséquence des découvertes de Lavoisier était, en effet, la fin de la chimie stahlienne du phlogistique. Autour de 1784 et des années suivantes, on assiste à une série de conversions retentissantes à la « chimie déphlogistiquée ». Lavoisier lui-même avait tiré les conséquences de sa maturation décisive de plus de dix ans, dans le mémoire de 1783 intitulé *Réflexions sur le phlogistique*, pour servir de suite à la théorie de la combustion et de la calcination publiée en 1777, et il eut la joie d'enregistrer la conversion du chimiste écossais Black, qu'il voulait bien considérer comme l'un de ses maîtres.

La portée de cette libération de l'explication phlogistique, la voici toujours lucidement relevée par Lavoisier lui-même : « En attendant, je vois avec une grande satisfaction que les jeunes gens qui commencent d'étudier la science sans préjugé, que les géomètres et les physiciens qui ont la tête neuve sur les vérités chimiques, ne croient plus au phlogistique dans le sens que Stahl l'a présenté, et regardent toute cette doctrine comme un échafaudage plus embarrassant qu'utile pour continuer l'édifice de la science chimique. » (*Œuvres*, II, 655.)

Avec le ralliement d'hommes comme Berthollet et Chaptal, Guyton de Morveau, Fourcroy, Monge, la victoire est désormais assurée en France à ce qui va s'appeler maintenant la « chimie pneumatique », en opposition à la « chimie phlogisticienne ». C'est une chimie des « airs », c'est-à-dire des gaz, dans la vie cosmique.

Coïncidence ou nécessité ? À cette chimie nouvelle, il faudra une écriture nouvelle. C'est l'élaboration collective par ce que Maurice Daumas a appelé la « promotion Lavoisier » de la *Nouvelle Nomenclature chimique*. Le parlementaire bourguignon Guyton de Morveau avait commencé la codification d'une nomenclature nouvelle des corps chimiques. Cela deviendra très vite, à l'Arsenal — dans une équipe où participent des hommes venus de tous les secteurs de la science, et particulièrement des mathématiciens tels que Laplace et Borda —, élaboration commune, le vocabulaire de la chimie moderne.

En deux temps. L'un, le plus important, consiste à désigner les substances simples par des mots simples. « Nous sommes arrivés, écrira Lavoisier, au point que, par le mot seul, on reconnaît sur-le-champ quelle est la substance combustible qui entre dans la combinaison dont il est question, si cette substance combustible est combinée avec le principe acidifiant et dans quelle proportion ; dans quel état est cet acide, à quelle base il est uni ; s'il y a saturation exacte ; si c'est l'acide ou bien la base qui est en excès... » Autrement dit, par le nom, pouvoir connaître immédiatement de la vertu chimique du corps.

Si cette nomenclature se complète par un système de signes abréviatifs, eux aussi extrêmement simples — ce qui sera fait sur-le-champ par de jeunes disciples de Lavoisier —, l'écriture chimique contemporaine se trouve ainsi en place aux dernières décennies, « révolutionnaires », du XVIIIe siècle. En 1787, paraît la *Nomenclature moderne*. Deux ans plus tard, l'année même où s'ouvre la Révolution, le *Traité élémentaire de chimie*, présenté dans un ordre nouveau et d'après les découvertes modernes. Maurice Daumas, d'une formule ferme, a souligné la coïncidence : « À l'heure où débute une révolution, il marque le terme d'une révolution. » Avec lui, finit l'ère du phlogistique : le *Traité* est le manifeste, quelque peu national, de ce que la science européenne de l'époque nomme la « doctrine des chimistes français ».

Il s'agit de la chimie moderne, création lucide de Lavoisier dans la pratique de cette règle, que l'on a improprement appelée « loi de Lavoisier » et qui fut en fait la clé de sa méthode. Elle est dite dans la phrase souvent citée et perdue dans un mémoire sur la fermentation alcoolique : « Car rien ne se crée ni dans les opérations de l'art, ni dans celles de la nature, et l'on peut poser en principe que, dans toute opération, il y a égale quantité de matière avant et après l'opération ; que la qualité et la quantité des principes est la même et qu'il n'y a que des changements, des modifications. »

Dans une constance de la totalité de l'univers, la chimie est ainsi description de changements, de métamorphoses. Description qui, bien entendu, est aussi transformation et production. D'où cette conséquence pratique d'une mise en équation nécessaire du poids des corps simples dans les métamorphoses chimiques. Par où l'écriture chimique deviendra susceptible d'une intégration mathématique.

Une autre découverte : les gaz et la vie animale

L'intelligence analytique de Lavoisier a passé, comme naturellement, de l'étude du phénomène de la combustion à celui de la respiration. Là encore, Priestley avait eu des intuitions désordonnées, établissant par une série d'expériences « que la respiration des animaux avait la propriété de phlogistiquer l'air, comme la calcination de métaux ».

Par une série d'expériences comparatives entre des faits de calcination (mercure) et de respiration (le moineau franc sous sa cloche de verre plongée dans une jatte de mercure), Lavoisier méthodiquement établit les relations évidentes, dans le phénomène de la respiration, entre l'air, l'oxygène et l'acide carbonique. Toute une série d'expériences très variées suivirent, y compris sur l'homme (un de ses collaborateurs servit de cobaye). Elles l'amènent ensuite à démontrer qu'il y a, au niveau du poumon, absorption d'oxygène et dégagement d'acide carbonique, et que cette absorption d'oxygène fait le sang artériel et produit la chaleur animale. Voici comme il l'exprime dans un style d'imagerie qui est bien d'époque :

> Dans la respiration comme dans la combustion, c'est l'air de l'atmosphère qui fournit l'oxygène et le *calorique*, mais, comme dans la respiration, c'est la substance même de l'animal, c'est le sang qui fournit le combustible ; si les animaux ne réparaient pas habituellement ce qu'ils perdent par la respiration, l'huile manquerait bientôt à la lampe, et l'animal périrait, comme une lampe s'éteint lorsqu'elle manque de nourriture.

Le plan de recherches physiologiques de Lavoisier ne s'arrêtait pas au seul phénomène de la respiration. Son propos était fixé dans un plan préalable, parfaitement défini selon sa méthode : trois ordres de phénomènes, d'après son observation de l'être vivant, doivent être étudiés, la respiration, la transpiration et la digestion. Pour arriver à distinguer les effets de la respiration et ceux de la transpiration sur le corps humain, il concevra même avec son collaborateur-cobaye un habillement spécial pour celui-ci, parfaitement imperméable ; et sous son costume, tuyau mastiqué sur la peau à hauteur de la bouche pour l'évacuation de la respiration, il passera de longues séances de malaise et de découverte, infatigablement manipulé par Lavoisier.

Le résultat sera la détermination précise de la quantité d'air vital consommée en vingt-quatre heures par l'animal humain et des quantités respectives d'eau dégagée par la transpiration pulmonaire et par la transpiration cutanée.

Le second mémoire sur la respiration des animaux est présenté à l'Académie des sciences au printemps 1790 ; le premier est de novembre 1789. Les dates suffisent à éclairer aussi bien la concordance historique que la grandeur passionnée et héroïque du savant chez Lavoisier. Dans ce premier mémoire, il écrit ces lignes éclairantes : « On peut comparer par exemple à combien de livres en poids répondent les efforts d'un homme qui récite un discours, d'un musicien qui joue d'un instrument. On pourrait même évaluer ce qu'il y a de mécanique dans le travail du philosophe qui réfléchit, de l'homme de lettres qui écrit, du musicien qui compose. » Texte illuminé de génie : avec une audace tranquille, sûr de sa méthode autant que de ses mesures, il généralise ses observations jusqu'à une psycho-physiologie humaine.

LA SIGNIFICATION HISTORIQUE
DE L'ŒUVRE DE LAVOISIER

De l'analyse des « airs » à celle de l'énergétique humaine, l'œuvre scientifique de Lavoisier a une cohérence géniale. Pour parler un autre langage, elle s'attache au fluide, au subtil, au vital. Lui-même l'a senti, méditant sur les deux ordres de phénomènes qui ont été la source même de ses découvertes, la combustion et la respiration :

> On dirait que cette analogie qui existe entre la combustion et la respiration n'avait point échappé aux poètes, ou plutôt aux philosophes de l'Antiquité, dont ils étaient les interprètes et les organes. Ce feu dérobé du ciel, ce flambeau de Prométhée ne présente pas seulement une idée ingénieuse et poétique, c'est la peinture fidèle des opérations de la nature, du moins pour les animaux qui respirent. On peut donc dire, avec les anciens, que le flambeau de la vie s'allume au moment où l'enfant respire pour la première fois, et qu'il ne s'éteint qu'à sa mort.

Admirable texte d'une poétique des Lumières. Science, philosophie et mythologie se retrouvent dans une unité cosmique, de nature, celle de l'unité de la vie animale par le feu et le souffle. Ce qui est aussi — Lavoisier ne va pas jusque là —, l'esprit. La découverte de Lavoisier est ainsi « prométhéenne » ; c'est une maîtrise du feu et des « airs ».

On peut noter au passage, sans autre conséquence, que cette analyse des « airs » se réalise parallèlement, voire complémentairement dans les deux pays qui demeurent en tête dans une « Europe des Lumières », Angleterre et France. Ceci, pour souligner ce qu'il y a d'existentiellement valable dans l'image historiographique de « temps des Lumières ».

Dans son *Essai sur l'histoire des sciences pendant la Révolution française* qui date de 1803, le physicien Jean-Baptiste Biot écrit : « Alors vivait un homme qui joignait à une grande fortune deux qualités ordinairement contradictoires : le génie, qui généralise, et la précision, qui mesure les détails. » Cet homme, c'était Lavoisier. Caractéristique valable, certes, du savant génial, mais qu'il faut préciser par l'histoire.

La création historique de Lavoisier s'explique sans doute par cet équilibre de dons extraordinaire. Mais aussi par l'utilisation de ses dons dans des conditions, une atmosphère spirituelle et humaine déterminées. Une « mise en place » historique de la génialité de Lavoisier devrait, me semble-t-il, éclairer le passage qu'il accomplit de l'alchimie à la chimie.

Refusant selon sa nature de découvreur toute doctrine d'explication préalable, son « faire » est d'abord tout alchimiste. Comme les hommes du « Grand Œuvre », il calcine, et c'est à force de calciner que, après 1771, il parvient à établir qu'une partie de l'air atmosphérique se fixe sur les métaux pendant leur calcination. Toute la chimie traditionnelle procédait en effet par des expériences de calcination, de distillation, d'attaque par les acides, etc. : c'est l'arsenal de l'alchimie, dont Lavoisier participe dans toutes ses recherches sur la combustion et la constitution des acides.

Mais ce que l'alchimie, mécanique et confiante souverainement en ses procédés, n'acceptait pas, c'était d'aborder différemment, dans le maniement expérimental, les phénomènes de la vie. Lavoisier, lui, a compris que, dans l'univers animé de la physiologie, la manipulation expérimentale devait être autre, c'est-à-dire regarder vivre la matière et, dans la distinction des phénomènes, en décrire l'économie vitale — le moyen de la description étant maintenant le calcul.

Ainsi, l'expérimentateur en lui est tout à la fois capable de tradition et de liberté dans la soumission à la matière. Tous les moyens lui sont bons pour une analyse de la matière. L'expérience devient naturellement lecture de l'univers cosmique.

D'un autre côté, c'est l'aspect « encyclopédique » de cet esprit, sa curiosité ouverte sur toutes sortes de phénomènes, comme le milieu grand bourgeois qui est le sien, et le besoin de ce monde encyclopédiste — plus traditionaliste en définitive qu'il ne se croit — d'arriver à une explication d'ensemble de l'univers, qui ont permis à Lavoisier de découvrir, là où les autres « inventoriaient » quelque peu au hasard d'instructions géniales.

Analyser l'expérience et la situer dans une mise en ordre de l'univers, c'est l'encyclopédisme de Lavoisier. Il est certain que ce besoin de l'explication d'ensemble, ce travail immanent en un « système de l'univers » lui ont permis la lucidité de la découverte. Le besoin d'un univers des lumières a incontestablement fécondé, voire illuminé, dans une nature géniale, la lecture mentale de la découverte.

La chimie de Lavoisier, celle du *Traité élémentaire de chimie*, est décisivement libérée de la tradition aristotélicienne des quatre éléments. Il n'y a donc plus quaternité explicative des phénomènes physiques, chimiques, biologiques de l'univers, mais une analyse désormais ouverte pour une décomposition de la matière en des éléments de plus en plus simples. La course à la décomposition infinie, c'est-à-dire à l'infiniment petit, est ouverte.

Tout à la fois se trouvent décisivement atteintes une conception « substantialiste » de la matière et une explication « métaphysique » du monde. Les principes ne sont plus que des éléments matériels, condamnés à s'amenuiser de plus en plus. En même temps que la science moderne, issue d'expériences sensibles, doit travailler de plus en plus sur une matière qui échappe à la sensibilité humaine, donc devenir supérieurement technicienne de l'instrument. L'instrument y devient, pourrait-on dire, l'outil de l'analyse « métaphysique ».

Une science neuve, à la fois instrumentale, de mesure et de calculs donc mathématique, tente une explication d'ensemble de l'univers. Avec deux conséquences psychiques évidentes : l'une est celle d'une énergétique de la vie, où chimie et biologie réciproquement s'éclairent et se fondent ; l'autre est, dans la maîtrise des éléments, une ivresse prométhéenne, de « recomposition », donc de maîtrise du monde, et d'exploration parallèle de l'univers et des possibilités humaines, celui-là étant le champ de mesure de celles-ci.

Grande bourgeoisie fortunée et esprit des Lumières culminent ainsi, dans la présence historique de Lavoisier, en une « volonté de puissance » par l'analyse et la synthèse de la matière. Il ne s'agit plus désormais du « Grand Œuvre Alchimique », mais d'une vocation commune pour la possession du monde. Même si l'existence tronquée et prodigieuse d'un Lavoisier a été sacrifiée dans un événement erratique de cette volonté de puissance.

CHAPITRE VI

LES LUMIÈRES ET LES ARTS :
LE ROCOCO

Le « rococo » est assez sensiblement, au champ français, le style Louis XV. En fait, il dépasse largement les limites du règne[1].

Étape évolutive d'un art, donc, état d'accomplissement ou de perfection caractéristique — qu'il faut voir se définir et se parfaire sur l'ensemble du siècle, du moins jusqu'aux retours classiques ou antiquisants des dernières décennies, précédant immédiatement la crise révolutionnaire —, le « rococo » est cependant phénomène d'expression artistique, d'expansion européenne. Il s'agit du développement d'un art décoratif qui, apparaissant en France aux environs de 1700 et s'épanouissant sous le règne de Louis XV, domine l'Europe jusqu'à l'avènement du classicisme dans les dernières années du XVIIIe siècle.

---

1. L'origine et l'évolution du « rococo » français ont été remarquablement explorées, même parfois d'une façon pointilleuse, par Fiske Kimball, alors directeur du Museum of Arts de Philadelphie dans son livre *Le style Louis XV. Origine et évolution du rococo*, Paris, Picard, 1949. L'édition française est une refonte, sensiblement enrichie, de l'édition américaine, qui date de 1943. Le propos de Fiske Kimball a été d'analyser la naissance et le développement du style Louis XV en France : c'est, pour lui, le terroir original du « rococo ».

« ROCOCO » OU STYLE LOUIS XV ?

Art caractérisé par un règne, et peut-être art de règne, le rococo est-il une des formes de l'influence plastique française sur l'Europe des Lumières ? Problème qui ne peut être débattu ici, et où je serais, quant à moi, beaucoup moins « gallican » que Kimball.

L'élaboration et le rayonnement du « rococo » sont un autre exemple de cette « européité » du XVIIIe siècle, où toute histoire nationale est, beaucoup plus qu'à telle autre époque, constitutivement partiale.

Maniérisme, baroque et rococo, la séquence est organique d'un ensemble européen, plus religieux d'abord que civil ou national, où s'est cherchée une autre forme de libération — celle d'une vérité de « nouveauté » par la création de formes plastiques neuves, inhabituelles ou non-régnantes, peut-on dire, et plus encore la manifestation, par la définition de ses formes mêmes, d'une puissance humaine en l'univers plastique traditionnel, et donc dans la conscience de la vie universelle. Les origines françaises et royales du style Louis XV sont, nous le verrons, à la fois ténues et communes. Une adoption rapide, sa durée, affirment mieux qu'une mode — un besoin. Ce besoin procède incontestablement, par le biais prestigieux d'un art royal, des mêmes nécessités psychosociales qui ont fait, au champ européen, le rayonnement baroque.

Il y a entre baroque et rococo un lien de nécessité humaine, d'âme collective plus ou moins européenne, beaucoup plus qu'une simple suite historique. Tous deux s'inscrivent dans le procès d'une maîtrise du monde par l'expression plastique. Le style Louis XV n'est peut-être, dans ces conditions historiques et sociales plus favorables, qu'une maturation plus prompte, dans une « civilisation » désormais triomphante, d'un art épuisé ou satisfait dans ses vertus d'expressivité religieuse.

Les années 1750 et 1760 sont celles du règne du rococo. Règne absolu, où s'affirme l'équilibre prestigieux d'une perfection ; règne menacé, puisque avant que n'éclate la crise révolutionnaire, le « Louis XVI » et l'antique affirment bien autre chose qu'un développement évolutif, mais des recours désespérés. Signe clinique, seulement situé ici, d'une satiété de perfection.

D'où venaient les exigences de renouvellement, ou l'aveu plus ou moins conscient de l'ennui ? Autre grand problème d'une psychologie collective des profondeurs, qui sort lui aussi de notre propos. Ce qui nous importe, c'est de sentir dans le « Louis XV » pour les années cinquante et soixante du siècle, un équilibre d'expression menacé, ce moment exquis et singulier où la perfection du style n'est pas confort, mais écriture conjointe de la « douceur de vivre » et d'une angoisse d'exister. Quant à son contenu même, cet art s'exprime essentiellement et à un degré presque unique dans l'histoire de l'art, par les formes décoratives, c'est-à-dire dans l'ornement, principalement l'ornement de surface. Art de décoration et d'écriture plastique superficielle. Rien qui s'inscrive dans la profondeur ou le silence des matières, mais un langage de vie commune.

Superficialité ? En apparence, seulement. Plutôt un art de retrait et de vocabulaire, c'est-à-dire ordonné bien davantage pour la communication dans la vie de société, la définition d'une atmosphère plastique où l'on soit bien et où s'alimente l'esprit. Il n'est point nécessaire dès lors que la matière soit travaillée en profondeur. Elle est support d'un décor, peut-être de théâtre, mais la scène est le « monde », c'est-à-dire une société déterminée. Tout art du décor est un art d'expressivité sociale. Rarement « style » fut plus signifiant d'un art de vivre ensemble que le « style Louis XV ». Il est, historiquement, existentiellement lié à un apogée de plénitude sociale, à un moment suprême où l'âme collective silencieuse a trouvé son vocabulaire, ses liens d'unanimité, demain ses conventions.

D'autant que cet art, essentiellement décoratif, est, dans une proportion elle aussi singulière, art des intérieurs — tant religieux que civils, donc art satisfaisant au sacré comme au profane.

Il est art du décor de la vie, de la représentation à l'intérieur, du « théâtre » stable. C'est-à-dire aveu d'âme. Il exprime ce que l'on a besoin de voir, ou de ne pas voir, mais de sentir, quand on est ensemble, dans une rencontre d'exquisité sociale ; et tout aussi bien, ce qui nourrit la puissance d'être seul. Rien ne livre plus, dans l'analyse des valeurs d'âme collective, les sûretés ou les cristallisations d'équilibre que ce qui garde et entretient l'homme seul.

Le Louis XV est un art d'intimité collective. Ainsi l'« envers du décor », et l'aveu, rarement offert, d'un équilibre entre la vie publique ou collective externe et la vie d'intimité (ou collective interne). Art où l'âme collective transperce si l'on peut dire les murs, et harmonise, ou le tente du moins, la vie au repos, stable, et la vie de représentation ou de service social.

L'analyse de ce style éminemment satisfaisant doit être dès lors l'une des voies les plus sûres, peut-être même la plus sûre, pour approcher du plus près possible du secret d'exister, de la société française des Lumières — aristocratique toujours.

Les dénominations

Style Louis XV et rococo sont donc devenus synonymes, ou quasiment. Mais ni l'une ni l'autre de ces appellations ne sont d'époque.

La naissance du terme *rococo* est doublement péjorative. Au plan national d'abord. Ainsi Stendhal, dans les *Promenades dans Rome*, de 1828 : « Me permettra-t-on un mot bas ? Le Bernin fut le père de ce mauvais goût désigné dans les ateliers sous le nom un peu vulgaire de rococo. »

Plus explicite encore, Hugo, dans *Le Rhin* (1842), avec un texte de 1839 (lettre XXIX), à propos de Nancy :

> Les clochers de la cathédrale sont des poivrières Pompadour. Cependant je me suis réconcilié avec Nancy... la place de l'Hôtel de Ville est une des places rococo les plus jolies, les plus gaies et les plus complètes, que j'ai vues... L'architecture du XVIIIe siècle, quand elle est riche, finit par racheter son mauvais goût. Sa fantaisie végète et s'épanouit au sommet des édifices en buissons de fleurs si extravagants et si touffus que toute colère s'en va et qu'on s'y acoquine... la partie inférieure des édifices Pompadour est nue, morose et lugubre. Le rococo a de vilains pieds.

Il semble bien qu'à l'origine, *rococo* soit un mot d'atelier, surchargeant péjorativement l'expression de *rocaille*, et la taxant ainsi à la fois de bizarrerie et de vieillerie, art donc inutilement compliqué, en tous les cas confiné en son histoire par les ateliers de l'époque romantique. On notera cependant qu'à l'encontre de la thèse de Fiske Kimball qui va tendre à couper le rococo du baroque, Stendhal, bon juge en la matière et témoin de sensibilité fort exact, lie par le Bernin rococo et baroque. N'établissons pas de filiation, mais il y a parenté, ou correspondance dans la recherche d'expressivité à travers un vocabulaire de formes, qui peut être souvent commun

Quoi qu'il en soit, *rococo* s'attache au style rocaille, que le langage par ailleurs appelle « style Pompadour » ou « Louis XV ». Dans les subtilités silencieuses du langage, *rococo* et *Pompadour* sont à la fois des appellations à tendances péjoratives et des raccourcis plus ou moins techniques. Délestage en somme d'une recherche de création artistique neuve, à un demi-siècle environ de recul. Ce qui prouve d'ailleurs, par l'acception péjorative, qu'il faut encore s'en défendre.

L'expression « style Louis XV », plus commune, royale, a au contraire la neutralité, voire l'attrait des qualifications historiques. Aussi le nom de *rococo* répugne-t-il aux plumes françaises. Cela semble n'être pas de chez nous, alors qu'on nous l'impute. Caractéristique là-dessus, la comparaison de l'article « Rococo » dans le *Dictionnaire de l'Académie française*, à un siècle d'intervalle. Avec le supplément de 1842, où apparaît pour la première fois le mot, nous sommes en pleine charge émotive de naissance : « Rococo se dit trivialement du genre d'ornement, de style et de dessin qui appartient à l'école du règne de Louis XV et du commencement de Louis XVI. Le genre rococo a suivi et précédé le Pompadour, qui n'est de même qu'une nuance du rococo. Le rococo de l'architecte Oppenordt. Il se dit en général de tout ce qui est vieux et hors de mode dans les arts, la littérature, le costume, les manières, etc. Aimer le rococo. Tomber dans le rococo. Cela est bien rococo. La réaction émotive est patente dans cette généralisation du mot, originellement lié à une création plastique historiquement définie. » L'édition de 1935 du même Dictionnaire est au contraire déchargée de toute humeur : « Un genre... à la mode au XVIIIe siècle... caractérisé par la profusion des ornements contournés. »

De ces données lexicographiques, on retiendra, au champ français : sur le mot de rococo, une trace péjorative, donc répugnance nationale à s'en servir ; le mot semble intervenir surtout pour une phase d'épanouissement tardive du style Louis XV ; il désigne un style ornemental, généreux, trop, et contourné. Donc implicitement, dans le mot, un blâme esthétique, ou du moins un refus d'une sensibilité dégagée de cet univers de formes ornementales. Au plan international, le mot de *rococo* est employé avec beaucoup moins de sobriété ou de répugnance que par les Français. On peut donc le considérer comme adopté par l'étranger, imputé et confirmé par lui. Cet étranger étant d'abord l'Allemagne. Dans la seconde moitié du xixe siècle, l'expression s'établit de *der Rococostil*. Y a-t-il dans cette fixation sémantique comme un besoin de lier à un style français l'appellation péjorative que les Français eux-mêmes ont inventée ? Ne nous perdons pas dans les cheminements de la subconscience collective.

Ce qu'il faut en revanche remarquer dans l'usage sémantique allemand, d'autant plus expressif qu'il est emprunté à l'univers verbal français, c'est, d'une part, l'usage dès 1843 du mot par Jacob Burckhardt, pour désigner des formes qu'il appellera plus tard baroques. Dans l'écriture de Burckhardt, le baroque est ainsi né d'une nébuleuse « rococo ». Autre forme de lien, jusque dans la prise de conscience sémantique.

C'est aussi la tendance allemande et alémanique, surtout de la part des disciples de Burckhardt, Wölfflin entre autres, de faire du rococo une forme typique d'évolution du style, la dernière en général, à l'ouverture d'un procès de décomposition d'un art. Burckhardt lui-même parle d'un « rococo roman », ou d'un « rococo gothique ». Ce qui est extrapoler, d'une création historique déterminée à une stylistique historique générale. Dans les deux cas, sans que pareille constatation comporte d'autre conséquence, le vocabulaire historiographique allemand tend à élargir la charge péjorative du vocable français jusqu'à la conscience d'un art de décadence. Aux origines du moins, et dans la ligne de vision du maître bâlois.

Il est certain qu'aujourd'hui le *rococo* a gagné ses

lettres de noblesse, et particulièrement dans le monde germanique. À condition qu'il soit et européen et autochtone. Les différents comportements « nationaux », français et allemand du moins, à l'égard du mot *rococo*, témoignent que l'expression porte toujours avec elle une certaine inadéquation à son objet. Laissant au *rococo* son destin européen et ses liens baroques, autant vaut, semble-t-il, parler de style Louis XV. Dénomination postiche donc, le rococo, si elle est maintenant plus ou moins établie, que dit le langage de l'époque ?

Pas davantage évidemment les contemporains n'ont parlé d'un style Louis XV. Un mot passe-partout, mais furieusement régnant, pour caractériser dans l'écriture de l'époque, les formes d'art nouvelles, est celui de « moderne ». On parlera beaucoup de « goût moderne », et ainsi qu'en écrit le duc de Luynes, à propos des transformations de Fontainebleau, ce « moderne », c'est « ce qui s'impose aujourd'hui », par opposition, à Fontainebleau par exemple, au décor régnant à l'époque de Louis XIII. Il y a, avec « moderne », la conscience vive du neuf, neuf nécessaire, la modernité s'imposant par rapport à l'« ancien », avec entre eux un siècle environ de distance. Ce qui donne la durée d'incubation et d'élaboration du style neuf.

Autre expression chez Jacques-François Blondel : le « goût du siècle », le « goût de ce siècle ». Équivalents évidents de « moderne », et accusant la liaison vive de « moderne », avec « ce siècle », définition temporelle plus ou moins précise d'un goût, d'une mode, ou d'un besoin de décor.

Quel contenu dans ces expressions, à la vérité imprécises ? Le même Blondel, dans une œuvre de 1738, écrit de différents dessins de couronnements de panneaux :

« Une partie est tenue symétrisée et l'autre dans le goût du temps. » Goût du temps donc, l'asymétrie.

En 1772, dans son *Cours d'architecture*, Blondel note : « Il y a plusieurs années qu'il semblait que notre siècle était celui des Rocailles. » Goût du siècle aussi, les rocailles. Le mot « rocaille » trouve au cours du siècle une fortune particulière. Il n'est pas sans signification que, pour exprimer peu à peu la conscience d'un style neuf, le langage soit allé reprendre une expression marquée d'italianité, de mode de Renaissance. Le style neuf ne se trouve pas un nom neuf : est-ce manque d'audace, ou caution plus ou moins fictive d'autorité justement pour dissimuler ses audaces ? Ce sont les vieilles expressions, elles aussi de la fin du XVIᵉ siècle et du premier XVIIᵉ siècle, liées à la décoration des grottes et des fontaines, qui vont s'appliquer au style neuf — cependant tout d'intérieur. Avec rocaille, rococo trouve donc sa justice : il est, dans le langage d'artistes, la traduction péjorative de rocaille.

Données sémantiques qui imposent, semble-t-il, quelques conclusions : Autour du XVIIIᵉ siècle, et avec une période d'apogée marquée dans le règne de Louis XV, qui couvre formellement à peu près soixante ans du siècle, une forme d'art neuve s'est imposée. Dans la sensibilité du langage, cette forme d'art se définit en différenciation contrastée d'avec la première moitié du XVIIᵉ siècle ; aussi bien que dans les premières décennies du XIXᵉ siècle — à preuve l'appellation de « rococo » —, elle est considérée comme vieillie et hors de mode, voire d'un goût baroque.

Rococo ou rocaille disent, pour cet art neuf, une grammaire décorative neuve, où certaines règles traditionnelles, telles la symétrie, sont soit inobservées soit refusées. Ce qui implique un besoin lentement exprimé d'un décor de la vie différent, donc, par rapport à la société qui en use, d'un renouvellement d'âme commune.

Aux profondeurs de ce besoin, que signifie la résurrection de « rocaille » ? S'agit-il de transposer intramuros une nostalgie de formes ouvragées en plein ciel, dans la tradition décorative italienne des villes de la Renaissance ? Ou bien le Louis XV et la rocaille italianisante correspondent-ils, à travers les siècles modernes, à une analogue recherche libératrice ? Et libératrice de quoi ?

DÉVELOPPEMENT DU STYLE LOUIS XV

Les fonds d'élaboration du style Louis XV procèdent d'un travail proprement français, en une évolution de formes soit françaises, soit italiennes francisées. L'importance italienne est mineure. Le style Louis XV est issu d'une création autochtone. Telle est la thèse scrupuleusement établie par Fiske Kimball, avec la caution d'un texte de Germain Brice, de 1713, à propos de l'Hôtel de Beauvais, bâti par Antoine Lepautre en 1656 :

> Dans le mois de juillet de l'année 1704, les dedans de cette maison ont été entièrement détruits pour les mettre à la mode et dans le goût moderne, qui est incomparablement plus commode et plus agréable, que celuy que l'on suivoit autrefois : et il est bon d'ajouter à cet égard seulement, que les architectes français surpassent de bien loin en cet article ceux qui les ont précédés, et les Italiens même ; ce qui est d'une conséquence infinie pour l'utilité et pour l'agrément que l'on en reçoit.

Texte qui situe une conscience « nationale » de l'art moderne et surtout, ce qui pour nous plus importe, l'exigence d'un art d'intérieur, avec les deux critères instants de la *commodité* et de *l'agrément*. L'élaboration du style neuf se fait ainsi dans une certaine autochtonie de formes et par rapport aux besoins d'une vie de société, à l'intérieur des demeures.

Ce n'est toutefois pas la liberté baroque de l'ovale ou du rond qui a introduit en France le besoin d'un style décoratif neuf. Ces formes rondes, que Colbert refusait pour les extérieurs, Le Vau, le premier et quasiment seul, les utilise. Avant 1660 aussi bien qu'après, les pièces ovales ou rondes étaient fort rares. L'élaboration ornementale se fera dans le cadre de la pièce française traditionnelle, carrée ou tout au moins en équerre, avec deux murs symétriques. Aucune variété spatiale, ou pratiquement pas, qui impose un traitement différent des intérieurs. Celui-ci est conditionné par le besoin du décor, interne ou intime, de la vie.

La plastique de l'édifice dans l'espace, de même que les relations des intérieurs entre eux, quelles que soient les caractéristiques qu'ils prennent, durant le règne de Louis XV, n'imposent pas davantage une évolution du style décoratif intérieur. Tout est donc, ou en majeure part, création d'un cadre de vie conditionné par le besoin d'être bien, les sens satisfaits, dans une pièce.

La commodité et l'agrément de l'intérieur

Ils s'expriment d'abord dans les *ouvertures*. Les portes sont à deux vantaux, dans la ligne de l'enfilade. Elles sont balancées par de fausses portes.

Ce qui accuse un double besoin d'aisance, voire de solennité dans la circulation, et, pour l'équilibre psychique de la pièce, un besoin de correspondances, ou même de symétrie d'ensemble. Autant que sa géométrie, la pièce doit avoir son équilibre d'ouvertures, vraies ou en faux-semblant. Les ouvertures d'autre part tendent à monter, les fenêtres du moins. Accès à la lumière ou entrée de la lumière dans la pièce qui ne doit plus être sombre, par la montée progressive des fenêtres depuis le sol jusqu'à la corniche.

Cette montée de la fenêtre, ou plus exactement sa descente, s'accuse dans le dessin des appartements royaux dans la seconde moitié du XVIIe siècle. À propos de l'appartement du Roi, à Versailles, un texte de 1687 note : « Les fenestres montent depuis les pavés jusques sous les corniches par tout. » C'est la « fenêtre à la française », qui impose sa mesure d'entrée de lumière ou de plain-pied. Allongement de la fenêtre qui va commander une harmonisation du décor intérieur, entre portes et fenêtres : la hauteur de la fenêtre, du sol jusques à la corniche, fixe la mesure de montée, l'échelle verticale des valeurs. Autrement dit, la prise sur l'espace externe, en quelque manière la prise cosmique fixe, la vision interne de montée : augmentées par les dessus de porte, les portes vont correspondre ainsi aux fenêtres, pour une harmonie quadrillée de lignes horizontales et verticales. Le point de vue, c'est-à-dire « le lieu de conscience de l'effet », demeurant celui du groupe humain qui vit dans la pièce.

En un certain sens, le besoin d'aisance dans la circulation interne et celui de la lumière solaire tendent à commander un équilibre plastique de la pièce, qui n'a plus ainsi que le minimum de plastique architecturale propre, c'est-à-dire un jeu de lignes aussi écrit que possible, d'autant plus essentiel qu'il s'exprimera moins en reliefs et en ombres. Spiritualisation manifeste : l'architecture s'exprime en lignes simples, en même temps qu'elle définit le cadre où doit s'inscrire la décoration de la pièce, qui n'a plus sa solitude propre. Cet art d'intérieur est un art de simplicité et d'harmonie, tant au regard des besoins de la vie sociale qu'à ceux d'une vie participante aux réalités cosmiques.

Cette recherche de l'impression de hauteur — montée de la pièce sur soi — a pour conséquence d'accentuer l'importance du lambrissage. D'autre part la montée du bas-lambris jusqu'à la corniche développe des surfaces planes à animer : celles-ci vont exiger une écriture décorative.

Commodité et agrément d'intérieur s'expriment tout autant dans la libération des servitudes décoratives italianisantes.

Celles-ci se caractérisaient par la volonté d'une fiction spécifique, ou ensemble décoratif plus ou moins anthropomorphe, conçu d'autre part comme un spectacle plus ou moins envoûtant pour la société vivant en ces intérieurs. Le décor italianisant règne essentiellement sur les plafonds (ceux-ci, partie maîtresse de l'envoûtement interne) et sur les murs.

On va voir, à mesure que le règne de Louis XIV s'achève, les plafonds des pièces principales perdre leur caractère italien. Diminution du relief ou de la complexité des encadrements en stuc des compartiments : cette décoration en surplomb, à la fois chaude et oppressive, à tout le moins artificieuse. Les compartiments tendent à disparaître, et, perdant de leur hauteur en voûte ou en calotte, les plafonds cherchent à être plats et peints : quand ils demeurent compartimentés, dans les compartiments s'inscrivent des peintures. La grotte ou le sanctuaire devient pièce noble, dans un besoin de plus en plus accusé d'une grande simplicité de lignes.

Le mur, dans la tradition « italianisante », était décoré à fresque ou tendu, donc œuvre de peintres, de stucateurs ou de tapissiers. À l'encontre, l'intérieur français se caractérise par un panneautage de bois, qui en viendra à prendre toute la hauteur de la pièce. Triomphe donc du travail sur bois : le bois ne règne plus au plafond, il définit le cadre de vie proche. Ainsi le plafond se libère ou se spiritualise ; la pièce se fait plus intime, plus chaude, plus proche dans son entour de boiseries.

Sociologiquement, il y a peut-être le triomphe d'un corps de métier, ou du moins l'utilisation d'une main-d'œuvre artisane autochtone plus sûrement disponible que les stucateurs ou les décorateurs italiens. Il y a aussi une recherche d'atmosphère neuve.

Mais le décor italien quitté, comme une hésitation, ou l'expression de certaines habitudes plastiques. Caractéristique, ainsi que l'a relevé Fiske Kimball, le panneautage des pièces principales comprend un ordre. Autour de la galerie des Glaces, à Versailles par exemple, un ordre s'introduit, scandant du souvenir du décor architectural, tout ce cadre de solennité ; aux extrémités mêmes de la galerie, des colonnes détachées imposent encore davantage, comme forme indispensable du solennel ou de la majesté, cette intériorisation de l'architecture.

Dans la période de majesté montante du règne de Louis XIV, l'usage de l'ordre architectural inscrit sur la lambrisserie tendra à se généraliser dans les pièces les plus officielles. Point de solennité donc sans images architecturales : l'image plastique publique de représentation entre à l'intérieur, mais juste ce qu'il importe encore pour que la révérence ou l'habitude soient satisfaites. L'essentiel demeure dans la libération des servitudes décoratrices italianisantes : la victoire grandissante de la ligne mince et légère sur la massivité baroque — architecture et mur commandent et dessinent ; l'équilibre sur soi de la pièce, indépendante du fait qu'elle se trouve de moins en moins définie ou commandée par son plafond — plus d'envoûtement ni de ciel souverain, des réminiscences seulement ; un champ neuf désormais ouvert, par la lambrisserie essentiellement, à une grammaire décorative.

Commodité et agrément de l'intérieur s'expriment aussi dans la composition de nécessités fonctionnelles, qui sont au moins deux : l'une, liée au climat, la cheminée ; l'autre, à la mode et au développement industriel, la glace.

Que les cheminées soient partie importante de l'élaboration du style neuf, on peut en trouver la preuve dans cette délibération « choquée » de l'Académie d'architecture, à la hauteur de 1710 :

> L'on s'est entretenu au sujet des ouvertures des portes et fenestres et des cheminées et l'on a examiné diverses manières qui s'introduisent, particulièrement à l'égard des cheminées, pour terminer le haut de leurs ouvertures : la Compagnie a désapprouvé plusieurs de ces nouvelles manières, qui sont défectueuses et qui tiennent la plupart du gothique.

Par le qualificatif de gothique, c'est toute la condamnation conservatrice d'un classicisme qui se défend. En fait, c'est dans l'encadrement de la cheminée, sa mise en place dans l'ensemble, que se cherche l'ornementation nouvelle. Recherche d'une harmonie entre le cadre et le panneau et surtout traitement du cadre en décor (la structure se fait ornement), il y a tout à la fois incorporation de la cheminée au décor d'ensemble, autant dire à l'unité de la pièce (la cheminée est insérée dans la rythmique verticale), et transmutation des lignes de structure en bandeaux ou moulurations d'ornements.

Après que Pierre Lepautre, « graveur du Roy », eut dessiné pour le roi, à l'extrême fin du XVIIe siècle, des cheminées à Marly, une mode s'instaura, cautionnée par les grandes dames de la cour, de la cheminée nouveau style.

Dans le « nouveau style », glaces ou miroirs ont aussi leur large place. Les registres de Mansart, consignant les ordres du roi pour les transformations de Marly, parlent à l'envi : il s'agit par exemple, pour le cabinet de l'appartement royal, de faire un dessus de cheminée « avec des glaces enfermées dans une bordure de bois sculptée et dorée depuis le dessus de la tablette jusques sous la grande corniche ». Ou, plus expressivement peut-être, pour « l'antichambre où le Roy mange » et le grand cabinet de Mme de Maintenon, « faire une cheminée de marbre avec des glaces jusqu'en haut. » « Jusqu'en haut », cela donne la mesure et la place de la glace dans la vie de cour et de société des commencements du XVIIIe siècle.

Après l'usage des miroirs et des « glaces de Venise », implanté fort lentement, il faut faire place aux productions de la manufacture royale des Glaces. Ce qui pose lentement le triple problème de la place de la glace dans l'unité de décoration de la pièce, celui de son insertion dans la composition lumineuse, et conséquemment mais de façon importante, celui de la vie de société et de la représentation dans une atmosphère de miroirs et de glaces. Surtout avec la proportion prise par la glace dans la décoration intérieure. La glace doit monter jusqu'en haut. Ce que Pierre Lepautre a cherché dans le cabinet des Glaces du Trianon (1706), c'est la définition de cette montée de lumière de la glace, dans la composition d'une atmosphère lumineuse verticale. Le haut des glaces va se cintrer, pour venir s'appuyer à la corniche — recherche évidente de fondu dans les rencontres de matières, d'un estompé décoratif affirmant le doux et l'uni, et aussi d'un rythme d'arcs cintrés qui scande les temps forts, ou de solennité, d'un intérieur.

Commodité et agrément d'intérieur s'expriment enfin dans la définition d'un « milieu ».

Cette définition se cherche d'abord par la lumière. Lumière du dehors par l'implantation des ouvertures ; lumière du dedans par les plafonds, les revêtements intérieurs (lambris et boiseries), par les miroirs et les glaces. Il restait à fondre tout cela dans une harmonie colorée, une palette expressive des besoins d'une sensibilité collective, où s'imposent le blanc et l'or, avec tous les dégradés intermédiaires que suggèrent ou demandent les tons et les rehauts des boiseries, ou la lumière indirecte des glaces.

Elle se cherche ensuite par l'ornement. On sait le rôle décisif de Pierre Lepautre, qui grandit dans l'ombre de Mansart. Lepautre, et avant lui Jean Berain puis Claude III Audran, de générations successives mais souvent rivaux, alors qu'ils sont compagnons de création dans le dessin d'ornement. Ce dernier est essentiellement attaché au traitement de ce que le langage du temps appelle les « arabesques » ou les grotesques « dans le goût du fameux Raphaël ».

Une vision du décor, donc un sens de la vie lentement s'exprime dans le traitement des formes « grotesques » ornementales, appelées dès la fin du XVIIe siècle en France « arabesques », en dépit de leurs origines classiques. Le Brun déjà s'est beaucoup servi des arabesques. Cette stylisation d'un symbolisme évanescent — stylisation surtout végétale mais aussi animale et humaine, fantaisie d'ailleurs plus que stylisation — transporte dans les intérieurs à la fois une nostalgie d'écriture florentine, plus ou moins de Renaissance, et ce que le goût italien avait mis de timbrage humain dans la civilité des grottes ou des nymphées dissimulés dans les jardins des villas princières. L'arabesque procède et d'une image de l'antique et d'un art civil et artificieux d'occupation humaine de la nature. Abondamment reprise et peinte par Berain, Lepautre s'en saisit pour la transporter de la surface plate du panneau à la sculpture du cadre. D'ornement peint et de remplissage ou d'égaiement d'une surface vide, l'arabesque devient l'expression même de l'ornement. Par elle, le cadre se fait décor.

Parallèlement aux audaces transposantes de Lepautre, qui de son dessin fait une sculpture ornementale sur bois, les ornemanistes travaillent la stylisation de l'arabesque. Après Berain, c'est Claude III Audran, dont Watteau fut un temps, vers vingt-trois ou vingt-quatre ans, l'assistant. Ces dessins d'arabesques composent encore des séries. Triomphes des Dieux ou les douze mois de l'année, livrant ainsi leur fidélité à une symbolique traditionnelle; mais en même temps, leur stylisation s'accentue en légèreté, dans une écriture de grâce subtile sur fonds blancs ou or; leur besoin d'expression naturaliste grandit, dans le traitement de feuillages et de fleurs, où dominent l'acanthe et les guirlandes, traitées en teintes pâles sur fond d'or; leur fantaisie enfin va de pair avec leur légèreté subtile et leur tentation de nature : c'est le temps où naissent, timidement mais sûrement, singeries et chinoiseries, qui procèdent peut-être d'un même besoin « magotique ».

Lumière et ornements surtout sculptés définissent progressivement un « milieu » intérieur, aux dominantes de douceur, de chaleur humaine des matières, où l'impression de fantaisie et de compositions humaines domine les formes et les cadres architecturaux. Effets convergents et sculpture décorative, issue du dessin et de la technique d'art du bois, constituent ainsi un ensemble de suavité humaine, unifié en hauteur, avec des courbes enroulées et des liaisons coulantes. Géomètre et architecte ne composent plus l'intérieur, mais le dessinateur et le sculpteur de fantaisie. L'élaboration de cet art, œuvre de quelques grands artistes, français tous, et qui n'ont pas fait le voyage d'Italie, s'est faite d'abord dans l'aménagement et la décoration des résidences royales. Cet art est d'invention royale, comme pour illustrer le désir du monarque tel qu'il s'exprimait à l'automne 1699 dans la note célèbre en marge des dessins d'arabesques d'Audran pour les appartements de la duchesse de Bourgogne au Château de la Ménagerie :

> Il me paraît qu'il y a quelque chose à changer, que les sujets sont trop sérieux et qu'il faut qu'il y ait de la jeunesse mêlée dans ce que l'on fera. Vous m'apporterez des dessins quand vous viendrez, ou du moins des pensées. Il faut de l'enfance répandue partout.

Découvreur de jeunesse, Pierre Lepautre, dès sa nomination en 1699 au poste de Dessinateur des bâtiments, par ses dessins pour les transformations de Marly, est, selon Fiske Kimball, l'initiateur et le maître incontesté pour la période 1699-1715 (il meurt d'ailleurs avec son roi). Boffrand n'a qu'un rôle personnel et réduit, et Oppenordt, hollandais de naissance et fils de l'« Ébéniste du Roy », s'attarde encore dans le baroque (il revient en effet d'Italie où il a été assez longtemps pensionnaire de l'Académie de France à Rome). Aussi bien l'élaboration d'un style, quelque vigoureux que soient les créateurs, est-elle toujours lente : le premier miroir sur cheminée est introduit en 1684 ; et le premier des plafonds de Versailles à n'être pas divisé en compartiments sera dévoilé seulement en 1736. L'art royal de la fin du siècle de Louis XIV et du début du règne de Louis XV, tout en cautionnant les découvertes des éléments constitutifs d'un style neuf, ne pouvait pas ne pas manquer à ses devoirs de « tradition ».

Le « style Régence »

Celui-ci s'établit, un peu plus largement que la Régence proprement dite, sur les années 1715-1750, et même au-delà, puisque créateurs de décors intérieurs et ornemanistes de l'époque de la Régence continuent, dans leurs formes propres, une bonne dizaine d'années après 1730, même s'ils ne sont plus en vogue.

Définisseurs du style essentiellement, Vassé, déjà important dès la fin du règne précédent et qui, comme Lepautre l'avait été de Mansart, va devenir le principal collaborateur de Robert de Cotte (Robert de Cotte et Vassé meurent en 1735 environ); et surtout Oppenordt, « Premier architecte du duc d'Orléans ». Ainsi le style Régence naît-il effectivement des besoins d'art du Régent lui-même, et ce à Paris, non plus à Versailles, et, pour une part, dans la demeure du Régent, au Palais-Royal.

On peut, pour l'œuvre de redécoration des Grands Appartements du Palais-Royal, en saisir déjà deux tendances. La première est le refus du marbre pour la décoration des appartements d'apparat, ou du moins le choix exclusif du bois : tout autour des grandes pièces, il n'y a que panneaux de boiserie. Ce fils d'ébéniste qu'est Oppenordt compose sa décoration intérieure, même de majesté, avec le bois. La deuxième est, dans le traitement des grands panneaux, le développement pris, tant au sommet qu'à la base, par les ornements sculptés. Ainsi le cadre n'a plus de réalité plastique : il suggère, ou représente, ligne de souvenir en quelque sorte, ou bien il prend l'irréalité de l'arabesque. Ce qui était plastique architecturale devient traitement sculptural léger, tout en surface, avec un jeu d'une grande variété d'éléments décoratifs : rinceaux; branches de fleurs; ou même encore des palmettes ou des entrelacs; des enroulements de feuillages traités en double courbe.

De même les cartouches tendent à retrouver un certain relief plastique : leur champ redevient modelé. Le dessinateur qui les profile réagit avec une sensibilité de sculpteur. La sculpture ornementale, triomphe d'ébénisterie, tend à devenir souveraine, et à imposer sa plastique et son modelé propres.

Traits qui s'éclaireront dans l'analyse de deux ensembles-modèles[1], le Salon à l'italienne ou Cabinet en Lanterne, d'abord, qu'Oppenordt construit au Palais-Royal pour le Régent en 1717, la galerie dorée de l'Hôtel de Toulouse, ensuite.

Le Salon à l'italienne est un ensemble d'autant plus expressif qu'il s'agit d'un cabinet de peinture, pour lequel pouvaient s'imposer les formes habituelles des cabinets italiens. Le nom aussi parle de soi ; la marque italienne devrait être sur le décor. Elle y est très « XVIIIe siècle », avec sa symbolique de gloire, pyramides et trophées ; des personnages plus ou moins baroques, des putti brandissant des feuilles d'acanthe, animant la géométrie des bases de pyramides, ou faisant monter des branches de candélabres. Mais c'est une décoration tout extérieure, comme appliquée. C'est l'ensemble qui se transforme, par l'usage de l'arcade elliptique, harmonieusement tendue et circonscrivant le haut des miroirs et des portes. Une scansion d'arcs très souples cherche à rythmer d'en haut, effaçant l'horizontale accusée des moulurations et des corniches, un décor enveloppant. Si le haut des grands panneaux demeure encore rectangulaire, à mouluration appuyée, un cadre ovale y est suspendu ; et son raccord à la moulure horizontale supérieure éclate en feuillages et en coquilles. À la décoration sobre du haut va correspondre, plus hardi, le traitement des bases. Ici la base du panneau est formée par deux enroulements de feuilles d'acanthe. L'ornement naturaliste, sous la forme de bourgeons de fleurs, même conventionnels, de fleurons de feuillage d'acanthe, de branchages plus

---

1. Nous suivons ici les analyses de Kimball, *op. cit.*

ou moins stylisés, s'impose, audacieusement faisant éclater le cadre.

Tout cela est sobre, mais dans une harmonie résolue qui dit plus qu'une tendance, un besoin.

Quant à la galerie dorée de l'hôtel de Toulouse, entre 1718 et 1719 Brice écrit, dans ses *Curiositez de Paris*... (édition de 1725), qu'elle « a été magnifiquement décorée d'un lambris d'un nouveau dessin... » Conception et exécution en reviennent à Antoine Vassé.

Dans cet ensemble, surtout la cheminée et la porte d'entrée portent la marque d'exigences neuves. L'ouverture de la cheminée est traitée par un arc en ellipse, largement tendu, et que vient orner, en son milieu, une grande coquille très chantournée. Dans les volutes opposées de chaque côté du chambranle, on retrouve l'utilisation de la coquille. Coquille marine ici dans la conception d'ensemble de l'hémicycle, où doivent être symbolisées la chasse et la mer, mais coquille qui s'installe, et qui restera. Sur la cheminée, un grand miroir, dont le haut est doucement arrondi, dans une ligne qui rappelle celle de l'ouverture, mais suggérée plus qu'appuyée, puisque les coins supérieurs sont entaillés par un dessin concave. Traitement tout en courbes, que surmonte, par tradition, un enroulement fort accusé, avec une proue de navire en saillie et des personnages à chérubins plus ou moins baroques. Devant pareil dessin, il est évident que dans une plastique encore baroque, gesticulante ou appuyée, un complexe de dessins tout en lignes suggérées et peu suffisantes d'elles-mêmes tend à s'inscrire, pour une fantaisie neuve, légère, déjà spirituelle.

Il est significatif que d'analogues besoins s'affirment dans le traitement de la porte de la Galerie — à l'autre extrémité, pendant en quelque sorte de la cheminée. La porte est en arcade, et si le tympan demeure surchargé, le motif central s'inscrit sur un dessin d'arabesques, courbes de feuillages stylisées qui fondent dans une dominante de fantaisie légère le temps central, peut-être trop accusé.

Les panneaux principaux de la porte sont sculptés de trophées de chasse. Suspendus justement, comme pour retrouver leur gravité : ils ne peuvent accuser leur légèreté et leur poids que si le cadre n'est pas de géométrie. D'où le traitement de celui-ci en arabesques décoratives, légèrement débordant un rectangle inscrit à l'intérieur d'un autre rectangle, cadre même du vantail. De chaque côté de la porte, des pilastres, dont les cadres sont richement sculptés au sommet et à la base. Ainsi, dans la forme architecturale traditionnelle, s'inscrit, prenant tout pour elle, la vue, la plastique, la couleur et, devenant ainsi l'unité décorative, une sculpture décorative très légère pour que le cadre demeure, fût-ce à titre de suggestion, mais suffisamment fascinante pour que, de plus en plus, sensiblement et plastiquement, ce cadre disparaisse.

Si le baroque est un drame puissant de l'effet plastique, ici nous sommes en présence, par l'envahissement décoratif, d'un envoûtement consenti. D'où quelques évidences des recherches du « style Régence » :

— L'affranchissement progressif de la géométrie linéaire. Les jeux de courbes tendent à remplacer la rigidité de la ligne droite à l'anguleux des intersections. Ainsi les grands panneaux se définissent-ils par un entourage de lignes convexes avec courbes renversées et brisées à la base — entourage qui demeure inscrit dans les moulures rectangulaires.

La courbe seule ne satisfait même pas. Si elle se répand partout, toujours circonscrite dans son rectangle de discipline et de vérité architecturale, elle se diversifie en contre-courbes. L'arc se fait lui-même dans des lignes plus ondoyantes. La ligne ainsi n'est plus ligne, mais ondulation sinueuse. Et dans cette sinuosité, autant que mouvement, il y a un équilibre subtil entre le mouvement suggéré et l'agrément d'être assis dans ce cadre, en une harmonie de légèreté, de douceur, d'esprit. Les sens ne butent plus nulle part : rien qui concentre ou fixe; mais un devenir consenti, savouré.

En revanche, tant chez Oppenordt que chez Vassé, l'asymétrie est moindre dans le traitement des éléments opposés — autre libération spécifique du plus récent baroque italien. Rythmant l'ensemble et définissant d'en haut un univers de formes courbes et aériennes, le traitement en arcade sur les quatre murs, traitement qui, à l'exécution, dans le salon de l'Hôtel d'Assy (maintenant Soubise), devient harmonieusement étiré en ellipse. Mutation de géométrie sans doute où, plus savante, la géométrie devient aussi plus fluente, et donc plus humaine.

Le triomphe de la courbe continue est sans doute dans la décoration du cabinet du Roi à la Bibliothèque nationale, ce cabinet des Médailles décoré entre 1735 et 1741.

— Le développement ornemental de motifs sculptés et figuratifs : traités en surface, ceux-ci sont une manière d'écriture décorative sur bois, aux formes de plus en plus légères, où foisonnent ingéniosité et fantaisie. L'arabesque s'inscrit en maîtresse, modifiant le cadre tectonique et géométrique, et imposant, au-delà de lui, une certitude de maîtrise humaine dans la stylisation de la nature, surtout végétale. On verra ainsi s'établir cette forme expressive et originale de l'arabesque qu'est la montée verticale, en candélabre, des tiges et des feuillages.

Si, par un jeu d'imprégnation normal, les caractères baroques se maintiennent encore dans les cartouches et les trophées, l'arabesque à la française, où il y a d'ailleurs bien des ressouvenirs de Renaissance, les absorbe de plus en plus dans tout l'ensemble de la décoration.

Aussi bien l'arabesque peinte continue-t-elle sa carrière, l'usage qui en est fait en sculpture décorative ne diminuant en rien sa vogue picturale. Avant de travailler chez Audran, Watteau a peint, avec Gillot, des arabesques, et ces arabesques rayonnent d'une suavité de « fête galante ». Le naturalisme y est maître, entrelacé de ces personnages de la Comédie italienne, de ces bergers ou bergères de fantaisie, ou de ces silhouettes de rêve aristocratique qui vont peupler l'univers pictural de Watteau.

Caractéristiquement, s'il y a encore des traces de cadre intérieur, une suggestion de médaillon pour les figures, un jaillissement ou une retombée de feuillages ou de palmes les absorbe, libérant ainsi dans une aisance de vie la composition centrale, qui rayonne maintenant dans des limites irréelles, fantaisie pure et donc esprit. La décoration s'exprime ainsi en motifs « absolus », chaque scène trouvant en elle sa propre perfection et son « esprit ».

Aux bases des panneaux de l'Hôtel de Parabère, décorés en 1718-1720, un petit panier de fruits, comme accroché d'une main délicate, entouré de rinceaux très souples et de vrilles subtilement ondoyantes. Rien d'autre, mais l'attention est tout entière prise, à peine fixée, et l'enchantement s'approfondit. Tant à l'Hôtel de Parabère enfin qu'à l'Hôtel de Toulouse, et surtout dans l'achèvement du salon d'Hercule, à Versailles, auquel Vassé est mêlé, la coquille devient élément décoratif essentiel, tantôt central, tantôt marginal. Ainsi, dans une stylisation raffinée, absorbant subtilement la géométrie des cadres, des surfaces et des volumes, un univers décoratif se clôt où la nature, civilisée sans doute mais combien nécessaire, vient satisfaire une fantaisie « absolue » et une perfection d'ébéniste.

Le « genre pittoresque »

Le genre pittoresque correspond aux années centrales du règne de Louis XV. Au contraire de l'élaboration artistique précédente (qui s'étale sur un demi-siècle entre la fin du XVIIe siècle et 1730 environ), son élaboration et son affirmation de plus en plus triomphante se manifestent dans des constructions privées. L'art royal suivra.

Le « genre pittoresque », ou « goût nouveau », se caractérise, selon le génie des mots et la conscience esthétique, par cette définition de Charles Coypel, dans un *Discours sur la peinture* : « Un choix piquant et singulier des effets de la nature... » Chaque mot est ici admirablement préhensif, analysant la triade organique de cet art : la nature, l'effet humain, l'esprit. L'esprit est provoqué aussi par le contraste, par l'asymétrie, c'est-à-dire les contrastes. De Meissonnier, Cochin le jeune écrit, à la mi-siècle : « Il inventa les contrastes, c'est-à-dire qu'il bannit la symétrie. »

Ce « pittoresque » qui est « picturesque », et à quoi nous ne prêterons pas le sens aujourd'hui affadi du mot « pittoresque », unit ainsi la nature à l'esprit, par une recherche de singularité qui peut dévier dans la bizarrerie, mais qui, équilibrée et conduite, est surtout conscience. Conscience de la nature dans l'intérieur humain, éveillée par une écriture « pittoresque » de formes, et d'une peinture qui s'exprime en sculpture sur bois.

Peinture sculptée qui d'ailleurs est la conception d'architectes, ou d'architectes manqués. Les artistes que l'on s'accorde à considérer comme les définisseurs du genre sont en effet Juste-Aurèle Meissonnier, d'abord orfèvre ou bijoutier, puis dessinateur de la chambre et du cabinet du Roi (sa vie durant, son ambition fut d'être architecte) et surtout Pineau, qui, architecte de métier, trouve à son retour de Russie, autour des années quatre-vingt, la profession parisienne trop bien achalandée et se fait surtout sculpteur.

N'en concluons pas à des formes plastiques absorbées les unes par les autres. Au contraire, le tempérament architectural exige une vision d'ensemble : et la création à partir du décor, surtout du travail d'orfèvrerie ou du dessin décoratif, permet toutes les audaces. C'est cette rencontre unique qui cautionne le développement du genre pittoresque, dont il a été dit qu'il foisonnait en « formes... dont souvent aucune partie ne répond à l'autre ».

On caractérise volontiers la période d'épanouissement de cet art, qui se situe entre 1730 et 1760, par la formule : « tout se mit à danser ». Impression de mouvement et de féerie, qui peut s'analyser dans les traits suivants :

D'abord le triomphe ou, mieux, le règne de la ligne courbe.

Depuis les oreillons aux coins des panneaux, qui estompent la géométrie aiguë du rectangle et attirent le doigt et l'œil par leur dessin ondoyant de ligne, de lumière et d'ombre, jusqu'aux ouvertures qui, au lieu de leur géométrie naturelle et traditionnelle, se définissent par des lignes extérieures ondoyantes. Refus du rectangle ou de l'angle ? Surtout besoin de la courbe, de la contre-courbe et que tout ondule. La géométrie du cadre vaincue ou assouplie, il en devait aller de même des lignes architecturales de structure. Ainsi les corniches, supprimées plus ou moins au profit de ce que Cochin, railleur de l'art de Pineau, appelle « ces charmantes dentelles ». « C'est notre triomphe, poursuit-il, toujours avec ironie, que cette proscription des corniches ; rien ne nous donnait plus de sujétion que ces misères antiques dont on les ornait... »

La vérité est que la suppression des corniches cherchait, bien au-delà de l'expurgation des ornements antiques, l'unité de la pièce, où il n'y eût plus ni haut ni bas, mais seulement règne des formes décoratives, c'est-à-dire de l'ondulation. Ou si la corniche existe, c'est tout juste comme un trait. Dans le cabinet Ovale de Versailles, ou cabinet de la Pendule, la corniche garde seulement sa moulure basse, à peine un trait d'écriture pour souligner une décoration d'une étonnante fantaisie, frise traitée en arabesques, d'où sans autre des oiseaux s'envolent vers le plafond. Ainsi terre et ciel sont entrés dans le décor envoûtant de la pièce, comme si architecture il n'y avait pas. D'où le besoin grandissant des cabinets ovales ou ronds. Autour des années 1730, même à Versailles, le cabinet Vert, le cabinet Ovale s'arrondissent. Cette forme ovoïde, ou ellipsoïdale, devient, jusque dans le palais souverain, cadre d'intimité. Comme si la ligne décorative avait enfin triomphé des traditions architecturales. Le décor de la vie est souverain, et la vie de société veut l'intimité, le petit nombre, ou le « boudoir ». Retraite de femmes, évidemment.

C'est sans doute à l'Hôtel Soubise, dans les œuvres de Boffrand vieillissant mais adapté, que l'on peut le mieux saisir le triomphe du style : dans les deux salons ovales, voire dans le cabinet des Singes. Au salon du premier étage surtout, où de larges écoinçons racontent, sous le pinceau de Natoire, l'Histoire peinte de Psyché entre un rythme d'arcades légères, sous le dessin en accolade d'une mouluration supérieure ondulant au-dessus de chaque trumeau. Ce qui ne suffisait pas pour la caverne enchantée de main et de lignes d'homme : du riche cartouche surmontant la mouluration supérieure de la corniche, dans l'axe de chaque trumeau part une bande d'entrelacs somptueusement ajourée vers la rose centrale, au centre du plafond. Ainsi, dans une servitude géométrique, aussi légère que possible, l'entrelacs règne aussi au plafond de la pièce, en une fascinante et ondulante féerie.

Autant que dans les lignes d'ensemble de la décoration intérieure, le sinueux, le mouvant par la ligne déroulée s'exprime par l'utilisation de deux motifs décoratifs essentiels : l'entrelacs et le jeu des vrilles, motif qui peut se diversifier avec une liberté et une fantaisie quasi sans limites (admirable en particulier, l'utilisation ornementale par Verberckt dans les panneaux des salons du château de Rambouillet) ; le cartouche surtout, ce cartouche du rococo dans lequel le champ, ainsi que l'écrit Kimball, « a la nudité aérienne du fond de l'arabesque ».

Forme décorative tellement essentielle qu'on la trouve même dans le Second salon de Rambouillet, définissant les lignes extérieures des miroirs, avec un couronnement flamboyant.

Le cartouche peut aussi bien être traité en coquille que s'inscrire entre des enroulements de feuillage que timbrent quelques suggestions d'ailes. Motif de composition, lui aussi, d'une variété infinie, il timbre les temps forts d'une décoration ondulente, pour l'arrêter et pour la faire repartir. Ce que le baroque animait avec les putti, est maintenant animé par l'utilisation éminemment spirituelle, d'ingéniosité et d'invention, d'un principe ou d'un motif décoratif.

Tant lignes d'ensemble que motifs ornementaux, tout se trouve ployé, comme sans exigence propre, à une triple nécessité : celle de l'unité de la pièce ; celle du mouvement dans une pièce où l'on vit assis et où les éléments sensoriels sont la parole humaine, la lumière, voire la musique de chambre ; celle de la libre fantaisie décorative.

L'asymétrie et la « rocaille », ensuite.

La vogue de l'asymétrie, on la voit s'affirmer à l'échelle européenne par le traitement du cartouche et du trophée. Moyen de rajeunir et d'animer des formes traditionnelles et académiques sans doute ; et le traitement asymétrique du trophée va donner, dans les panneaux Louis XV, ce nonchaloir délicat et spirituel du traitement des « vieilles choses ». L'asymétrie est incontestablement un moyen de se libérer sans détruire. Elle est aussi plastique de mouvement, voire contrainte visionnaire, comme on le peut voir dans les dessins de cartouches de Meissonnier, dont certains gauchissent, dans une fuite imaginaire.

Art et abus tout ensemble, c'est l'abus que dénoncent surtout les contemporains agressifs, s'étonnant que l'on puisse réaliser ces « ornements de travers », ou bien, avec l'abbé Leblanc qui va être au début de la seconde moitié du siècle conseiller occulte de Lenormant de Tournehem, plus lucidement analystes. Audit abbé Leblanc, demandons la dénonciation, qui doit à notre tour nous éclairer sur les profondeurs du scandale. Les formes communes d'abord : « ... Nous ne voulons plus rien de symétrique, accuse l'abbé. Si l'on orne le frontispice d'un hôtel des armes de celui qui le fait bâtir, on pose l'écu en ligne diagonale, et la couronne sur l'un des côtés, de façon qu'elle paraisse prête à tomber. On s'éloigne le plus qu'on peut de la ligne perpendiculaire et de l'horizontale. » S'il y a charge, il y a aussi découverte d'une sensibilité qui rompt avec un ordre de géométrie toute simple.

Cela s'installe surtout dans le détail, un détail, il est vrai, révélateur de besoins de sensibilité : « À qui ressemblent, continue l'abbé, ces pendules devenues si à la mode, qui n'ont ni base, ni console, et qui paroissent sortir du lambris où elles sont appliquées ! Ces cerfs, ces chiens et ces piqueurs, ou ces figures chinoises qu'on distribue d'une façon si bizarre autour d'un cadran, en sont-ils les ornements naturels ? Ces cartouches qui soit en haut, soit en bas, soit dans les côtés, n'ont aucunes parties qui se répondent, sont-ils en effet de bon goût ? »

À quoi l'on peut ajouter, toujours du même, cet autre article du procès : « Ils contrastent un Amour avec un dragon, et un coquillage avec une aile de chauve-souris. » Nous avons là tous les articles, petits et grands, du scandale de l'asymétrie. Il est essentiellement dans une mutation des formes et des correspondances. Un univers de la ligne ondoyante est un univers du continu, univers de l'œil et de la main, tous deux attentifs à des sensations agréables. La « courbe » du pittoresque est moins mouvement qu'agrément.

Dans l'agrément, il y a aussi le besoin de rompre avec des habitudes (libération de l'ennui, appétit de jouvence ?) et aussi une certitude de puissance, la manifestation de pouvoir rompre, briser, quelque peu à son gré, cadres et formes traditionnels. Une autre nature se cherche que celle élémentairement définie par les rapports de l'horizontal et du vertical, la suffisance du cadre, la symétrie, une symétrie qui n'est pas de géométrie seulement mais qui est aussi dans la correspondance des choses. Manifestement une manipulation du monde s'accomplit, puisqu'il faut trouver d'autres lectures d'équilibre. Mais, et ceci grandement importe, les dénonciations de l'abbé Leblanc et l'histoire des arts sont là-dessus d'accord, cette manipulation est à la fois discrète et profonde. Discrète : en définitive l'asymétrie n'est, dans la décoration d'ensemble, que subtilement manifestée, ou avec mesure. Où elle s'accuse sans doute le plus, c'est dans le couronnement des panneaux, ou bien dans le jeu des vrilles terminales d'enroulements de cadres ou de panneaux. Profonde, car elle s'installe dans le détail, la décoration des cheminées, des miroirs, et particulièrement dans le luminaire, ces bras de lumières à deux branches, quelquefois à trois, traités en rocaille et fort dissymétriques et que l'on plante de part et d'autre de la glace ou de la cheminée, ou au centre des trumeaux. Ils disent, ces bras, qu'il n'y a plus centre de lumière, mais une dispersion plus vivante et comme plus naturelle.

Liés à l'asymétrie, et comme elle peut-être d'apparence plus vivants, rocailles et coquillages sont, avant la mi-XVIIIe siècle, les éléments typiques du rococo. Les *Livres* ou *tableaux d'ornements et rocailles* contemporains entendent d'ailleurs la rocaille dans un sens beaucoup plus large que le motif traditionnel soit de la coquille soit de la décoration des fontaines et des grottes. Toutes les formes de fantaisie, dragons, phœnix ou magots entrent dans les motifs de rocailles ; arsenal que dénonce à peu près au même temps Jacques-François Blondel : « L'on trouve partout un amas ridicule de coquilles, de dragons, de roseaux, de palmiers et de plantes, qui font à présent tout le prix de la décoration intérieure. » Ornements dont Boffrand, qui était orfèvre, a pu écrire que « le crayon les trace en courant ».

Nous voilà, avec rocailles, cartels ou cartouches, dans un monde où dessin et imagination se fécondent l'un l'autre. Tout y est possible, voire permis, mais tout n'y est pas admis. Le cartouche demeure instrument d'analyse et d'exploration de formes décoratives dans un équilibre d'ensemble. Le caractère commun de l'asymétrie et de la rocaille est ainsi d'être l'une et l'autre demeurées recherche décorative de détail ; une analyse, non pas un ordre ; une exploration ou une tentation dans des limites permises.

Où l'on trouvera peut-être l'une des valeurs d'expressivité historique les plus sûres du rococo. Il est assez sûr de sa liberté, de sa fantaisie et de sa recherche pour que Pineau ait pu, à la hauteur de 1732, inscrire un profil à perruque dans un cartouche surmontant la crête en coquille du miroir du grand cabinet de M. de Rouillé.

La luxuriance et la discipline du décor végétal, également. Le Grand salon de l'Hôtel de Roquelaure, décoré en 1733 par Leroux et probablement Pineau, est une symphonie de trophées de musique et de jardinage, animant les panneaux les plus étroits, les bandeaux et les enroulements, et de profusion végétale et florale. La bordure intérieure des grands panneaux est traitée en tiges où s'entremêlent des brindilles. Délicate et enivrante discipline de la nature végétale, qui ainsi se fait cadre vivant, ou animation stylisée.

Guirlandes de fleurs, vrilles, enroulements de feuilles et de palmes, branchages, palmes que des guirlandes de fleurs enserrent en spirales, brindilles délicatement enchevêtrées ou traitées en méandres souplement dessinés, toute cette décoration de nature ou fait les cadres ou en dissout les contours dans une élégance d'arabesques et d'entrelacs. Ce qui donnera, dans la beauté de l'art de Verberckt, décorateur de Rambouillet, le traitement en roseaux des moulures de cadres de glace et des grands cadres.

Au château de Champs, l'une des premières acquisitions de la marquise de Pompadour, le miroir de la chambre à coucher est encadré de palmes, dont les courbes renversées enserrent au-dessus le motif décoratif du paon. On pourrait multiplier les exemples. L'un des plus expressifs demeure ce « boudoir » de la comtesse de Toulouse, au château de Rambouillet, où l'art de Verberckt s'épanouit. Les grands panneaux se définissent librement dans une bordure de roseaux, où s'emmêlent des fragments de bords de coquillages et de souples feuillages. La frise qui court, au-dessus de la corniche ici plus accusée, est un déroulement bucolique. Comme si dans cette pièce d'intimité, il avait fallu, dans une suavité délicate, faire entrer l'esprit de la nature la plus proche. Tant est grande cette présence végétale traitée en décor, que tout motif ou emblème animal, voire humain, apparaît comme un simple rappel, ou une figure de jeu, entraînée dans cet univers de lianes et de luxuriance végétale.

Le style, enfin, c'est-à-dire écriture, mesure, ordre. Le « genre pittoresque » aurait pu déboucher du visionnaire dans le fantastique ou l'informe. Si le rococo est fantaisie, c'est-à-dire liberté de l'homme, celle-ci s'exprime dans une discipline implicite. On peut le saisir dans quelques traits :

— L'indépendance de l'ornement, trait maître du rococo, contraint à la perfection du détail. L'ornement doit être traité par lui-même. Libéré du cadre ou devenant le cadre même, il exige, outre sa propre perfection, les suggestions de liens, « une fleur qui elle-même ne tenait à rien ou... une légèreté également ingénieuse », et aussi la conscience de l'ensemble. Cet art éminemment décoratif est exigence d'une perfection d'ensemble. Perfection qui peut être diversement sentie, mais d'atmosphère plus que de formes.

— Dans une définition d'atmosphère, compte grandement l'écriture des formes. C'est là tout l'esprit du style.

Dans le « Louis XV », l'écriture a toute la légèreté de l'esprit : une forme parfaite et qui cependant ne borne ni n'arrête, non plus qu'elle n'exprime. La forme ici est suggestion, démarche vers l'esprit, au-delà d'elle. Cochin l'a bien senti, quand il ironise l'art de Pineau : « Il les [moulures et profils] traite d'une délicatesse qui les fait presque échapper à la vue. » C'est l'analyse même d'un art d'atmosphère, qui suggère autant qu'il envoûte. Il ne s'agit point de dissoudre formes et lignes, façon sournoise de les nier, de fondre les objets dans un « medium » confusionniste, mais de les rendre moins réels, c'est-à-dire de les harmoniser au rêve. Ces bords ajourés de coquilles qui couronnent un miroir, entourés de termes irréels, eux aussi ajourés et fleuris, ils ne font pas oublier l'objet, mais l'entraînent dans leur sarabande de rêve. Arrière-saison de « fêtes galantes », écrites maintenant dans un vocabulaire de formes décoratives, où l'irréalité est fruit du style, c'est-à-dire d'une réalité suprême d'ouvrier. Aussi cet art peut-il tout accueillir, puisqu'il est à la fois œuvre, imaginaire et grammaire d'esprit. Rocaille, dragons, trophées de théâtre et magots, bergeries et chinoiseries, cette fixation de l'imaginaire est lecture aristocratique du monde.

— Si le décor prend tout, il demeure soumis. Décoration d'architectes, avons-nous dit, ou qui ont besoin d'être tels. Si la plastique architecturale s'estompe, l'ordre demeure. Ce vêtement de bois qui recouvre le mur a sa géométrie, ses correspondances. La pièce s'ordonne le plus souvent par rapport à la cheminée et au miroir qui la surmonte; en face, la console, le plus souvent portant un marbre assorti à celui de la cheminée. La décoration des panneaux s'équilibre de symétries autour du motif central, ou de correspondances. Contre-courbes et asymétrie ont leurs répondants. D'autant plus sûre l'harmonie, qu'elle est plus subtile. La liberté s'y épanouit, parce que l'ordre est sauf : c'est, sur un art du décor, la marque même de l'esprit.

— Art de spiritualité sociale : une étonnante, et admirable rencontre s'exprime dans la décoration Louis XV. Elle est maîtrise supérieure de l'artiste qui, par la stylisation, la liberté d'écriture et d'images, se libère d'un vocabulaire, décide souverainement, par la manipulation des formes, d'une définition spirituelle. Art suprêmement humain donc. Pour qui ? Pour une société qui cherche son délassement : petits appartements, délassement, commerce intime de quelques-uns, cela va de pair. On sait qu'à Chambord le maréchal de Saxe fit diviser des salles trop vastes, trop « gothiques » pour son goût. La vastité et la pénombre « gothique » cédant la place au petit appartement, salon ovale ou « boudoir ».

Délassement dans l'imaginaire, comme une fuite en ces pièces intimes et plus chaudes ? Si tout danse, rien ne fuit ; et c'est là l'équilibre. Un décor de rêve n'isole ou n'enlève pas : il suggère, fixe et libère. Jusqu'aux recherches les plus poussées du « genre pittoresque » trouveront leur mesure d'équilibre, dans une harmonie où rien ne gêne, mais où tout est fluence de vie sans que cependant rien ne bouge.

Monde imaginaire et réel, c'est-à-dire monde libéré, où il est à la fois délassant et excitant d'être entre soi. Il faut très peu de mobilier pour meubler les appartements nouveaux : tout est déjà donné avec la décoration murale, la cheminée, les miroirs, la console. Et ce n'est pas suggestion incongrue que de rappeler qu'au long du siècle *la commode* s'établit lentement comme pièce indispensable du mobilier. Le nom est l'aveu du besoin : aujourd'hui nous dirions « confort ».

— Création d'une atmosphère ou d'un « medium » spécifique. Rien de plus réel à la vérité qu'une atmosphère d'irréel, et c'est un très grand art de l'imposer telle. Au-delà de la vie de l'imaginaire, c'est une prise des sens. Elle s'accomplit dans le décor Louis XV par la définition d'une atmosphère à plusieurs plans sensible, voire spirituelle ; par les couleurs immédiates des fonds (lambris et panneaux) et de l'écriture décorative : en général, recherche d'harmonies délicates et subtiles, du blanc léger au vert d'eau très pâle où chantent ombres et ors ; par le traitement correspondant des plafonds, qui ne commandent plus, mais se fondent dans la lumière d'ensemble ; par le jeu luxuriant des miroirs et des verres (lustres), qui multiplient, analysent, décomposent les couleurs et les formes — premier temps de féerie, due à la seule matière et à l'art d'en user. Dans la galerie de l'Hôtel de Villars, Leroux et Pineau avaient multiplié à profusion les miroirs, sur la cheminée et de chaque côté de celle-ci, sur les portes, etc. La recherche est évidente d'un univers lumineux par soi, multipliant lui-même par ses procédés propres sa lumière intérieure.

Cette prise des sens s'accomplit enfin par l'éclat des ornements en bronze. La vogue du bronze se développe avec le style, et, ce qui est caractéristique, d'un bronze préparé par le fondeur, mais monté par l'ébéniste. Lui aussi soumis au décor et à la conscience sensible de l'ensemble, mais y apportant, avec la vérité ornée du métal, une autre source de lumière, mate, profonde, directe et rebondissante.

Dans l'analyse de l'atmosphère, compte enfin, plus pour l'esprit peut-être que pour les sens, le sentiment diffus de la matière. Cet intérieur tout de bois, où le marbre et le bronze mettent seuls des notes de matière précieuse, imprime les suggestions de la maison de bois, matière plus chaude et proche d'un décor de théâtre aussi où la scène est en dedans, et ce, dans une féerie subtile de lumières.

Ainsi l'atmosphère, par les Lumières, est esprit. C'est peut-être la création la plus imprégnante, la plus profondément humaine, d'une société des Lumières. Dans ses audaces les plus expressives et les plus libératrices, le « genre pittoresque », à l'encontre du style Régence et de ce rajeunissement de l'art que souhaitait Louis XIV, est une création aristocratique, non pas royale.

Les grandes demeures aristocratiques, surtout de la ville capitale, ont été les lieux d'épreuve et de recherche de ce « goût moderne ». L'entrée en est lente dans la demeure royale. Mais la poussée vitale est cependant si ferme qu'Ange-Jacques Gabriel, nommé en 1741 « architecte ordinaire du Roi » y sacrifiera avec mesure, selon son génie de plus en plus personnel. Derrière lui, à côté de l'architecte, le sculpteur sur bois : c'est le Flamand Verberckt qui va devenir dans les transformations des palais royaux le principal décorateur de Gabriel.

Dans le cabinet à Pans de l'appartement du Roi à Versailles, Verberckt déploie, dans les encadrements de glace, une fantaisie digne de Pineau : la moulure intérieure, de baguettes entourées de guirlandes de fleurs, est flanquée d'une bande extérieure où s'accrochent de souples et rayonnants trophées. Aussi bien que Gabriel, dans le dessin du plafond du même cabinet, fait courir dans une écriture de festons et d'arabesques végétales une frise d'incantation végétale que timbrent des cartouches ou des médaillons quasi suggérés, avec, au centre, un profil pseudo-psychologique.

Rêverie et liberté aristocratiques ont désormais inscrit leur génie encore généreux et sûr dans le décor d'intimité de la demeure royale. Égalité ou plain-pied d'intimité entre les souverains et les grands, dans l'ineffaçable décor de la « douceur de vivre ».

LA FIN DU ROCOCO

La fin du rococo coïncide avec les dernières années du règne de Louis XV, tout de même un quart de siècle, c'est-à-dire l'après 1750.

Fiske Kimball a posé le problème de la fin. La question serait la suivante : l'impulsion créatrice était-elle épuisée ? Ou bien y avait-il encore dans le rococo des puissances de développement, arrêtées de l'extérieur ? Question de « stylisticien », de celles auxquelles à mon sens il est fort difficile de répondre. L'historien des formes constate et analyse.

Commençons par les conditions externes. À l'encontre de ce qui a été constaté dans la période précédente, l'initiative bâtisseuse et décoratrice retourne aux bâtiments royaux. Le temps de la guerre de Sept Ans, avec toutes ses conséquences, marque un arrêt dans la construction privée, comme d'ailleurs la guerre elle-même a suspendu l'exécution des « grands desseins » dans les demeures royales, à Versailles et à Fontainebleau en particulier.

Dès lors les « définisseurs » du goût plastique sont essentiellement les administrateurs des bâtiments royaux et l'équipe des artistes qu'ils emploient. À la vérité, plus que ne l'a marqué Fiske Kimball, deux personnalités interviennent sans cesse dans la définition bâtisseuse et décorative : c'est le roi, en qui vit un besoin d'architecte, le tenaillant jusqu'à l'instabilité, c'est aussi la maîtresse en pied, surtout quand elle est Mme de Pompadour. Mais projets et orientation de l'ornementation appartiennent tout de même, à prendre les choses d'ensemble, et au Directeur des bâtiments et à ses architectes, entre lesquels domine Ange-Jacques Gabriel.

Le rôle, fort célébré par les Goncourt, de Mme de Pompadour dans l'épanouissement du rococo est surtout une impulsion bâtisseuse, par besoin personnel, mais essentiellement pour plaire au roi. À la Direction des bâtiments, elle mettra des hommes à elle, c'est-à-dire ses parents, son oncle, Lenormant de Tournehem (1745-1751) et, à la mort de celui-ci en 1751, son frère, celui que l'on nomme Vandières et qui se procurera un peu plus tard le marquisat de Marigny. Marigny gardera les Bâtiments jusqu'en 1773, donc à la veille de la mort du roi. Continuité « pompadourienne » de la Direction ; mais derrière ces directeurs, qui sont plus ou moins des truchements, comptent les équipes.

Derrière Lenormant de Tournehem, il y a le comte de Caylus, un des pères du retour archéologique, le Winckelmann français, et dont le premier volume du monumental *Recueil d'antiquités égyptiennes, étrusques, grecques et romaines* paraît en 1752 ; il y a surtout cet abbé Leblanc qui va continuer sous Vandières et qui est le premier dénonciateur du rococo. Avec les « orienteurs » du goût, il y a aussi les artistes. Deux comptent grandement par l'influence qu'ils ont sur Marigny, Jacques-Germain Soufflot et Cochin le jeune, qui tous deux ont été les compagnons, les mentors ou les « yeux » du voyage d'Italie de Vandières, entrepris sur la volonté expresse de la marquise, de décembre 1749 à septembre 1751. Voyage de la mi-siècle, qui peut avoir eu son influence sur l'évolution du goût de l'équipe dirigeante, et donc pour l'orientation nouvelle.

Si Cochin publie dans le *Mercure*, en 1754, sa « Supplication aux Orfèvres, Ciseleurs, Sculpteurs en bois pour les appartements et autres » qui est une vive prise à partie du rococo, le rôle de l'équipe n'est tout de même pas prépondérant. Il y a le mot de Marigny pour la décoration de sa propre maison du Faubourg du Roule : « Je ne veux point de la chicorée moderne, je ne veux point de l'austère ancien. » Surtout, sur toute la période, Gabriel demeure le premier architecte. Il ne s'en ira qu'en 1775, à 77 ans bien sonnés.

Faut-il, ce qui est proprement la thèse de Fiske Kimball, faire un sort décisif à l'influence anglaise, pour expliquer la fin du rococo ? La voie du « retour à l'antique » — ce retour sur quoi tout le monde est d'accord — aurait été, d'après lui, tracée par l'influence du néo-palladianisme anglais (Colen Campbell ; Burlington ;

Chambers ; surtout Robert Adam, après son retour en Angleterre en 1759). Un certain nombre d'artistes français, de ceux qui en particulier s'imposent autour de 1770, ont ou bien fait le voyage d'Angleterre, ou travaillé avec Adam, comme ce Clérisseau, qui rentre en France en 1768 après avoir été à Rome en même temps qu'Adam, l'élève de Piranèse.

Cette analyse des conditions extérieures situe les possibilités ; elle n'est pas, à la vérité, concluante.

Faut-il alors incriminer les conditions internes ?

On pourrait, dans l'art d'Ange-Jacques Gabriel, suivre une lente évolution sans mutations évidentes. Flanqué de Verberckt, auquel s'adjoindra à partir de 1755 Antoine Rousseau, Gabriel avec sûreté et mesure amende le « genre pittoresque ».

On peut le mettre en évidence dans les transformations du cabinet du Conseil, à Versailles, en 1755-56. Le travail certes est fait sur des éléments déjà existants, qui imposent ajustement, mais toute la décoration se discipline dans un équilibre à la fois puissant et par masses ; plus aucune trace d'asymétrie, et les coquilles deviennent de simples éléments décoratifs, trame d'étroites bordures. Même pour le château de Choisy, la décoration, sans rien perdre de sa grâce ni de sa légèreté, s'inscrit dans une géométrie renaissante. Le cadre dessine et même impose ; non plus la fantaisie

Ce qui se corrige, c'est la liberté, au moins sous trois aspects : la courbe, qui cherche son cadre ; la discontinuité qui va disparaître ; le travail de coquille qui devient un vocabulaire décoratif mineur. En fait un équilibre se cherche : il s'agit de modérer, de garder la grâce tout en rendant leurs droits à la géométrie et à la symétrie, cette lecture subtile d'un intérieur spirituel de l'homme.

Ce retour d'équilibre a pu être conditionné par un

autre retour qui, plastiquement, est le fait essentiel de la période. Je l'appellerai retour de l'extérieur dans l'intérieur. La forme architecturale, un temps confinée au décor public de la vie, rentre dans le cadre intime.

Caractéristiquement, pour aborder l'analyse de la fin du rococo, Fiske Kimball profile les développements de l'architecture extérieure : l'École militaire, les projets pour la place Louis XV, le « Grand Projet » de Gabriel pour Versailles, surtout les projets de Soufflot pour Sainte-Geneviève. Tous expriment d'analogues besoins plastiques : un étage important de soubassement, surmonté d'un ordre, le plus souvent corinthien, et avec quelquefois une colonnade ouverte.

Plastique « antiquisante » ou palladienne ? L'important est le retour d'une géométrie simple, par horizontales et verticales, et d'une plastique de lumière et d'ombre par le jeu des colonnaisons, avec une soumission évidente de la décoration, d'ailleurs extrêmement sobre, aux cadres architecturaux.

On le saisit surtout dans ces façades d'églises traitées en temples. Dès son premier projet pour Sainte-Geneviève, Soufflot avait conçu un portique avec une façade de six colonnes corinthiennes détachées ; semblable projet avait été envisagé aussi pour Saint-Sulpice. Et Soufflot, après force projets, coiffera finalement son église d'une coupole ronde avec une colonnade ronde. Cette victoire des formes « publiques », ou plutôt le besoin de certaines de ces formes, seront assez puissants pour marquer en une quelconque mesure les intérieurs.

En définitive, l'ensemble de ces conditions internes ne peut guère plus que manifester certaines tendances, à quoi il faut ajouter sûrement une lassitude, une usure sensible de trop de « perfection libre ».

Le Petit Trianon de Gabriel

Le rococo culmine et sans doute meurt dans l'un des plus nobles chefs-d'œuvre de l'art français : Le Petit Trianon de Gabriel.

Gabriel accompagnait un sien projet de 1753 pour les transformations de Compiègne de cette annotation : « J'espère que Sa Majesté se contente de la simplicité et de la noblesse de l'architecture. » À fortiori pour le Petit Trianon. Demeure de maîtresse royale, commencée en 1762, deux ans avant la mort de Mme de Pompadour, il sera achevé sous Mme du Barry, quatre ans après la mort de la marquise en 1768.

C'est une « ménagerie », c'est-à-dire un pavillon de jardin, ou casino. Mais maintenant une villa palladienne, avec des façades traitées quasiment en carré parfait, bien que chacune différemment. Ordres et ouvertures y définissent un rythme ferme, mais toujours élégant. De l'extérieur à l'intérieur, la géométrie procède. Toutes les pièces principales sont maintenant rectangulaires ; les plafonds plats, sans corniche à gorge. Les lignes essentielles du lambrissage se font purement géométriques ; les cheminées prennent des formes rectangulaires. Le matériel décoratif se simplifie : acanthes, guirlandes, rosaces, couronnes ; le coquillage rocaille disparaît, comme la dorure et la laque. L'atmosphère tend à se composer de formes pures, fondues dans « une modulation légère de tons pâles ».

Peut-on parler avec le comte de Fels, biographe de Gabriel, d'une troisième phase du style de l'artiste, influencée par les dessins des monuments grecs de Leroy ? Il est certain que le nouveau cabinet du Conseil, dans le « Grand Projet » de Gabriel pour Versailles (dessin de 1771 ou 1772), rétablit « l'architecture » à l'intérieur : les ouvertures par exemple sont encadrées de pilastres corinthiens et le haut de ces ouvertures est droit ; les enroulements sont faits d'acanthes ou de trophées.

« Tout à Paris, écrit Grimm dès 1763, est à la grecque... » De cette mode neuve, le Petit Trianon, en un certain sens, témoigne ; mais tout autant d'un équilibre. Le style décoratif se transforme, mais d'une part, même après le Petit Trianon, le rococo est encore employé dans les transformations de Versailles, et d'autre part ce besoin d'atmosphère intérieure, de monde clos totalement humain à quoi il avait correspondu, demeure souverain.

Avec le retour de l'architecture à l'intérieur, pourrait-on dire la liberté seulement se perd, au moment même d'ailleurs où dans la vie sociale et publique, elle est exaspérément réclamée. Aussi, si Kimball peut conclure son étude en constatant que « la fin du règne de Louis XV fut la fin du rococo à la Cour de France », il faut, semble-t-il, dans l'esprit même de sa thèse, conclure sur les destins du rococo, que le rococo est mort debout, c'est-à-dire que sa survivance, au sinueux et à la fantaisie près, a duré beaucoup plus qu'on ne pense.

Le rococo, style décoratif et style de vie

Le rococo, ou style Louis XV, est essentiellement un art d'intérieur, c'est-à-dire un art décoratif, triomphe des arts mineurs dans une convergence de perfection admirable. À ce point puissant, dans son besoin de créer un décor de la vie propre, qu'il a quasiment imposé des arts mineurs nouveaux. Ainsi que l'a noté P. Verlet, « le culte du bibelot crée, pour ainsi dire, la porcelaine et le bronze d'ameublement ».

Pour une esthétique du monde « rococo », l'on pourrait valablement proposer l'imposition subtile et spirituelle d'une unité par la perfection des petites choses, leur liberté, leur vertu d'étonner sans surprendre. Chaque forme s'inscrit dans une spiritualité globale, non-dite, mais lumineusement imprégnée, subconsciemment suggérée.

Ainsi la puissante originalité du rococo est-elle d'être style, un style décoratif en harmonie avec un style de vie. La société classique avait maîtrisé le théâtre ; c'était jouer avec le personnage humain. La société du xviiie siècle — est-ce maîtrise ou inquiétude ? — atteint à cette extraordinaire puissance de se donner le décor plastique de son esprit. Ce décor tend à être un microcosme à la fois clos et ouvert à la lumière cosmique. Clos surtout en ce sens qu'il s'efforce, dans un décor de boiseries, de verrières, de peintures tâchetées de quelques éclats de bronze, d'enserrer toutes les suggestions et les présences des règnes de la nature. La coquille en est une expression caractéristique, animal et minéral tout ensemble faisant ornement.

Cet art est un art de syncrétisme majeur. En lui sont venus s'exprimer, dans une synthèse française, des artistes des pays voisins, italiens ou flamands surtout, et aussi, dans la marqueterie, les ébénistes allemands. Sublimant Nord et Midi, le baroque et une perfection d'arts mineurs, le rococo est un art singulièrement moderne. Il représente la tentative de toute une société d'exorciser entre soi l'antique. Cependant que l'architecture plus ou moins antiquisante continue à régner à l'extérieur, un monde neuf, autre, se compose à l'intérieur. Tentative audacieuse de libération, où la femme demeure souveraine, où l'artisanat atteint à une promotion suprême, mais dont l'envoûtante grâce portait en elle, comme la société qui s'y complaisait, la fragilité de l'inutile.

CHAPITRE VII

LUMIÈRES ET MONUMENTALITÉ :
L'ART ROYAL
D'ANGE-JACQUES GABRIEL

Ange-Jacques Gabriel, né à l'automne 1698, mourra aux premiers jours de l'année 1782. Existence de plus de quatre-vingts ans, qui couvre huit décennies du XVIIIe siècle. Son acte de décès, inscrit sur les registres de la paroisse de Saint-Germain-l'Auxerrois, porte, après son nom, les titres suivants : « Écuyer conseiller du Roy, ancien contrôleur général des bâtiments, jardins, arts et manufactures de Sa Majesté, ancien inspecteur général des bâtiments du Roy, son premier architecte honoraire, directeur de l'Académie d'Architecture, honoraire amateur de celle de peinture et de sculpture et maître de la garde-robe de Madame. » Pareille titulature dit mieux que tout et l'élévation d'Ange-Jacques Gabriel et son service de l'Art royal.

Quasiment jusqu'à sa fin, il gardera la direction de l'Académie d'architecture, dont il est membre depuis l'âge de trente ans. En 1775, quelques mois après la mort de Louis XV, il quitte les fonctions de premier architecte du roi, qu'il assumait depuis trente-trois ans.

Il est donc l'architecte du roi Louis XV, et, par la durée autant que par l'importance de ses fonctions, le maître du dernier grand art royal de la monarchie finissante.

LES DEUX GABRIEL

Ange-Jacques Gabriel, architecte, est le fils premier-né de Jacques Gabriel, architecte, en fait le premier-né de la seconde union de celui-ci. Mais non seulement le père est architecte, la lignée et le milieu sont d'architectes. Ange-Jacques est tout droit fils du grand art, d'un art qui, encore à traditions de métier, devient un art académique, c'est-à-dire un art royal.

Dès la fin du XVIe siècle, l'on trouve, au terroir normand, des « maistres maçons » du nom de Gabriel. Celui que l'on considère comme le fondateur de la lignée s'établit à Saint-Paterne, près de Tours ; il est ami de Racan, et lui aussi un peu poète. Il se prénomme Jacques. Comme son fils, que l'on retrouve aux premières années du règne de Louis XIV, établi à Paris et « architecte et entrepreneur des bâtiments du Roi ».

Le troisième enfant de ce Jacques, qui, dans la lignée Gabriel, prend rang de Jacques IV, sera encore un Jacques, donc Jacques V, et le père d'Ange-Jacques. Celui-ci est ainsi le descendant d'architectes sur plusieurs générations, et, à la troisième génération, le descendant d'architectes du Roi.

Il y a mieux. Le comte de Fels, biographe d'Ange-Jacques Gabriel, publie le contrat de mariage du grand-père de son héros — contrat de mariage de l'été 1663, à trente-cinq ans de la naissance d'Ange-Jacques. On y apprend que l'arrière-grand-père d'Ange-Jacques était aussi entrepreneur de bâtiments et que sa grand-mère paternelle est fille d'un maître-peintre à Paris, « peintre ordinaire du Roi. » Signent à ce contrat, du côté de Jacques Gabriel, ses cousins, l'un architecte du Roi, l'autre juré du Roi ès œuvres de maçonnerie. Mais du côté de l'épousée, les signatures prennent tout de suite une autre signification : il y a François Mansart, grand-oncle de la grand-mère d'Ange-Jacques ; il y a aussi Jules Hardouin (Mansart), son cousin, outre un frère, architecte.

Le milieu n'est pas seulement de métier : il est d'architectes du Roi, au niveau le plus élevé, et il compte deux des plus grands créateurs de l'art de l'absolutisme royal français. Milieu familial, il faut le souligner : ce n'est pas un vain trait de noter que le contrat de mariage est passé en la maison de François Mansart, « sise rue Païenne, marais du Temple ».

La date non plus n'est pas sans importance. Nous sommes une quinzaine d'années avant qu'Hardouin-Mansart ne commence les travaux de transformation du château de Versailles.

En trente-cinq ans, l'espace d'une génération (Ange-Jacques naîtra en 1698) —, les Gabriel se sont établis de la façon suivante : ils sont architectes du Roi en naissant, pourrait-on dire, et associés aux travaux les plus considérables, ou même maîtres des œuvres royales. Le grand-père (Jacques IV) construira à Versailles, à Clagny, au Grand Trianon, pour les demeures royales ; il est chargé de bâtir Choisy pour Mademoiselle de Montpensier. À Paris, il construit le Pont-Royal. Le père (Jacques V), collaborateur très vite, semble-t-il, d'Hardouin-Mansart, est, la quarantaine passée, nommé architecte ordinaire du Roi. En 1734, il deviendra premier architecte du Roi, succédant à Robert de Cotte, autre parent, puisque Robert de Cotte est beau-frère de Mansart. Il est certaines charges que l'on garde soigneusement en famille : ainsi, outre la charge de premier architecte, la direction de l'Académie d'architecture, qui reviendra à Jacques Gabriel, à la mort de Robert de Cotte. Le cumul non plus n'est pas interdit pour des hommes sûrs, plus ou moins habitués ou investis de la confiance royale : en 1737, Jacques Gabriel est nommé inspecteur général des bâtiments du Roi. C'est une toute-puissance sur la bâtisse royale, mais à une époque, il est vrai, où l'on construit peu.

Par les femmes, de solides mariages sont contractés. Après le mariage du grand-père dans l'« architecture royale », le second mariage du père d'Ange-Jacques établit les Gabriel dans la robe parlementaire fort aisée. Les huit enfants issus de cette union semblent avoir été bien pourvus. L'aîné est Ange-Jacques, né à l'automne 1698, un peu trop tôt pour naître noble, mais qui bientôt le deviendra.

Ils sont établis aussi dans la noblesse : Ange-Jacques s'appellera Gabriel de Mézières. Son père a reçu en effet en 1703, comme quelques autres collaborateurs fort choisis, d'Hardouin-Mansart, ses lettres de noblesse. Du nom de deux terres, dont il avait fait l'acquisition, il est seigneur de Mézières, en Beauce, de Bernay, en Normandie, et, comme il se doit, d'autres lieux.

Lettres de noblesse d'ailleurs fort claires quant aux hautes protections dont jouit la *gens* Gabriel : c'est la collaboration avec les deux Mansart qui est constamment évoquée, outre les mérites personnels, pour justifier pareil honneur. Ainsi que disent d'ailleurs les mêmes lettres, « l'inclination de l'habileté dans les plus beaux-arts est devenue une vertu héréditaire dans la famille ».

Hérédité de la profession, situation matérielle solide, noblesse, telles les conditions de l'établissement social d'Ange-Jacques Gabriel.

Sur la jeunesse et la formation d'Ange-Jacques, l'on sait fort peu de chose. Au niveau des documents, il ne commence à paraître que lorsqu'il a trente ans déjà. On ne le trouve même pas parmi les lauréats de l'Académie d'architecture, celle-ci n'ayant commencé à distribuer ses médailles qu'en 1723 — Gabriel avait déjà vingt-cinq ans.

Trois influences peuvent avoir marqué sa formation, deux positives et l'une négative. La première, positive et primordiale, c'est celle de son père, dont la carrière devient de plus en plus établie dans l'architecture royale. Ange-Jacques a onze ans quand son père devient, en 1709, architecte ordinaire du Roi et contrôleur « des dedans » du château de Versailles. Il en a trente-six, quand Jacques Gabriel reçoit la charge de premier architecte. Dates qui encadrent et une participation émotive et une éducation de métier. Même si Jacques, comme on l'a remarqué, collectionne plus de charges qu'en fait il ne bâtit. Architecte d'entretien ou d'aménagements intérieurs à Versailles, à Fontainebleau, à Chambord, à Paris, s'il collabore aux travaux du Palais-Bourbon, il construit surtout pour des particuliers des hôtels, dont il nous reste l'hôtel Biron, que Jacques Gabriel avait dessiné, aux années trente du siècle, pour le financier Peyrenc de Moras. Ou bien il travaille en province, où nous le suivrons un peu plus loin, avec son fils. Jacques, en effet, qui a soixante-huit ans quand il devient premier architecte et qui mourra en plein travail à soixante-quinze ans (Ange-Jacques a alors dépassé la quarantaine), paraît avoir été une nature telle que le fils grandissant ne pouvait pas, introduit dans le métier, n'être pas associé au travail du père et marqué par celui-ci.

Il est d'autre part très peu probable que Jacques, admis à l'Académie d'architecture peu après la naissance de son fils, n'ait pas envoyé Ange-Jacques aux professeurs de celle-ci — deuxième influence positive. Car l'Académie d'architecture était une école. Les principes de l'architecture, la perspective et les éléments de géométrie, toutes les règles techniques de la profession,

Ange-Jacques semble bien les avoir reçus à l'échelon le plus haut, dans ce que l'on a appelé « un conseil supérieur de l'architecture française » laboratoire du moins du grand art royal.

La troisième influence est en fait une absence d'influence : Ange-Jacques Gabriel n'a pas fait le voyage d'Italie. Par conséquent, de ce côté-ci aucune « contamination » possible. Ce en quoi il a grandi, c'est le décor de l'architecture souveraine française, où les traditions italiennes de l'art princier de bâtir sont interprétées par des chefs-d'œuvre et où un style français de majesté est solidement établi.

Ce qui lui impose d'être homme de tradition, de définir sa puissance créatrice par rapport à cette tradition, et qui fera plus tard de ses réactions devant la poussée néo-classique un témoignage singulier, donc particulièrement révélateur.

Outre les années de formation, il y a, tout aussi importante, l'équipe des deux Gabriel. Une grande partie de la collaboration du fils avec le père demeure nécessairement obscure. Mais le travail ensemble reste vraisemblable, et l'on peut mesurer dans la diversité des œuvres de Jacques Gabriel quel achèvement de formation dans la profession il représente.

Peu architecte royal en définitive, si sa seule œuvre importante est la chambre de la Reine au château de Versailles, mais en revanche travaillant beaucoup en province, à Rennes qu'il reconstruit en partie, après les destructions de l'incendie de 1720, et où il ouvre, sur le modèle de la place Vendôme, la place du Palais et la place d'Armes ; à Bordeaux, où il forme la place Royale et dessine des fontaines ; à Blois, où il construit l'évêché ; à Orléans, où il achève dans son gothique originel la cathédrale ; à Dijon enfin où il fait édifier la grande salle du Palais des États. Travaux imposés à Jacques

Gabriel par le peu d'activité des chantiers royaux durant les premières années du règne de Louis XV. On rappelle volontiers que le jeune roi aurait entendu les conseils de son arrière-grand-père ; il faut noter aussi que les traits de son caractère n'avaient pas eu encore, avant les années trente à quarante, assez de temps pour s'exprimer avec force, si bien que l'architecte du Roi s'en va orner de places plus ou moins royales les capitales provinciales.

Jacques Gabriel est aussi bâtisseur de ponts, le pont de Blois, dit-on, étant le meilleur de sa façon. Autrement dit, c'est un technicien de la construction, voire un architecte-urbaniste, nullement un homme de grand art. Travailleur infatigable, et chargé de bien des travaux divers, son activité témoigne à la fois des besoins du siècle, tous de représentation collective, et d'un conformisme aussi scrupuleux qu'ingénieux.

Avec pareil père, Ange-Jacques pouvait connaître toutes les techniques de la profession et n'être pas gêné, quant à lui-même, pour l'affirmation de son propre génie ; par lui, il a pu recevoir les traditions intactes du grand art de bâtir royal du règne de Louis XIV, art qui trouve ses correspondances provinciales et bourgeoises dans les places dites Royales ou les palais des États des capitales de province. Reçu très jeune, à trente ans, dans la seconde classe de l'Académie d'Architecture, Ange-Jacques a très probablement travaillé avec son père à l'établissement de la place Royale de Bordeaux, dessinée dans le souvenir mansartien de la place de Louis-le-Grand. À Dijon, il dessine l'escalier solennel et élégant qui conduit à la salle des États dans le Palais réaménagé par son père.

Dans ces travaux avec son père, qu'il semble avoir poursuivis jusqu'à la mort de celui-ci, au printemps 1742, l'on peut souligner deux aspects. Le premier aspect est la part grandissante prise par Ange-

Jacques aux travaux d'aménagement des demeures royales. En 1735, nommé contrôleur du château de Versailles, il établit le programme de la décoration de la chambre de la Reine. Mais c'est surtout à Fontainebleau, où l'œuvre d'Ange-Jacques a été étudiée de façon très soignée dans la thèse de Yves Bottineau [1], que l'on peut voir se préparer, dans l'ombre du père, le grand architecte de Louis XV.

Nous sommes dans ces années trente, où l'activité bâtisseuse du jeune Louis XV va commencer à s'affirmer. Cela est dans son tempérament : il y a en lui de l'architecte fébrile et instable ; cela correspond aussi aux besoins d'une vie de Cour, plus exigeante maintenant des commodités des appartements qu'elle ne l'avait été jusqu'alors.

D'où une intensité de rajeunissement et d'adaptation des demeures royales : on travaille à Compiègne, où les projets comportent trente-deux appartements de plus ; à Versailles, dans les appartements du roi, la chambre, le cabinet Ovale et le cabinet d'Angle. À Fontainebleau, tout semble procéder d'un vaste projet établi par le Roi, dès 1735, qui ne sera d'ailleurs que très partiellement réalisé. La pensée d'ensemble tendait à adapter la demeure du XVIe siècle, pas mal refaçonnée au XVIIe, aux besoins neufs de la vie du souverain pour les séjours que le Roi faisait avec la Cour, l'automne, à Fontainebleau, pour la chasse. Tendances de ces besoins : installer commodément le Roi et sa famille immédiate, avec une aisance des communications par l'intérieur, l'aménagement de cabinets intimes où se tenir, la proximité aussi de la lumière et de la nature, en même temps que le besoin, dans la décoration intérieure, d'une atmosphère d'harmonie, ce que les textes

---

1. *L'Art d'Ange-Jacques Gabriel à Fontainebleau (1735 à 1774)*, Paris, E. de Boccard, 1962.

même les plus administratifs traduisent par un mot fort expressif de l'époque, le « goust ». Il y avait enfin, là comme dans toutes les autres demeures royales, la nécessité de loger plus de monde.

Les caractères de l'œuvre des deux Gabriel à Fontainebleau sont d'abord une manière de respect de la demeure royale historique. Raisons matérielles ou techniques, méthode aussi de travaux qui se font par paquets pour préparer le séjour d'automne. Les Gabriel aménagent selon les nécessités « modernes », mais soumis à l'économie au demeurant fort composite de la vieille demeure. Dans le cabinet du Conseil en particulier, Jacques Gabriel « restaure » seulement, conservant le plus possible les ornements traditionnels.

C'est aussi la recherche, cependant, d'un décor spécifique, adapté au lieu. Dans le cabinet de retraite du Roi, aux boiseries peintes de couleur paille, l'architecte-décorateur, qui est le même que celui de la chambre de la Reine à Versailles, détend le style de représentation des appartements de Versailles, pour suggérer, dans la variété légère de la décoration encadrant des pastorales de Boucher ou des concerts de Lancret, le je-ne-sais-quoi de la fête galante et de la nature proche et amie.

L'harmonie des pièces, chacune ayant son génie propre, s'établit dans l'usage sobre et souple d'une écriture rocaille — on a parlé du « rocaille rayonnant » de Jacques Gabriel — et dans la recherche de tons fondus, paille, blanc et or, vert d'eau léger, etc. Cela va si loin, aveu d'une tyrannie de sensibilité ou d'un traitement d'équilibre par la couleur, que lorsqu'il s'agit de peindre la pièce du tour, où Louis XV se divertissait des fatigues de gouverner ou des dames, le contrôleur des Bâtiments, mandataire de la volonté royale, écrivait : « Il faut la pièce du tour de même couleur que la petite chaise percée près de son cabinet, sçavoir d'un petit gris sale et très clair. » Une sensibilité qui en arrive à ces raffinements de palette pour le décor de la vie est riche d'exquisités.

S'exprime enfin le besoin de la bâtisse neuve. C'est l'histoire de la galerie d'Ulysse, cette galerie qui occupait l'aile droite de la cour du Cheval-Blanc et qui demeurait l'un des morceaux précieux de ce que l'on appelait la « petite Rome » bellifontaine ; c'est-à-dire ce lieu d'introduction de l'art souverain italien pour l'illustration de la monarchie française. La décoration intérieure de la galerie d'Ulysse était l'œuvre du Primatice. Cela ne compte pas pour l'époque : le duc de Luynes, mémorialiste appliqué, la tient pour « mauvaise et inutile ». Mais la démolition fut moins décidée par un besoin de faire « neuf », donc un refus de l'antique, que par des nécessités de logement.

Les habitudes prises à Versailles autour de Louis XIV imposent de plus en plus le logement des courtisans au palais. D'autre part, située à une extrémité du palais, la galerie d'Ulysse servait mal la vie de Cour. À la place, en 1739-1740, les Gabriel construisent une aile neuve, uniquement destinée à des logements, comportant rez-de-chaussée, deux étages et deux niveaux de combles. La construction, d'une grande simplicité, impose par ses dimensions, une noblesse de développement qui, malgré l'ampleur de la bâtisse, exclut la monotonie. C'est du logement collectif à l'échelle d'une demeure royale des champs, avec toutes les harmonies extérieures de l'hôtel particulier.

Surtout, ainsi que l'a montré Yves Bottineau, la construction de l'aile neuve de la cour du Cheval-Blanc s'inscrit dans un projet d'ensemble que les Gabriel ont mûri, consistant à remodeler la définition architecturale du château. Il y a là une indication qui s'inscrit désormais dans le besoin d'expression et dans la carrière d'Ange-Jacques Gabriel : dans la demeure royale, ou bien mettre sa marque puissante ou bien introduire une organicité et une plastique neuves.

À Fontainebleau, nous le retrouverons soucieux, au partir de la construction de l'aile neuve, de donner à une certaine partie du château une unité architecturale. Indication du tempérament de l'homme, qui a l'audace d'imposer sa vision plastique à la demeure royale. Avec l'autorité d'ailleurs de la mesure. L'aile neuve de la cour du Cheval-Blanc ne détonne nullement sur celle qui lui fait face, et qui est de l'époque François Ier : tout juste plus de sûreté dans l'harmonie.

Mais les Gabriel sont encore restés fidèles au matériau d'autrefois : la brique y est alliée à la pierre. Ce sera la dernière fois pour une demeure royale.

Second aspect de la collaboration du fils et du père, Ange-Jacques se consacre à terminer l'œuvre entreprise par ce dernier. On le verra ainsi achever, à Orléans, les travaux de reconstruction de la cathédrale, et, à Bordeaux, conseiller Tourny, construire l'Hôtel de la Bourse et poursuivre les bâtiments de la place.

Si bien que de l'association étroite du père et du fils devait naturellement procéder la succession : quelques jours à peine après la mort, à pied d'œuvre, de Jacques Gabriel, Ange-Jacques, « architecte de la première classe de l'Académie d'Architecture et architecte ordinaire du Roy », devenait le premier architecte de Louis XV. Le père l'avait établi dans la plus haute charge de l'architecture royale, et lui avait transmis, sans trop innover mais en adaptant sagement, avec juste ce qu'il fallait de virtuosité, les grands préceptes des maîtres à bâtir de la monarchie de Louis XIV.

L'ARCHITECTE DE LOUIS XV

La désignation si rapide de Gabriel comme premier architecte semble bien avoir sa raison dans la confiance royale. Si Gabriel s'était fort utilement marié à trente ans avec la fille du premier secrétaire du duc d'Antin, qui était alors Directeur général des bâtiments, différents témoignages indiquent que Louis XV avait trouvé en Ange-Jacques l'architecte selon son cœur et ses goûts. Une collaboration directe s'établira même entre eux, dans la frénésie à la fois de bâtisses et de changements qui tient le roi. Et ceci d'autant mieux que Madame de Pompadour elle aussi a trouvé en Gabriel et l'architecte de ses besoins et peut-être le courtisan habile.

Un témoignage du duc de Croÿ nous fait saisir au vif la collaboration du roi et de son premier architecte :

> Le Roi aimait beaucoup les plans et le bâtiment. Il me mena dans son joli pavillon des jardins de Trianon, me fit remarquer que c'était dans ce goût-là qu'il me fallait bâtir. Il commanda à M. Gabriel de me donner deux plans qu'ils avaient faits ensemble dans le même goût, et, demandant du papier et du crayon, je lui fis un croquis de ma position. Il dessina ces idées longtemps lui-même et avec M. Gabriel, retournant cette position pour laquelle il parut s'intéresser pendant longtemps.

Voilà la société bâtisseuse. Nous savons, par le même de Croÿ, qu'à la toilette de Madame de Pompadour, où Gabriel était toujours présent, on parlait architecture.

Société bâtisseuse à trois, où il semble bien que le jeune souverain ait trouvé dans Ange-Jacques, d'une bonne décennie son aîné, à la fois la caution d'autorité technique dont il avait besoin pour le confirmer dans ses « desseins », une nature capable de se faire docile même si elle l'était de soi assez peu, et surtout un artiste dont le métier le fascinait. D'Argenson raconte en ses Mémoires, à la hauteur de 1739, donc avant la mort de Jacques Gabriel, que le roi « faisait continuellement dessiner devant lui en particulier le jeune Gabriel, Premier architecte de ses bâtiments ». Texte de mémoire fautive (Gabriel n'est point encore premier architecte) mais dont le fond ne fait point de doute.

Incantatrice du rêve enfin, Madame de Pompadour, qui se déclarait volontiers atteinte de la manie de bâtir. Lucide, elle savait la tyrannie de la passion et ses excès ; frileusement charitable, elle s'en justifiait en déclarant que construire, c'était un moyen de « donner le pain à tant de malheureux ». En fait, il y a là quelque chose de plus profond, qu'il ne nous est pas loisible d'analyser ici. Indiquons seulement deux voies d'analyse. L'une, la plus facile en apparence et celle où il est le plus difficile d'arriver au vécu, c'est que cette passion de la bâtisse, accompagnée d'une certaine fébrilité, parfois frénésie, semble correspondre aux pressentiments d'une fin, pressentiments cryptiques et presque de la plus limpide non-conscience. L'autre voie, au lieu de regarder ce qui vient après, considère au contraire ce qui fut avant. Il est certain que Louis XV et la société de son choix vivent une expérience d'épuration obsédante. En deux mots, il faut se délivrer de l'art Louis XIV mais de l'intérieur, c'est-à-dire en portant l'art de majesté à un degré de spiritualisation telle qu'il retrouve l'humain, sans manquer au royal. Opération de sublimation, au plan de la création collective l'une des plus difficiles, et pour laquelle un architecte nourri dans la tradition d'Hardouin-Mansart, tradition directement reçue, était l'homme irremplaçable.

De cette collaboration en l'architecture, trois caractéristiques peuvent être dégagées. La première est que

Gabriel n'a guère travaillé que pour le Roi, après sa désignation comme premier architecte. Il prend, on le sait, sa retraite quelques mois à peine après la mort du Roi, au début de 1775. Cela fait trente ans de rêve ensemble, de dessin, de bâtisse.

Tout juste, fidèle à la mémoire de son père et à ses propres commencements, contrôle-t-il la poursuite du décor urbain de Bordeaux, pour quoi il dessine, autour de la mi-siècle, la porte du Chapeau-Rouge (ou porte Royale), le jardin public, et revoit-il les plans de l'Académie d'équitation. J'énumère à dessein pour profiler les exigences du décor urbain qui, ainsi que se nomme le jardin, est un décor public. Et rien n'est plus révélateur de la mentalité d'une époque, que le besoin et les formes de ce décor public. Gabriel est donc, au sens plein, plus de trente ans durant, le premier architecte du roi. Ce qui ne signifie point d'ailleurs pour Gabriel, dans la confiance du roi, une liberté d'agir complète. Si Hardouin-Mansart pouvait à son gré exécuter le dessein royal, il n'en ira jamais de même de Gabriel. Hésitant et passionné, Louis XV aura toujours besoin de contrôler son architecte, et le plus souvent d'ailleurs dans le fini et l'harmonie des détails. Comme il est avide de construire, il est aussi exigeant d'une certaine perfection. Rien d'un souverain qui oriente et approuve; mais il y a en Louis XV la hantise de l'homme de l'art, qui est en l'occurrence surtout un homme de goût (c'est son mot).

Deuxième caractéristique, la chronologie des travaux de Gabriel découle de la volonté royale, des moments et des possibilités de cette volonté, en l'occurrence des possibilités du Trésor royal. Goût royal et Trésorerie royale composent le déroulement dans le temps de l'art royal de Gabriel. Et ce, en trois périodes :

— De 1742, date de la mort de son père, à 1758

grande activité, qui est en même temps comme une affirmation de son autorité personnelle ; plus exactement activité croissante, avec un paroxysme bâtisseur de 1750 à 1758. Madame de Pompadour est maîtresse établie à la hauteur de 1745 ; en 1756 commence la guerre de Sept Ans ; 1748 avait vu la fin de la guerre précédente avec le traité d'Aix-la-Chapelle. Entre 1750 et 1758, Gabriel construit le Gros Pavillon de Fontainebleau, aménage et décore, toujours à Fontainebleau, le cabinet du Conseil ; il commence la construction de l'École militaire, bâtit le Salon frais du Petit Trianon, et travaille à la synthèse des travaux de la place Louis XV à Paris.

— De 1758 à 1767, malgré la mise en chantier du Petit Trianon en 1762, l'activité constructrice est en baisse, pour une grande part à cause des difficultés financières : la guerre de Sept Ans a épuisé les ressources du Trésor royal et pour une part du royaume ; le traité de Paris l'achève en désastre. Mieux que ne l'ont déclaré les historiens, il y a là des années noires, et qui ne le sont pas seulement au chapitre de la fiscalité royale. D'autre part trop de travaux avaient été mis en chantier à la fois, si bien que, malgré des crédits importants, mais qu'il devenait impossible au contrôleur général des Finances d'augmenter, le règlement des entrepreneurs et des artistes traîne des années durant. On avait vu déjà, en 1756, une grève éclater sur tel chantier royal, celui du château de Saint-Hubert : les ouvriers, endettés lourdement chez leurs logeurs et leurs boulangers, réclamaient du pain.

Envers du décor, qu'il faut bien faire apparaître : en ces temps de trésorerie difficile, tant de difficultés à la fois n'encouragent ni à l'originalité créatrice ni, pour les artistes, les artisans et les entrepreneurs, au zèle du service royal. Aussi l'École militaire, cette grande pensée de Madame de Pompadour, demeure-t-elle longtemps inachevée : il faudra établir les élèves dans les bâtiments de service. Madame de Pompadour d'ailleurs meurt en 1764, l'année qui suit la conclusion de la paix de Paris.

— De 1767 à 1774, année de la mort du Roi, Gabriel reprend avec intensité l'achèvement de ses grandes œuvres : École militaire ; place Louis XV ; Opéra de Versailles ; la décoration intérieure du Petit Trianon. À la mort du Roi, Gabriel a 76 ans ; Louis XV, lui, meurt plus que sexagénaire. Trois ans à peine auparavant, les deux hommes, le souverain et l'architecte, s'exaltaient dans la réalisation d'un Grand Projet, depuis longtemps mûri entre eux et qui devait transformer l'ordonnancement et l'aspect des bâtiments de Versailles du côté de la cour de Marbre. Grand Projet du règne et de l'architecte royal, et qui, bien qu'amorcé en dépit des difficultés financières, devait être suspendu sous Louis XVI.

Le survivant, l'architecte, avait donné sa démission. Dernière fidélité peut-être au Roi, avec lequel, jusqu'à la veille de sa mort et Gabriel lui-même en un âge fort avancé, il n'avait cessé de chercher la perfection d'un art souverain, selon le génie du monarque mais aussi selon le goût nouveau — ce goût que le duc de Luynes, à propos des transformations de Fontainebleau, appelait « moderne ».

Troisième caractéristique de la collaboration entre père et fils, l'activité prodigieuse de Gabriel sur les chantiers royaux, dont l'ébauche de chronologie par masses qui précède traduit mal le rythme.

Ainsi que l'a remarqué Louis Hautecœur, il est impossible de tenter une coupe chronologique, pour telle année caractéristique par exemple. Les chantiers s'ouvrent à la fois et les travaux s'échelonnent sur des années, au gré de la trésorerie de la Direction des bâtiments. Ce qui signifie que le premier architecte doit être sur tous les chantiers, se déplacer incessamment de l'un à l'autre, et incessamment encore prévoir des mesures provisoires pour la protection des constructions en cours. De brusques arrêts survenaient, quand la Direction des bâtiments était à bout de ses crédits.

Conditions matérielles qu'accentuait le caractère propre d'Ange-Jacques Gabriel, extrêmement soucieux, par un besoin très personnel de maîtrise, de vivre l'accomplissement de ses plans jusque dans leur réalisation parfaite. De lui, cette réflexion qui livre les démons de l'homme et sa grandeur d'artiste : « Tout projet entraîne après soi de grandes modifications et réflexions de la part de l'architecte ; tous les accords de la construction et de la décoration ne se développent que pour les détails ; ainsi il ne sera pas étonnant que, dans le courant de l'ouvrage, je change, en bien des occasions, pour mieux faire. » « Pour mieux faire », c'est l'aveu de son démon d'achèvement.

Aussi, pour rendre sensible, massivement toujours, cette activité prodigieuse de Gabriel, le mieux est de procéder à un dénombrement rapide des lieux d'implantation de ses œuvres.

Ses bureaux sont à Versailles, et c'est à Versailles qu'il bâtira le Petit Trianon, l'Opéra, et dessinera le « Grand Projet ». Côté Paris, il interviendra au Louvre, mais ce sont surtout et la place Louis XV et l'École militaire qui lui prendront des années. Résidences royales autour de la capitale : jusqu'à la fin du règne, il travaillera quasi année après année à Fontainebleau, fixant là aussi le dessin d'un « grand projet » pour transformer tout le château. Même grand projet à Compiègne, ici autrement réalisé, campagne après campagne, plus de vingt ans durant, par Gabriel. À Choisy, cette demeure que son grand-père avait construite pour la Grande Mademoiselle, il doublera le château, bâtira la nouvelle église paroissiale; et parce que le roi est peu satisfait de vivre au milieu de la Cour, dans ce château qu'il a fait doubler, Gabriel construira pour lui, dans l'éloignement des jardins, le petit château, avec la célèbre « table volante », à la machinerie ingénieuse qui, descendant au sous-sol ou en remontant, permettait au roi de se passer de laquais. Aux portes de Paris, le château de la Muette, que Louis XV avait acheté à la duchesse de Berry, sera tour à tour agrandi, puis reconstruit séjour d'intimité royale, d'où le Roi voulait apercevoir les lointains de Bellevue, où se trouvait la demeure de Madame de Pompadour. Gabriel travaillera d'ailleurs à Bellevue, qu'en 1757 le roi achète de la marquise de Pompadour. Agrandissements et remaniement de la décoration se poursuivent jusqu'à la fin du règne: en 1773 encore, il dépouille de ses lambris la salle à manger et l'anime d'un décor architectural tout équilibré et simple.

À Meudon, encore Gabriel, ne fût-ce que pour des pavillons d'entrée aux grilles, ou même la faisanderie chinoise. Ce qui nous conduit aux rendez-vous de chasse. Grand chasseur, le roi voulait, pour pouvoir chasser à courre plus loin, disposer de rendez-vous de chasse où prendre ses repas et même coucher. Dans les bois entre Versailles et Marly, à environ une lieue de Versailles, au-dessus de la route de Vaucresson à Rocquencourt, ce sera la construction du pavillon du Butard. Un autre s'élèvera dans les bois de Fausse-Repose. Dans la forêt de Saint-Germain, reconstruction de la Muette et, dans les Yvelines, près des étangs de Hollande, non loin de Rambouillet, le château de Saint-Hubert (démoli au xixe siècle) deviendra même une véritable demeure royale. D'abord pavillon bâti pour les « retours de chasse » du roi, il le faudra agrandir, avec les commodités d'usage. La raison, alors que Rambouillet est proche? Simplement la présence, nécessaire au roi, de Madame de Pompadour. Le dévot duc de Penthièvre possède le château de Rambouillet et refuse de le vendre; Louis XV ne forcera pas l'hospitalité du duc pour faire recevoir la maîtresse toute-puissante. Celle-ci a d'ailleurs besoin de Gabriel. Mais discrètement: on ne dispose pas ainsi du premier architecte du Roi. Ce dernier travaillera cependant à Ménars, la résidence tourangelle que Madame de Pompadour a acquise pour faire retraite, quatre ans avant sa mort. Que Gabriel fût l'homme de confiance, le prouve la façon dont il reprend cette demeure du XVIIe siècle, remaniant les ailes, établissant de petits appartements et entreprenant la construction de bâtiments séparés. Le prouve non moins le fait que Marigny, le frère et l'héritier de la marquise, après la mort de celle-ci, s'empresse de confier la mise à jour de Ménars à son ami Soufflot, qui a été l'un de ses compagnons et tuteurs, quelques années plus tôt, lorsque, avant de prendre la Direction des bâtiments, il a fait son voyage d'Italie.

Que l'on ajoute à tous ces chantiers ou projets des consultations d'importance, comme celle que nous connaissons pour la construction, d'initiative du roi de Danemark, d'une église à Copenhague, un profil de l'activité tendue, incessante, multiforme d'Ange-Jacques Gabriel commence à se préciser pour nous.

Et s'il n'y avait encore que la conception architecturale, l'établissement de projets, pour quoi il est d'ailleurs mal aidé, bien qu'il ait installé et un frère et un fils — toujours cette pratique familiale du métier — dans son bureau d'architecte; mais celui-ci est tout de même peu fourni pour la diversité des tâches. Les fonctions d'un premier architecte du Roi ne sont pas seulement d'architecte; elles sont aussi d'administrateur. C'est lui qui établit devis et estimations des travaux à exécuter, qui choisit et contrôle les artistes et entrepreneurs, préside aux adjudications, organise et surveille les chantiers, vérifie les comptes, avant l'ordonnancement des paiements. À la fois autoritaire, exigeant, consciencieux et sans doute intéressé comme il est, Gabriel est quasiment partout présent, soit en personne, soit par un contrôle indirect qui ne se relâche pas.

Grâce aux documents, rapports ou lettres publiés par Yves Bottineau, on peut le suivre à Fontainebleau dans ses inspections régulières. Prenons l'année 1754 par exemple, il vient au moins trois fois, en juin, en août et pour l'inspection finale, d'avant l'arrivée de la cour, en septembre.

Quelques traits, pris dans la correspondance, vont nous permettre de mieux sentir « les travaux et les jours » du premier architecte : nous sommes en pleins travaux d'achèvement, c'est-à-dire de perfection, de la chambre du Roi.

À la hauteur de la mi-juin, voici ce qu'écrit à Vandières le directeur des travaux sur place à Fontainebleau : « J'ay, il y a du temps, prié M. Gabriel de presser le sculpteur ; mais, forcé d'ouvrage pour la Muette et Compiègne, il n'a pas encore entamé les parties après lesquelles nous attendons depuis quinze jours. J'ay l'honneur de vous rendre ces comptes pour vous prier de vous en ressouvenir lors de la cour, en cas de plinthes *[sic]* sur l'odeur de la colle ou du verny. » Cet administrateur prend ses précautions ; manifestement on travaillait au jour la journée. Et cependant, voici avec quelle recherche d'harmonie on travaille. Gabriel vient de revenir une autre fois à Fontainebleau ; le directeur des travaux informe Vandières (7 août 1754) : « Je crains de vous avoir trop avancé en vous parlant de la richesse du pourtour de la chambre [il s'agit, bien entendu, de la chambre du Roi] qui selon le terme que j'ay employé éteint le plafond. Le soleil haut ou bas fait deux effets differents sur l'une et sur l'autre partie. C'est ce dont Mr Gabriel a fait l'epreuve dans le petit voyage qu'il a fait icy... Il a été dit par vous, Monsieur, et M Gabriel, que nous tasterions ; ainsy jusqu'à ce que nous livrions la chambre nous sommes toujours maistres de rectifier et de tendre au mieux. Nous n'en jugerons tout a fait que quand la sculpture de Paris que nous attendons depuis si longtemps serra arrivée, mise en place et dorée. » Voilà ce qui s'appelle « taster ».

Entendons maintenant Gabriel dans l'ultime rapport avant l'arrivée du souverain en septembre : « La chambre du Roy ne sera achevée de dorer que le 20 du mois. Elle est d'une grande magnificence et traittée dans le clair. J'ay trouvé à redire aux enfans de sculpture des dessus de porte qui ont esté traittés un peu fort et beaucoup plus que dans le model que j'avois arresté. Je n'ay osé y faire toucher par le peu de temps qui reste... »

En même temps, il s'est occupé du théâtre, pour le rendre « praticable et commode ». Aucune ingéniosité n'est épargnée au premier architecte. À preuve : « La chaise volante [entendons : l'ascenseur] pour l'usage de Madame la Marquise de Pompadour est en place, mais non encor adjustée. Il reste toutes les portes et croisées de la cage a poser. »

L'arrivée prochaine et massive de la cour, c'est évidemment le tribunal de son goût, de ses capacités à conduire l'œuvre ou à satisfaire les besoins les plus agressivement exprimés. Problèmes du nombre ; problème de l'entretien du palais, en général sale, d'où la nécessité, pour les pièces de personnes royales, de refaire les blancs et les vernis ; problème du divertissement collectif sans que le roi soit gêné ; problème de la conduite d'un travail qui se fait difficilement, lentement, avec comme conséquences les plaintes pour les odeurs de peinture ou de vernis frais, qui entêtent les humeurs de ces dames. « Il n'y a nulle odeur », cela revient plusieurs fois, sous la dictée du premier architecte qui ne s'est pas contenté d'harmoniser et avec quel soin les tons et les couleurs, mais qui a dû aussi humer les odeurs.

À quoi il faut ajouter que le premier architecte suit la Cour. C'est-à-dire qu'il est la cible offerte à toutes les critiques, et surtout à toutes les requêtes, même les plus extravagantes. Passe pour la « chaise volante » de la marquise ; mais Madame Adelaïde demande « un endroit frais à mettre son tabac », Madame Victoire un paravent contre les courants d'air dans la chapelle. De qui exige-t-on ? De Gabriel toujours. Il est sans cesse à ajouter une pièce ici, à orner une terrasse là ; à Versailles, il déplacera trois ou quatre fois la « chambre des bains du Roi ». Autant que les personnes souveraines ou assimilées, l'objet de ses efforts continus, c'est la lutte contre la saleté : cheminées qui fument ; bougies qui ternissent et charbonnent ; l'incroyable et habituelle — disons naturelle — saleté des hommes.

Autant de traits qui suggèrent le harcèlement de vie de l'homme, et cette puissance qu'il manifeste pour l'historien, d'avoir gardé intact, jusqu'à un âge avancé, son élan ou son besoin créateur, en même temps qu'une certaine dignité de lui. Courtisan puisqu'il est de la Cour, et très probablement homme d'argent, Gabriel, tel qu'il nous apparaît sans fard dans certains documents, sait prendre ses responsabilités d'administrateur et de chef. Dans le rapport déjà cité, qu'il dicte pour Vandières, au débarquer de Fontainebleau, voici sa dernière observation :

> J'ay parcouru differens autres endroits ou lon a travaillé et d'autres ou lon acheve et ay toujours esté étonné que les entrepreneurs, eu egard à leur situation, ayent pû y satisfaire.

Chef juste et qui défend les siens. Qui n'hésite pas non plus devant les frénésies souveraines, d'autant plus exigeantes qu'elles ne sont pas du souverain seul, mais de tout ce grand petit monde qu'est la Cour, société de passions, d'exigences, de pulsions irresponsables. Ainsi, autour de la fin de la guerre de Sept Ans, les projets s'entassent pour la salle de spectacle du château de Versailles. Mais rien n'est fait quand survient l'éventualité du mariage du dauphin Louis avec Marie-Antoinette, « la fille de l'Empereur ». Alors il faut à tout prix, pour illustrer la monarchie française, un Opéra.

Gabriel, habitué à ces fièvres, réagit en février 1768 par cette note de grand maître d'œuvre :

> Pour pouvoir faire la salle de spectacle du Château de Versailles pour le mariage de M. le Dauphin dans l'espace de 21 mois il est absolument indispensable :
> 1° d'assurer 400 000 livres pour cette année et autant pour la suivante 1769.
> 2° de fournir des à comptes [sic] aux entrepreneurs.
> 3° faire choix de bons entrepreneurs de Paris surtout de maçonnerie. Les entrepreneurs de Versailles sont abattus par la misère et les dettes immenses qu'ils ont contractées pour le service du Roy... c'est conseiller à la vérité une espèce d'injustice mais elle est nécessaire si l'on veut s'assurer du succès de cette besogne...

Ainsi d'ailleurs sera fait, et l'Opéra inauguré pour les noces, le 16 mai 1770, par un festin d'apparat d'abord, et le lendemain par une représentation du *Persée* de Lulli.

Mais que l'homme ne soit pas diminué par ses « notes de service » qu'indiscrètement retrouve l'histoire, cela demeure assez rare pour valoir d'être marqué. N'en faisons pas pour autant une manière de héros de vertu. Gabriel est habile homme. Afin que nul ne s'y trompe, et sans doute aussi pour imposer son œuvre jusque dans la Cour même, il fait sa presse. Le comte de Fels, son biographe, a retrouvé justement une longue note préparée par les bureaux de Gabriel, et corrigée par lui, pour la prochaine livraison du *Mercure de France*, d'août 1770. C'est la description par l'atelier Gabriel de la nouvelle salle de spectacle du château de Versailles.

Au texte même, inspiré et contrôlé par Gabriel, nous emprunterons le très ferme dessein de l'architecte : « L'on a eu pour objet en établissant cette salle de former un monument qui répondît à la dignité et majesté du Roi, à la magnificence du château dans lequel il est pratiqué, aux usages de la Cour de France et particulièrement de donner une idée du progrès des arts sous le règne de Louis XV. » À quelques variations près, ce sont, dites par l'artiste lui-même, les servitudes et les grandeurs de Gabriel, architecte de Louis XV.

De l'œuvre du premier architecte de Louis XV, il ne saurait être question de tout analyser. Un choix s'impose, dont les critères se découvriront sur les exemples mêmes, choix que nous situerons cependant à deux niveaux. L'un, qui consistera à analyser quelques-unes des œuvres les plus expressives de la création artistique de Gabriel dans son déroulement historique. L'autre, qui conduira à sentir la pleine maîtrise d'un art qui porte en soi les marques d'une perfection, autant dire, en quelque temps qu'elle se situe, d'une réalité presque extra-temporelle. À ce dernier niveau, Gabriel atteint par des œuvres qui sont de ses dernières années. La plus accomplie est, selon moi, le Petit Trianon, chef-d'œuvre d'un art marqué d'éternité. La plus émouvante est ce Grand Projet que Louis XV et Gabriel ensemble avaient mûri pour remodeler Versailles.

Quant au premier niveau, celui des œuvres où s'exprime le plus sûrement l'architecte de Louis XV, retenons-en quatre « ensembles » : l'ermitage de

Madame de Pompadour à Fontainebleau ; à Fontainebleau, mais au palais, le cabinet du Conseil ; à Paris, l'École militaire et la place Louis XV. Ce sont aussi des œuvres qu'à quelques ajustements près, nous pouvons encore admirer aujourd'hui. Ces œuvres de l'architecte de Louis XV, nous les classerons, très extérieurement, mais valablement quant à la portée sociologique, en deux groupes : les œuvres pour Madame de Pompadour ; les œuvres pour le Roi et la manifestation de l'autorité royale.

Les œuvres pour Madame de Pompadour

À savoir l'ermitage de Fontainebleau, et l'École militaire : toutes deux, de génies fort différents, expriment cependant, à travers les besoins de la maîtresse souveraine, un certain nombre de valeurs d'époque, et d'autre part témoignent d'aspects à la fois divers et communs de l'art de Gabriel. Œuvres trop dissemblables toutefois dans leur abord, pour que nous ne les analysions pas séparément.

L'ermitage de Fontainebleau. L'affaire a été conduite en huit mois, pour que la demeure soit prête toujours à l'échéance d'automne : en septembre 1749, ce que le comte de Fels appelle le « caprice de Madame de Pompadour » était satisfait. Des appartements avaient été aménagés pour elle au château l'année précédente ; mais elle ne pouvait s'en contenter. Caprice ? C'est bientôt dit — et caprice et bâtisse vont souvent de pair, du moins au niveau souverain. En fait, il y a chez la marquise de Pompadour, cette femme qui disait « être née réfléchissante », la quête, à travers l'ermitage, d'un style de vie et de maîtresse royale et, si l'on veut, aristocratique ou personnel. Car il n'y a pas *l'Ermitage* de Fontainebleau ; il y a des « hermitages ».

S'il y a eu d'abord, chez la fille Poisson, la passion

des châteaux (avec Crécy-Couvé, près de Dreux, c'est Montretout ou *Trétou*, comme l'on disait alors), puis La Celle-Saint-Cloud, qu'elle achète au début de 1748; nantie ou assouvie de ce côté-là, elle a cherché son établissement de maîtresse royale. Le palais ne convient pas, ni pour les aises, ni pour l'intimité. Il faut être à côté, et près. C'est l'exigence du Petit Château de Choisy. C'est surtout l'ermitage de Versailles, pour lequel, en 1748, Madame de Pompadour avait voulu une petite maison basse. Les plâtres à peine séchés, elle s'y installait à l'entrée de l'hiver. Avec quelle félicité, elle l'écrit quelques mois plus tard à l'une de ses amies : « J'y suis seule avec le Roi et peu de monde ; ainsi j'y suis heureuse. » Besoin d'écart, d'une certaine retraite, de possessivité féminine aussi, cela n'explique pas à soi seul l'ermitage. Dans l'ermitage, il y a la « ménagerie », des vaches, ou, comme il est expressément demandé pour Fontainebleau, un pavillon pour abriter « les belles poules ». Les bergers de l'Astrée sont devenus des fermiers en sabots par besoin — que l'on me permette la vérité de l'expression — « de changer de peau ». À l'ermitage de Versailles, Madame de Pompadour, vêtue en laitière, allait soigner ses vaches ; le roi se chargeait de la cuisine. Autrement dit, dans l'ermitage, une retraite noble et une ferme-jeu. C'est dans le rapport des deux que s'exprime un style, et aussi une hiérarchie, c'est-à-dire une discipline des besoins. Car il est évident que l'Ermitage, s'il ne la combat pas ouvertement, se distingue de la vie royale de majesté pour assouvir des besoins qui se cherchent soit bourgeois, d'une certaine intimité, à dominante passionnelle, soit agrestes, je n'oserais dire paysans.

Que recherche il y ait d'un équilibre, à travers l'existence de la maîtresse royale, et peut-être par elle, aveu d'une humanité royale, incapable de se subordonner entièrement au protocole souverain et à la vie de représentation, le prouve mieux que tout l'existence de plusieurs ermitages. Après Versailles, ce sera Fontainebleau ; c'est en même temps Compiègne. Le prouve aussi le témoignage plusieurs fois redit de Madame de Pompadour elle-même : c'est dans ces demeures qu'elle passait la moitié de son temps. Et le Roi donc, le plus qu'elle l'y pouvait garder : ce qui n'est point si grossièrement dit dans ses lettres.

Une analyse du paysage mental devrait aussi s'arrêter sur le mot même d'« ermitage ». Il entre, semble-t-il, avec quelque mignardise, dans le vocabulaire de la demeure souveraine : il y a le palais ; il y a le château ; et maintenant l'ermitage. Derrière les apparences graciles ou prétentieuses du mot, est-ce un hasard si l'on ressuscite un vocable chargé tout à la fois d'expérience populaire et de sacralité diffuse ? Je ne ferai ici que poser la question.

L'architecte habituel de Madame de Pompadour, qui avait été le réalisateur de l'ermitage de Versailles, ne construira pas celui de Fontainebleau. On pense, sans que la chose soit bien éclaircie, que puisqu'il s'agissait de bâtir sur des terrains dont le roi faisait don à la marquise, le devoir de la construction revenait au premier architecte. Quoiqu'il en soit, Gabriel, nous l'avons dit, devait s'acquitter fort promptement de la tâche, méritant ainsi les faveurs de la marquise.

Ce qui frappe, dans la réalisation de l'ermitage de Fontainebleau, c'est l'organicité parfaite. Tous les besoins y sont satisfaits et avec la plus grande simplicité de moyens. Plan et profils sont d'une sobriété d'harmonie étonnante. Il s'agit, en somme, d'un pavillon, non point certes au sens d'aujourd'hui, mais d'une maison d'habitation sans faste, entre cour et jardin.

Avant de regarder la construction, observons le plan. Entre cour et jardin... La cour ouvre sur la rue de Nemours, qui, sur un plan d'époque, s'appelle « chemin de la Croix-de-Saint-Jacques ». La porte cochère franchie, s'ouvre une longue cour d'honneur, donnant accès à droite aux offices et aux remises ; à gauche, si l'on suit la description du duc de Luynes, fort abondant sur l'ermitage dès les premiers jours de son inauguration, le mur de la cour d'honneur franchi, on arrivait à « un petit bâtiment, bas et carré, séparé en quatre poulaillers ». Luynes précise que cette division en quatre correspondait à quatre espèces de poules. Telle « la cour des Belles Poules », comme dit le plan de Gabriel. Entre le poulailler et la rue de Nemours, laiterie et « vacherie ». Voilà le petit monde du « retour à la terre », déjà. Autre présence de la terre, le jardin. Jardin à la française, évidemment, où Gabriel dessine un plan ample, noble, équilibré, avec de vastes allées pour la promenade lente, et surtout culminant en une grande demi-lune, qui mord sur la forêt, et d'où partent des layons en étoiles.

Équilibre subtil déjà entre les plaisirs ou les jeux des champs — cette « paysannerie » qui a des allures d'économie rurale, à la manière physiocratique, et qui est d'ailleurs symptomatiquement située du côté du chemin public, donc vers la ville — et l'ouverture sur la forêt, où le jardin, tout équilibré de noblesse, modère l'allure, arrête, dans une mémoire de la chasse, pour laquelle on n'est pas parti ou que l'on suit de loin.

Au-delà des besoins subtils que le plan de Gabriel assouvit, l'art est dans l'équilibre d'avoir tant enfermé en si peu d'espace, entre le chemin et la forêt. Il est surtout dans l'harmonie à la fois déconcertante et envoûtante à force d'être simple de la demeure, au fond de la cour d'honneur. Construite sur plan carré, les quatre faces sont semblables, et aussi simples que possible. Analysées dans un rythme ternaire, à l'horizontale d'abord : un rez-de-chaussée, un attique et une balustrade, interrompue en son milieu par un fronton cintré, laquelle balustrade dissimule un comble plat; à la verticale, trois ouvertures, portes au rez-de-chaussée, fenêtres à l'attique, de forme rectangulaire, et à peine décorées, le temps central étant accentué par le fronton cintré.

L'impression d'équilibre au sol, et non pas d'horizontalité, est accentuée par la plastique du rez-de-chaussée, rehaussée de pierres de refend. À la verticale, la plus grande hauteur accordée au rez-de-chaussée par rapport à l'ensemble attique/balustre donne un sentiment d'élévation noble. Avec cette harmonie plus parfaite encore d'un extérieur qui exprime l'intérieur, celui-ci d'une distribution fort simple : au rez-de-chaussée, salle à manger et cabinet d'assemblée; au-dessus, deux appartements. Au rez-de-chaussée, ce qui peut rester, en un ermitage, de vie sociale; au-dessus, l'intimité. Nous nous éloignons insensiblement, mais sans déchoir, de l'ordonnance de la demeure royale.

Ici maîtrise de la géométrie, du matériau et déjà spiritualité de la vie simple mais noble éclatent avec une force pleine de promesses, dans cette œuvre de Gabriel, à l'entrée de sa cinquantaine.

Cette longue description s'explique en ce qu'il y a dans l'ermitage de Fontainebleau l'annonce du chef-d'œuvre, le Petit Trianon, une dizaine d'années plus tard.

L'École militaire, seconde œuvre pour Madame de Pompadour, est, dans le Paris de la seconde moitié du XVIIIe siècle, avec la Sainte-Geneviève de Soufflot, la seule grande construction expressive d'une époque[1].

Les conditions sociologiques de l'œuvre, on pourrait les condenser en une formule : manifestation par la bourgeoisie riche, dans la ville capitale, d'une puissance

---

1. Cf. Robert Laulan, *L'École militaire de Paris. Le monument, 1751-1788*, Paris, 1950.

royale, toujours présente et munificente. L'École militaire, c'est beaucoup plus que ce que dirait volontiers une petite histoire à très court terme : À Louis XV, Madame de Pompadour reconnaissante et ambitieuse. Sans doute Madame de Pompadour a-t-elle voulu avoir son Saint-Cyr : il restait à prendre les jeunes gentilshommes pauvres. Mais l'École militaire est essentiellement, à vues bourgeoises, un monument de propagande face à Paris pour la monarchie éclairée.

Peu consciemment, sans doute. Mais les convergences signifient. Si, d'un bout à l'autre du projet, il y a Madame de Pompadour, il y a aussi Pâris-Duverney. Si Madame de Pompadour veut distraire Louis XV et peut-être aussi s'immortaliser dans la bâtisse noble, Pâris-Duverney, lui, est la tête politique. L'École militaire pour cinq cents gentilshommes pauvres, c'est attacher au Roi « la noblesse et le militaire ». « On ne saurait trop, réfléchit Pâris-Duverney, exciter le zèle et la fidélité de ces deux corps dans un temps où l'on pourrait peut-être avoir à se plaindre des autres. »

Ce que confirment les propos intimes des compères, quand cinq ans plus tard, en 1755, les difficultés d'argent s'accumulent et l'œuvre semble menacée : « Non assurément, mon cher nigaud [Pâris-Duverney], écrit Madame de Pompadour, je ne laisserai pas périr au port un établissement qui doit immortaliser le Roi, rendre heureuse sa noblesse et faire connaître à la postérité mon attachement pour l'État et pour la personne de Sa Majesté. » Et que cela soit sérieux, le montrent les responsabilités que la marquise prend. Elle demande à Gabriel de remettre les ouvriers sur le chantier, et sans savoir si elle sera remboursée, elle prend sur son année de revenus pour payer les quinzaines des ouvriers.

Surviennent avec la guerre de Sept Ans des difficultés financières majeures. L'ingéniosité de Pâris-Duverney suggérera l'établissement d'une loterie « composée, dit l'arrêt royal, curieux document des cautions psycho-sociologiques, dans les mêmes principes que celles qui sont établies à Rome, Gênes, Venise, Milan, Naples et Vienne en Autriche ». Avec l'expédient de la loterie, concédée pour trente ans, l'achèvement de l'École militaire se poursuivra.

Exemple de la sollicitude royale pour la noblesse, et ceci d'invention financière bourgeoise — telle l'École militaire, monument d'apologie et aussi d'inquiétude lointaine. Où l'on saisit du moins, dans l'histoire de l'édifice même, l'association de la monarchie nécessaire et de la ferme générale, bénéficiaire et des institutions monarchiques et du prestige royal. Association établie dans cette histoire par Pâris-Duverney, qui fait corps, pourrait-on dire, avec l'École militaire. Sa dépouille mortelle y devait reposer ; elle y est, dit-on, toujours, et dans son cercueil, redécouvert au début de ce siècle, l'un de ses titres de gloire était : « Intendant de l'Hôtel de l'École royale militaire. » Il l'avait été jusqu'à sa mort, en 1770, « à l'âge de quatre-vingt-six ans, trois mois et neuf jours », dit avec sagesse l'épitaphe. Grand serviteur, semble-t-il, et du Roi et de ses passions, s'il faut en croire la correspondance de Grimm, qui écrivait, pour la gloire du financier défunt, cette épitaphe de grandeur bourgeoise et de caractère difficile :

> Ci-gît ce citoyen utile et respectable
> Dont le souverain bien était de dominer,
> Que Dieu lui donne enfin le repos désirable
> Qu'il ne voulut jamais ni prendre ni donner.

Ce témoignage de la munificence royale s'ordonne, dans la conception de Madame de Pompadour et de Pâris-Duverney, selon trois perspectives. L'une, de tradition royale. Avant tout choix du terrain d'implantation, l'édit royal portant création d'une École militaire, de janvier 1751, invoquait cette tradition : « Il n'a, disait-il, peut-être jamais été fait de fondation plus digne de la religion et de l'humanité d'un souverain que l'établissement de l'Hôtel des Invalides. » La logique de cette tradition exige la préparation des Invalides. Donc, à l'arrière petit-fils le devoir d'instituer « à perpétuité une École militaire pour le logement, subsistance, entretien et éducation dans l'art militaire de cinq cents jeunes gentilshommes de notre Royaume ». L'autre conclusion, curieusement nécessaire, c'est que l'École militaire soit proche des Invalides.

En fait, c'est la seconde perspective, que nous dirons d'hommage royal, les deux édifices doivent être sous la contemplation du regard royal. Sa Majesté, cela est dit en clair dans le mémoire de Pâris-Duverney, doit pouvoir, de son château de Meudon, voir les deux édifices. Ainsi la royauté toujours versaillaise peut de loin, de haut, communiquer avec les maisons où meurt, où se prépare le corps d'officiers de son armée. Ces deux maisons sont aux confins de la ville.

Troisième perspective, l'implantation même du bâtiment. Non le lieu encore, mais les axes de son plan. Le mémoire définisseur demande un « grand bâtiment principal qui aurait trois faces, l'une sur la rivière, l'autre sur Meudon et la troisième sur Paris ». Cette composition dit, au-delà de l'utilité de l'édifice, son sens : ouverture sur la rivière (comme les Invalides) ; la dépendance royale (Meudon) et la représentation face à la Ville.

L'exigence d'ailleurs du lien direct entre le roi et l'École militaire peut dépasser une évidence de commodités : il est très nettement marqué que l'édifice doit être situé de telle sorte que le roi puisse y venir sans entrer dans Paris. Ainsi ces établissements de l'armée royale demeurent, pour une monarchie versaillaise, aux confins de Paris.

Lumières et monumentalité...

Si la sagesse d'une haute bourgeoisie riche est de révérence royale, et de majesté magnifiée devant la Ville, la haute bourgeoisie du monde des Lumières a ses exigences propres qui sont d'hygiène et de commodité.

On a remarqué que le mémoire de Pâris-Duverney faisait date dans l'histoire de l'architecture par les soucis dont il atteste des conditions de la vie collective. Souci d'abord de l'air pur : donc des bâtiments vastes où les habitants ne sont pas entassés les uns sur les autres. Les réfectoires, bien séparés des cuisines, doivent être sains, bien éclairés, commodes. Notre « tout-à-l'égout » y est minutieusement exigé. Après ces conditions d'hygiène générale, les commodités de la vie. Pour chaque élève, une chambre particulière, avec ce critère péremptoire : « les chambres communes ne sont jamais aussi saines que les chambres particulières » ; tout autour de la cour intérieure, une galerie, pour la commodité des allées et venues à couvert tant aux classes qu'aux réfectoires. Et ce ne sont pas revendications de plume. Pour Pâris-Duverney, cela fait partie d'un style neuf, qu'on pourrait appeler le style de l'« utile ».

Rien n'exprime mieux le complexe d'une mentalité bourgeoise de Lumières qui a conçu pour le roi l'École militaire, que la très ferme lettre écrite, à l'extrême fin de 1750, par Pâris-Duverney à Gabriel. Le premier architecte en effet, emporté par le projet, a tracé un premier plan, tout de magnificence. Et voici les réactions du financier, homme de Lumières :

> Il s'agit moins d'élever un édifice à la gloire du Roy que d'en former un qui soit utile à l'État et conforme aux vues que l'on se propose pour l'éducation de cinq cents jeunes gens pour lesquels on le destine. Entre le beau et l'utile il n'y a point à balancer lorsqu'on ne peut pas réunir les deux.

Texte qui sonne comme de révolution faite. L'utile est maintenant critère suprême.

> Je crois donc que le premier principe auquel vous avès à vous attacher [poursuit notre financier d'une lucidité déjà souveraine] est qu'il faut subordonner et même sacrifier le beau à l'utile dès que les circonstances ne permettent pas que l'on concilie l'un avec l'autre. Il m'a toujours paru que c'était là l'intention du Roy et que sa Majesté ne vouloit pas qu'un objet de sa bonté en devint un de surcharge pour ses peuples.

Dernière étape de la désacralisation de l'art : c'est la fin de l'art de majesté. Doivent décider désormais l'argent, et, quant à l'argent, « les peuples » ; du moins ne doivent-ils pas trop sentir l'abus, c'est-à-dire le poids d'une dépense devenue désormais inutile. Cette inutilité virtuelle du beau est l'aveu même d'une révolution. Les critères de valeurs tendent désormais à s'inverser.

Nous ne sommes certes, au niveau déjà impérieux d'une bourgeoisie des Lumières, que dans une zone confuse où les distinctions ne sont pas faites. Mais les choix, les hiérarchies sont maintenant lucides. Dans la genèse de l'édifice de l'École militaire, il était bon de l'éclairer, pour mieux estimer comment en ces critères de bourgeoisie, conditionnés par les étroitesses financières — toujours la crise des guerres de la mi-siècle, toutes deux de sept ans —, Ange-Jacques Gabriel sauve, avec une ténacité de grand artiste, les traditions de l'art royal.

Mais l'étude de l'École militaire n'est pas seulement révélatrice de ses conditions sociologiques. Elle permet de voir Gabriel se situer entre le beau et l'utile. Pour la construction de l'École militaire, un terrain avait été finalement choisi, non loin des Invalides et en bordure du chemin de Paris à Versailles, sur la rive gauche de la Seine : c'était une partie du château de Grenelle et des jardins maraîchers.

Dans la construction à élever, le mémoire de Pâris-Duverney définissait ainsi les exigences de logement : « Il s'agit de loger 500 élèves, un état-major, un intendant, cinquante officiers, douze à quinze maîtres de *langues et de sciences*, deux écuyers, les Prêtres de la mission qui seront chargés du spirituel, les sœurs grises auxquelles on confiera le soin des infirmeries et de la lingerie, un médecin, un chirurgien, un apothicaire, un tailleur, un cordonnier et enfin tous les domestiques qu'il sera nécessaire d'employer dans cette maison. » Double obligation dès lors pour l'architecte : hygiène et commodités de tout ce monde; le monument de la munificence royale.

Ainsi, Gabriel, entre le beau et l'utile — ce dernier doublement confirmé sur lui-même par des critères désormais autonomes et par les ressources disponibles. D'où les étapes longues, difficiles, de la bâtisse.

La première est seulement d'un projet. Mais le premier jet, qui dit l'homme. À peine un mois après avoir eu en main le mémoire de Pâris-Duverney, Gabriel avait déjà établi son plan. Ce plan avait deux défauts : il était grand, même grandiose; la superficie couverte devait être trois fois celle des Invalides, et son critère était de beauté, dans une certaine somptuosité décorative. Voilà Gabriel. Contre lui, Pâris-Duverney, les ressources et les charges des peuples. Si bien que six mois plus tard environ, un second projet était établi.

De ce projet, selon la règle de l'utile, on ne bâtira péniblement, entre l'été 1751 et 1757, après l'ouverture de la guerre de Sept Ans, que les bâtiments de service, puis la chapelle de l'infirmerie. Cela suffisait pour un premier établissement de l'École, si bien qu'à l'été 1756, les élèves de l'École militaire peuvent quitter

Vincennes et venir s'installer à Grenelle. Les travaux seront alors interrompus pour plus de dix ans. Quelques années après le traité de Paris, Gabriel établira, à deux reprises, semble-t-il, de nouveaux projets. Et ce sera le projet de 1768 que Gabriel réalisera, une bonne dizaine d'années durant, même après sa démission de premier architecte.

Œuvre d'une admirable persévérance, l'École militaire est aussi la dernière œuvre de Gabriel, du moins pour la conduite du chantier, qu'il contrôlera jusqu'en 1780, deux ans avant sa mort. Non sans difficultés d'ailleurs : Gabriel, plus qu'octogénaire, avait voulu associer son fils à l'achèvement de l'œuvre. Le Conseil de l'École refusa brutalement, comme Gabriel avait précédemment essuyé d'autres refus. Ne lui donnons pas le seul rôle du créateur persécuté. Dans toute la construction de l'École militaire, il y a d'âpres heurts et de sombres histoires. Entre Duverney et Gabriel, le heurt de deux natures entières et dominatrices, mais aussi, chez Gabriel, une avidité d'argent, qui le faisait prendre partout où il pouvait. Il jouira d'un traitement sur les fonds de l'École, qu'il gardera jusqu'à sa mort, et sans autre justification que d'avoir été le constructeur persévérant de l'École. Justice sans doute, toute matérielle, de son combat.

Mais cette inscription de Gabriel entre le beau et l'utile explique également les transformations essentielles des projets successifs. Deux traits, dans la confrontation des projets et de l'exécution, peuvent être fortement mis en lumière.

Le premier est l'inversion d'orientation de l'édifice. Dans le premier projet qui nous est connu, Gabriel ouvrait en effet son École militaire, très solennellement, face au fleuve : la façade d'entrée se déployait vers la Seine ; et ce surtout, au fond d'une grande cour, établie sur une partie de l'actuel Champ-de-Mars. Accès noble, lent, de représentation évidente, face au fleuve, au chemin de Paris à Versailles, et donc aussi face à la Ville. Derrière cette façade, l'École s'établissait comme un monde clos, harmonieusement équilibré : deux cours successives, la cour Royale et la cour des Exercices, dégageant un vaste espace intérieur, que centrait, au milieu d'une manière d'hémicycle terminal, portique en demi-lune, la chapelle. À considérer le plan perspectif de Le Rouge, qui a conservé pour nous le projet premier de Gabriel, on ne peut qu'être frappé par les traits suivants : d'abord Gabriel, avec une rapidité prestigieuse, a exactement réalisé ce que demandait le mémoire de Pâris-Duverney ; ensuite, son projet équilibre le majestueux et l'utile.

Le majestueux, c'était cet accès hiérarchique et solennel, en partant de la Seine, au milieu d'une avant-cour avec ses gazons découpés et entourée de fossés : accès, à la vérité, de la grande demeure noble. Le majestueux, c'était aussi, face au fleuve, le déroulement d'une façade, d'une étendue impressionnante, équilibrée en cinq masses puissantes : au centre, l'avant-corps avec trois de ces masses, le pavillon central, coiffé d'un dôme pyramidal, et de chaque côté, deux pavillons surmontés d'un comble en forme de dôme quadrangulaire ; aux ailes extrêmes, deux autres pavillons, reliés à l'avant-corps central par des murs à hauteur du rez-de-chaussée, ornés d'un décor géométrique très simple et aéré d'une galerie à balustres. Ensemble à la fois majestueux, léger, organique et hiérarchique.

L'utile, il est dans la remarquable aération du plan, où d'une part il y a plus d'espaces vides, de cours, que de bâtisses, et où bâtiments et cours s'équilibrent par rapport à un axe central de l'ensemble dans une parfaite aisance de la vie interne de l'École militaire. En fait, l'École militaire n'ouvrira pas sur la Seine, mais l'entrée sera reportée sur l'autre façade. Autrement dit, la façade qui ouvre aujourd'hui sur la place Fontenoy, et qui est la façade solennelle de l'achèvement de Gabriel, était primitivement une façade à usage interne. Véritable éventration du projet premier, qui a fait disparaître d'ailleurs la chapelle au centre même de l'édifice (signe des temps de Lumières?), et surtout qui a réduit très sensiblement l'importance de l'avant-cour d'accès : cette avant-cour est sensiblement sur l'emplacement de ce qui devait être la cour Royale, cour solennelle encore, mais à usage intérieur. Ainsi, ni les proportions, ni les rapports fonctionnels, ni la décoration ne sont dans l'École militaire d'aujourd'hui conformes à la pensée originale de Gabriel. Il faut nous en souvenir pour l'analyse du monument et de l'art de l'artiste. Mais les adaptations sont de Gabriel même. Le monument d'aujourd'hui est donc le témoin de la passion de Gabriel pour adapter sa vision aux circonstances. Autre aspect, et combien émouvant, de la lutte du créateur, avec ses matières, qui ne sont pas le seul matériau... À quoi il faut ajouter, ce qui a sans doute compté dans la fidélité de Gabriel à son projet initial, l'influence de l'aménagement progressif du Champ-de-Mars au cours des années soixante. À mesure que l'esplanade, simple terrain d'exercices d'abord, se développe, la nécessité s'impose d'un décor monumental pour la limiter et l'illustrer au Sud. C'était confirmer Gabriel qui, dans son projet de 1766, retrouvera, à échelle réduite, sa vision d'une façade de représentation, face au fleuve.

L'autre trait, nous l'avons déjà pressenti, est la réduction sensible des proportions du projet initial. Et dans ce projet, il y avait un morceau irréductible, qui commandait, jusque dans son rôle de représentation, toute l'organicité de l'ensemble : la façade sur le fleuve. Des cinq pavillons prévus, un seul, le pavillon central, sera construit dans sa solitude puissante; les deux pavillons latéraux de l'avant-corps seront diminués et dans leur masse et dans leur élévation. Si bien que le rythme en cinq temps forts est détruit, et avec lui l'ampleur du déroulement de la façade ; plus encore, le pavillon central où Gabriel a voulu une définition de monumentalité imposante n'est plus équilibré, harmonisé, tempéré par sa droite et par sa gauche. Il reste un témoin brut de ce qui fut dans la pensée, la vision du créateur, un ensemble.

On pourrait se demander pourquoi Gabriel n'a pas repensé l'ensemble, conçu un nouveau projet. Question au demeurant inutile : l'histoire ne sait pas plus que cette fixation sur un premier rêve. Obstination, ou sentiment que mieux valait adapter, en raison des circonstances difficiles ou incertaines ? Outre le financement fort malaisé, la création du Collège militaire de la Flèche « décentralisait » déjà l'École parisienne. Des réductions s'imposaient donc, mais c'est un fait que Gabriel, pour s'adapter, a travaillé sur le même matériel d'images plastiques, avec des continuités dont témoignent pour nous et le pavillon central sur le Champ-de-Mars et la façade sur la cour intérieure, devenue cour d'entrée, sur la place Fontenoy.

Aux interprétations psychologiques que je proposais il y a un instant, une autre interprétation, davantage liée à la sensibilité de l'artiste, peut être ajoutée. Et pourquoi ne serait-elle pas la plus juste ? Entre les deux ensembles que Gabriel a tenu à conserver dans les vicissitudes de la construction, il y a un lien monumental évident : le dôme. Le dôme couronne la façade sur le Champ-de-Mars ; il est l'élévation de solennité de la cour intérieure. Et le dôme de l'École militaire par rapport à celui des Invalides dit à la fois la filiation de l'œuvre de Gabriel par rapport à celle d'Hardouin-Mansart et sa puissante originalité propre. Gabriel pouvait presque consentir à tous les changements du projet initial, hormis toucher au dôme et aux supports de son dôme.

Je ne serais pas loin de penser, assumant l'entière responsabilité de cette hypothèse imprudente, que toute l'École militaire de Gabriel est suspendue à ce dôme. Lui seul compte ; le reste est ajustement fonctionnel élégant. Si bien qu'entre le beau et l'utile, Gabriel a envers et contre tout gardé cette forme souverainement belle d'un dôme à la française.

Pour le bâtiment principal de l'École militaire, la désignation du xviiie siècle disait volontiers le « château ». Sûreté toujours du langage. Il s'agit bien d'un château, mais pour cinq cents jeunes nobles, donc demeure noble collective, marquée de la grâce royale. Cette grâce royale doit surtout s'affirmer dans la façade extérieure, ou de représentation, dont il nous reste le pavillon central.

Celui-ci s'analyse comme suit : en saillie sur l'avant-corps, un péristyle de quatre colonnes, couronné par un fronton ; ce péristyle est équilibré en retrait, au droit du mur de l'édifice par deux autres colonnes de chaque côté, soit quatre colonnes, supportant une balustrade et des statues. Au-dessus du péristyle, un étage attique, construit sur plan carré ; sur l'attique, le dôme.

Trois traits maîtres marquent cette façade. D'abord, la volonté d'un rapport d'équilibre entre une masse verticale puissante, modérément élancée — temps fort de l'ensemble —, et un déroulement imposant de bâtisse à l'horizontale. L'impression dominante est celle d'une grandeur solide, mais sans élancement sublimant. Ainsi le dôme coiffe, tout autant que le péristyle, l'ample horizontale définie par le toit, visible derrière la balustrade. Tout se passe comme si le toit à la française reprenait ses droits. Autre élément de séduction harmonieuse, les colonnes du péristyle posent directement sur le sol, et non plus sur un soubassement : leur suggestion d'élancement, leur vibration verticale s'en trouve réduite.

Ensuite la solennité de l'entrée, définie sobrement, avec un matériel plastique de temple, à la mode antique : l'ordre colossal des colonnes ; leur empiètement direct au sol ; le fronton. L'ensemble manié avec une extrême simplicité, une géométrie limpide et comme la pureté d'un symbole. Le symbole ici, c'est l'entrée du temple ; mais cette entrée de temple est en même temps portique. Cette entrée est plastiquement valorisée, pour la sensibilité de qui arrive, par les quatre colonnes d'équilibration, elles aussi colossales, et dont l'effet de verticalité et la valeur de symbole sont ponctués par les statues, au-dessus de la balustrade.

Enfin l'importance des ouvertures, qui est à la fois réduction du mur et entrée de lumière et d'air — l'hygiène telle que l'a réclamée le « fermier général des Lumières ». C'est, d'une part, sur le rez-de-chaussée et sur l'étage, la double théorie des fenêtres, à entablements talutés au rez-de-chaussée et à frontons triangulaires au bel étage. D'autre part, dans la frise qui court au-dessous de la balustrade, à la verticale des fenêtres, Gabriel ouvre des mezzanines. C'est évidemment refuser à la frise sa spécificité traditionnelle pour satisfaire au besoin d'un plus grand nombre d'ouvertures : ce qui donne une troisième horizontale d'ouvertures. Louis Hautecœur a souligné qu'ici Gabriel fait fi des théories régnantes et suit l'exemple de Le Vau au collège des Quatre-Nations. Le rapprochement importe pour préciser les traditions de l'art d'Ange-Jacques Gabriel ; mais tout autant pour remarquer l'équilibre subtil de la sensibilité de l'architecte, qui lui fait, dans la verticale de mur entre les fenêtres, à l'aplomb des nus de la façade, interrompre sa balustrade par des dés de pierre.

La façade sur la cour est traitée en profondeur, par

rapport au pavillon central, dont l'architecture reprend en réduction celle de la façade sur le Champ-de-Mars. L'essentiel est ici ce rappel équilibrant de la façade de majesté, entre des horizontales puissantes, et l'ouverture de galeries, qui courent, tant au rez-de-chaussée qu'au bel étage, devant le corps de bâtiment. Ouverture en exécution du programme imposé, mais qui n'a pas laissé de gêner Gabriel : l'écartement des fenêtres lui imposait en effet l'écartement des soutiens, et celui-ci était tel qu'il ne pouvait employer seulement des colonnes. Aussi ses supports sont-ils massifs, une manière de pile robuste flanquée pour la forme, c'est le cas de le dire, de maçonneries doriques en bas, ioniques à l'étage noble. Le déroulement de ce double étage, s'il est de commodité, exprime par ailleurs beaucoup moins la valeur maîtresse du pavillon central, que la puissance de mur rythmée d'ouvertures de l'autre côté. À la fois monotonie, une certaine pesanteur commode, et comme une nostalgie de lignes plus élégantes disent et peut-être une certaine gêne de Gabriel et la réussite de son art dans la façade sur le fleuve. Plus exactement réussite de son art, j'y reviens, dans le pavillon central. Presque plus isolable dans la cour, on en peut admirer la perfection géométrique du dessin, l'harmonie des rapports entre l'ordre colossal et le dôme, qui unit comme naturellement des formes architecturales de génies très différents.

Ne cessant donc de lutter contre tant de difficultés contraires, Gabriel a mis tout de lui dans cette œuvre. Encore n'avons-nous pas tout dit de cette dernière. Nous ne sommes pas entrés ; or, dedans, il y a l'escalier d'honneur, il y a, à l'étage noble, les salons d'apparat et la salle du Conseil, dite salon des Maréchaux. Il y a surtout la chapelle, œuvre rare dans la construction architecturale de Gabriel et d'une exquisité toute civile, comme le projet d'autel qu'il avait dessiné pour elle étonne par sa perfection décorative et sa symbolique essoufflée. Mais l'essentiel est l'œuvre architectural d'ensemble et les pièces majeures, les façades.

Première évidence quant à l'art de Gabriel à l'École militaire : Gabriel est hanté par des modèles. Au premier chef — ainsi le voulait le projet de la construction — par les Invalides. Et qui dit Invalides dit plan d'ensemble, façade sur le fleuve, l'église et surtout le dôme. En second lieu, il y a le Louvre, monument souverain dans la ville capitale, avec la colonnade, et l'étalement de l'ordre colossal ; il y a aussi, coiffant le Pavillon de l'Horloge, ce dôme de charpente, utilisé par Lemercier, qui n'a rien d'une coupole, mais au contraire est un comble traité pour « faire pyramider un édifice » et donc lui donner élévation et majesté. Modèles redoutables et par comparaison et par imitation. D'autant plus que les principes de construction, le génie des monuments étaient différents. Aux Invalides, la chapelle était centre, et le dôme-coupole de Mansart hymne d'élévation religieuse à l'italienne. Le Louvre était palais royal, et l'École militaire seulement monument de la puissance tutélaire du roi.

Le transfert des valeurs psycho-sociales devait s'inscrire dans l'œuvre même : dans une nécessité de montée verticale, transfert du religieux à ce civil supérieur qu'est l'aristocratie militaire ; rappel des formes de la demeure royale, mais rappel seulement, l'École n'étant qu'une œuvre du Roi pour sa noblesse.

À ces exigences, Ange-Jacques Gabriel répond par la plastique de son pavillon central, affirmation maîtresse du génie de l'édifice qui unit sans effort le dôme-comble à la française, dôme de charpente et terme parfait d'une tradition de couverture des maisons seigneuriales aux grands combles d'ardoise, et un portique à la grecque, à l'ordre corinthien colossal. Unir une image stylisée de grécité à une couverture sublimante à la française, telle est l'audace calme de Gabriel à l'École militaire. Retour à l'antique, déjà ?

Il faut, semble-t-il, ne pas se laisser prendre à ces verdicts faciles : à l'École militaire, la valeur suprême est celle d'en haut, le dôme, dans une fidélité à la couverture française de la demeure noble.

L'harmonie si sûrement exprimée entre tradition française et portique grec est architecturalement assurée par l'attique, support de la coupole, qui détache en unissant et stylistiquement par quelque correspondance subtile dans la pureté du dessin et des lignes entre un dôme qui ne culmine pas outrancièrement et un portique qu'apaise son fronton et qui s'enracine puissamment de ses quatre colonnes colossales à même le sol.

Gabriel n'est pas seulement l'architecte de la construction de l'École militaire. Il y aurait aussi à connaître de son activité de décorateur, de la constitution de son équipe où il tente d'avoir les premiers artistes de son temps, ou ceux qu'il reconnaît comme tels, de la marque partout de son dessin, de l'escalier d'honneur jusqu'à l'admirable grille de la cour d'honneur.

Il demeure que l'étude de la décoration de l'École militaire, des motifs décoratifs, des séries de figures symboliques serait fort éclairante pour une analyse de la sensibilité de l'époque, à travers un allégorisme à bout de souffle.

Il vaut de noter que ce dernier grand monument parisien de la monarchie française eut, quant à sa destination première, une existence quasi éphémère. Dès 1787, l'École était supprimée, et l'édifice destiné l'année suivante à remplacer éventuellement l'Hôtel-Dieu. L'utile ou le social risquèrent un moment de l'emporter[1].

Les œuvres pour le Roi

De ces œuvres que le premier architecte fait pour le Roi, nous en avons retenu deux, éclairantes chacune d'un niveau de décor. L'une, de décor monumental public, est la place Louis XV ; l'autre, du décor de la vie royale, est à Fontainebleau : le cabinet du Conseil et la chambre du Roi qui se situent entre 1751 et 1754. Les plans de Gabriel pour la place Louis XV sont approuvés en 1755, et dans les vingt années qui suivent, c'est-à-dire jusqu'à la retraite de Gabriel, seront lentement bâtis les deux palais qui la décorent au nord, le Garde-meuble (actuel ministère de la Marine) achevé le premier en 1768, le bâtiment ouest (hôtel Crillon), bien que commencé d'abord, terminé le dernier en 1775. Repères chronologiques qui nous montrent surtout que les travaux de Fontainebleau et la conception de l'ensemble monumental de la place Louis XV sont contemporains.

Cet ensemble, bien qu'il soit essentiel à l'œuvre de Gabriel, ne sera pas traité ici en tant que tel. Nous nous centrerons sur Gabriel définisseur, à Fontainebleau, d'un décor de majesté et d'un décor d'intimité, intimité d'ailleurs très relative, pour le roi.

Visitant le cabinet du Roi, non encore achevé, le duc de Luynes note en ses *Mémoires* : « Je viens de voir le nouveau cabinet du Roi ; c'est le cabinet du Conseil que l'on a augmenté de neuf pieds en avant sur le jardin de Diane ; cela forme une fort belle pièce ; on a avancé la

---

[1] Depuis 1878, après avoir été caserne successive des Gardes impériale et royale, au gré des régimes, l'École militaire de Gabriel abrite l'École supérieure de guerre.

porte qui donne dans le milieu de la chambre pour qu'elle fût au milieu du cabinet. Tout ce bâtiment est peint en blanc sans dorure ; et le plafond est fait en compartiment dans le goût antique pour assortir à la chambre. » Document d'une sensibilité assez primesautière qui donne tout de suite trois éléments de la facture de l'œuvre : la recherche de l'espace ; la couleur ; le respect du « goût antique ».

Données vives qui suggèrent déjà certaines exigences auxquelles a dû satisfaire le premier architecte, dans un complexe de difficultés dont j'ai déjà donné échantillon en exposant « les travaux et les jours » de Gabriel.

Mais à Fontainebleau, plus qu'ailleurs, la tâche est difficile. Gabriel n'est pas sur place, et les directeurs des travaux jouissaient d'une assez large autonomie d'exécution, surtout dans le fini des intérieurs. Il y avait ce vieux palais d'un ou deux siècles, vénérable dans l'histoire de la monarchie, où l'on ne pouvait qu'aménager. Surtout il y avait le roi, et sa volonté changeante, incertaine, en même temps que superstitieuse, pour la décoration intérieure en particulier, de certaines traditions : superstitions ou fidélités qui devaient jouer éminemment pour le cabinet du Conseil et la chambre du Roi, c'est-à-dire, dans cette résidence royale, le sanctuaire de majesté et de révérence royale.

Trois aspects de l'art de Gabriel décorateur de ces appartements de majesté dans le palais vénérable peuvent être analysés ici :

— Traditions et modernité : de l'étude extrêmement précise de Yves Bottineau, il semble bien résulter que, pour le cabinet du Conseil surtout, les transformations furent importantes. Mais si l'on est demeuré longtemps incertain sur l'importance de ces transformations, c'est qu'elles furent effectuées avec un art consommé et scrupuleux de respecter l'état ancien. Il est certain cependant que, par l'avancement de la façade, le cabinet du Conseil et la chambre du Roi, donc l'appartement royal, ont été agrandis. D'où plus d'espace, et recherche de la lumière et de la nature sur le jardin de Diane. Transformation aussi de l'espace intérieur : l'ancien cabinet était une pièce rectangulaire prolongée par un petit hémicycle ; le dessin de Gabriel cherche le plan carré. Incontestable volonté d'équilibre par la géométrie, que confirme la tentative méritoire, étant donné la disposition ancienne des lieux, pour établir une symétrie des portes, du moins, ainsi que l'a noté Luynes, une porte au milieu du mur. Au même besoin de lignes simples, s'équilibrant dans une certaine force d'ascension verticale, correspond la réduction du nombre des arcades qui décoraient le cabinet précédent : il n'y en a plus que trois — rythme courbe discret, cintrant la cheminée et les portes qui vont soit vers la chambre du Roi soit vers le cabinet de retraite et qui nuance seulement la montée verticale des lignes de l'ensemble.

Autre trait du goût « moderne », les cheminées. On sait combien elles importent au décor rocaille, comme si le monde « rococo » avait eu besoin de cerner de ses formes aussi ondulantes que fermes la lumière même du feu. Cheminée rocaille dans le cabinet du Conseil, à la place de l'ancienne, trop petite et qui n'était plus dans l'axe ; luxuriante cheminée rocaille dans la chambre du Roi, timbrée au centre d'un ample cartouche à coquille. Mais au-dessus de cette cheminée rocaille sera soigneusement replacé le portrait de Louis XIII par Philippe de Champaigne. Fidélité royale à l'ancêtre, qui mesure à l'extrême dans ces pièces du souverain l'apport moderne. On le constate surtout au plafond. Nous avons entendu de Luynes : « Le plafond est fait en compartiment dans le goût antique. » Chambre et cabinet garderont précisément le plafond à caissons d'autrefois, et ce n'est pas mince mérite de

Gabriel d'avoir établi un modèle de toile du plafond de la chambre du Roi, comme il semble bien avoir refait, pour le cabinet du Conseil, le plafond de Louis XIV.

Ainsi, si les ouvertures pour la lumière, pour l'aisance des communications à l'intérieur des appartements s'agrandissent, si la touche rocaille s'inscrit discrète dans les moulurations des cheminées, le ciel demeure celui des ancêtres — cieux du XVIIe siècle, au décor à l'italienne, d'où tombe une lumière assourdie par la chaleur des caissons dorés. La personne royale, au Conseil, et dans le sommeil, a besoin de cette image d'un plafond de bois ouvré, où la surface s'entaille de profondeurs mystérieuses. D'autant plus peut-être que le programme décoratif procède d'un tout autre esprit.

— Le programme décoratif de Gabriel. Nous possédons, pour le cabinet du Conseil, les propositions de Gabriel à Vandières, de tout un ensemble décoratif. Document précieux car il nous permet de saisir un acte essentiel de l'art royal d'Ange-Jacques Gabriel. De cette décoration, il faut remarquer d'abord qu'elle est essentiellement picturale. Beaucoup moins de sculptures qu'à Versailles, mais un besoin évident de l'image colorée.

Le comte de Fels argue, pour expliquer ce parti pictural de Gabriel, des difficultés qu'il y avait à trouver sur place de bons ouvriers du bois, et du coût du transport entre Paris et Fontainebleau, du travail fait en atelier, lambris et motifs décoratifs. Cela a pu jouer, mais la correspondance administrative fait état de tant de travaux exécutés à Paris ou à Versailles que sûrement Gabriel, pour le cabinet du Conseil, n'aurait pas été si regardant. Deux raisons paraissent d'un autre poids, pour éclairer le choix de Gabriel, toutes deux au fond n'en faisant qu'une, qui est toujours le respect de la tradition, dans ce lieu de la présence royale. D'une part, l'architecte était tenu de conserver les caissons du plafond, nous l'avons vu, et de garder le panneautage mural, dans l'ensemble assez lourd. Le seul moyen d'éclairer tout ce bois massif d'un autre âge, de le transfigurer juste ce qu'il fallait, était la peinture, et une peinture aux coloris éblouissants.

D'autre part, la peinture avait sa place traditionnellement dans ce cabinet du Conseil. Voici ce qu'en écrit le père Dan, dans son *Trésor des merveilles de la maison royale de Fontainebleau* (Paris, 1642); c'est l'état de la pièce sous Louis XIII, qui n'a subi aucune transformation depuis l'époque de François Ier.

> Là se voit un très beau et riche plafond de menuiserie, composé de plusieurs cadres et parquets renforcez avec leurs moulures et autres divers ornements dorez, et bien enrichis. Le reste de ce lieu est pareillement embelly d'un lambry doré, et de peintures, qui couvrent plusieurs grandes armoires fort bien pratiquées dans l'épaisseur du mur, sur lesquelles sont peintes plusieurs figures représentant la Force, la Prudence, la Tempérance, la Justice, et autres Vertus morales, que quelques-uns veulent croire y avoir été faites à dessein de servir d'avis à tous ceux qui s'approchent de ce lieu sacré, qu'ils doivent soigneusement pratiquer ces vertus.

Le grand mot est dit : lieu *sacré*, et dans ce lieu sacré, des images d'exemplarité. Pouvait-on les supprimer ? À plus de deux siècles de distance, voici la réponse de l'art royal de Gabriel.

Le programme décoratif de Gabriel est vision d'ensemble et analyse de cette vision par des séries. Au centre de la vision, le plafond. « Le tableau du milieu du plafond, écrit Gabriel, représentera *Apollon* dans son char devancé par l'aurore et des petits amours qui jetteront des fleurs sur son passage. » Voilà la lumière du matin et la suggestion du Dieu.

Mais dans le projet de Gabriel il y a, tout aussi

importantes, les séries. Ce seront : dans les douze grands panneaux, traités en camaïeu, la paix et la guerre ; la force et la clémence ; le secret et la fidélité ; la vérité et l'histoire ; la justice et la prudence ; la valeur et la renommée ; dans les douze petits panneaux, en trophées au-dessus des grands, la musique et des drapeaux ; l'architecture et l'abondance ; la pêche et le commerce ; la géométrie et l'astronomie ; la sculpture et la religion ; la chair et la peinture/l'amour.

Pour les portes, aux grands panneaux, les quatre saisons ; aux petits panneaux du bas, les quatre éléments représentés par des enfants. Enfin, dans les quatre tableaux des coins, « des groupes d'enfants qui caractériseront par divers hiéroglyphes les quatre heures du jour ».

Extraordinaire mélange dont la plus grande partie fut réalisée et qui typiquement compose vertus morales et allégories royales — c'est la partie traditionnelle —, les Muses et surtout, dépassant l'art royal et venant de beaucoup plus loin que lui, ce que j'appellerai la symbolique cosmique : saisons, éléments (les quatre éléments de la physique aristotélicienne), les heures du jour, autant de survivances d'une tradition de la quaternité. Tout le mémoire fait sentir ce qu'il y a de traditions encloses dans l'art de Gabriel. L'iconographie décorative a pour lui encore valeur précise. On le retrouverait aussi attentif pour l'Opéra de Versailles à l'établissement d'une décoration allégorique et symbolique.

De cette décoration du cabinet du Conseil dont il faudrait analyser le détail des figures, je ne retiendrai que l'une d'entre elles. Métier oblige : c'est *l'Histoire*, compagne de *la Vérité*. Comment est-elle cette Histoire ? Elle est ailée, elle tient un livre sur les genoux, mais s'en détourne pour observer le monde. Que cela soit l'image de notre conscience du passé dans le présent, et peinte en camaïeu bleu par Van Loo, dans ce cabinet du Conseil où les inscriptions qui courent autour des heures du jour, dans les tympans des deux portes, célèbrent, avec l'astre et la lumière, la gloire de la royauté. Jusqu'à cette exquisité souveraine de l'inscription : *Splendor ab hospite*, la splendeur vient de l'hôte. Le soleil se couche sur la terre.

Dernier élément, et non le moindre, de cet ensemble décoratif, les peintres. Pour les peintures en camaïeu de panneaux, Vandières, sur le projet Gabriel, a inscrit la désignation d'attribution : « à Vanloo » (il s'agit de Carle Van Loo); pour les petits panneaux, « à Pierre »; et aussi nettement, pour le plafond, « à Boucher ». Choix qui définissent un milieu de l'« art royal » décoratif de Gabriel : tous trois sont membres de l'Académie de peinture; tous trois artistes fort à la mode, et deux au moins grands artistes au-delà de leur temps même — le cas de Pierre étant celui d'un artiste fort défendu dans certains milieux et qui sait faire carrière, puisqu'il sera un peu plus tard « premier peintre du Roi ». Carle Van Loo était d'ailleurs à ce moment-là recteur de l'Académie de peinture. D'où deux associations évidentes : les choix portent sur des artistes consacrés par l'art officiel (c'est dans l'ordre, disons, du conformisme ou de la cohérence d'un milieu par rapport à lui-même : pour le décor d'une pièce de la souveraineté, il faut les artistes de l'académisme royal); à l'exception peut-être de Pierre, du moins dans le recul de l'histoire, ces artistes sont de grands artistes.

Au demeurant, pour le cabinet du Conseil à Fontainebleau, il n'était pas concevable d'innover. Vandières d'ailleurs ne le voulait pas : la correspondance en témoigne. Tant pour la chambre du Roi que pour le cabinet du Conseil, sa consigne était d'éviter le « moderne ». Ainsi pour cette pièce de majesté qu'était le cabinet du Conseil, le programme décoratif demeure académique, d'une iconographie sérielle traditionnelle. Séries morales ou séries cosmiques — remarquons au passage, cela a son importance, qu'en dehors d'un portrait du roi, il n'y a ni portrait ni représentation de scène : tout est dans la lecture allégorique et dans le symbole. La nouveauté est dans l'unité de la décoration par la peinture ; et qui dit peinture dit couleur, travail par la couleur, donc une création colorée qui peut avoir sa signification. Un premier sens du parti pictural de Fontainebleau, c'est la volonté d'animer, d'éclairer par la couleur ce qui pouvait être envoûtement du bois. La peinture est, dans le cabinet du Conseil, réalité du ciel lumineux et ce qui reste, autour de la personne royale, de présence solaire.

— Troisième aspect de l'art de Gabriel, après les rapports entre traditions et modernité, puis le programme décoratif, la perfection d'harmonie. Rien n'est plus difficile dans une décoration d'intérieur où architecture, décoration sculptée, peinture peuvent jouer leur part disparate. La marque la plus sûre de Gabriel sur le cabinet du Conseil de Fontainebleau, c'est un parti conduit jusqu'à la perfection d'une harmonie par la couleur.

Souvenons-nous de cette phrase du rapport de Gabriel à Vandières, rapport de l'inspection finale du premier architecte avant l'ouverture de la « saison d'automne » à Fontainebleau, en 1754. Il s'agit cette fois de la chambre du Roi : « La chambre du Roy ne sera achevée de dorer que le 20 du mois. Elle est d'une grande magnificence et traittée dans le clair. J'ay trouvé à redire aux enfans de sculpture des dessus de porte qui ont esté traittés un peu fort et beaucoup plus que dans le model que j'avois arresté. Je n'ay osé y faire toucher par le peu de temps qui reste. » En ce rapport administratif, il y a tout l'artiste. Son vocabulaire de maîtrise, avec ce mot qui est d'art et d'artiste, *traiter*.

Par rapport au mot de l'art, celui qui exprime la communauté esthétique entre l'artiste et son public, ou pour reprendre une expression du temps, l'effet : dans la sensibilité de Gabriel, c'est, pour la « chambre du Roy », *une grande magnificence*.

Chambre du Roi et cabinet du Conseil sont d'ailleurs le même ensemble, et il est évident que l'artiste y réagit de même, sous son plafond à caissons et pour animer, éclairer l'atmosphère autour de la personne royale. Dans la chambre du Roi, il s'agit, en traitant dans le clair, d'imposer la magnificence. Autrement dit un éblouissement tamisé de lumière, où les lignes de l'architecture, tout en restant fermes, doivent juste ce qu'il faut s'accuser, et où surtout la décoration sculptée ne doit pas faire ronde bosse. Ainsi la sensibilité de Gabriel est choquée par ces « enfans de sculpture [...] traittés un peu fort ». Le décor sculptural doit être suggestion dans une dominante d'harmonie lumineuse. À l'envi, la correspondance parle d'*adoucir*. C'est un fondu vibrant, imprégnant, que l'on cherche. Gabriel l'a écrit, dans son rapport de l'année précédente, à propos du cabinet du Conseil : « ... L'on peut le regarder comme n'ayant plus besoin que d'accords et de recherches. »

Voilà les mots-clés d'un art spirituel, avec cet autre mot d'artisan que nous avons déjà entendu : « taster », mot très concret et où l'harmonie devient matière, comme la lumière elle-même. On « taste » et c'est l'œil, et par lui l'entière sensibilité, qui apprécie. L'orientation, c'est, selon la volonté même du roi fort expressément manifestée pour la chambre, *le clair*, avec aussi, on le retrouve à diverses reprises, le refus du mur nu, cet aplomb de pierre qui choque la sensibilité. Le décor doit tout prendre ; d'où le besoin de perfection de son harmonie.

À propos de la chambre du Roi, Moranzel écrit à

Vandières (13 Mai 1754) : « Le Sr Peyrotte a commencé aujourd'huy a mettre du monde a ce plafond pour remplir d'ornements les places qui nous ont paru trop vagues, et faire un tout lié, de parties coupées et postiches. »

C'est l'un de ces textes bruts sur lesquels on passe, et qui cependant sont l'un des plus sûrs témoins — j'allais dire parce que ce n'est pas un texte littéraire — de la sensibilité. Il découvre ce refus du vide qui est au principe de la recherche du décor de la vie, dans le monde rococo de Louis XV, et, beaucoup plus positivement, l'exigence du « tout lié ».

Au niveau du décorateur qui travaille pour son Roi, le « tout lié » des formes doit se faire dans une harmonie d'esprit. L'esprit, c'est le grain des matières, ce sont les vernis, les rapports des couleurs entre elles, le fondu des formes dans un ouaté qui équilibre. C'est, lorsque la sculpture accuse ses reliefs, « taper dur », c'est-à-dire renforcer, souligner les ornements en peinture pour qu'ils puissent « se répondre », mieux, s'harmoniser. C'est, pour la peinture, chercher les tons qui répondent à ce plafond à l'antique, qui commande tout et qui ne doit en aucune façon être éteint par la richesse des ors des boiseries du pourtour de la pièce. Jeu de couleurs et jeu d'ombres, où il faut qu'à tout moment du jour (la lumière extérieure doit s'incorporer dans l'harmonie intérieure) cela fasse « grand », et royal.

D'où une dominante de lumière d'or. Dorures du plafond et des boiseries qui font écrire à la duchesse de Luynes : « Le cabinet est doré avec des camaïeux alternativement vert et gris ; cela est fort beau et unit les ornements anciens et modernes. » Avec l'or, dominent ces couleurs éminemment spirituelles que sont les verts et les gris, traités dans des gammes claires, fondantes, imprégnantes de légèreté, de jeunesse, et comme d'une nature spiritualisée pour l'harmonie de la vie des hommes. En quelque sorte ces couleurs que psychologues et médecins retrouvent aujourd'hui pour la détente et notre lénification. Du plafond d'autre part, avec la gloire solaire impalpable de Boucher, les putti légers et virevoltés des Saisons, c'est une infusion de clarté légère. Dans la décoration des portes et des lambris, alternativement des taches bleues et rouges, toujours aux tons fondus, juste ce qu'il faut accuser par quelque ombre. Liant le tout, en arabesques, les touches du décor floral que Peyrotte a laborieusement peint.

Géométrie architecturale, décoration, dorures et peintures, la lumière du dehors — il faudrait ajouter aussi le mobilier —, tout est supérieurement harmonisé dans la grandeur d'un style. Style de celui qui a conçu l'ensemble, coordonné les différents artistes, ajusté, tâté jusqu'au détail, le premier architecte du Roi, Gabriel.

De l'appartement royal de Fontainebleau, sur l'œuvre et l'art de Gabriel, définisseur du décor royal, quelques évidences :

Les intentions de Vandières ont été parfaitement accomplies. Au printemps 1753, le Directeur des bâtiments écrivait à Moranzel ces lignes impérieuses : « Comme ce doit être un chef-d'œuvre en ce genre, je vous demande toute votre attention, et la plus grande sévérité vis-à-vis des ouvriers, auxquels vous aurez soin de ne passer aucune faute. » Instructions d'autorité d'un haut administrateur courtisan. Elles livrent d'ailleurs l'un des secrets de cet art accompli du XVIIIe siècle, le chef-d'œuvre est encore suprêmement artisan. Mais il fallait trouver le maître d'œuvre du chef-d'œuvre. Le roi l'avait choisi en la personne de son premier architecte.

Tradition historiographique et critiques sont unanimes à reconnaître que le cabinet du Conseil de Fontainebleau est l'une des plus hautes œuvres, et donc l'une des plus expressives, du style Louis XV. Gabriel a donc réalisé là l'un des plus purs hommages de son art à la personne et à l'esprit de son souverain, qui est aussi son compagnon architecte. Dans les mots, cela est toujours mal dit. En fait, dans le cabinet de Fontainebleau, il y a une rencontre de Louis XV et de Gabriel en la pureté d'un style.

Ce style est le style Louis XV. On pourrait ici en analyser l'esprit. Nous en relèverons seulement trois traits.

L'un, propre au lieu, ce palais qui dans la mentalité « moderne » du XVIIIe siècle représente une manière de demeure royale venue du fond des temps et infiniment vénérable. Le « Louis XV » se définit comme une décoration, un esprit, une vision des formes dans une atmosphère musicale, qui n'est ni antique, ni moderne. Infiniment respectueux du traditionnel, le « Louis XV » ne s'en épanouit pas moins jusque sous un plafond à caissons, avec le rappel des formes anciennes cintrées du lambris précédent, et avec un matériel iconographique, dans sa contexture d'ensemble, lui aussi fidèle au passé.

L'autre trait concerne le moderne. Qui dit « moderne » au milieu du XVIIIe siècle, dit surtout « rocaille ». Dans ce décor royal, il n'y a presque pas la marque du rocaille. Ce qui s'y exprime, c'est un équilibre de lignes, fermes mais légères, l'harmonie entre ces lignes et un décor pictural agréablement signifiant par la création d'une atmosphère colorée, de grandeur, de noblesse, d'esprit. Je viens, ce disant, de définir un style, et un style qui n'accuse aucune recherche, pas d'autre effet, pourrait-on dire, qu'une simplicité de grandeur chaude. Tout le contraire du rococo ? Que non pas. Un décor de perfection artisane et d'esprit, qui n'a pas besoin du rococo, un style pur et français, contemporain du rococo, mais parfaitement indépendant.

Il y aurait à mettre en lumière le caractère original de ces « cabinets du Roi », en comparant celui de Fontainebleau à celui de Versailles, dont la décoration est contemporaine, et même légèrement postérieure. En comparant surtout la nouvelle et l'ancienne décoration de celui de Versailles, l'ancienne décoration ayant subsisté jusqu'en 1748. Nous possédons de cette ancienne décoration une très précise description, à l'article Versailles du Dictionnaire de Bruzen de La Martinière[1]. Manifestement l'esprit français y travaille les traditions de la décoration noble italienne. Mais, trait qui s'impose tout de suite, la peinture y tient peu de place. Et s'il y a quatre tableaux qui servent de dessus de porte, trois sont du Poussin, un du Lanfranc. Dans la nouvelle décoration et surtout à Fontainebleau, la peinture a une place importante; elle est autochtone; elle est d'une imagerie spirituelle, toute de motifs allégoriques et symboliques.

Autant dire que dans ces cabinets royaux de la mi-XVIIIe siècle un art typiquement français exprime une perfection de style, le style Louis XV, en même temps qu'un esprit de la présence souveraine.

Le troisième trait caractéristique de ce style est l'importance de ce que représente le « cabinet du Conseil » dans la vie du monarque.

C'est le lieu quotidien de majesté, l'endroit où le roi passe en public — public d'ailleurs combien filtré — la plus grande partie de sa journée. D'après le cérémonial de Versailles, sous le règne de Louis XV, en voici les usages. C'est la pièce où le roi travaille avec les ministres, chacun à son jour, où il réunit le Conseil d'État, le Conseil des dépêches, le Conseil des finances. C'est aussi le lieu des audiences aux princes souverains,

---

1. Cette description est d'ailleurs reproduite dans P. de Nolhac, *Versailles au XVIIIe siècle*, Paris, 1926, p. 138-139.

aux ambassadeurs à leur première visite, aux envoyés extraordinaires. Sous ces nuances de protocole, la qualité du lieu se précise déjà : un équilibre subtil entre la solennité et l'intimité, l'unité procédant de la personne royale. On note que c'est dans le cabinet du Conseil qu'a lieu la cérémonie de la remise de la barrette aux nouveaux cardinaux, les fiançailles des princes du sang, la prestation de serment de grands dignitaires de la Couronne et de la cour. Le Roi y reçoit les remontrances des cours souveraines, y accorde aux « gens du Roi » leurs audiences particulières.

Voici pour le décor souverain, et voilà pour le flot de la vie quotidienne. Pierre de Nolhac, résumant les Mémoires rigoureusement au jour le jour du duc de Luynes, en brosse ainsi le va-et-vient ordonné : « La vie de la Cour de France semble tourner tout entière autour du Cabinet du Roi. On y tient les chapitres de l'Ordre, les réceptions, la réunion du 1er Janvier, qui précède la mise en marche de la procession des "Cordons bleus" se rendant à la Chapelle par l'"Escalier des Ambassadeurs". La Cour y défile, les femmes après les hommes, pour présenter au Roi les félicitations d'usage, lors des événements heureux de la famille royale, ou les condoléances, lors des deuils... C'est enfin au Cabinet du Roi, et non ailleurs, que se font les présentations à Sa Majesté des femmes de condition, qui seront ensuite présentées à la Reine. »

Après le flot, l'usage royal personnel : non seulement il y accomplit l'essentiel de son travail de monarque, mais il s'y habille, après le lever; c'est là aussi qu'a lieu le « débotter », avant que le Roi ne choisisse, toujours là, les élus qui prendront part au souper des Cabanèts. D'une façon générale, c'est la pièce où il donne tous ses ordres particuliers.

Évidemment Fontainebleau n'est pas Versailles; mais la fonction monarchique du cabinet demeure la même, durant les quartiers de chasse de l'automne. On comprend dès lors les ordres de Vandières, exigeant le « chef-d'œuvre ». Si bien que dans le cabinet du Conseil de Fontainebleau, on peut lire, à travers la recherche des arts, une manière d'image plastique de la présence souveraine. De ces images qui sont le plus sûrement révélatrices pour l'analyse historique, des impondérables, des subtilités, des attentes de l'âme collective.

L'art royal de Gabriel cherche ici l'illustration de la présence monarchique, dans cette pièce fonctionnellement aux confins de l'intimité, de l'autorité royale et de la présence publique du souverain. Avec cette note plus légère, plus souple et comme plus libre que garde le palais d'automne, où l'on ne demeure que pour la chasse. Il est vrai que ce palais, par ses murs d'abord et par tout ce qui s'y rattache d'histoire, est, au pair du Louvre, l'un des lieux de la vénérabilité monarchique.

Quelle spiritualité monarchique dès lors dans l'œuvre conçue par Gabriel et aboutie par ses soins à Fontainebleau? Un style de majesté évident par la géométrie sobre des lignes architecturales, cette symétrie aussi que l'aménagement a cherché. Géométrie où lignes horizontales et verticales s'équilibrent, mais la verticalité l'emporte dans la montée des panneaux (grands et petits panneaux, ceux-ci en trophées), dans les lignes de la glace au-dessus de la cheminée. Majesté aussi par la lumière, cette harmonie que j'ai tenté d'analyser, et qui baigne la présence royale ou est rehaussée par elle.

Mais dans cette lumière imprégnante, s'il y a révérence et musique, il n'y a plus, ou à peine dans certaines ombres du plafond tout juste, un je-ne-sais-quoi de rayonnement sacral. La majesté solaire de l'arrière-grand-père est devenue harmonie de lumière noble, et, pour ainsi dire, un « medium », un milieu, où il n'y a plus de centre en une personne sacrée. L'élément le plus désacralisant est à coup sûr ici la peinture, légère, spirituelle, suggestive d'allégories ou de symboles, qui tous ont la fraîcheur de choses exquises et fugitives ; elle est esprit. Un esprit qui n'a plus rien à enseigner, mais à suggérer seulement, comme une manière de mémoire révérente, des images respectées mais qui ont changé d'âme, comme de contour et de couleur.

À Versailles, dans le cabinet nouvelle manière, l'on trouverait les mêmes tendances, dans l'œuvre décoratrice d'Antoine Rousseau. La symbolique y est peut-être un peu plus accusée, plus lourde ; les trophées insistent sur la royauté victorieuse. Mais l'ensemble confirme les valeurs qu'une analyse peut dégager, à travers l'expression plastique, dans une œuvre comme le cabinet du Conseil de Fontainebleau.

Valeurs qui sont au moins trois : la manifestation de la présence royale par un medium de lumière, lumière du dedans et du dehors ensemble, où tant la personne royale que les formes architecturales de majesté se fondent dans une harmonie dominante, jusqu'à peut-être s'y dissoudre ; la lecture symbolique de la puissance monarchique : symbolisme et allégories qui sont autant de marques d'une stylisation spirituelle, ou déjà même intellectuelle, de réalités qui de plus en plus s'éloignent ; de la présence royale, il reste surtout la perfection des arts, ce degré suprême d'une technique ou d'un art au sens artisanal du terme, où la perfection de l'œuvre belle devient hommage et sublimation. Pour son roi, Gabriel, à Fontainebleau, a voulu, avec toute une équipe de grands artistes, le chef-d'œuvre d'harmonie, qui célèbre en Louis XV et le premier des hommes de son royaume et aussi peut-être le génie d'un style.

La présence royale, pour insigne qu'elle demeure encore, s'est singulièrement rapprochée de toute une aristocratie de la naissance et de l'art, qui s'exprime encore par elle mais qui a déjà trouvé dans la création d'une atmosphère lumineuse et la perfection d'un art artisan du décor ses droits absolus, et après tout durables, à la « douceur de vivre ».

LE GRAND ŒUVRE DE GABRIEL

Un grand art exprime ou marque une époque. La lecture, souvent la plus noble, de la société, de son image intérieure, de son idéal apparaît à travers l'expression plastique. Mais au-delà de cette harmonie à l'époque, de très grandes œuvres, parce qu'elles expriment des valeurs de perfection et de beauté, transcendent l'époque. Manière d'imagerie éternelle, où du moins il nous est possible de dépasser les contingences de l'histoire.

Gabriel a atteint à cet art du grand créateur dans une œuvre insigne entre toutes, le Petit Trianon. Il avait porté en lui aussi un autre accomplissement de grandeur : c'est le célèbre « Grand Projet » de Versailles. Le Trianon a été quasi parfait par Gabriel, encore premier architecte du Roi ; le « Grand Projet », à peine ébauché.

Bien que la chronologie puisse en apparence en souffrir, commençons par l'ébauche, avant de méditer l'œuvre parfaite.

Le « Grand Projet » de Versailles

Ce projet fut longuement mûri, et comme couvé en soi, puisqu'il en est question dans la correspondance administrative des Bâtiments dès 1742, l'année même où Gabriel reçoit, à la mort de son père, la charge de premier architecte. Après quelques timides tentatives, ce n'est qu'à la fin de 1771 que la réalisation du « Grand Projet » sera décidée. On ne touche pas à la légère à Versailles, mais il est bien certain que ce projet de remodeler ou d'harmoniser Versailles, qu'il a pu, pendant quasiment trente ans, « taster » et transformer en lui, livre beaucoup de la vision de grandeur royale d'Ange-Jacques Gabriel. D'autant plus qu'au printemps 1771 encore, l'aile droite du château du côté de l'entrée — l'aile dite du Gouvernement — menaçant de s'écrouler, Gabriel supplie qu'on la reconstruise sans autre. C'est-à-dire que, pour le grand projet, il est l'homme du tout ou rien. Ou son plan, ou cet ancien Versailles, que des historiographes de l'art vertueux d'antiquité lui reprocheront d'avoir voulu saccager.

Comme il arrivait sans cesse avec Louis XV, une fois la décision prise de réaliser le « Grand Projet », il fallait se mettre en chantier tout de suite. Une curieuse lettre de Gabriel à Marigny (notre Vandières, devenu marquis), datée de Fontainebleau, fin octobre 1771, nous permet de retrouver la conjuration décisive qui a imposé le « Grand Projet ». Nous sommes à l'automne, à la chasse, dans la détente de Fontainebleau ; Mme du Barry a succédé à Madame de Pompadour. Voici le fruit automnal :

> Dans un travail d'hier sur le soir le Roy s'est décidé de faire des à present toute l'enceinte nécessaire pour faire l'aile à construire à Versailles et de profiter du reste du voyage pour cette opération si cela est possible ; en conséquence il m'a donné ordre d'en aller former l'établissement, l'on vouloit même me faire partir aujourd'huy mais ce ne sera que samedy parce qu'il faut pourvoir à l'argent comptant et que Madame du Barry a dit au Roy qu'elle s'en chargeoit et de la voir mercredy à ce sujet.

Texte qui parle de soi : c'est la favorite qui semble avoir eu l'audace de vouloir le Versailles de son Roi. Madame de Pompadour avait fait l'École militaire ; la du Barry s'en prend à Versailles. Peut-être pouvait-on mesurer là-dessus l'audace grandissante, par les femmes, d'une royauté « moderne », c'est-à-dire déjà révolutionnaire. Quoi qu'il en soit, le « Grand Projet » devait être mis en chantier tout de suite, dès janvier 1772 ; et si les travaux semblent avoir avancé normalement, ils furent interrompus à la mort du roi. Non pas tellement, comme on l'a écrit volontiers, à cause du changement de règne et de l'arrivée à la Direction des bâtiments du célèbre abbé Terray, économe des deniers publics. En fait, quasi jusqu'à la Révolution une manière de grand projet flotte sur Versailles ; Louis XVI lui-même s'y intéresse ; mais le premier architecte a changé, les projets aussi.

Le « Grand Projet » de Gabriel est ainsi spécifiquement, à la hauteur de la période épanouie du règne de Louis XV, la vision du Palais de la royauté par Gabriel, et sans doute par le roi. Car on peut penser avec Louis Hautecœur, qui date les plans et élévations conservés à l'Agence d'architecture de Versailles d'après 1763, que c'est le moment où Gabriel a fixé, d'accord avec le roi, sa vision de Versailles. Avant d'analyser les lignes essentielles du « Grand Projet », il faut brièvement situer le problème de Versailles en cette mi-XVIIIe siècle :

— Inadéquation intérieure : la place des grands salons d'apparat dans le Versailles de Louis XIV était telle qu'il y avait très peu de logements effectifs, même pour la famille royale. Celle-ci nombreuse d'une part, et d'autre part la cour de plus en plus exigeante de logement sur place, curieux phénomène très caractéristique de l'époque, il fallait pouvoir construire le plus possible de « petits appartements ». C'est sans doute la raison de pression humaine qui décidera le roi et Gabriel à démolir cet Escalier des Ambassadeurs, chef-d'œuvre de Le Brun, démolition tant reprochée à Gabriel, manière d'iconoclaste de Versailles.

— Absence surtout de façade sur la ville, ou d'accès royal. L'opinion du temps est donnée en ces quelques lignes du *Siècle de Louis XIV* de Voltaire (1751), qui ne cesse, depuis des années, de souligner le manque d'harmonie de Versailles : « La nation, écrit Voltaire, désirait que Louis XIV eût préféré son Louvre et sa capitale au palais de Versailles, que le duc de Créqui appelait un favori sans mérite. La postérité admire avec reconnaissance ce qu'on a fait de grand pour le public ; mais la critique se joint à l'admiration, quand on voit ce que Louis XIV a fait de superbe et de défectueux pour sa maison de campagne. » Le « superbe », c'est la façade du côté du jardin ; le défectueux, l'autre façade, dont Voltaire écrivait, à peine quelques années plus tôt, qu'elle est « dans le plus petit et le plus mauvais goût ». Ce que Voltaire, témoin de sensibilité commune, refuse, c'est justement le disparate de la façade sur la ville, soit essentiellement le château Louis XIII que Louis XIV a voulu à tout prix conserver.

Contre la fidélité dynastique, les souvenirs de famille, ce que l'on peut appeler déjà « l'opinion » exige une architecture souveraine neuve, ou au moins égale sur la ville à celle dont jouissent sur le parc le souverain et la Cour.

Tout cela est aussi complexe que confus et impérieux. On peut s'en rendre compte dans les pages souvent citées de la monumentale *Architecture françoise* de Blondel, où, au tome IV (Paris, 1756), celui que l'on a appelé le « maître des jeunes générations d'architectes » se livre à une critique sévère de « ce qu'on appelle communément l'ancien Château ». Le texte est riche des instances du goût neuf. Évoquons-en au moins trois.

La première est, dans la bâtisse monumentale, surtout royale, un besoin d'unité. Dans l'ancien château, Blondel condamne « tant d'irrégularités et de dissonances », c'est-à-dire la permanence des constructions de Louis XIII. À chaque règne, son unité, et comme s'il commençait sans histoire. Les rois savent mieux l'histoire que les architectes.

La seconde est, pourrait-on dire, de couverture de majesté. La doctrine de Blondel est là-dessus très ferme : il est « contraire à la bienséance de pratiquer des combles apparents au-dessus de la résidence d'une tête couronnée ; couverture qui ne présente toujours à l'idée du spectateur que des logements en galetas, contraires à la dignité d'un édifice tel que celui dont nous parlons et qu'Hardouin-Mansart a su éviter dans l'ordonnance de la façade de ce même Palais du côté des jardins ». Peut-on mieux dire les critères régnants d'un art de majesté ? D'abord cet art se définit par rapport au spectateur ; le mot est dit : il s'agit bien de représentation. Que faut-il donc pour le spectateur, dans la représentation royale ? La dignité. Or il est contraire à la dignité royale d'avoir des logements au-dessus de la tête souveraine ; ou du moins que cela se voie. Ainsi le toit à l'italienne trouve sa justice de majesté : personne au-dessus de la tête du roi. La tête du roi est suprême. Ce qui est de soi, même par rapport à la construction à l'italienne, quant à l'étage noble, une manière de révolution. Les « gens » étaient habituellement au-dessus ; maintenant le roi couronne seul la verticale.

La troisième raison est la sensibilité esthétique. À la fin du même passage — tirade justicière du disparate de Versailles — Blondel écrit : « ... Mais il faut convenir que, quelque amélioration que cela lui ait procuré, cette alliance de l'Architecture moderne avec celle *semi-gothique* qui y régnait auparavant forme un contraste qui présente une ordonnance trop imparfaite pour nous déterminer ici à en relever tous les abus. » Jugement qui refuse l'alliance de deux architectures, exige le règne de l'architecture moderne — forme souveraine d'unité — et, du point de vue de la sensibilité condamne formellement comme « semi-gothique » le Louis XIII.

À l'arrière-plan du « Grand Projet », il y a ainsi ce parti d'une histoire courte (on le retrouverait de même à Fontainebleau) pour qui l'art royal d'il y a cent cinquante ans est devenu un art étrange, quelque peu aux confins de la barbarie, du moins un art refusé. D'où la double condamnation du château Louis XIII et, par certains côtés, de la cour de Marbre.

On ne saurait trop insister, du point de vue de l'analyse de la sensibilité de l'époque, sur cette exigence d'un art neuf, unifiant, qui se coupe des traditions et qui va définir, à quelques décennies de la Révolution, une manière de sérénité d'éternité. En voici l'expression dans le « Grand Projet » de Gabriel : suppression du château de Louis XIII et transformation de la cour de Marbre, de cour extérieure d'accès en cour intérieure. C'en est ainsi fini avec le traditionalisme royal — fidélité de Versailles à soi-même — que gardait encore Louis XIV, contre ses architectes et même contre Colbert, si l'on en croit Charles Perrault dans ses *Mémoires*. Celui-ci rapporte ainsi les choses, après avoir fait état des intentions de Colbert et des siennes propres : « Mais le Roi voulut toujours conserver le petit château. On prétexta qu'il menaçait ruine et qu'il boudoit en plusieurs endroits ; il se douta du complot, et dit d'un ton très fort et où il paraissait de colère : "Faites ce qu'il vous plaira mais si vous l'abattez, je le ferai rebâtir tel qu'il est". Ces paroles raffermirent tout le château et rendirent ses fondements inébranlables. »

Deux critères l'emportent : celui de la commodité intérieure, qui conduit à l'agrandissement en épaisseur du château. Gabriel élève, en effet, sa façade à l'alignement du premier redan qui limite la cour de Marbre. Ainsi épaissi, le château donne plus d'espace intérieur d'occupation, espace d'ailleurs aéré par des cours intérieures, répondant à l'ancienne cour de Marbre. Critère, en second lieu, de la représentation face à la ville.

Cette représentation face à la ville affirme d'abord la présence royale, et cette présence dans l'exercice de la souveraineté. Donc, au centre de la façade, un dôme, dôme de majesté pour la demeure royale, et sous ce dôme, la salle du Conseil, pour laquelle Gabriel avait étudié un plafond magnifique en forme de coupole surbaissée. Dôme et salle du Conseil expriment cette correspondance exceptionnelle d'être et le centre de l'édifice déroulé devant la ville et le centre du royaume — car c'est dans la salle du Conseil que le roi se tient et gouverne.

Louis Hautecœur a pu là-dessus très fortement remarquer : « À la conception personnelle se substitue l'ordre juridique du pouvoir. » En ce sens que le centre du royaume n'est plus maintenant, jusque dans la manifestation architecturale, la chambre du Roi. De toute évidence, le lieu du pouvoir est désormais manifesté, et sous un dôme d'élévation solaire. D'ailleurs, la chambre du Roi n'est pas loin; séparée d'une antichambre, elle est immédiatement au nord. Symétrique, au sud, la chambre de la Reine. Géométrie peut-être inhumaine; du moins géométrie, de l'extérieur lisible. Sur la façade, comme sur les ailes ou sur les façades en retour, Gabriel utilise ce qui, selon sa sensibilité, est la plastique de majesté de la construction royale. Le comte de Fels publie un dessin conservé aux Archives nationales, exécuté par Gabriel pour comparer les deux styles : d'un côté une partie de l'ancienne façade sur la cour de Marbre; de l'autre, le propre projet de Gabriel d'un avant-corps sur la cour Royale.

Le contraste est saisissant : d'un côté, outre le charme vétuste des rapports des deux appareils, la pierre et la brique, un comble dévorant, des ouvertures étroites, une plastique à la fois pesante, tourmentée, froide et quelque peu « introvertie »; de l'autre, la plus simple géométrie dans l'offrande à la lumière : au rez-de-chaussée, aux portes élancées et noblement cintrées, les refends qui animent la pierre sans l'avilir; à l'étage noble, les fenêtres, d'une verticalité harmonieuse, à frontons triangulaires et courbes (toute la façade de Gabriel cherche la lumière du dehors, le rythme des ouvertures et la moindre surface de mur); les fenêtres d'attique plus petites, soulignées d'une mouluration ferme et délicate, comme une scansion harmonieuse au-dessous du décor purement architectural de la frise et de la balustrade cachant le toit — balustrade qui, régnant tout le long de l'édifice, écrivait sur le ciel une horizontale maîtresse, à peine soulevée ici et là par les frontons des avant-corps, frontons larges coiffant un ordre colossal corinthien, surélevé, et scandé à trois temps, selon un rythme parfait.

Sur les façades en retour, Gabriel se souvient de ses propres palais de la place Louis XV, mais c'est avec le même matériel plastique, et surtout la même vision d'une architecture sublimante, ouverte à la lumière, voire au plein ciel, et affirmant, dans une écriture plus ou moins de grécité, l'éternité de la gloire royale. À preuve surtout l'importance des frontons pour Gabriel. Ce ne sont point pour lui pièces rapportées. Dômes et frontons tiennent l'édifice par en haut, et il y a dans le fronton toute une symbolique solaire. À preuve aussi ce que l'on sait des recherches de Gabriel pour ces façades de Versailles. Son besoin premier, là, comme à l'École militaire, est d'un luxe décoratif : il n'a pas besoin de surcharges, mais d'une pierre qui s'illustre d'ornements. Pour Versailles on sait même, autre trait de sa sensibilité, qu'il avait voulu tailler ses colonnes dans une seule pierre, ce qui est le génie du colossal, mais il dut se rabattre sur la construction par tambours. Ici ce n'est plus Gabriel entre le beau et l'utile, mais contraint, dans son art royal, par les étroitesses financières.

L'essentiel demeure d'un équilibre entre une géométrie de formes très simple, géométrie qui cherche la lumière, et un décor de majesté où la majesté s'exprime essentiellement par l'harmonie et par tout un arsenal de formes plastiques tirées du temple grec.

L'art suprême de Gabriel est le triomphe même de l'architecture, l'unité de l'édifice. À l'échelle d'un palais comme Versailles, l'unité, dans une composition souple et humaine de si vaste ensemble, tient de l'exploit de puissance et de sûreté créatrices. De cette unité, relèvent deux exigences maîtresses. L'une, qui est l'harmonie depuis longtemps attendue, pour la masse de Versailles, consiste à présenter des façades sur la ville, qui rappellent celle du parc. Dans le « Grand Projet », l'unité de style classique entre les deux façades était totale, sinon par le dessin et la décoration, du moins par la masse et la galerie à balustres définissant l'horizontale du ciel. Gabriel d'autre part, faisant du palais un tout, y mettait sa marque triomphatrice d'unité avec le dôme de la salle du Conseil.

L'autre exigence est la correspondance simple, harmonieuse, de l'extérieur à l'intérieur, et vice-versa. Pour être totale et harmonieuse, la vision architecturale doit lire le dedans par le dehors. Sur les dessins de Gabriel, la vie à l'intérieur du palais est quasi transparente. On sait, du dehors, de loin, où habite le souverain, où il travaille.

Construction de « Lumières » en définitive, ce Versailles du « Grand Projet ». C'eût été, ainsi que l'écrivait Cochin à Marigny, en lui dédiant son célèbre *Voyage d'Italie* (Paris, 1769), « achever le plus beau palais qui soit en Europe ». Le même Cochin, célébrant le projet, le présente comme « si glorieux au Roi et à la Patrie ». On ne saurait mieux situer sociologiquement le « Grand Projet » de Versailles : il est la demeure du roi dans la célébration de la patrie, c'est-à-dire de tout le peuple des sujets, peuple qui a besoin d'images de majesté, au moment où celles-ci sont en train de perdre racines dans l'âme profonde.

La séparation entre le roi et la patrie se fait au chapitre des dépenses, c'est-à-dire des contributions. Il y a quelque chose de prémonitoire dans la petite histoire des commencements d'exécution du « Grand Projet ». L'étroitesse financière est telle, les retards surtout, qu'il y a chez les ouvriers, à Versailles même, une « émeute » de la faim. Madame du Barry a beau réclamer la manière forte et souhaiter l'emprisonnement de l'entrepreneur. Gabriel lui-même hésite. Dans une note au roi, de quelques mois antérieure, Marigny avait croqué l'état d'esprit des entrepreneurs, auxquels les promesses ne pouvaient plus suffire : « Leur terreur est telle qu'ils ne vont qu'en tremblant. » Du « Grand Projet », il reste le corps de l'aile nord de la cour Royale, tout juste le support aujourd'hui de ce que furent les intentions de Gabriel. Les architectes des régimes successifs, en particulier de la monarchie de Juillet, ne possédaient pas son génie. Il reste aussi l'escalier qui conduit au salon d'Hercule.

Au-delà de l'œuvre subsistante, il reste l'esprit. Pierre de Nolhac, poète attentif des pierres de Versailles, pouvait encore écrire en 1926 : « Rien ne manque à son projet, dont l'exécution serait encore possible aujourd'hui. » La marque est donc là, et sur l'esprit si controversé, quelques lignes plus loin, voici, sous cette forme littéraire toujours académique de naguère, ce qu'en dit encore Nolhac : « Quelque jugement qu'on en porte et quelque satisfaction qu'on éprouve à son interruption [du "Grand Projet" »], on doit reconnaître qu'il se rattachait plus respectueusement à la tradition du Château que ceux qui furent présentés plus tard : il est même permis de dire que le Versailles rêvé par Gabriel n'était nullement indigne du Versailles de Mansart[1]. »

Longue histoire d'un rêve, mais dans ce rêve, il y a

---

1. *Op. cit.*, p. 98.

l'homme, la mesure de son audace créatrice : remodeler tout entière la demeure royale. Était-ce pour lui l'acte libérateur du modèle écrasant et trop proche, Hardouin-Mansart dans sa gloire ?

Le Petit Trianon

Si le « Grand Projet » est surtout dans les cartons des Archives nationales, le Petit Trianon demeure comme l'œuvre parfaite d'un très grand artiste.

Le Petit Trianon, nous l'avons vu au chapitre précédent, est intimement lié à l'histoire de Louis XV et de ses maîtresses. C'est dans la douleur de la mort quasi subite de Madame de Châteauroux, que Louis XV vient se réfugier à Trianon, délaissé pendant toute la première partie du règne, et tout juste bon pour faire galanterie à la reine ou pour y loger Stanislas Leszczynski.

Mais la « créatrice » du Petit Trianon sera une fois de plus la marquise bâtisseuse, Madame de Pompadour ; et le roi aussi. Voici comme. Au commencement du Petit Trianon, il y a la « nouvelle ménagerie ». Toujours les poules et les vaches de Hollande. Durant l'hiver 1749, quand la cour rentre de Fontainebleau, le duc de Luynes consigne : « On a fait beaucoup d'ouvrages à Trianon. La ménagerie nouvelle est presque finie, et l'on a accommodé plusieurs logements ; il y en a actuellement dix-neuf tout meublés et en état d'y habiter ; il y en aura douze ou quinze autres ; il paraît que le Roi a dessein d'en faire usage. » L'usage était furtif : des soupers, avec les habitués des « petits cabinets », des parties nocturnes. On passait la nuit, dans l'illusion de l'évasion aux champs, à l'écart de la cour surtout. Tant par sa vie amoureuse que par ses besoins d'homme, Louis XV prend ses distances d'avec la cour — destructeur inconscient de l'une des assiettes sociales de l'absolutisme.

Le « pavillon de la Nouvelle Ménagerie », achevé à l'été 1750 pour Madame de Pompadour, simple rez-de-chaussée avec salon et cabinets adjacents — œuvre de Gabriel, on le sait — devait donner à Louis XV l'habitude et sans doute le goût des lieux où va s'édifier un peu plus tard le Petit Trianon. D'autant que Madame de Pompadour est intelligemment éducatrice du souverain, pour le tirer de son ennui. Gardant pour elle vaches et poules, elle donne au roi le goût du jardin d'expérience et même du jardin d'acclimatation.

Tel ordre de Marigny, de l'été 1755, en dit long sur les habitudes prises et cette coulée de divertissements dans les journées royales : « Vous ferez faire les deux petites serres chaudes que le Roi demande pour ses ananas, et les deux douzaines de chaises pliantes de bois que ma sœur demande pour Trianon. Vous demanderez qu'elles soient pareilles à celles de l'Ermitage... » Habileté souveraine de la femme : le rappel de l'Ermitage. Mais le fait est que le roi, dans les jardins de Trianon, devient volontiers jardinier, arboriculteur. Si la marquise est « fermière », lui est, dans la noblesse fraîche de ces deux mots, curieux d'agriculture et d'histoire naturelle. Dans les jardins de Trianon, ainsi que le célébrera un spécialiste contemporain, « la fortune des fraisiers est faite », en ce sens que le Roi s'intéresse à la culture de la fraise, jusqu'alors peu répandue. Jussieu y crée, pour le roi et avec lui, un « Jardin des Plantes ». Les serres de Trianon, surtout la grande serre bâtie en 1767, renferment des plantes rares, ramenées des quatre coins du monde par les escadres royales : ce que l'on appelle les « plantes botaniques » du roi. Ainsi le lieu n'est point de seule clandestinité pour les amours ou les jeux royaux. Dans ces jardins de Trianon, se cherche l'avènement d'un monde de lumières. Physiocratie, agriculture, sciences naturelles, découverte du monde, c'est tout un monde neuf qui s'y confirme dans la présence, la participation royales. Ou peut-être le souverain n'est-il, lui aussi, Madame de Pompadour aidant, qu'un témoin illustre de ce prodigieux besoin de jouvence et d'ajustement au monde que vit la société française de la seconde moitié du XVIIIe siècle. À pareil lieu, il faudra bientôt une demeure. Non pas un palais, ni une maison royale ; mais le langage d'époque parlera d'un « pavillon ». Au niveau de la société aristocratique, le pavillon, c'est une demeure simple ; mais demeure, c'est-à-dire stable, autre chose qu'un rendez-vous de repos ou un pavillon de chasse. Ici, le pavillon est demeure au milieu de jardins : jardin d'acclimatation, jardin à la française et les jardins discrets de la « ménagerie ».

L'histoire de la bâtisse du Petit Trianon tient presque dix ans du règne. Madame de Pompadour en fait établir les premières études préparatoires en 1761 et, dans un billet de Gabriel à M. de Marigny d'août 1770, on peut lire : « Le 8 septembre, Sa Majesté ira souper à Louveciennes et le 9, je crois qu'Il ira coucher pour la première fois à Trianon. » Long délai qui fut surtout celui de l'achèvement pour la décoration intérieure et de la mise en place des tableaux qui se firent assez longtemps attendre. Aussi longue, l'installation des célèbres tables mécaniques de Loriot et la réalisation des cuisines, selon le vœu du roi. Ces délais disent surtout un souci de perfection, d'une demeure achevée, bien qu'ici et là paraisse dans la correspondance de Gabriel, l'éternel « mal d'argent ». Mais la dépense, qui fut d'ailleurs payée par Choiseul sur les fonds particuliers des Affaires étrangères, semble avoir moins compté que la volonté ou le besoin du roi de bâtir en ce Petit Trianon le « Pavillon », la maison de son génie. Nulle part plus qu'au Petit Trianon, Louis XV n'a été présent, intervenant fréquemment sur les chantiers, suivant les progrès de la construction, bâtissant vraiment sa demeure d'homme, toujours roi. Au Petit Trianon aussi, l'œuvre commune du roi et du premier architecte atteint sûrement son plus haut degré. En elle donc, un secret du génie de l'époque, pour autant que Louis XV et Gabriel en soient témoins.

À partir de 1771, Louis XV se servira souvent du Petit Trianon, y continuant de cultiver ses goûts de royal jardinier. C'est là aussi qu'il prendra cette petite vérole qui devait l'emporter, au printemps 1774. C'est là surtout qu'il n'aura pas le droit de mourir. La scène ne manque pas de grandeur de ce La Martinière, « son premier chirurgien, homme décidé et un des seuls qui lui parlassent avec force », ainsi qu'écrit le duc de Croÿ en ses *Mémoires*, et qui enlève littéralement le souverain mourant. « Le Roi voulait rester, se trouvant mal, poursuit de Croÿ, La Martinière lui dit que c'était à Versailles qu'il fallait être malade, et le força à monter en voiture sur le soir, en robe de chambre, son manteau par dessus. » Le Petit Trianon n'est que le Pavillon des Jardins ; c'est dans son palais que le roi doit mourir, et dans sa chambre, ce lieu immatériel du royaume, nullement « dans ces petites chambres basses de Trianon », où il était fort mal. Ainsi le Petit Trianon n'est pas le cadre de la majesté royale devant la mort, cette mort du souverain qu'a décrite en quelques pages riches de souffle Pierre Verlet, en son *Versailles*[1], confrontant en l'art royal de mourir Louis XIV et son arrière petit-fils.

Est-il tellement, comme on l'a écrit sur les propos d'une littérature de bourgeois du Paris de l'époque, le lieu où le roi vit mal, dans l'intimité de la maîtresse régnante ? Et trouvera-t-on un argument complémentaire, comme pour confirmer un schéma traditionnel,

---

1. Paris, Éditions Fayard, 1961.

dans le fait que la dernière œuvre à laquelle le roi ait pu s'attacher au Petit Trianon, une fois les cuisines achevées selon son goût, est la chapelle ? À l'été de 1773, des dessins de Gabriel élaborent l'autel.

En fait, ce Petit Trianon est la maison de la présence de la femme, qu'elle soit maîtresse ou qu'elle soit reine. Commencé pour Madame de Pompadour par le premier architecte, combien habile et maître dans l'art d'exprimer en lignes et en ensembles la sensibilité complexe de la marquise, Gabriel en remettra les clés en 1768, quatre ans après la mort de son inspiratrice. Mais Mme du Barry s'annonce : elle régnera un moment sur le Petit Trianon, sur place ou de Louveciennes tout proche, dont le roi lui a fait présent. La présence de la marquise ne disparaît pas pour autant, puisque les cheminées sont à elle, deux venant de l'hôtel d'Évreux et l'autre du château de Saint-Hubert. Une maîtresse ne chasse pas l'autre, mais la présence féminine s'inscrit dans cette maison de nature, de liberté, de « divertissement ». Jusqu'à devenir, dès la mort de Louis XV, la demeure de la jeune reine, Marie-Antoinette. La légende, qui donne souvent la version la plus sûre de ce que l'on appelle l'opinion, a fait justice du halo de débauche autour du Petit Trianon, dans ce mot, trop galant, de Louis XVI, et évidemment *bene trovato* : « Ces beaux lieux, Madame, ont toujours été le séjour des favorites du Roi ; ils doivent donc être le vôtre. » La réalité est que Marie-Antoinette, dès sa venue en France, a rêvé d'habiter ce Trianon dont la beauté était déjà célèbre dans les cours européennes. « Trianon, qu'on dit la plus adorable des maisons », écrira un peu plus tard, en un français trop parisien, Marie-Thérèse, dans une lettre débordante à sa fille. Après quelques tractations de dignité, c'est la jeune reine elle-même qui demandera au roi ce « premier don ». Elle y devait régner dans la joie, le jeu ou la frénésie de s'y faire son monde à elle, pour elle aussi s'y préparer à bien mourir.

De « ce Petit Trianon de la Reine » — qui n'est déjà plus le nôtre, celui de Gabriel, premier architecte —, demandons l'évocation à une autre femme, de cette aristocratie cosmopolite qui règne sur l'Europe aux dernières décennies du XVIIIe siècle. La baronne d'Oberkirch, accompagnant son amie la grande-duchesse Marie, s'échappe un matin de bonne heure, pour découvrir la merveille. « Les jardins sont délicieux, raconte-t-elle, toute pétulante d'enthousiasme, surtout la partie anglaise que la Reine vient de faire arranger. Rien n'y manque : les ruines, les chemins contournés, les nappes d'eau, les cascades, les montagnes, les temples, les statues, enfin tout ce qui peut les rendre variés et très agréables. La partie française est dans le genre de Le Nôtre et des quinconces de Versailles. Au bout se trouve une mignonne salle de spectacle, où la Reine aime à jouer elle-même la comédie avec M. le comte d'Artois et des amis intimes. » Si elle a tout de même, dans sa générosité découvreuse, inventé des « ruines » qui n'existaient pas, l'enchantement, lui, n'est pas feint : « Mon Dieu ! la charmante promenade ! Que ces bosquets parfumés de lilas, peuplés de rossignols, étaient délicieux ! Il faisait un temps magnifique ; l'air était plein de vapeurs embaumées ; des papillons étalaient leurs ailes d'or aux rayons de ce soleil printanier. Je n'ai de ma vie passé des moments plus enchanteurs que les trois heures employées à visiter cette retraite. » La baronne d'Oberkirch n'a vu que le jardin de la Reine, cette nature qui se tourmente, à travers la sensibilité du paysage anglais, à retrouver la merveille.

Au centre cependant demeure, dans un art superbe, mais viril, de complaire à la femme et de lui donner sa maison à même la « merveille », le Petit Trianon de Gabriel, cette « maison de plaisance », dont ces lignes froides de Mercy Argenteau, l'ambassadeur de Marie-Thérèse à la cour de France, situent, mieux que les enthousiasmes de la baronne d'Oberkirch, le charme envoûtant : « Cette maison est à un quart de lieue du Château de Versailles ; elle est agréablement bâtie, fort ornée, avec de jolis jardins et un jardin séparément destiné à la culture des plantes et arbustes étrangers. » Demeure à l'écart, dans les jardins, maison de plaisance où règne la femme, comment Gabriel, avec son roi, en a-t-il fait cette perfection — qui est esprit ?

Construit sur un plan rectangulaire, le Petit Trianon semble tout d'une pièce. Il s'élève avec mesure, bâtiment unique, se suffisant à soi, quelque peu comme l'ermitage de Fontainebleau. Un ermitage, ou un pavillon, est une bâtisse toute simple, plus simple que les châteaux, voire que les hôtels particuliers. Cette bâtisse toute simple s'exprime par son dessin d'ensemble. Essentiellement trois traits : quatre façades différentes, mais toutes rythmées à cinq temps verticaux ; trois étages, apparents du moins sur la façade sud, celle de l'entrée, soit le rez-de-chaussée, l'étage noble, l'attique ; le cadrage parfait de l'entier bloc par les arêtes latérales du rectangle, d'une verticale très pure, sur laquelle se détache à même le ciel la ligne d'ombre d'une corniche, et surtout par la balustrade à l'italienne, fonctionnellement cache-toit, mais admirable ligne de vibration plastique dans le ciel, rythmée, harmonieuse, sans vases ni trophées. Ce qui donne une perfection de géométrie et cet équilibre, à mon sens si expressif de l'art de Gabriel, entre un rez-de-chaussée fermement inscrit au sol (ce qu'accusent à la façade d'entrée les habituels refends) et cette horizontale du ciel qu'est la balustrade, définition d'en haut et maîtrise de tout l'édifice.

On vient de dégager l'épure : elle s'impose à qui regarde le Petit Trianon, presque immédiatement. En fait, les choses sont plus complexes. Le bloc vertical du Petit Trianon ne pèse pas sur le sol de tout son aplomb. À la hauteur de l'étage noble, courent les terrasses. Sur la façade d'entrée par exemple, les terrasses s'incurvent de chaque côté du bâtiment et elles sont percées d'œils-de-bœuf; lesquels œils-de-bœuf éclairent un passage de communication avec les communs. Si bien que les terrasses, essentielles à la vie du Petit Trianon, vont servir Gabriel pour tempérer l'aplomb au sol de son bâtiment rectangulaire. Pour l'œil — je dirais presque de quelque côté que l'on le prenne — le Petit Trianon repose à la fois sur la terre ou monte d'elle et se détend sur ce jeu de pierres, noblement déployé, que sont les terrasses.

Ainsi le bloc tout uni est libéré de sa géométrie verticale, et comme nonchalamment enraciné au sol par le déroulement de promenoirs balustrés. Bloc rectangulaire, plastique géométrique d'une simplicité parfaite, mais en même temps, par le jeu des terrasses, fantaisie noble de pierre, telle la première approche du Petit Trianon de Gabriel. Ce qui suggère à la fois, pour la vie de l'édifice, une manière d'intimité et une ouverture à la nature, marquée encore d'une certaine solennité, celle des degrés et du dallage de pierre.

Tout dans cette géométrie très simple de « quatre murs » pouvait en faire un édifice marqué de quelque monotonie, même avec l'application de rythmes de mesures aussi sûrs que ceux adoptés à l'ermitage de Fontainebleau. Première recherche de Gabriel : la diversité des façades, en quelque sorte selon leur fonction, sûrement aussi leur exposition. La façade d'entrée — façade sud — s'exprime dans le maximum de verticalité de l'édifice, celle-ci adoucie, à la hauteur du rez-de-chaussée, comme on vient de le voir, par les terrasses incurvées. C'est la plus typique de l'épure primitive. Elle est par ailleurs purement façade, quasi sans entrée solennelle. La porte médiane, au milieu des cinq ouvertures, est une ouverture comme les autres. De l'aveu architectural, l'entrée n'est pas l'essentiel. La façade est, sur le jardin paysager, est un mur très sobre, sans aucune décoration d'ordre. D'ailleurs le jardin paysager ne fut planté que plus tard. On pouvait économiser de ce côté-là. Le mur vibre seulement des refends du rez-de-chaussée, des encadrements des fenêtres, et de la corniche qui court sous la balustrade. On peut réunir dans une même analyse la façade nord et la façade ouest. Le chef-d'œuvre de ce chef-d'œuvre qu'est le Petit Trianon est la façade ouest.

Que la façade d'entrée soit seconde par rapport à la façade ouest, le prouve le parti de Gabriel d'avoir remué le moins possible de terre. Il ne le pouvait d'ailleurs pas : c'eût été détruire les jardins, car le terrain des jardins était plus élevé que celui de la route et de la cour. La différence de niveau, Gabriel va l'utiliser pour faire de l'étage noble un rez-de-chaussée noble surélevé de quelques degrés par rapport au sol des jardins. Ces quelques degrés vont correspondre à la hauteur d'un soubassement destiné aux offices. Il reste l'admirable image qu'il nous faut maintenant analyser.

Quatre colonnes corinthiennes, de jet colossal, encadrent les trois baies centrales de l'étage noble. Les deux colonnes centrales sont détachées, en avant de l'aplomb du mur : les deux colonnes latérales sont aux trois quarts engagées dans les angles. Ce qui pouvait être portique solennel, quelque peu obsédant et hors de place, devient, pour reprendre le mot de Louis Hautecœur, « une sorte de loggia ». Mais une loggia qui cherche sans effort sa sublimité. Le jeu des colonnes monumentales inscrit en effet sur la façade de l'édifice un rapport d'ombres et de lumières qui donne aux colonnes ici leur pleine justice : ce sont des colonnes solaires. D'autant plus qu'elles sont surélevées, reposant sur une manière de « podium ». Ressouvenir du temple grec ? Si l'on veut, dans le jeu des formes ; mais il n'y a pas ici la moindre mémoire de sacralisation. Ces colonnes sont solaires, comme décor, dans cet incomparable équilibre où Gabriel a établi l'imposante verticalité des colonnes sur cette horizontale, tout entière artifice d'un art suprême, qui n'est ni le pavement des terrasses, ni le sol.

Mais d'abord, à deux plans de profondeur, et que l'on ne peut des jardins que confondre, une balustrade : balustrade à hauteur de la base des colonnes ; balustrade bordant la terrasse en surplomb du jardin. Ainsi s'impose, en correspondance de rythme, une seconde horizontale en balustres, plus ample encore que celle du toit, et qui peut paraître comme le socle même de l'édifice. Base suggérée, noblement étale, et qui ne s'impose pas comme une limite : à preuve l'ouverture médiane où deux volées d'escalier, en un V largement ouvert, semblent établir l'édifice sur son sol véritable, en même temps qu'elles imposent davantage par leur disposition diagonale, en pente très douce, l'ordonnance harmonieuse de l'ensemble.

Si bien que la façade de Gabriel, et derrière elle, tout l'édifice, tient sur le sol sans peser. Pas davantage elle ne s'étale. Elle est en équilibre, juste ce qu'il faut pour qu'elle soit demeure, juste ce qu'il faut pour qu'elle soit décor. Surtout elle réalise cette prestigieuse harmonie d'établir cette masse architecturale dans une ferme en même temps qu'humaine, très humaine mesure, entre le ciel et la terre, tous deux amplement situés. Le passage du bâti au ciel ou à la terre se fait par la balustrade, manière d'architecture en dentelle, mais d'une dentelle sûre, simple, mélodieuse. Ce que complètent, entre la bâtisse et la terre, les deux jetées d'escalier, composant une manière de trapèze renversé, dont la plus petite base est le sol : effet de jaillissement au partir du sol, qui allège et soulève ce qu'il pouvait y avoir d'abusivement pesant dans une descente d'escalier.

Dernier point, dans une reprise d'ensemble de l'examen de façade : cette façade est aussi ouverte que possible. Le rapport des murs et des ouvertures fait, quasi au maximum, la plus grande place à la lumière, à l'entrée de nature. Et ceci, dans la plus harmonieuse des géométries. Détail menu — mais la perfection ne se lit-elle pas aux moindres choses ? : l'œil-de-bœuf du soubassement est dans l'axe vertical des deux fenêtres de l'édifice. De même, dans l'axe central, sous la balustrade au pied du pseudo-portique, une ouverture rectangulaire ne craint pas de laisser entr'apercevoir quelque nécessité intérieure d'aération, d'éclairage ou autre. En fait cette ouverture, si elle n'était pas, manquerait dans l'harmonie des pleins et des vides : il y aurait un bâti trop dur de muraille lisse sous la colonnaison. L'ensemble y perdrait en légèreté lumineuse.

Cette façade, on l'a remarqué, est en fait la façade d'honneur. Ainsi le Petit Trianon est-il un édifice sans entrée solennelle : il s'agit bien d'un ermitage, non point d'une demeure publique de souverain. Et la façade de représentation est d'intimité. Une intimité qui s'établit dans un rapport direct avec la nature : vue sur le tapis vert, les bassins et le pavillon de la ménagerie, et aussi, ce qui compte tout autant, exposition à l'ouest, c'est-à-dire au soleil d'après-midi, qui est aussi un soleil du couchant.

Cela est si vrai que la façade nord-ouest, ouverte elle aussi sur la nature (le jardin fleuriste), présentera la même définition architecturale. À cette différence près que les colonnes seront remplacées par des pilastres. Ici l'exposition n'exige pas des masses ombreuses, mais une fidélité de plastique décorative comme en rappel ou en demi-touches.

Une critique d'art désormais révolue et à la vérité abusive a pu incriminer Gabriel de n'avoir pas conçu une façade d'entrée au Trianon. C'est méconnaître le génie du genre « ermitage ». C'est aussi ne pas tenir compte de la petite histoire de la bâtisse. Les jardins préexistaient à la construction du Petit Trianon. Ils ont commandé et la place de la bâtisse et son orientation : le parterre français en particulier imposait à Gabriel les axes mêmes de la construction.

Rien donc sur la ville, sur l'entrée, sur le décor public ; mais une intimité grande et spirituelle. Un décor souverain vécu de l'intérieur, avec trois principes maîtres : la personne du souverain ; la nature et le cosmique ; la participation du souverain et de son entourage à la vie du dehors, où il n'y a plus ni les hommes, ni la représentation, mais une jouissance de la nature ou une mise en présence de celle-ci.

Sur un plan des entours de 1770, on peut lire tout ce que compose dans son unité monumentale cette façade occidentale : devant elle, le jardin français qui aboutit à la rotonde du pavillon du jardin français ; au-delà de la rotonde, l'*ever-green*, ou bien, dans un recoin, le Salon frais. À l'écart, derrière des barrières végétales, mais avec des passages bien marqués, la ferme et la ménagerie. Tout un univers clos en somme, avec sa diversité d'intimité, ses écarts, mais sa sûreté spirituelle, affirmée chaque fois que l'on revient vers elle par la façade de Gabriel.

Les éléments de cette vie dans la nature, ou au bord d'elle, sont, au Petit Trianon, les suivants : le quasi plain-pied de l'étage noble avec les jardins, ou du moins des baies rectangulaires étirées en hauteur ; l'ouverture généreuse de l'édifice par la réduction au maximum des murs ; l'utilisation des colonnes pour ombrer la lumière solaire à l'intérieur ; surtout le développement des terrasses, et la démarche des degrés (escaliers). Une analyse d'intentions psychologiques montrerait, me semble-t-il, que le Petit Trianon cherche pour le groupe humain qu'il abrite les agréments de la nature sans en accepter les inconvénients.

Cet « ermitage » n'a rien d'une chaumière. En ce sens surtout qu'entre l'homme et la nature, il y a la pierre, les pierres, les jeux de la pierre.

Comme nous l'avons noté plus haut, à propos des villes patriciennes de l'Italie, l'approche n'est point de la campagne, ni même de la terre, ni encore — pour passer à un niveau presque de Lumières — d'« agriculture », au sens physiocratique du terme. Il y a de la physiocratie dans les entours de Trianon, mais une physiocratie qui se détache à peine de cette réalité complexe qui est proprement une création du XVIIIe siècle et qui s'appelle la Nature. Une nature combien civile, certes, à l'époque du Petit Trianon de Gabriel. Le parc à l'anglaise, où se découvrent les *tempietti* à l'antique ou les jeux du hameau, n'a pas encore triomphé : celui que voit seulement la baronne d'Oberkirch. Cela viendra aux dernières décennies du siècle, avec la jeune reine Marie-Antoinette ; et le parc à l'anglaise n'est pas loin de représenter une hétérodoxie manifeste de goût avec l'architecture même de la demeure. Aussi bien s'en éloigne-t-il. La nature du Petit Trianon de Gabriel, c'est celle du jardin à la française et du jardin botanique, nature disciplinée, voire suggérée, et nature que l'on découvre en ses « curiosités » ; j'ajouterais même pour répondre à la tendance : jardin d'acclimatation, nature « expérimentale ». Dans cette nature, l'homme ne se perd pas ; il ne l'affronte même pas. Mais il regarde ; il se promène. Il regarde souvent aussi sans sortir.

Par les verbes, et donc par les actes, viennent d'être décrits les rapports de l'homme et de la nature tels qu'ils s'expriment dans un « ermitage » comme le Petit

Trianon. La demeure s'ouvre au maximum à la vue sur la nature. On ne saurait trop insister, du point de vue des équilibres psychiques, sur cette exigence de la vue, à tempérer par cette autre : vue à l'abri des intempéries. Si les jardins du Trianon ont commandé à l'implantation et à l'équilibre de la demeure, celle-ci est bâtie pour que l'homme puisse jouir des jardins. À l'extrême rigueur, être jardinier, mais surtout pouvoir s'y promener.

Ce que donne la lecture de cette admirable architecture de pierre, où les terrasses, les escaliers qui descendent au jardin imposent la promenade, mais une promenade qui ne se perd pas dans les lointains, qui conduit par groupes dans une nature sans surprises, aussi délicatement disposée que l'architecture de pierre. Architecture humaine, très humaine, à l'échelle d'une société étroite et raffinée et dans une nature civile, tel l'équilibre artistique et social du Petit Trianon. Nous ne sommes plus dans un décor de fêtes galantes, mais dans celui d'un équilibre souverain, et comme sans problèmes, entre une société élue et son cadre de vie. Il y a, dans le Petit Trianon, une perfection de correspondance entre un milieu social et une vision, ou même une vie du monde. Et cela, par le génie d'un architecte au service de ce milieu social.

La dominante, l'assiette forte du Petit Trianon, est sûrement cet équilibre architectural, plastique, humain. Mais dans sa perfection, des signes où il faut peut-être lire l'épuisement d'un arsenal des formes. Il s'agit essentiellement des formes décoratives. Avec un très grand bonheur, Gabriel, pour ses colonnades, n'a pas utilisé le fronton ; le couronnement de gloire solaire a ainsi disparu ; il le fallait pour le genre « ermitage ». Mais cet ermitage est tout de même demeure royale ; d'où, pour la façade d'honneur qui est aussi façade d'intimité, le jeu repris de l'ordre colossal des quatre colonnes, colonnes approfondies et comme dégagées d'elles-mêmes par les cannelures du fût. Ces colonnes, supportant un entablement délicatement mouluré qu'ombre une corniche fermement dessinée, ont une polyvalence qui en fait un faisceau d'ambiguïtés : apparemment, elles sont portantes; réellement, elles sont décoratives, à peine illusionnistes; fonctionnellement, elles sont modératrices de la pleine lumière, c'est-à-dire colonnes de soleil et d'ombre; symboliquement, elles suggèrent la majesté royale. On pourrait dire avec quelque excès que les plus pures formes du temple grec se trouvent ici employées, pour manifester la présence souveraine en une suggestion néo-classique, mais surtout pour protéger noblement du soleil. Sans doute, dans le temple, la colonne solaire est-elle de soi porteuse d'ombre. Mais ici, la colonne est de plus en plus épurée de tous les arrière-plans mythiques ou sacrés, pour être parfaitement, avec une délicatesse de main extrême, utilisée pour d'autres besoins. Lesquels ?

Soit dit en passant, nous touchons là un point majeur de la vie historique du néo-classicisme. Ou la forme antique est reprise servilement : elle deviendra très vite sans âme; ou bien l'art grec, puisque c'est de lui qu'il s'agit surtout, est un arsenal de formes, où puisent librement les artistes qui s'en inspirent. Ce qui n'a vertu créatrice évidemment que pour de grands artistes. Il ne s'agit pas d'une autre Renaissance, mais d'une recharge passagère de formes au partir des plus anciennes, ressenties comme parfaites. Ceci, en tant que forme, plastique, dessin ou vue, nullement en raison d'une conscience de l'antique. Le néo-classicisme est par beaucoup de côtés un pillage extra-temporel, peut-être pour une « recharge » provisoire dans un épuisement évolutif des formes habituelles. À moins que le néo-classicisme français ne soit peut-être, ce sur quoi je m'expliquerai en concluant sur Gabriel, une épuration d'un art classique de majesté.

À côté de la colonne antique, élément d'un art souverain, la décoration extérieure du Petit Trianon, chapiteaux et médaillons, oves et rais de cœur, les entrelacs des balustrades de l'escalier, tout cela est d'une délicatesse, d'une finesse extrême.

Le comte de Fels a retrouvé une lettre de Lécuyer de la fin 1764 qui donne cette indication : « Le Pavillon du nouveau Trianon est couvert depuis plusieurs jours et le S. Guibert continue à faire travailler à la sculpture des faces qui en est déjà fort avancée. » Or Guibert est le décorateur de l'intérieur. Cela peut être sans doute coïncidence, voire raison d'économie. Il n'en demeure pas moins que le sculpteur des lambris est le décorateur des « faces », comme dit Lécuyer.

Ce qui donne au Petit Trianon son exquisité, mais aussi une touche de fragilité : la face y porte la marque de la délicatesse du dedans. Autant dire qu'elle n'est plus face pour elle-même, mais dépendante de la vie d'intimité pour laquelle le Petit Trianon est fait. Quant à l'artiste, c'est sûrement une virtuosité de plus d'avoir voulu cette correspondance ; quant à la société qui l'inspire et qui a besoin de retrouver dehors ce qui la satisfait dedans, c'est une hantise de décor qui de toute évidence efféminé l'architecture et en menace les valeurs graves.

D'autant plus admirable Gabriel, d'avoir plutôt bien maintenu, sur un arrière-fond d'épure d'une géométrie parfaite, l'équilibre entre la décoration solaire et l'harmonie délicate d'un intérieur féminin.

De cet intérieur, il faut savoir d'abord, que dans son état actuel, il porte surtout la marque de Marie-Antoinette. Mais de Gabriel et de ses collaborateurs dans la décoration, essentiellement Guibert, demeure, d'abord, la disposition d'ensemble. Au rez-de-chaussée, surtout les pièces de service; du côté de l'entrée seulement, une salle de billard. Le premier accueil, dans cet ermitage où il n'y a pas d'« entrée », est par l'escalier. Celui-ci, d'une extrême simplicité, est tout élégance d'élancement en même temps que montée lente, sans fatigue; et ce, dans un certain luxe des lignes et des matières, manifesté par l'admirable rampe, chef-d'œuvre de ferronnerie parisienne. Deux traits du génie de Gabriel s'y expriment : d'une part cette souveraineté de l'architecte, pour qui vision d'ensemble et perfection du détail sont inséparables; de l'autre, sa virtuosité de métier pour mettre l'escalier à sa place, c'est-à-dire lui faire accomplir son service, presque comme s'il n'existait pas. L'escalier du Petit Trianon en effet ne sépare pas les appartements; il y conduit comme de plain-pied, sans gêner la circulation intérieure de l'étage noble. De même, il permet avec aise les allées et venues du service, sans escalier séparé, avec seulement de discrets passages, à peine soulignés, dans le jet continu de la montée. Il s'agit, on en conviendra, d'une fonctionnalisation très supérieure : celle qui accomplit les fonctions sans que les formes abusivement ne l'expriment. Fonctionnalisation non-dite et dans la beauté des formes : pour le choix de celles-ci, il y a Gabriel; il y a toujours le roi. On sait par exemple qu'il s'est fait présenter les dessins de la rampe d'escalier et des balcons qui doivent orner le vestibule.

Le palier de l'escalier s'ouvre sur l'antichambre, d'abord appelée salle des Poêles — entendons pièce d'entrée, puisqu'il y avait seulement des poêles, et non des cheminées. À l'étage noble, étaient disposées la grande salle à manger où l'on entrait de l'antichambre, salle à manger avec l'indispensable table volante, complétée par une pièce d'angle ou petite salle à manger, toutes deux ouvrant sur la façade ouest, celle du jardin français. La petite salle à manger a d'autre part deux fenêtres sur le jardin fleuriste. Lui fait suite, du côté nord-nord-ouest, le grand salon de compagnie ou salon de Jeux, au centre de la façade sur le jardin fleuriste, où l'on se tenait surtout le soir. Vers l'est, on identifie, pas toujours avec une totale sûreté quant à la distribution des pièces, le cabinet du Roi (aujourd'hui la chambre à coucher de Marie-Antoinette), et boudoir ou chambre à coucher. Disposition dont il faut retenir surtout que toute la vie royale se déroulait de plain-pied à l'étage noble, ouvert, pour la vie des après-midi et des soirs, sur les jardins et français et botanique.

L'attique, où montait un escalier voisin de la chambre royale, était divisé en un certain nombre de petites pièces pour invités ou invitées. La distribution semble en avoir été modifiée après Louis XV et les dimensions des pièces prévues par Gabriel, réduites. De même avait été prévu, à l'étage noble cette fois, une « pièce où est le caffé du roi ». Était aussi en projet une bibliothèque botanique : elle paraît n'avoir pas été exécutée, mais devait être installée au rez-de-chaussée, là où sera plus tard le cabinet de toilette de Marie-Antoinette. Dans cette disposition d'ensemble, ainsi rien de souverain ; mais les « commodités » d'une demeure de compagnie, compagnie de quelques-uns, avec une triple exigence, éclairant ce que l'on a besoin de vivre, en cette demeure, comme commodités : la demeure entre soi, avec le minimum de domestiques ; le plain-pied humain et le quasi plain-pied de nature ; un style de noblesse intérieure, empreint surtout dans la montée d'escalier et les proportions de l'étage noble, qui font que la « commodité » n'est nullement bourgeoise.

La décoration, quant à elle, est l'expression essentielle du style. On a pu remarquer que dans l'art de Gabriel décorateur, le Petit Trianon marquait une étape. Il faut parler, en effet, de Gabriel décorateur : le comte de Fels a heureusement souligné combien cet aspect importait dans la création artistique de Gabriel ; l'homme est trop maître d'œuvre au sens entier, pour que tout l'ensemble ne porte pas sa marque. Même si, comme c'est le cas, au Petit Trianon, la décoration intérieure est surtout l'œuvre de Guibert. Raisons de fonction (il est premier architecte), raisons de maîtrise et de tempérament, raisons d'argent aussi (Gabriel est toujours plus ou moins entrepreneur), raisons de service souverain, voire courtisan, Gabriel est partout, et la décoration intérieure porte sa marque.

Au Petit Trianon, résolument, la décoration cherche une extrême simplicité, celle de l'épure géométrique, géométrie surtout du rectangle. Toute ondulation rocaille disparaît ; le décor intérieur est de lignes droites. Manifestement la sensibilité n'a plus besoin de se perdre dans le mouvement des lignes. Elle tient à d'autres équilibres. L'architecture, comme on pouvait le penser, a-t-elle repris ses droits, en ce sens que le décor, très sobre, lui est soumis ? Je dirais plus volontiers que le décor se soumet, quasiment de son plein gré, à la forme pure des pièces.

Un premier équilibre est là : savoir où l'on est, sans aucune illusion envoûtante. Ce serait presque prosaïque, si ce n'était dit avec esprit. L'esprit, il est l'indéfinissable du plus parfait des équilibres. Et si l'on n'analyse pas l'esprit (on le sent), du moins doit-on dégager quelques-unes des composantes de cette atmosphère spirituelle. Sur l'exemple du Petit Trianon, trois éléments paraissent s'imposer :

— D'abord le choix d'un décor floral, suggestion de nature. Décor tout simple, écrit dans des motifs harmonieux et qui peuvent être repris sans redites, puisqu'ils évoquent dedans ce qui est dehors. Presque toute la décoration est faite de guirlandes de fleurs et de pyramides de fruits ; çà et là, à peine quelques motifs d'architecture, quelques attributs de musique, de jardinage ou de fêtes. Manifestement l'esprit est dans la correspondance de ces motifs stylisés avec la nature, dehors. Évocation discrète, qui permet de s'évader, mais qui aussi confirme là où l'on est, c'est-à-dire fait qu'on y est bien. D'autant plus que tout ce déroulement décoratif est extrêmement sobre, gai, juste ce qu'il faut monotone, et surtout délicat, c'est-à-dire soumis.

— Les couleurs, en deuxième lieu. Tout est traité en clair. Rien qui appuie, arrête ou oppresse ; mais une recherche d'atmosphère à la fois transparente et vibrante d'une certaine couleur. On parle volontiers du vert Trianon ; c'est, dans la demeure, une couleur dominante. Si la palette louis-philipparde a recouvert d'un badigeon grisâtre les peintures du salon de compagnie, on sait que celui-ci était peint d'un vert très doux, sur lequel vibraient les fleurs blanches et les ors très discrets des sculptures.

Vert doux, fondu ; des taches blanches, rythmées ; des continuités d'or patiné, la palette est admirable. Surtout si on l'éclaire de la lumière du dehors. Lumière du dehors à la fois directe et indirecte : directe, celle qui entre par les grandes ouvertures taillées verticalement ; indirecte, soit par le reflet des balustres des terrasses, soit par le contrepoint d'ombre ou de lumières des colonnes de la façade ouest.

De la palette d'harmonie de Gabriel, j'ai parlé à différentes reprises. On peut la retrouver dans ces lignes où Bruzen de La Martinière décrivait, à la mi-siècle, les appartements de Versailles dont beaucoup avaient été déjà remaniés par Gabriel ou étaient en train de l'être : « Tout le reste des lambris est peint de diverses couleurs tendres, appliquées avec un vernis particulier fait exprès, qui se polit et se rend brillant par le mélange de huit ou dix couches les unes sur les autres. » L'on aura reconnu le célèbre vernis Martin. Retenons la tendresse des couleurs, c'est-à-dire le fondu, qui cherche le grain spirituel, à la fois coloré, vibrant et uniforme. Il y a une tendresse molle, affadissante ; il y a une tendresse de lumière, qui transforme et élève. C'est celle de la palette de Gabriel.

À quoi il faut ajouter les meubles. D'après les comptes du garde-meuble, Pierre Verlet les reconstitue. Pour les salles à manger de l'étage noble et le salon des Jeux, ce sont des meubles de damas, peints en blanc. Damas, bois et ces blancheurs mobiles animent, approfondissent la vie de cette atmosphère colorée incomparable, où les ors, les verreries et les tournoiements de lignes comptent moins qu'une subtilité de lumière imprégnante, douce, quasi immobile. Les glaces, pour être encore importantes, ne s'agitent plus : je veux dire qu'il n'y a pas de recherche d'effets lumineux. L'artifice humain disparaît ; il n'y a plus qu'une maîtrise d'harmonie.

— Enfin, les rapports de l'intérieur avec l'extérieur, essentiellement l'ouverture sur la lumière naturelle.

Cet ermitage, demeure d'où l'on approche de la nature sans plus trop en vivre l'effusion, semble ouvert au maximum pour recevoir la lumière du ciel. Ce sont les deux expositions au sud et à l'ouest qui sont les plus exploitées. Si l'on examine le plan de l'étage noble[1], on peut constater que quasi toutes les pièces ont trois ouvertures, qu'elles sont axées sur ces ouvertures. Toute la décoration intérieure semble ainsi fonction de cette lumière naturelle. Épurée, calme, tranquille, claire, oui, on l'a dit et redit, la décoration du Petit Trianon ; mais surtout conçue pour être éclairée du dehors.

L'esprit, il est sans doute dans cette décoration volontairement simple, équilibrée, presque passive pour

1. Utile schéma dans le *Versailles* de Pierre Verlet, p. 740.

recevoir la grâce active de la lumière, du soleil ou du ciel. Que cela soit inscrit dans la volonté du maître d'œuvre est évident dans la sobriété toute géométrique de ces ouvertures, qui découpent vers l'intérieur, dans une montée verticale qui semble prendre toute la mesure du ciel, une présence du dehors. On notera d'ailleurs que cela vaut pour l'étage noble, c'est-à-dire pour les pièces d'une vie de société choisie. L'intimité se réfugie dans l'attique aux plafonds bas.

L'esprit du Petit Trianon est ainsi parfaitement éclairé : demeure, autour du souverain, d'une société exigeante et raffinée, qui a besoin d'une certaine présence de la nature, d'une nature à la fois cosmique et domptée, mais qui ne peut pas se déprendre de ses cadres habituels de vie de société. Parlant le langage d'aujourd'hui, l'on peut dire, sans anachronisme abusif, que dans la conception et la vie du Petit Trianon, le social l'emporte sur la nature.

De ce social, les images mentales les plus explicites sont les peintures. Elles se firent, nous le savons, longtemps attendre. Voici, d'après les registres des commandes, ce qui décorait le Petit Trianon : en dessus de porte surtout, des mythologies, des amours, et pour le Salon que l'on appelait aussi « Grand Cabinet fleuriste », en dessus de porte toujours, Lépicié et Jollain ont peint *Adonis en anémone*, *Narcisse en narcisse*, *Clitie en tournesol*, *Hyacinthe changée en la fleur du même nom*. Ajoutons, pour la Grande Salle à manger, un lot d'allégories représentant la *Pêche*, la *Chasse*, la *Moisson* et la *Vendange*.

Il eût certes manqué quelque chose à notre analyse du Petit Trianon si nous n'avions pas évoqué ce monde d'images si caractéristique. On pourrait l'expliquer en détail, pour mettre en évidence combien l'approche de la nature, si manifeste en l'ermitage du Petit Trianon, se fait en quelque sorte à rebours. Nous n'en sommes même pas aux natures mortes; allégories et mythologies commandent. Elles seules sont nobles — patrimoine traditionnel, où la plus lointaine histoire ou légende demeure seule évocable en image de société, et non pas la fleur du jardin tout proche.

« Le Petit Trianon est le chef-d'œuvre du siècle », écrit Pierre Verlet, qui cite Pierre de Nolhac : « On n'a jamais réussi de ligne plus pure. Dans la fine demeure de pierre française que garde ce site privilégié du domaine de nos rois, semble renaître quelque image de la perfection hellénique. » Avec Pierre Verlet et tout un chacun, je pense que le Petit Trianon est le chef-d'œuvre du siècle mais j'estime qu'il nous faut abandonner le poncif de la renaissance grecque. La « perfection hellénique » n'a rien à faire avec ce qui est l'aboutissement de traditions autochtones en l'art de bâtir, le génie de Gabriel, premier architecte du roi, et tout autant les besoins d'une aristocratie souveraine où le noble est en train de spiritualiser tout ensemble le royal. Que des marques « néo-classiques », un outillage de formes apparaissent ici et là dans le Petit Trianon, correspondant au retour à l'antique, c'est incontestable. Mais rien de grec n'a à renaître pour ce qui est une maison de plaisance de souverain, à l'écart du palais royal. Là-dessus, aucun modèle. L'art grec retransmis est un art sacré ; ici, presque nulle sacralité. La seule, qu'il serait brillant d'analyser, est que le Petit Trianon a la perfection d'une demeure de « société des Lumières ». De cette perfection, ce que l'on relève le plus communément c'est le fini, l'achèvement du détail ; c'est aussi la pureté du goût, la mesure. Il faut, me semble-t-il, insister tout particulièrement sur cette valeur de mesure, et la faire éclater en sa véritable réalité, celle de proportions harmonieuses dans une épure géométrique parfaitement équilibrée. Mesure, proportions, équilibre, cela dit harmonie à l'échelle humaine.

Il est possible qu'il y ait, dans le Petit Trianon, un « nombre d'or » retrouvé. Du moins l'impression envoûtante, qui se dégage de la demeure, est-elle celle d'une finalité humaine constante, pour les besoins d'une société d'élection. Dans cette finalité, la perfection devient exquisite.

Mesure et société, ce sont les deux temps maîtres d'une analyse plastique et psycho-sociale du Petit Trianon. Commandant le déroulement de cette analyse, je crois l'avoir assez montré, la correspondance achevée entre le dehors et le dedans, aveu de la recherche par une étroite société de lumières autour du souverain sinon d'une vie dans la nature, du moins d'une approche de la nature, nature cosmique, nature végétale, et juste ce qu'il faut nature animale pour pouvoir jouer aux jeux des champs. Toute perfection, même d'une œuvre plastique, a valeur d'accomplissement. Cet accomplissement se situe dans l'histoire d'une société donnée.

Trois évidences sociologiques me paraissent s'imposer dans la manifestation historique de l'œuvre parfaite du Petit Trianon. D'une part la présence souveraine s'y dissout dans un milieu d'aristocratie raffinée. Bien des choses viennent finir ou triompher dans le monument du Petit Trianon. Y finissent à coup sûr la majesté solaire, la différenciation sacrale du souverain, même si dans l'ameublement des pièces une chaise ou un fauteuil plus haut était réservé au roi. Y finit aussi la cour : le souverain en tant qu'homme y devient libre d'elle. Y triomphe, dans une définition spirituelle — il y a de l'esprit jusque dans les jeux —, une société noble, depuis longtemps contrainte par la monarchie et qui, dans la mesure où elle s'élève jusqu'à devenir aristocratie, confond, sinon la monarchie, du moins le monarque dans sa vie de société. Le monarque redevient presque l'un entre ses pairs. Et ce sont les lointains descendants des bergers de l'Astrée qui entraînent le souverain dans leur monde imaginaire.

D'autre part, cette société aristocratique et secrète qui triomphe à Trianon exprime un art de vivre raffiné, équilibré, où elle se libère des formes nobles traditionnelles, du monde des recherches rocailles, pour exprimer un ordre de valeurs neuves, qui est celui d'une société de Lumières. Et cette société est en principe et d'intentions sans classe, du moment que noblesse traditionnelle, monde de la finance, monde de la robe et haute bourgeoisie d'argent y participent. Non pas certes dans le petit monde étroit qui entoure le souverain au Petit Trianon. Mais besoin d'intimité, attrait de la nature, simplicité noble du décor, recherche équilibrée de l'utile et de l'agréable, définition de la vie de société par l'architecture dans ses rapports avec la terre et le ciel, ce sont autant de tendances d'un « medium » spirituel — création purement humaine et sociale —, qui est celui d'une société de Lumières où les ordres se trouvent confondus, dans une différenciation souveraine avec ce qui bientôt va s'appeler le peuple.

Ainsi s'établit tout un art de vivre de société supérieure, dans un cadre réel et irréel tout ensemble, qui n'est ni la Cour, ni la ville et pas davantage, la campagne. Dira-t-on que c'est l'ermitage ? Au Petit Trianon s'est manifesté, dans une exquisité souveraine, et qui donc devait avec la monarchie disparaître, l'exemple le plus parfait d'une image de style. De quoi vivront, dans les nostalgies du Louis XV et du Louis XVI, un bon siècle et demi au moins de classes dirigeantes françaises dans leur idéal, souvent inaccessible mais rêvé, de la demeure aux champs. On ne refait pas Versailles, mais l'on peut songer au Petit Trianon comme à une demeure souveraine, à portée d'homme, dans l'équilibre d'une rencontre entre la vie de société et une certaine nature, cette nature qui attire mais avec laquelle tout un monde d'esprit et plus tard de richesse ne peut encore que jouer.

Cette société de Lumières enfin est à dominante féminine. Ne disons pas quelque peu abusivement que la majesté royale s'embourgeoise ; il me paraît plus exact de dire que la femme devient maîtresse du décor de la vie. Ce milieu plastique, sans marques abusives de majesté ni de classe, qui me paraît s'exprimer avec tant de sûreté souveraine au Petit Trianon, n'est tel, dans son élévation non différenciée, que par la présence, le règne, le désir ou le bon plaisir de la femme D'une élite de femmes certes où bourgeoises et aristocrates se rencontrent, et qui est devenue assez puissante pour imposer, même au décor de la vie souveraine, ses besoins, son esprit, son style.

C'est l'incontestable aveu d'une conquête de la femme que cette emprise sur le décor de la vie, après avoir marqué au XVIIe siècle l'essor de la littérature classique. Au Petit Trianon, la domination est parfaite, comme parfaite l'œuvre, et ceci, dans l'approfondissement d'un besoin d'intimité, où la femme est maîtresse. L'équilibre subtil et achevé du Petit Trianon est sans doute dans l'expression de ce besoin d'intimité, mais aussi dans la présence de la nature. Ainsi le sent, dans son évocation des « plaisirs de Trianon » autour de Marie-Antoinette tout juste quelques années après Gabriel, Pierre de Nolhac poète : « De ces liaisons familières naissent sans doute, écrit-il, pour la jeune reine, les vrais plaisirs de sa maison de campagne, ceux qu'on goûte aux confidences, aux devis de sentiment, aux promenades sans fin parmi les allées tournantes du jardin nouveau. On se réunit dans des salons ouvrant de plain-pied sur les terrasses, qui sont des pièces agréables à habiter, ni trop vastes, ni trop ornées et où tout invite à oublier les grandeurs royales. » Avec la nature, voilà l'équilibre, c'est une fiction d'hommes qui est faite décor d'intimité.

Que tout l'accomplissement du Petit Trianon soit dans cet équilibre entre intimité et nature, on peut s'en rendre compte dans les débordements pré-romantiques de la jeune reine autrichienne, à la fois conquise par la « maison de plaisance » mais trop volontaire et d'un autre monde aussi, pour n'avoir pas besoin de faire éclater ce que les définisseurs du Petit Trianon en avaient fait. Dans ce que la rumeur populaire, alarmée des dépenses plus ou moins bien connues de la jeune souveraine, appellera très vite le « Petit Vienne », l'équilibre entre la demeure et la nature sera très vite rompu.

Sans l'analyser autrement, donnons ici deux témoignages, éclairants d'une quête, et de ce qui va être le Petit Trianon transformé, avec l'harmonie de Gabriel atteinte. D'une part, ce jugement outrancier et à sa façon « révolutionnaire » du vicomte d'Ermenonville : « Le Nôtre a massacré la nature ; il a inventé l'art de s'entourer à grands frais d'une enceinte d'ennui. » C'est tout le jardin français éclaté. Et voici d'autre part les réactions étonnées d'un homme de goût, le duc de Croÿ que nous avons vu dessiner « fabrique » avec le roi et avec Gabriel. À la date du 21 avril 1780, en son journal, il note :

> [...] J'allai ensuite [...] au Petit Trianon, cédé alors à la Reine. Je n'y avais pas été depuis l'avant-veille de la mort du Roi, où j'en avais été prendre congé, le cœur si gros. Richard et son fils [ce sont les célèbres jardiniers-botanistes du Petit Trianon] me menèrent, et je crus être fou, ou rêver, de trouver à la place de la grande serre chaude, qui était la plus savante et chère de l'Europe, des montagnes assez hautes, un grand rocher et une rivière. Jamais deux arpents de terre n'ont tant changé de forme, ni coûté tant d'argent ! La Reine y faisait finir un grand jardin anglais du plus

grand genre et ayant de grandes beautés, quoiqu'il me paraissait choquant qu'on y mêlât ensemble tout le ton grec avec le ton chinois. À cela près, la grande montagne des fontaines, le superbe palais de l'Amour en rotonde, de la plus riche architecture grecque, et des parties de gazon sont au mieux. Les ponts, les rochers et quelques parties me parurent manquer. C'était un genre mêlé auquel les amateurs de jardins anglais auront peine à se prêter.

Sur pareil texte, au demeurant nuancé, nous pouvons sans doute quitter le Trianon de Gabriel. En vérité ces fantaisies d'un jour, même si elles ont duré une décennie, ont pris leur place d'histoire, inquiète, mélancolique ou gracile, auprès de l'œuvre d'Ange-Jacques Gabriel, qui, contre toutes révolutions, demeure, marquée d'éternité.

INDEX

ABBADIE, Jacques : 186.
ADAM, Robert : 318.
ADÉLAÏDE, Madame — de France : 344.
AGUESSEAU, Henri François d' : 204.
ALEMBERT, Jean Le Rond d' : 152, 153, 155, 156, 195, 204.
ANTIN, Louis Antoine de Pardaillan de Gondrin, duc d' : 334.
ARGENSON, René Louis, marquis d' : 335.
ARGENTEAU, Mercy : 399.
ARISTOTE : 38.
ARMENGAUD, André : 56.
AROUET, famille : 141, 142.
Arts : 10, 42, 70, 106, 108, 109, 111-115, 278-420.
ARTOIS, comte d'—, futur Charles X : 398.
AUDRA, abbé : 219.
AUDRAN, Claude III : 294, 295, 302.
AYEN, duc d' : 246.

BACON, Francis, baron Verulam : 193.
BADE, margrave de : 21.
BAILLY, Jean Sylvain : 237, 246.
BALLANCHE, Pierre Simon : 131.
BARRY, Jeanne Bécu, comtesse du : 320, 384, 392, 397.
BAUDON, fermier général : 234.
BAYLE, Pierre : 107, 145, 148, 190, 212, 219.
BEAUMARCHAIS, Pierre Augustin Caron de : 104, 108.
BEGON, famille : 97.
BÉNARD, comédien : 89.
BÉNICHOU, Pierre : VIII, IX.
BERAIN, Jean : 294, 295.
BERGASSE, Nicolas : 128, 129, 131.
BERGERET, Jacques-Onésyme : 40, 58.
BERNIN, Gian Lorenzo Bernini, dit le : 282.

BERRY, duchesse de : 340.
BERTHOLLET, Claude, comte : 44, 246, 270.
BERTHOLON, abbé : 102.
BERTIN, Henri-Léonard : 58, 241.
BIEN, David D. : 214, 218-220, 221-223, 228.
BIOT, Jean-Baptiste : 275.
BLACK, Joseph : 264-265, 269.
BLANCHARD, Jean-Pierre : 44.
BLOCH, Marc : 9.
BLONDEL, Jean-François : 285, 286, 309, 386, 387.
BOEHME, Jacob : 124, 126.
BOFFRAND, Germain : 296, 305, 309.
BOISSIEU, Jean-Jacques de : 108-109.
BOLINGBROKE, Henri Saint John, vicomte : 144, 149, 170, 187, 188, 191.
BONALD, Louis-Ambroise de : 125.
BORDA, Charles de : 270.
BOSSUET, Jacques Bénigne : 169.
BOSWELL, James : 161, 162.
BOTTINEAU, Yves : 330, 332, 342, 368.
BOUCHER, François : 40, 331, 373, 377.
BOULAINVILLIERS, Henri, comte de : 23, 24, 138, 140, 148.
BOULLOGNE FABRE, trésorier : 58.
BOULOGNE, contrôleur général : 58.

BOULOISEAU, Marc : 66, 68.
BOURBON, duchesse de : 129.
BOURGOGNE, duchesse de : 296.
BRICE, Germain : 287, 299.
BRISSON, inspecteur des manufactures : 94.
BRUNSWICK, Ferdinand de : 121, 193.
BUFFON, Georges Louis Leclerc, comte de : 43, 174.
BUONAROTTI, Philippe : 208.
BURCKHARDT, Jacob : 284.
BURLINGTON, Richard Boyle, comte de : 317.

CAGLIOSTRO, Giuseppe Balsamo, dit Alexandre, comte de : 126.
CALAS, Jean et Marc-Antoine : 21, 153-156, 203, 214-225, 226-229.
CALMET, Dom Augustin : 148.
CALONNE, Charles Alexandre de : 17, 249.
CALVIN, Jean : 197.
CAMPBELL, Colen : 317.
CARRA, Jean-Louis : 237.
CASSINI, Jacques Dominique : 237.
CASTELLAS, Jean de : 128.
CATHERINE II DE RUSSIE : 16, 21, 157, 163, 176.
CATHERINE DE MÉDICIS : 145.
CATON L'ANCIEN et CATON D'UTIQUE : 193.
CAVENDISH, Henry : 267, 268.
CAYLUS, Anne Claude de Turbières, comte de : 317.

CHAMBERS, Sir William : 318.
CHAMPAIGNE, Philippe de : 369.
CHAPTAL, Jean : 270.
CHÂTEAUNEUF, abbé de : 142.
CHÂTEAUROUX, Marie Anne de Mailly-Nesle, duchesse de : 393.
CHÂTELET, Émilie Le Tonnelier de Breteuil, marquise de : 147, 148, 149, 150, 174, 188.
CHAULIEU, Guillaume Amfrye, abbé de : 144.
CHAULNES, duc de : 246.
CHOISEUL, Étienne François, duc de : 224, 395.
CHOISEUL, Louise Honorine Crozat, Madame de : 155.
CHRISTIAN VII, roi de Danemark : 21, 341.
CHUBB, Thomas : 188, 189.
CLAIRAUT, Alexis : 50.
CLARKE, Dr Samuel : 149.
CLÉMENT, Jacques : 145.
CLÉRISSEAU, Charles Louis : 318.
COCHIN, Charles Nicolas. 303, 304, 311, 317, 391.
COFFINHAL, Pierre-André : 231.
COLBERT, Jean-Baptiste : 288, 388.
COLLINS, Antoine : 138, 187, 188, 189, 191, 192.
COLLOT d'HERBOIS, Jean-Marie : 108.
CONDORCET, Marie Jean Antoine Caritat, marquis de : III, 16, 237, 243, 245, 246.
CORNEILLE, Pierre : 108, 162.
COTTE, Robert de : 297, 325.
COUDERC, Guillaume : 97.
COUNCLER OU KUNKLER, famille : 97.
COURTOIS, Isaac : 219.
COYPEL, Charles : 303.
CRÉQUI, Charles III de Blanchefort, duc de : 386.
CROŸ, Emmanuel, duc de : 334, 396, 419.

DAMILAVILLE, Etienne Noël : 155.
DAN, Père : 371.
DARMSTADT, princesse de : 21.
DAUMAS, Maurice : 240, 264, 266, 270, 271.
DEFFAND, Marie, marquise du : 155, 195.
DELESSERT, Étienne : 99.
DENIS, Louise Mignot, Madame : 140, 162, 164.
DESBRIÈRES, famille de banquiers : 58.
DIDEROT, Denis : 16, 31, 137, 156, 159, 178, 205, 239, 240.
DUPONT DE NEMOURS, Pierre Samuel : 208, 245, 246, 251.

Économie : 34, 35, 72-74, 89, 91, 93, 94, 97-99, 102, 103, 105, 112, 222, 246, 248, 249, 251-255.
Encyclopédisme : 15, 16, 29,

32, 42, 107, 137, 152, 156, 157, 159, 204, 206, 240, 245, 246, 258, 276.
Ermenonville, vicomte d' : 419.
Europe : 20-22, 38, 44, 45, 90, 94, 96, 97, 100, 106, 108, 116-118, 121, 127, 187, 191, 203, 241, 246-248, 255, 259, 262-270, 274, 278, 279, 282, 284, 285, 287, 317, 318, 341, 419.

Fabre d'Églantine, Philippe Fabre, dit : 108.
Faguet, Émile : 118.
Falkenstein, comte de (pseudonyme de Joseph II) : 105.
Fels, comte de : 320, 324, 346, 347, 370, 389, 408, 411.
Fénelon, François de Salignac de la Mothe- : 143.
Fleury, André Hercule, cardinal de : 141.
Fourcroy, Antoine François, comte de : 254, 270.
François Ier : 333, 371.
Franklin, Benjamin : 102, 127, 257, 259.
Frédéric II de Prusse : 16, 151, 152, 158, 181, 201, 203.

Gabriel, Ange-Jacques : X, 315-320, 323-378, 381-385, 388-394, 395-413, 415, 418-420.
Gabriel Jacques : 324.
Gabriel, Jacques IV : 324, 325.
Gabriel, Jacques V : 110, 324-335.
Galaizière, Chaumont de la : 234.
Galvani, Luigi : 44.
Gauthey, Dom : 53.
Gillot, Claude : 302.
Girardin, René Louis, marquis de : 119.
Goncourt, frères : 316.
Gordon, Lord George : 187, 191.
Grégoire, « citoyen » : 224.
Grenier, frères : 226.
Grétry, André Modeste : 108.
Greuze, Jean-Baptiste : 108.
Gribeauval, Jean-Baptiste Vaquette de : 41.
Grimm, Melchior, baron de : 98, 321, 353.
Grimod de la Reynière, Alexandre Balthasar Laurent : 58, 96.
Groethuysen, Bernard : 31.
Guettard, Jean Étienne : 240, 241.
Guibert, S. : 408, 411.
Guyton de Morveau, Louis Bernard : 270.

Halde, Père du : 148.
Hales, Stephen : 264.
Halley, Edmond : 50.
Harenc de Presle : 58.
Hautecœur, Louis : 338, 363, 385, 389, 401.
Haüy, Valentin · 208.

HAZARD, Paul : 20.
HEGEL, Georg Wilhelm Friedrich : 27.
HELVÉTIUS, Claude Adrien : 154, 155.
HENRI IV : 75.
HERBERT, Lord — de Cherbury : 187, 191.
HERSCHEL, Sir William : 43, 44.
HESSE, Charles de : 119, 121.
HESSE, landgrave de : 21.
HOBBES, Thomas : 187.
HOLBACH, Paul Henri Tiry, baron d' : 159, 160, 167.
HUGO, Victor : 282.
HUME, David : VII.
HYSLOP, Beatrice : 61, 67, 70.

JAURÈS, Jean : 230.
JÉSUS-CHRIST : 122, 124, 125, 152, 158, 166, 167, 168, 188, 191, 196-199, 210.
JOLLAIN, Pierre : 414.
JOSEPH II, empereur germanique : 105.
JOUFFROY D'ABBANS, Claude François, marquis de : 43.
JUSSIEU, Antoine Laurent de : 43, 237, 394.
JUSSIEU, Bernard de : 239.

KIMBALL, Fiske : 278, 279, 282, 287, 291, 296, 298, 306, 315-317, 319, 321.
KIRWAN, Richard : 246.
KRÜDENER, Barbara Juliane von Vietinghof, baronne de : 129.

LA BARRE, Jean François Le Fevbre, chevalier de : 157, 203.
LA BOISSIÈRE, trésorier : 58.
LABROUSSE, Ernest : 59.
LACROIX, Abbé : 106.
LA FAYETTE, Marie Joseph Gilbert Motier, marquis de : 246.
LAGRANGE, Louis, comte de : 44, 51, 246.
LAKANAL, Joseph : 244.
LALANDE, Joseph Jérôme Lefrançois de : 243.
LALLIÉ, J.-F. : 94.
LAMARCK, Jean-Baptiste de Monet, chevalier de : 43, 129.
LA MARTINIÈRE, Antoine Augustin Bruzen de : 379, 396, 412.
LANCRET, Nicolas : 331.
LANFRANC, Giovanni di Stefano Lanfranco, dit : 379.
LAPLACE, Pierre Simon, marquis de : 49, 50, 246, 266, 268, 270.
LA ROCHEFOUCAULT-LIANCOURT, François, duc de : 60, 246.
LA SALLE, Philippe de : 99.
LAULAN, Robert : 351.
LAVATER, Johann Kaspar : 126, 129.
LAVOISIER, Antoine de : 232.
LAVOISIER, Antoine-Laurent de : IX, 10, 43, 44, 59, 231-277.
LAVOISIER, Jean-Antoine de : 232, 234, 235.

LEBLANC, abbé : 307, 308, 317.
LE BRUN, Charles : 294, 385.
LECOUVREUR, Adrienne : 164.
LÉCUYER : 408.
LEFEBVRE, Georges : 24.
LEMERCIER, Jacques : 365.
LENORMANT DE TOURNEHEM : 307, 316, 317.
LE NÔTRE, André : 398, 419.
LEPAUTRE, Antoine : 287.
LEPAUTRE, Pierre : 292-294, 296, 297.
LÉPICIÉ, Nicolas Bernard : 414.
LE RICHE DE LA POPELINIÈRE, Alexandre-Joseph : 58.
LE ROUGE : 359.
LEROUX, Jean-Baptiste : 310, 314.
LEROY, Julien David : 320.
LESZCZYNSKI, Stanislas : 393.
LE VAU, Louis : 288, 363.
Littérature : 22, 28, 64, 65, 70, 88, 105-108, 131, 132, 137, 138, 140, 142, 146-148, 152, 155-157, 166, 168, 171, 177, 178, 186, 187, 190, 191, 212, 245, 282.
LOCKE, John : 144, 149, 187, 190, 191, 193.
LOMÉNIE DE BRIENNE, Étienne de : 17, 24, 27, 220.
LORIOT, Antoine Joseph : 395.
LOUIS XII : 75.
LOUIS XIII : 369, 386.
LOUIS XIV : V, X, 314, 332, 385, 386, 388, 396.
LOUIS XV : 323, 330, 331, 333, 334, 336, 338, 340, 346, 352, 376, 378, 382, 384, 393-397, 410.
LOUIS XVI : 75, 116, 345, 385, 397.
LÜTHY, Herbert : 96-98.
LUYNES, Charles, duc de : 285, 332, 338, 350, 367, 369, 380, 393.
LUYNES, duchesse de : 376.

MADELIN, Louis : 207.
MAGNEVAL : 127.
MAILLY, Louise Julie, comtesse de : 180.
MAINTENON, Françoise d'Aubigné, marquise de : 293.
MAISTRE, Joseph de : 119, 121-123, 125.
MALEBRANCHE, Nicolas de : 145.
MALLET, famille : 97.
MANSART, François : 325, 326.
MANSART, Jules Hardouin- : 292, 294, 297, 325, 326, 335, 361, 365, 387, 392, 393.
MARAT, Jean-Paul : 244.
MARIE, grande-duchesse : 398.
MARIE-ANTOINETTE, reine de France : 345, 397, 405, 408, 410, 418.
MARIE-THÉRÈSE, impératrice d'Autriche : 397, 399

Marigny : voir Vandières.
Marmontel, Jean-François : 155.
Martin Pascual ou Martinès de Pasqually : 118, 119, 121, 123.
Marx, Karl : VII, 47, 52.
Masham, Abigail Hill, lady : 193.
Mayenne, Charles de Lorraine, duc de : 145.
Mazarin, Jules : 233.
Meissonnier, Jules-Aurèle : 303, 307.
Meslier, curé Jean : 181, 194.
Mesmer, Franz Anton : 127-129.
Meulan, receveur général : 58.
Meusnier, Jean-Baptiste : 269.
Mignot, abbé : 164.
Mirabeau, Victor Riqueti, marquis de : 56, 57, 60, 129.
Monge, Gaspard : 43, 44, 246, 268-269, 270.
Montesquieu, Charles de Secondat, baron de La Brède et de : 23, 24, 27, 28, 92, 138, 215, 241.
Montgolfier, Joseph : 106, 127.
Montpensier, Anne Marie-Louise d'Orléans, duchesse de : 325, 339.
Morand, architecte : 92, 110.
Moranzel, financier : 375, 377.

Moras, Peyrenc de : 327.
Moreau de Séchelles, contrôleur général : 58.
Morellet, André : 155.
Moreri, Louis : 107.
Mornet, Daniel : 29.
Mounier, Jean-Joseph : 129.

Nassau-Sarrebruck, princesse de : 21.
Natoire, Charles : 305.
Necker, Jacques : 17.
Necker, Madame : 245, 246.
Newton, Isaac : 149, 180, 191.
Nolhac, Pierre de : 379, 380, 392, 415, 418.

Ober, Dr (pseudonyme) : 191.
Oberkirch, baronne d' : 398, 399, 405.
Oppenordt, Gilles Marie : 283, 296-298, 301.
Orléans, Philippe, duc d' : 297, 298.

Pagès, Georges : 255.
Palissot de Montenoy, Charles : 155.
Palladio, Andrea di Pietro, dit : 113.
Paracelse, Theophrastus Bombastus von Hofenheim, dit : 127.
Pâris de Montmartel, Jean Pâris, dit : 58.
Pâris-Duverney, Joseph Pâris, dit : 352-359.
Paul Ier de Russie : 259.

PAULZE, Jacques : 235, 238.
PAULZE, Madame : 245.
PAULZE, Marie-Anne : 235, 238, 245, 246, 259.
PENTHIÈVRE, Louis de Bourbon, duc de : 341.
PÉRICHON, trésorier : 58.
PERRACHE, Antoine Michel : 92, 101, 109, 113.
PERRAULT, Charles : 388.
PEYRE, Henri : 28.
PEYROTTE, Sr : 376, 377.
Philosophie : 11, 12, 14-17, 19, 20, 29, 31, 43, 46, 55, 70, 86, 101, 132, 139, 140, 144-146, 149, 150, 152, 155, 157, 160-162, 166, 168, 169, 170-183, 188, 189, 193-200, 205, 209, 210, 228, 245, 257, 274, 277.
Maîtrise du monde : 41, 45, 45, 53-56, 130, 133, 134.
Rationalisme : 30-32, 39, 53, 71, 145, 198, 207, 227.
Nature : 31, 42, 50, 51, 175, 198, 199, 210, 403-406, 414-419.
PILLEMENT, Jean : 108.
PINEAU, Nicolas : 304, 310, 311, 314, 315.
PIRANÈSE, Giovanni Battista Piranesi, dit : 318.
Politique : 10, 16, 26-29, 35-37, 39, 48, 51, 61-64, 77-82, 85, 87, 101, 129, 141, 153, 163, 164, 202, 203, 206-209, 213, 221, 222, 224, 225, 231, 234-238, 243, 244, 246, 248-251, 253-258.
Liberté : 23, 24, 30, 66, 69, 70, 73, 84, 120, 256, 315.
Égalité : 23, 24, 25, 27, 30, 66, 70-72, 79, 80, 83, 86, 315.
Monarchie : 25, 67, 69, 73-78, 90, 129, 131, 163, 234, 236, 242, 244-246, 255, 257, 258, 323, 333-420.
Nation : 37, 75-80, 85, 230, 252, 256, 267.
POMEAU, René : VII, 10, 22, 137, 139, 141, 143, 144, 146-148, 150, 151, 153, 154, 159, 160, 161, 166, 167, 170, 176, 178, 183, 184, 201, 208.
POMPADOUR, Jeanne Antoinette Poisson, marquise de : 112, 282, 283, 310, 316, 317, 320, 334-338, 340, 341, 343, 347-349, 351-353, 384, 393-397.
POMPIGNAN, Jean-Jacques Lefranc, marquis de : 183.
PORÉE, Père : 143.
POUSSIN, Nicolas : 379.
PRIESTLEY, Joseph : 43, 260, 264-265, 268, 272.
PRIMATICE, Francesco Primaticcio, dit le : 332.
PRIOURET, Roger : 118.
Progrès technique : 33, 34, 38, 40, 41-49, 53, 99, 100, 128.

Index

QUATREMÈRE, Antoine Chrysostome : 237.
QUESNAY, François : 247, 252.
QUESNEL, Pasquier : 142.

RACAN, Honorat de Bueil, seigneur de : 324.
RACINE, Jean : 108.
RACINE, Louis : 165.
RALEIGH, chevalier : 191.
RAMSAY, Michel de : 117, 200, 201.
RANDON DE BOISSET, receveur général : 58.
RAPHAËL, Raffaello Sanzio, dit : 294.
RAYNAL, abbé Guillaume : 102, 106.
REINHARD, Marcel : 56.
Révolution : 8, 14, 15, 17, 19, 21-24, 26, 29-33, 35, 36, 38, 39, 51, 52, 54, 62, 66, 79, 81, 85, 88, 95, 116, 123, 125-127, 129, 133, 134, 165, 206, 231, 244, 250, 257, 271, 275, 280.
Religion : 10, 19, 84, 95, 118-122, 124-126, 128-132, 135, 137-139, 141-153, 156, 158, 159-180, 182-204, 206-214, 218-223, 225-228, 281.
Dieu : 36, 137, 138, 140, 144-146, 151, 155, 160-163, 165-184, 188, 194, 195, 197-200, 202, 209-212, 353.
Ésotérisme : 14, 105, 115-131, 134, 135, 144, 190, 193, 201, 206, 209, 210, 221.
Fanatisme : 142, 145, 153, 158, 159, 167, 170, 203, 216, 217, 221, 222, 225, 227, 228.
RENAN, Ernest : 37.
RILLIET, famille : 97.
ROBESPIERRE, Maximilien de : 48, 208.
ROCHETTE, François : 225-226.
ROCHETTE, Gilberte : 128.
ROHAN, chevalier de : 141, 146.
ROLAND, Manon Phlipon, dite Madame : 95, 96, 105, 128, 131.
ROLAND DE LA PLATIÈRE, Jean-Marie : 100, 107, 133.
ROUELLE, Guillaume François : 239, 240, 259.
ROUILLÉ, M. de : 310.
ROUSSEAU, Antoine : 318, 382.
ROUSSEAU, Jean-Jacques : X, 16, 28, 29, 38, 91, 107, 126, 132, 157, 197-200, 204, 208.
ROZIER, abbé Jean François : 119.

SAINT-COSTARD : 127.
SAINT-GERMAIN, comte de : 100.
SAINT-LAMBERT, Jean François de : 150.
SAINT-MARTIN, Claude de : 123-126, 129.
SARTINE, Antoine de : 241, 259.

SAXE, Maurice, comte de, dit maréchal de : 313.
Science : 10, 40, 42-46, 50, 70, 100, 106, 149, 204, 231, 234, 237-247, 259-277.
SCHEELE, Carl Wilhelm : 265.
SCHERER, famille : 97.
SELLON, famille : 97.
SHAFTESBURY, Anthony Ashley Cooper, lord : 187, 191.
SIDNEY, chevalier : 191.
SIEYÈS, Emmanuel Joseph, dit l'abbé : 69, 116.
SILHOUETTE, Étienne de : 93.
SIRVEN, Pierre Paul : 21, 157, 203, 219, 229.
SOCRATE : 167, 193.
SOLLICOFFRE ou ZOLLIKOFER, famille : 97.
Société : 9, 10, 16, 17, 19, 24, 33-35, 47, 48, 56-74, 77-78, 92, 95 ; 96, 101, 102, 106, 107, 109-113, 118, 132, 134, 156, 180, 182, 185, 202-205, 216, 217, 224, 225, 227, 232-235, 241, 250, 253-259, 279-281, 353.
Bonheur : 12, 13, 39, 77, 81-84, 103, 104, 107, 117, 251, 280, 315.
Instruction : 11, 13, 38, 42, 46, 100, 101, 102, 240, 256, 257.
Bourgeoisie : 34-37, 65, 91, 93, 97, 100, 101, 103, 105, 107, 109, 113, 116, 117, 121, 122, 128-131, 232-236, 239, 242, 243, 245, 247, 249-252, 258, 276, 277.
Justice : 125, 153, 155, 157, 165, 203, 214-217, 218, 220, 221-224, 225-230, 238.
SOUFFLOT, Germain : 92, 106, 111-114, 317, 319, 341, 351.
SPINOZA, Baruch : 193-200, 204.
STAHL, Georg Ernst : 261-262, 270.
STENDHAL, Henri Beyle, dit : 165, 282.
SWIFT, Jonathan : 187.

TAINE, Hippolyte : 25, 64.
TERRAY, abbé Joseph Marie : 234, 235, 245, 385.
THELLUSSON, famille : 97.
THÉRÈSE d'AVILA, sainte : 180.
THIBAUDET, Albert : 17.
THIRIOT, ami et correspondant de Voltaire : 139.
TINDAL, Matthieu : 187, 188, 189, 191.
TISSOT : 104.
TOCQUEVILLE, Charles Alexis Clérel de : VIII, 20, 23, 24.
TOLAND, Joseph : 187, 188, 190, 191, 193.
TORREY, Norman L. : 189, 191, 193.
TOURNY, Louis, marquis de : 333.
TRÉNARD, Louis : 90, 93, 101, 106, 133, 134.
TRENCHARD : 187, 191.
TRONCHIN, Jean Robert et Théodore : 98, 154, 155.
TRUDAINE, Daniel Charles : 94, 245, 264.

Index 431

TURCKHEIM, baron de : 119.
TURGOT, Jacques : 16, 17, 235, 236, 245, 246.
TURRETIN, Benedict : 152.

VANDIÈRES, Abel François Poisson, marquis de — et de Marigny : 112, 113, 316, 317, 341, 342, 344, 370, 373, 374, 376, 377, 381, 384, 391, 392, 394, 395.
VAN LOO, Charles-André, dit Carle : 373.
VASSÉ, Antoine : 297, 299, 301, 302.
VAUVENARGUES, Luc de Clapiers, marquis de : 150.
VERBERCKT, Jacob : 306, 310, 315, 318.
VERLET, Pierre : 321, 396, 413, 415.
VERNET, André et Jacob : 97.
VERNIÈRE, Paul : 193-195, 197, 204.
VIATTE, Auguste : 38, 118, 125.

VICTOIRE, Madame : 344.
VILLETTE, Marquis de : 166.
VIRIEU, François Henri, comte de : 119.
VOLTAIRE, François Marie Arouet, dit : III, VII, IX, X, 10, 16, 21, 22, 55, 97, 98, 107, 108, 132, 137-229, 247, 385, 386.

WATT, James : 43, 268.
WATTEAU, Antoine : 295, 302.
WILDENSTEIN, Georges : 58.
WILKINSON, John : 43.
WILLERMOZ, Jean-Baptiste : 100, 116, 119-123, 125, 126.
WINCKELMANN, Johann Joachim : 317.
WÖLFFLIN, Heinrich : 284.
WOLLASTON, William Hyde : 188, 191.
WOOLSTON, Thomas : 138, 188, 191.

YOUNG, Arthur : 246, 259.

Préface   I
Avant-propos   7

CHAPITRE PREMIER

Qu'est-ce que « Les Lumières » ?

L'époque et nous	11
La seconde moitié du XVIIIe siècle et la Révolution	14
Les « révolutions » concomitantes	33

CHAPITRE II

La société des Lumières dans les cahiers de doléances de 1789

Le « vent de réformes »	65
La société politique	73
L'ordre du monde, ou de la société « pré-révolutionnaire »	81

CHAPITRE III
Province et Lumières : l'exemple de Lyon

La conjoncture lyonnaise	89
Lyon et les Lumières	99
Les ésotérismes lyonnais	115
Lyon et les commencements de la Révolution	131

CHAPITRE IV
Lumières et religion : la religion de Voltaire

La religion de Voltaire	139
Le déisme de Voltaire	165
Déisme et théisme dans le siècle	185
Excursus sur l'affaire Calas	214

CHAPITRE V
Les Lumières et les sciences : Lavoisier

L'ascension sociale et la fin brutale	232
Le bourgeois des Lumières	239
Le définisseur de science	258
La signification historique de l'œuvre de Lavoisier	274

CHAPITRE VI

Les Lumières et les arts : le rococo

« Rococo » ou style Louis XV ?	279
Développement du style Louis XV	287
La fin du rococo	315

CHAPITRE VII

Lumières et monumentalité : l'art royal d'Ange-Jacques Gabriel

Les deux Gabriel	324
L'architecte de Louis XV	334
Le grand œuvre de Gabriel	383

Index   421

DU MÊME AUTEUR

L.A. MURATORI ET LA SOCIÉTÉ EUROPÉENNE DES PRÉ-LUMIÈRES, Léo S. Olschki (Florence), 1976.

DU SACRÉ. CROISADES ET PÈLERINAGES, IMAGES ET LANGAGES, Gallimard, collection Bibliothèque des histoires, 1987.

PUISSANCES ET LATENCES DE LA RELIGION CATHOLIQUE, Gallimard, collection Le Débat, 1993.

LA CHRÉTIENTÉ ET L'IDÉE DE CROISADE (avec Paul Alphandéry), Albin Michel, 1954 (t. I) et 1959 (t. II), reprint 1995.

*Composition Euronumérique
et impression Bussière Camedan Imprimeries
à Saint-Amand (Cher), le 8 novembre 1996.
Dépôt légal : novembre 1996.
Numéro d'imprimeur : 1/2691.*
ISBN 2-07-032960-7./Imprimé en France.

78489